TOM CRUISE :
sa vraie histoire

Andrew MORTON

TOM CRUISE :
sa vraie histoire

Traduit de l'anglais (Grande-Bretagne)
par Alexandra Moreau

Titre original :
Tom Cruise : an Unauthorized Biography

© Andrew Morton, 2008.
© Éditions Michel Lafon, 2008, pour la traduction française.
7-13, boulevard Paul-Émile-Victor - Île de la Jatte
92521 Neuilly-sur-Seine Cedex
www.michel-lafon.com

À Max, et aux nouveaux commencements

1

Que les choses soient claires : Tom Cruise Mapother IV a toujours été un homme à femmes. De premiers flirts en amourettes, d'amantes en épouses, rares sont les périodes de sa vie sans jeux de séduction, conquêtes ou mariages. De fait, cette habitude remonte très loin : il avait onze ans lorsqu'une camarade de classe, une jolie fille aux boucles blondes, se sentit suffisamment sûre de l'amour qu'il lui jura sous le chêne de la cour de récréation, au cours d'un simulacre de cérémonie, pour signer du nom de Rowan Mapother Hopkins les albums de fin d'année de ses amies.

Sans doute son succès auprès de la gent féminine s'explique-t-il autant par son sourire triomphant que par son bagout irlandais. Sa généalogie est confuse, mais il y a bien des origines celtiques des deux côtés de sa famille. Selon certains historiens, le premier membre du clan Mapother qui débarqua dans le Nouveau Monde était Dillon Henry Mapother, un ingénieur irlandais. Ce cadet de deux fils, âgé tout juste de dix-huit ans, fuyait la famine et la pauvreté du sud-est de l'Irlande. La liste des passagers du *Wisconsin*, qui aborda New York le 2 juin 1849, le confirme : on compte un certain Dillon Mapother, profession « ingénieur », parmi la multitude venue refaire sa vie outre-Atlantique. D'autres généalogistes, collaborant notamment à l'émission de télévision *Inside the Actors Studio*, racontent une histoire différente. Ils prétendent que ce même Dillon Henry Mapother était originaire de Flint, au nord du pays de Galles, et arrivé à New York quelque trente années plus tôt, en 1816. Quoi qu'il en soit, tous s'accordent pour déclarer qu'il s'établit à Louisville, dans le

Kentucky, et épousa une dénommée Mary Cruise, qui lui donna six enfants. Notre ingénieur mourut tragiquement d'une intoxication alimentaire en 1874, laissant Mary, trente et un ans, élever seule sa nombreuse progéniture.

Elle rencontra bientôt Thomas O'Mara, qui gagnait bien sa vie comme grossiste en pharmacie. Il était né en 1835 dans le Kentucky, et, comme l'indique son patronyme, sa famille était originaire d'Irlande. Mary et Thomas se marièrent en février 1876 et leur premier fils, Thomas O'Mara, naquit tout juste neuf mois plus tard, le 29 décembre. D'après le recensement de 1880, le petit Thomas O'Mara habitait avec ses parents, deux demi-frères, Wible et deHenry, encore écoliers, et une demi-sœur, Dellia, employée dans un magasin. Mystérieusement, au cours de son enfance, Thomas O'Mara vit son nom changé en Thomas Cruise Mapother. Peut-être était-ce pour lui donner le même nom de famille que ses demi-frères et sœur, ou bien ses parents divorcèrent-ils et sa mère modifia-t-elle le nom de Thomas, mais, comme le remarque le généalogiste William Addams Reitwiesner : « Les raisons de ce changement de nom ne sont pas très claires. » Finalement, cet arbre généalogique déroutant constitue en soi une excellente métaphore de l'histoire contradictoire et trouble de l'acteur.

Ainsi, l'ascendance paternelle de l'acteur remonterait au clan O'Mara irlandais. Pourtant, le nom de Mapother s'imposa, et, pendant les quatre générations suivantes, arrière-grand-père, grand-père et père portèrent le nom Thomas Cruise Mapother. Ils vécurent tous au même endroit, s'enracinant profondément dans le sol fertile du Kentucky. Au fil des ans, les Mapother – de la lignée O'Mara comme de la lignée Mapother – produisirent principalement des juristes, mais aussi des ingénieurs et des scientifiques – et même un président d'une compagnie de chemins de fer.

Le premier Thomas Cruise Mapother (né Thomas O'Mara) devint l'un des plus jeunes avocats de Louisville. Il épousa Anna Stewart Bateman, qui lui donna deux fils, Paul et Thomas Cruise Mapother II. « C'était une famille respectable et solide. Des piliers de la société de Louisville et des gens très fiables et très fidèles », se rappelle Caroline Mapother, une cousine.

Le cadet, Thomas Cruise Mapother II, né en 1908, suivit les traces de son père en faisant son droit ; il deviendra juge et membre très actif du Parti Républicain. Il eut deux garçons de son union avec Catherine Reibert, dont le plus jeune, William – père de l'acteur William Mapother –, devint avocat et juge, comme son père, tandis que l'aîné, Thomas, né en 1934, hérita de la bosse scientifique de la famille. Son cousin, Dillon Mapother, anciennement vice-président du département de la recherche de l'université de l'Illinois, est probablement le savant le plus illustre de la famille, entre autres pour son travail sur les supraconducteurs et la physique des états solides.

Adolescent, Thomas Mapother III suivit la tradition. Au début des années 1950, après avoir obtenu son diplôme à St. Xavier's, établissement catholique privé de Louisville qui a accueilli des générations de jeunes Mapother, il partit étudier l'ingénierie électrique à l'université du Kentucky. À l'époque, celle-ci était considérée comme l'une des meilleures du pays, et réservée principalement aux Blancs – la ségrégation n'y fut abandonnée qu'en 1954. Après son diplôme, au milieu des années 1950, il courtisa assidûment une jolie brune, Mary Lee Pfeiffer, de deux ans sa cadette, dont la famille était établie dans le comté de Jefferson, au nord du Kentucky. Comme son futur époux, elle pouvait faire remonter sa lignée en Irlande et ses racines à Louisville au début du XIXe siècle. Son père, Charles, étant décédé en mars 1953, seuls sa mère Comala et son frère, Jack, étaient présents quand la jeune fille de vingt et un ans remonta la travée centrale de l'église catholique du comté de Jefferson le 28 décembre 1957.

Pour un jeune ingénieur comme Thomas Mapother, l'époque était merveilleuse. Recruté par General Electric, il s'intéressa principalement au développement de la technologie laser qui allait révolutionner le monde de la communication et de la médecine. « Thomas était fasciné par les progrès technologiques de l'époque, racontera le Pr Dillon Mapother. Il consacrait tout son temps à de nouveaux projets. » Il se fit une place dans l'entreprise, et les jeunes mariés ne tardèrent pas à fonder une famille : quatre enfants naquirent en quatre ans. L'aînée, Lee Anne, en 1959, à Louisville, la cadette, Marian, deux ans plus tard, après que la famille eut déménagé à Syracuse, dans l'État de New York. Thomas Cruise Mapother IV vit le jour le 3 juillet 1962, veille de la fête nationale. Et la benjamine, Catherine – Cass –, héritière du prénom de leur grand-mère paternelle, arriva l'année suivante.

Il n'échappa à personne qu'avec ses cheveux bruns, sa mâchoire carrée, son nez droit, ses yeux bleus, ses fossettes et ses traits réguliers assortis d'un sourire ravageur, le petit Tom était le chéri de sa mère. Tous deux développèrent des liens d'affection et d'admiration mutuelles qu'il n'a jamais craint d'exprimer : « Ma mère est une femme très chaleureuse, très douce, très généreuse », déclara-t-il plus tard à James Lipton, au cours de l'émission *Inside the Actors Studio*. Seul garçon de la famille, il fut autant gâté par ses sœurs que par sa mère.

Enfant doué d'une imagination fertile – souvent surpris à rêvasser au lieu de sortir la poubelle –, il inventait des aventures en explorant vaillamment le jardin sur son tricycle. Son intrépidité consternait parfois la maisonnée, sa mère devant régulièrement supplier l'enfant de descendre des arbres : au grand dam de Mary Lee, Tom rêvait d'imiter son héros, G.I. Joe, livré avec son parachute. À trois ou quatre ans, il assouvit cette ambition... et évita le drame de peu. Il raconte avoir pris des draps et grimpé sur le toit du garage pour sauter.

– J'ai été assommé. J'étais allongé, les yeux dans les étoiles, confia-t-il.

À la table familiale, il adorait se donner en spectacle, déclenchant l'hilarité générale avec ses imitations de personnages de dessins animés comme Woody Woodpecker ou Donald. Plus tard, il ajouta à son arc les voix d'Elvis Presley, de Humphrey Bogart et James Cagney. Sa mère, passionnée de théâtre, écrivait de petites saynètes que jouaient Tom et ses sœurs. Dès l'âge de quatre ans, il décréta qu'il voulait devenir acteur. « Ça a simplement suivi son cours », raconte-t-il. Et personne ne s'étonnera de la fascination qu'exercèrent sur lui ses premières séances de cinéma. Le régal de la famille consistait à aller dans un drive-in, acheter du pop-corn et laisser le petit Tom s'allonger sur le toit de la voiture pour regarder le film. Il fut subjugué par l'épopée de *Lawrence d'Arabie*, même si rien dans sa jeune existence ne lui permettait d'imaginer ce qu'est un désert s'étendant à l'infini.

À certains égards, ses premières expériences scolaires furent plus douloureuses que sa chute du toit. Quand il était encore tout petit, la famille déménageait fréquemment. Elle vécut un temps dans le New Jersey, puis à Saint Louis, dans le Missouri, avant de revenir dans le New Jersey alors qu'il avait six ans. En 1969, il fut inscrit à l'école élémentaire Packanack de Wayne

Township. Il devint rapidement évident pour ses maîtres que le jeune Tom éprouvait des difficultés dans l'apprentissage de la lecture. Il se sentait humilié et frustré chaque fois qu'on lui demandait de lire à haute voix. On diagnostiqua une dyslexie, qui affectait également sa mère et, dans une moindre mesure, ses trois sœurs. Même si les dyslexiques sont d'une intelligence normale ou supérieure, ce handicap, s'il n'est pas détecté, peut provoquer de profonds troubles psychiques, notamment un sentiment d'isolement, une difficulté à s'adapter et un déficit de l'estime de soi.

Tom a, depuis, évoqué la honte que ce trouble lui inspirait. « Je ne savais plus quoi dire, j'angoissais, je m'ennuyais, j'étais frustré, frappé de mutisme. Je me mettais en colère. J'avais littéralement mal aux jambes quand je révisais mes leçons. Mal à la tête. Pendant toutes mes études et une bonne partie de ma carrière, j'ai eu l'impression de cacher un secret. » Comme les autres dyslexiques, il développa des stratégies de protection, levant rarement la main pour répondre ou faisant le pitre pour détourner l'attention. Ses imitations de Woody Woodpecker amusaient désormais autant ses camarades que sa famille.

Les frustrations de Tom n'avaient d'égal que le manque de patience de ses maîtres à son encontre. Il raconta plus tard qu'à sept ans – époque où il était à l'école élémentaire Packanack – un instituteur le fit valser par-dessus une chaise en plein cours, tant l'inaptitude de cet enfant à comprendre son cours l'exaspérait. Selon Tom, d'autres enseignants firent preuve du même agacement. L'actuel directeur de l'école, le Dr Kevin McGrath, qui a enseigné pendant plus de trente ans, a du mal à accepter les déclarations de l'acteur. « Ce genre de comportement d'un maître à l'égard d'un élève n'aurait pas été toléré ni à l'époque ni aujourd'hui. C'est aussi impensable que l'enfermer dans un placard ou le frapper. »

Durant l'hiver 1971, en pleine année scolaire, sa famille déménagea de nouveau, cette fois pour la capitale canadienne, Ottawa, où son père avait obtenu un poste dans l'armée. Ils s'installèrent dans une coquette maison au 2116, Monson Crescent, à Beacon Hill North, une verte banlieue bourgeoise accueillant fonctionnaires, diplomates et autres professions itinérantes. « Bonjour, je m'appelle Thomas Mapother II », annonça fièrement Tom – bien qu'en commettant une erreur –, quand il frappa à la porte de ses nouveaux voisins, la famille Lawrie, pour se présenter. « Il m'a plu, raconte Irene Lawrie, dont les fils, Alan et Scott, devinrent les camarades de jeu des petits Mapother. Il était toujours très actif, toujours sur la brèche, mais un peu solitaire. »

Sous ses dehors bravaches, se cachait, comme il l'avouera plus tard, un jeune Américain se demandant, et c'est compréhensible, s'il allait s'adapter à une nouvelle école et à de nouveaux amis, dans un pays étranger. « Vous savez, je n'avais ni les chaussures adéquates, ni les vêtements à la mode. J'avais même le mauvais accent », racontera-t-il. Petit pour son âge, « Little Tommy Mapother », comme l'appelaient ses maîtres et ses camarades, fut la tête de Turc des petits durs dans la cour de récréation. Il dut apprendre à se défendre. « C'est arrivé tellement de fois que ces grands costauds me poussent... On a le cœur qui bat la chamade, la sueur qui coule, et on a l'impression qu'on va vomir, avouera-t-il. Je ne suis pas le type le plus costaud du monde, je n'ai jamais aimé cogner, mais je savais que si je ne frappais pas Untel il s'en prendrait à moi toute l'année. »

Sa nature têtue et les dures – et douloureuses – leçons que lui administrait son père forgèrent sa capacité de résistance face à ses agresseurs. Du temps où il était écolier, son père avait lui aussi été malmené par ses camarades, et cela lui avait laissé des cicatrices à vie. Afin que le jeune Tom ne connaisse pas le même traumatisme, M. Mapother poussait continuellement son fils unique à se prendre en main. Si Tom perdait une bagarre, son père insistait pour qu'il retourne affronter son adversaire. Physiquement, Tom senior se montrait « très, très dur ». « Enfant, j'ai souvent ravalé ma colère à cause de cela. Je prenais des coups et je ne comprenais pas pourquoi », racontera l'acteur au journaliste people Kevin Sessums.

L'obstination du jeune Tom et son refus de céder lui valurent très vite de gagner le respect de ses camarades. « Tom était le petit dur de l'école, rapporta Scott Lawrie, officier de police. Ce n'était pas un pigeon et il savait se défendre. » Comme l'observe son frère Alan : « S'il y avait des histoires avec les gosses du quartier, il était le premier à dire : "Allons-y." »

Dans l'univers impitoyable des bacs à sable, il ne fallait pas se laisser faire. Tom était à part non seulement parce qu'il était américain, mais aussi à cause de sa dyslexie. « Certains se moquaient de lui parce qu'il ne savait pas lire », se souvient Alan Lawrie.

Ironie du sort, malgré les inévitables moqueries de camarades inconscients, Tom était inscrit dans l'école élémentaire idéale pour un enfant dyslexique. Si neuve que les élèves devaient ôter leurs chaussures avant de fouler la moquette rouge, la Robert Hopkins Public School était très en avance sur son époque : progressiste, éclairée, accueillante et richement subventionnée. En y inscrivant Tom et ses sœurs, leurs parents avertirent le principal, Jim Brown, de leurs diverses difficultés. Celui-ci leur expliqua qu'avant de placer les enfants Mapother dans des classes spécialisées ils devaient être examinés par le psychologue de l'établissement.

Tom et les autres écoliers souffrant de problèmes analogues – généralement une huitaine par classe – se rendaient dans une petite salle, loin du brouhaha, pour suivre des cours de lecture, d'écriture, d'orthographe et de maths sous la férule de l'éducatrice spécialisée Asta Arnot. Même selon nos critères actuels, c'était là un encadrement de haute qualité. Sa mère l'aidait à faire ses devoirs : Tom lui dictait ses réponses ou ses rédactions, elle les écrivait et il les recopiait laborieusement.

S'il n'existe aucun remède connu à ce problème, des programmes d'enseignement aident les dyslexiques à mieux se débrouiller avec les tâches quotidiennes (discerner les chiffres sur un billet de banque ou lire un menu, par exemple). Le diagnostic précoce œuvra en faveur de Tom. À cet âge – il fréquenta la Robert Hopkins entre huit et onze ans –, le cerveau, très malléable, est capable d'apprendre et de retenir les bases de l'écriture, de la lecture et de l'arithmétique même en cas de dyslexie.

Si l'école était à même d'aider les enfants souffrant de troubles de l'apprentissage, l'acteur s'est plaint plus tard de la manière dont il avait été traité par le système éducatif : « J'ai toujours eu l'impression d'avoir des obstacles à surmonter... J'étais forcé d'écrire de la main droite alors que je voulais utiliser la gauche. J'ai commencé à inverser les lettres et lire m'est devenu difficile. » On ne sera pas surpris d'apprendre que ses anciennes institutrices ne donnent pas foi aux doléances de l'acteur. Pennyann Styles, qui fut son enseignante à la Robert Hopkins, et l'éducatrice spécialisée Asta Arnot rejettent vigoureusement ces déclarations. Pennyann Styles, elle-même gauchère, était une ardente militante de la liberté pour les gauchers d'écrire comme bon leur semblait – elle alla même jusqu'à apporter des ciseaux pour gauchers à l'école !

Malgré ses difficultés d'apprentissage, le personnel enseignant de la Robert Hopkins se souvient de Tom comme d'un élève éveillé qui exigeait simplement plus de temps et d'attention que la moyenne. Une autre ancienne enseignante, Shirley Gaudreau, observe : « C'était un enfant "hémisphère droit" : très créatif, mais pas vraiment scolaire. Ce genre d'enfant doit fournir beaucoup plus d'efforts. » Comme d'autres camarades dans sa situation, on l'encouragea à se lancer dans des activités extrascolaires, à s'adonner au sport, au théâtre ou au dessin afin de renforcer sa confiance en lui. Il s'inscrivit à l'atelier de théâtre et en devint rapidement un pilier. Ce n'était pas vraiment étonnant, étant donné que, dans les deux branches de la famille, on avait la scène dans le sang. Du côté des Mapother, ses cousins Katherine, William et Amy évoluaient sur les planches depuis l'enfance, ces deux derniers en feront même leur métier, tandis que Katherine travaille aujourd'hui avec les Blue Apple Players à Louisville. À l'époque d'Ottawa, les parents de Tom étaient si fous de théâtre qu'ils cofondèrent la troupe amateur des Gloucester Players et jouèrent ensemble dans la première représentation.

Un autre cofondateur, le professeur d'art dramatique George Steinburg, contribua à alimenter sa passion du théâtre : « Il avait une bonne énergie brute qui ne demandait qu'à être canalisée, dit-il. On voyait qu'il avait du talent. » En juin 1972, à la fin de sa première année scolaire à Ottawa, Tom et six autres garçons représentèrent leur école au festival de théâtre de la Carlton Elementary School. Le groupe, vêtu de collants et de tuniques, improvisa une pièce musicale dansée intitulée *IT* (*Cela*). Le but était d'exprimer le titre complet de la pièce, qui était : *Un homme découvre un pouvoir ou un objet inconnus. Cela le transforme.*

Dans la salle se trouvait l'organisatrice, Val Wright. Bien qu'elle ait, depuis, vu et jugé des centaines d'enfants, elle n'a jamais oublié cette « superbe » représentation. « Le mouvement et l'improvisation étaient excellents. »

Ses instituteurs étaient là pour l'aider à apprendre ses répliques. Marilyn Richardson se rappelle qu'il lui demandait de les lui lire à haute voix pour les mémoriser : « Il savait lire, mais cela lui prenait du temps. Il avait une très bonne mémoire et il enregistrait ses textes rapidement. » Il est certain que ses apparitions faisaient toujours impression, parfois pour de mauvaises raisons. Sa condisciple Louise Giannoccaro (née Funke) se rappelle le jour où le « supercool » Tom Mapother joua dans une pièce sur les Indiens et en fit des tonnes pour arracher un rire au public. « Il était censé prendre une pomme et dire : "Une pomme, qu'est-ce qu'une pomme ?", mais il a mordu dedans et il n'a pas pu dire son texte la bouche pleine. » Comme le raconte son professeur, Marilyn Richardson : « Il aimait faire le clown. Tout était prétexte à pitreries. »

En sport, il s'illustra davantage par son agressivité, voire sa brutalité, que par ses prouesses athlétiques. Il fut accepté de justesse dans la seconde équipe de hockey de l'école où l'on admira son cran et sa détermination – il se jetait dans des « situations impossibles » où les crosses volaient. « Il était coriace au hockey en salle, se rappelle son condisciple Glen Gobel. Il avait la tête dure, mais pas de talent. » Il finit par s'ébrécher une dent durant un match. Son tempérament belliqueux lui valut d'autres ennuis lors d'un match un peu rude du jeu British Bulldogs dans la cour de récréation, où il finit par terre en se tordant de douleur. On l'emmena à l'hôpital en ambulance avec un genou fracturé, ce qui amena le directeur, Jim Brown, à interdire ce jeu à l'intérieur de l'école.

À n'en pas douter, son père s'enorgueillit de cet incident. Selon l'énergique approche du sport de Tom senior, l'important était de recevoir les coups sans se plaindre. Quand ils jouaient à la balle avec un gant de baseball dans le jardin, le père de Tom lançait la balle violemment, en visant la tête ou le corps de son fils de neuf ans. « Parfois, s'il m'atteignait à la tête, je saignais du nez et j'avais les larmes aux yeux, dira-t-il. Il n'était pas du genre à me consoler. » Remarquons que ce fut la mère de Tom et non son père qui l'accompagna à son premier match. Cet entraînement à la dure aida tout de même Tom à gagner une place dans l'équipe de baseball de North Gloucester et, à mesure qu'il s'adaptait aux sports locaux, il s'améliorait. Quand son voisin Scott Lawrie se mesura à lui au hockey sur glace, il n'en crut pas ses yeux : « Impossible de passer le palet quand on l'avait en face. Il était devenu un bon joueur de hockey, toujours prêt à essayer de nouveaux trucs. »

Il n'y avait pas vraiment de quoi s'étonner. Tom et sa bande, qui comprenait Scott et Alan Lawrie, Lionel Aucoin, Scott Miller, Glen Gobel et Tom Gray, passaient des heures à jouer au street hockey ou au baseball l'été et au hockey sur glace l'hiver. De temps en temps, ils jouaient au billard sur une table miniature offerte à Tom par le petit ami de sa sœur Lee Anne, partaient à vélo jusqu'au fleuve Ottawa ou allaient pêcher à Green's Creek.

Quand la bande sortait, il faisait preuve de la même témérité que sur le terrain. Tom était le petit dur, celui qui cherchait le grand frisson et relevait tous les défis. « Il était effronté, sûr de lui et cool, raconte Alan Lawrie. Quand on était ensemble, c'est lui qui décidait. » Sur l'impulsion de Tom, les garçons devinrent frères de sang, en se piquant le doigt avec une aiguille et en mêlant leur sang. Quand ils faisaient des virées à vélo, c'était lui qui construisait des rampes branlantes pour exécuter des cascades à la Evel Knievel, lui qui grimpait à un filet de hockey ou à un arbre pour jouer les Tarzan, lui qui fit un saut périlleux depuis le toit de sa maison mais manqua le tas de neige et se brisa le pied en atterrissant sur le trottoir. Cet épisode faillit mettre un terme à ses exploits de casse-cou. Sur un chantier voisin, il montait sur le toit ou démarrait le bulldozer pendant que ses copains s'enfuyaient à toutes jambes. « Il repoussait constamment les limites, se souvient Alan Lawrie. Je n'ai jamais imaginé qu'il deviendrait acteur. C'était plus un Al Capone, un rebelle, le genre de gamin qui ne recule jamais. »

Tom avait un côté belliqueux, indomptable et têtu qui l'empêchait parfois de comprendre qu'il serait raisonnable de battre en retraite et de passer à autre chose. Un épisode démontre la facette « mâle dominant obstiné » de Tom Mapother. Il rentrait chez lui à pied avec Glen Gobel quand deux garçons plus âgés et plus costauds lui adressèrent une remarque désobligeante sur sa nouvelle coupe de cheveux. Tom nia énergiquement se les être fait couper et seule l'intervention de Glen évita une bagarre – et une raclée pour Tom. Il répondit à Glen qui lui demandait pourquoi il leur avait tenu tête : « Ce n'est pas une coupe de cheveux, c'est une *coiffure*. » Comme l'affirme Glen : « Même s'il était très apprécié, l'attitude "c'est comme ça et pas autrement" lui a coûté des amis. »

Bien sûr, si Tom était si soucieux de sa coiffure et s'il prenait la peine de rentrer chez lui chaque jour au déjeuner pour se changer, il avait une raison à cela : les filles. Dans ce domaine, le « Petit Tom Mapother » jouait très au-dessus de sa division. Son institutrice Pennyann Styles se souvient bien de lui. « Il avait du charme. Il sortait du lot parce qu'il était très beau. Même à l'époque, il avait déjà son sourire d'aujourd'hui. Le petit Tom était séduisant, avenant et un peu malicieux, mais pas méchant. Le genre de gosse qu'on reconnaît et dont on se souvient. » Il avait les longs cils que les filles adorent et, pour une raison inexpliquée, elles se pâmèrent quand il eut un orgelet sous un œil. « La manière dont ses cheveux tombaient était tellement romantique ! raconte Carol Trumpler, une condisciple de la Robert Hopkins. Il était mignon et un baratineur hors pair. » En plus, son allure désinvolte et son aplomb le faisaient paraître beaucoup plus grand qu'il n'était. « On était toutes folles de lui ; même à l'époque, il était très mignon », se rappelle Nancy Maxwell, une ancienne camarade.

C'était le gosse précoce, celui qui organisait des boums chez lui à l'âge où garçons et filles commencent tout juste à s'intéresser les uns aux autres. « C'était une espèce de mauvais garçon, en marge des règlements », se rappelle Heather McKenzie, qui eut droit à son premier baiser avec la future star. Même les garçons de sa bande admettent aujourd'hui qu'il avait quelque chose qui leur faisait défaut. « Toutes les filles l'adoraient et il se trouvait très sexy aussi », fait remarquer son ami Lionel Aucoin. Tom avait un net avantage sur ses copains : le fait de vivre avec ses trois sœurs lui permettait d'en savoir un peu plus long sur le beau sexe. « Les femmes ne sont pas un mystère pour moi. Je m'entends très bien avec elles », déclara-t-il un jour. Que sa sœur Lee Ann, de deux ans son aînée, laisse ses copines se servir de lui pour s'entraîner à embrasser lui donna un atout pratique dans l'éternelle lutte des sexes. « C'était génial. Personne ne s'est jamais plaint », raconta-t-il.

L'une de ses petites amies fut sa condisciple Carol Trumpler. Même aujourd'hui, deux mariages et quatre enfants plus tard, elle a encore les yeux embués à l'évocation de son tout premier baiser. « Quand on parle des premières amourettes, je me rappelle toujours la mienne... Tom Cruise, confie-t-elle. Il embrassait très bien, il était très à l'aise. Mais qu'est-ce qu'on sait de tout ça, à onze ans ? »

Carol eut des ennuis quand on les surprit, Tom et elle, à se bécoter derrière la clôture près de la cour de récréation. Les deux tourtereaux furent convoqués chez Jim Brown, le directeur. Carol fut privée de sorties par ses parents et confinée dans sa chambre. Nullement désarçonné, Tom se présenta chez elle quelques jours plus tard, une toile de tente grise sur l'épaule, pour lui demander de venir camper dans les bois. « Probablement pour passer toute la journée à m'embrasser, raconte-t-elle. Il était très précoce et assez audacieux, du moins pour son âge. Il essayait tout le temps de m'embrasser. » Bien que M. Trumpler ait envoyé Tom balader, le jeune homme ne se laissa pas décourager, prêt à lui tenir tête.

Après Carol – « J'essayais d'être sage, et, comme je ne lui cédais pas, il est allé voir ailleurs » –, il y eut Heather, Louise, Linda, Sheila et bien sûr sa « fiancée », Rowan Hopkins. Sportive, aventureuse – elle adorait le camping et les randonnées – et douée d'une imagination fertile, Rowan était l'une des chéries de l'école. Comme le raconte Lionel Aucoin : « Quand on y repense, ce n'était rien d'autre qu'une blague de plus, Tom Cruise épousant sa copine dans la cour de récréation. »

Sur sa photo de classe officielle, prise en 1974 quand ses camarades et lui passèrent de la Robert Hopkins à la Henry Munro Middle School, on comprend facilement pourquoi l'Américain de onze ans était considéré comme le gamin le plus cool du collège. Avec sa tête penchée de côté, lorgnant insolemment l'objectif, ses cheveux mi-longs, très tendance, et sa chemise à carreaux audacieusement déboutonnée, comme l'exigeait le style des années 1970, il paraît plus assuré et à l'aise que les autres. « Jeune, il était populaire, avant même de devenir vraiment célèbre, si je puis dire, explique Scott Lawrie. C'était le genre de môme avec qui on veut être copain. Je trouvais super que Tom Mapother soit mon voisin. » (Cependant, Tom avait un rival pour le titre de roi de la bande : dans une rue toute proche habitait Bruce Adams, mieux connu aujourd'hui sous le nom de Bryan Adams, la rock star également élève à la Henry Munro.)

Cool, sûr de lui, charismatique, énergique ; parfois entêté, mais apprécié : tel est le portrait de Tom Cruise Mapother IV à l'approche de l'adolescence.

Si, d'un point de vue scolaire, il était un élève moyen, il semble qu'il se soit suffisamment sorti de ses problèmes de dyslexie pour être dispensé de cours particuliers à la Henry Munro. Son professeur principal, Byron Boucher, qui se spécialisa plus tard dans le soin des enfants dyslexiques, lui enseigna plusieurs matières, dont l'anglais et les mathématiques, et selon lui, à douze ans, Tom Mapother n'avait pas de difficultés particulières. S'il avait eu du mal à lire ou à écrire, le principal en aurait été immédiatement informé et les mesures appropriées auraient été prises.

Au collège, il continua d'exceller dans le théâtre, participant aux cours d'art dramatique du vendredi après-midi où, s'ils se donnaient du mal, les élèves étaient autorisés à jouer devant la classe. « Il aimait beaucoup cela et il était très convaincant », rapporte Byron Boucher.

Mais durant la transition entre la Robert Hopkins et la Henry Munro, l'image du garçon un peu espiègle mais, tout compte fait, convenable se désagrégea. Désormais, il n'y avait pas que les parents de sa copine Carol Trumpler qui se méfiaient de lui. Il acquit une réputation de fauteur de troubles, d'adolescent dont on n'encourage pas la fréquentation. « Les parents disaient : "Gare à ce garçon" », se souvient Alan Lawrie.

Il avait commencé à avoir des ennuis peu avant son entrée au collège. Son institutrice, Sharon Waters, fut convoquée par le directeur, Jim Brown, et menacée de renvoi après que Tom et un autre élève eurent fait l'école buissonnière. La police locale ramena en cours les deux garçons, âgés de onze ans, et Mlle Waters fut sévèrement réprimandée pour avoir manqué à ses devoirs. Une autre fois, Tom et Lionel Aucoin trouvèrent une réserve de pétards qu'ils lancèrent dans les jardins du quartier avant de filer en courant. Un voisin, en colère, les poursuivit, les rattrapa et les menaça de les livrer à la police. Une autre fois, le père d'Alan Lawrie, Murray, lui donna une calotte après l'avoir surpris en train de s'entraîner au saut en hauteur au-dessus de trois sapins qu'il venait de planter (heureusement, Tom n'endommagea pas les arbres, qui mesurent maintenant plus de dix mètres). Comme il l'avoua plus tard : « J'étais un gosse intenable. Je séchais l'école. Tout ça parce que je voulais voir jusqu'où je pouvais aller. »

En réalité, ses premières bêtises coïncidaient avec l'effondrement du mariage de ses parents : ces comportements excessifs étaient la manifestation d'un adolescent désorienté et malheureux. Cherchant à résoudre ses problèmes M. Mapother s'adressa à un thérapeute. « Après la rupture, il y eut des changements visibles, signale George Steinburg. Tommy était devenu un problème. Son père revenait de sa séance chez le psy et l'engageait à libérer ses émotions, à tout étaler sur la table. Prenant ce conseil au pied de la lettre, Tommy a commencé à avoir des ennuis à l'école. »

Durant ces trois années à Ottawa, la famille Mapother subit un stress et des tensions qu'aucun voisin ou copain ne pouvait imaginer. Pourtant, tout avait bien commencé. En arrivant au Canada, la famille avait fait de gros efforts pour s'intégrer dans cette nouvelle communauté. La personnalité rayonnante de la mère de Tom lui avait valu le surnom de « Merry Mary Lee » (Mary Lee la joyeuse). Pendant quelque temps, elle travailla à l'hôpital local et aida l'école en participant aux voyages scolaires et autres activités. « Je crois que les dix-huit premiers mois ont été très heureux pour toute la famille, raconte George Steinburg. Ils étaient tous très appréciés. » Les enfants y mirent du leur. Tom et l'une de ses sœurs participèrent à une marche de soixante-cinq kilomètres (la distance est probablement exagérée) visant à recueillir des fonds pour une œuvre caritative. Tom se rappelle cette épuisante marche surtout parce qu'une femme lui avait tendu vingt-cinq cents pour s'acheter une canette de soda alors qu'il rêvait d'une boisson fraîche. Dans le quartier, sa bande et lui étaient vus comme des gosses serviables qui prenaient deux dollars pour tondre la pelouse. Tom lui-même gagnait un peu plus en nettoyant les jardins et les cours. Après cette période conviviale, on jugea généralement le père de Tom distant, peu communicatif, fuyant. « Il n'était pas du tout sociable, se rappelle sa voisine Irene Lawrie. C'est tout juste s'il disait bonjour. » On racontait qu'il avait quitté son travail pour écrire un livre – certes, la famille n'avait jamais d'argent –, et que les services sociaux avaient été appelés pour venir en aide à la famille.

Après ces efforts d'intégration durant leurs premières années au Canada, il apparut clairement aux amis, aux professeurs et aux voisins que le couple Mapother partait à la dérive. « Ce n'était pas une époque heureuse pour la famille », affirme l'ancienne institutrice de Tom, Shirley Gaudreau. Si Tom n'a jamais formulé la moindre critique à l'égard de sa mère, « belle, aimante, dévouée », qui gâta son seul fiston, il a rarement eu un commentaire aimable pour son père. Leur relation semblait faite d'un antagonisme mutuel déroutant, le père témoignant uniquement à son fils une espèce d'amour empreint de brutalité. Alors que Tom et ses sœurs étaient enjoués avec leur mère énergique et joyeuse, ils marchaient sur la pointe des pieds devant un père imprévisible.

Une fois, les enfants Mapother demandèrent à Irene Lawrie de les aider en secret à préparer un gâteau surprise pour l'anniversaire de leur mère. Comme leur four ne marchait pas et qu'ils n'avaient aucun ustensile de pâtisserie, ils s'en remirent à elle. Au final, ce fut Irene qui prépara le gâteau toute seule, mais l'affection qu'ils éprouvaient pour leur mère était visible dans leur enthousiasme. Au contraire, lorsque le père de Tom l'emmena à deux heures de voiture d'Ottawa faire du ski, il refusa de s'arrêter pour que son fils affamé puisse acheter un casse-croûte. Au lieu de quoi, il lui conseilla de manger un plat imaginaire, et tous deux mirent un temps interminable à préparer puis à déguster un sandwich qui n'existait pas, avec soda et frites. « Et nous n'avons rien mangé, au bout du compte », racontera Tom en se remémorant l'étrange conduite de son père.

Il finirait par décrire son père comme un « marchand de chaos » et la vie comme « un tour sur des montagnes russes » où il ne pouvait se fier à son père ni se sentir en sécurité avec lui. Pour un garçon qui déclara un jour qu'il voulait par-dessus tout « être accepté » et recevoir « amour et attention », la vie avec un père « tyrannique et lâche » était presque insupportable. L'un de ses souvenirs les plus poignants concerne le film *L'Arnaque*, avec Robert Redford et Paul Newman, car, outre son thème musical prenant et son scénario audacieux, il fut l'un des rares moments agréables partagés avec son père. Son verdict est sans appel : « C'était le genre d'individu qui vous frappe quand quelque chose ne va pas. C'était une personnalité asociale, incohérente et imprévisible. »

La peur que ressentait Tom devant son père peut contribuer à expliquer son affinité naturelle pour le théâtre, étant donné que le recours d'un enfant vivant dans un foyer où il souffre est sa capacité à se déconnecter, à vivre dans son imaginaire, de façon à ne plus du tout être présent quand la situation s'envenime – bref, le don de faire semblant. Cette faculté devient un handicap à l'âge adulte, quand les victimes ne peuvent vivre sincèrement des émotions telles que l'amour ou le bonheur, parce qu'elles sont inextricablement liées à la peur. Devenues adultes, elles se révéleront bien capables d'exprimer une émotion, mais pas de l'éprouver.

En même temps, peut-être que l'indulgence de sa mère et son dévouement manifeste pour son fils firent naître une rancune et une jalousie primaires chez son père, suscitant une colère qui ne fit que diminuer son autorité et cimenter les liens entre mère et enfants. Chaque accès de fureur inexplicable, chaque méchanceté décochée contre son fils ne servit qu'à engendrer une compassion protectrice à l'égard de Tom, repoussant chaque fois le père un peu plus loin, en marge de la vie familiale.

À mesure qu'il devenait un étranger pour les siens, Tom senior semblait de plus en plus fâché avec la société en général. Il devint un rebelle, un renégat qui n'avait que faire du système. Élevé dans la foi catholique, il dénonça les religions organisées et exprima son mépris envers les médecins et la médecine conventionnelle. L'âme en peine, révoltée et insatisfaite, il quittait ses différents postes tout en caressant le rêve de faire fortune avec diverses inventions. Sans doute ses démons intérieurs alimentaient-ils ses diatribes et ses volte-face imprévisibles entre brutalité et remords. « C'était un individu très complexe qui a provoqué un véritable bouleversement au sein de la famille », déclarera Tom. Son épouse finit par se lasser. Le fait que Mary Lee, solide, déterminée et catholique pratiquante ait pris la décision de quitter son mari montre clairement à quel point la vie était devenue difficile avec Thomas Mapother III. « Ce fut une époque d'évolution, de conflits », dira-t-elle de cet événement douloureux.

Le départ de la famille fut en effet dramatique. Mary Lee planifia la fuite avec la précision d'une opération militaire. Elle demanda à Tom et à ses filles de faire leurs valises et de les garder auprès de leurs lits en prévision du départ. À 4 h 30, par un matin de 1974, alors que son mari n'était pas là, Mary Lee réveilla les enfants, les fit monter dans son break et roula vers la frontière. « Nous avions l'impression d'être des fugitifs », raconte Tom, le secret entourant leur fuite étant fondé sur l'idée erronée que le mari de Mary Lee pouvait invoquer la loi pour les empêcher de quitter le pays.

Mary Lee franchit les 1 300 kilomètres qui les séparaient de Louisville, où l'attendaient sa mère, Comala, et son frère, Jack. La route n'était pas nouvelle pour les enfants Mapother : ils se rendaient souvent dans le Kentucky pendant les vacances d'été pour passer du temps avec leur famille. Alors qu'ils chantaient en chœur avec la radio pour rester de bonne humeur, les enfants n'étaient sans doute pas conscients qu'ils ne reverraient leur père qu'en trois occasions. Ils ne lui avaient pas fait d'adieu, pas plus qu'à leurs copains d'école. Plus tard, la sœur cadette de Tom, Cass, prit la peine d'envoyer à son institutrice un « petit mot gentil » pour la remercier de son aide.

Une fois dissipées l'excitation et l'impression d'aventure, l'énormité de leur geste commença à se faire jour. Ils avaient quitté un quartier sûr et respectable, d'excellents établissements et un cercle familier pour un avenir incertain. En outre, ils prirent la pleine mesure de leur situation financière dramatique quand ils comprirent que le père de Tom ne pouvait ou ne voulait pas verser de pension alimentaire. Au début, la mère, le frère de Mary Lee et d'autres membres de la famille vinrent à la rescousse, payant le loyer d'une maison sur Taylorsville Road, dans la banlieue est. Il semblerait qu'ils aient également réglé les frais de scolarité de Tom dans un collège catholique, St. Raphael.

Le déménagement vers le sud eut au moins un avantage pour Tom : quand il entra dans l'équipe de hockey de l'école, il en devint le joueur vedette grâce à son expérience canadienne. Durant un match en Indiana, son adversaire fut si agacé devant un Tom vif comme l'éclair qu'il l'empoigna par le col et le jeta en touche.

Cependant, il était impossible de se dissimuler les difficultés auxquelles était confronté leur foyer. Ils ne pouvaient plus compter sur la générosité de leur entourage. Chacun dut s'y mettre. Les deux aînées, Lee Anne et Marian, prirent des mi-temps comme serveuses et Tom revint aux anciennes habitudes :

livrer les journaux, tondre les pelouses et nettoyer les jardins. Cette fois, l'argent gagné n'était pas destiné à se payer le cinéma ou des friandises, mais à remplir le garde-manger. « Aucun travail n'était trop sale ou trop difficile pour Tommy, du moment qu'il touchait de l'argent pour soutenir sa mère », raconte le voisin Bill Lewis, ancien marine qui se lia avec l'adolescent. Non que Tom fût aussi saint qu'on le dépeint. Plus tard, il se vanta d'avoir vu *La Guerre des étoiles* quatorze fois, grâce à l'argent de ses petits boulots, et qu'une fois il bâcla le nettoyage d'une cour pour assister à une séance de son film de guerre préféré, *Midway*.

Sa mère faisait bouillir la marmite grâce aux trois mi-temps de vendeuse qu'elle assumait. « Elle aurait pu rester assise tous les matins à pleurer sur son sort, dira Tom. Elle ne l'a jamais fait. Elle était très fière. Elle avait de la dignité. Elle travaillait dur. » Même si la famille bénéficiait de l'aide alimentaire fédérale, elle n'avait pas droit aux allocations à cause de ses trois mi-temps. Jongler avec trois postes avait un prix. Mary Lee se déplaça un disque quand son patron, dans le magasin d'électroménagers où elle travaillait, lui demanda de soulever toute seule un lave-linge. Elle resta immobilisée pendant huit mois, si handicapée qu'une amie de la famille dut s'installer chez eux. Le magasin ne présenta jamais ni excuses ni offre d'indemnités.

Le jeune homme de la maison fut indigné et consumé d'une rage impuissante devant la manière dont on traitait sa mère. Encore aujourd'hui, cet épisode le met en fureur. « Il [le gérant du magasin] se fichait de son employée. Ma mère n'est pas quelqu'un de rancunier, mais je me rappelle qu'elle avait été très en colère. » Dévoué à sa mère, protégeant ses sœurs, Tom prit son nouveau rôle très au sérieux. À l'âge où la majorité des adolescents ont peu ou pas de patience envers leurs mères, il s'en rapprocha encore davantage. Il admirait Mary Lee pour son amour inconditionnel, sa ténacité et son optimisme : c'était le genre de femme qui voit toujours le verre à moitié plein, chante le matin et offre l'hospitalité aux inconnus. Quand elle retourna au travail, elle eut droit à un traitement de faveur de la part de son fils, du moins durant le carême. Pendant six semaines, chaque soir, il lui lavait et massait les pieds une demi-heure.

Tom était extrêmement possessif à l'égard de ses sœurs aînées, approuvant ou non leurs petits copains et les menaçant dès qu'ils dépassaient les limites des convenances. Une fois, il menaça de « tuer » le petit ami de sa sœur Marian s'il la touchait, parce qu'il savait que ce garçon fréquentait une autre fille. Une autre fois, un condisciple de St. Raphael qui critiquait l'une de ses sœurs se retrouva dans les toilettes aux prises avec un Tom Mapother indigné. Son aînée, Lee Anne, observe qu'il a toujours agi en grand frère plutôt qu'en cadet. « Il était très attentif et protecteur, raconte-t-elle. Quand nous fréquentions quelqu'un un peu sérieusement, lui présenter Tom n'était pas une mince affaire. Son opinion a toujours beaucoup compté pour nous. »

S'il se sentit toujours à l'aise entouré de femmes, observant un jour qu'il leur faisait plus confiance qu'aux hommes, elles lui pesaient tout de même parfois, et il appelait à la rescousse son cousin William Mapother. « Lui et moi n'avions que des sœurs, alors nous nous protégions mutuellement. Nous avons beaucoup de femmes à poigne dans notre vie, l'un et l'autre. »

Héros aux yeux d'une mère indulgente, adulé par ses sœurs, ayant un père méprisé, tout cela finit par lui monter à la tête. « Cela lui donna vraiment l'impression d'avoir des droits, raconte une connaissance de la famille sous couvert d'anonymat. Il était le roi dans son royaume. »

L'autorité de Tom s'étendit rapidement au-delà du cercle des proches, le jeune homme faisant montre de l'audace de casse-cou qu'avaient admirée ses copains d'Ottawa. Ce qu'il racontait de ses exploits loin du milieu provincial du Kentucky, allié à son penchant téméraire pour le danger, l'auréolait d'un glamour fascinant. « Pour les gosses du quartier, il est devenu le chef de bande, se rappelle un copain de l'époque, Tommy Puckett. Il récompensait notre loyauté en achetant ou en volant pour tout le monde des cigarettes au drugstore du coin. » Les adolescents avaient l'habitude d'aller dans les champs avec le fusil de Puckett tirer le gibier. Apparemment, Tom était bon tireur.

Pourtant, il n'était pas maître de tout en son royaume. Une fois, il faillit se blesser grièvement en percutant en moto le flanc d'une maison. Il s'était vanté auprès de plus vieux que lui d'être un expert en moto, alors qu'il n'était jamais monté dessus. Prenant l'accélérateur pour le frein, il traversa une haie et s'encastra dans un mur de brique. « J'ai failli me tuer en voulant me faire accepter », avouera-t-il.

D'un point de vue plus intime, Tom eut une entrevue inattendue et déplaisante avec son père dans les rues de Louisville. M. Mapother avait fini par suivre sa famille dans le Kentucky, où il avait, selon plusieurs sources, vainement tenté de se réconcilier avec son ex-femme. Il avait cessé de faire semblant de travailler, vivant au jour le jour et occupant de temps en temps un emploi non qualifié. Il aurait même travaillé quelque temps dans une entreprise de construction d'autoroutes. Lors de cette rencontre difficile après des mois de séparation, Tom senior demanda à son fils et à sa fille s'ils voulaient aller au drive-in voir un film. Si Tom n'a jamais parlé de cette rencontre, son père déclara plus tard à un journaliste local que son fils lui avait répondu de se « tenir à l'écart de tout ».

Le 1er août 1975, soit trois semaines après le treizième anniversaire de Tom, Mary Lee et Thomas Mapother divorcèrent officiellement et Mary Lee reprit son nom de jeune fille, Pfeiffer. Six semaines plus tard, après une cour effrénée qui dura en tout et pour tout deux semaines, le père de Tom se remaria. En août 1975, il avait fait la connaissance de Joan Lebendiger, veuve d'un médecin local très respecté, mort à quarante-six ans en novembre 1974. L'attirance mutuelle fut immédiate et ils prirent rapidement la décision de convoler. Certes, Joan Lebendiger était à la hauteur de la signification de son patronyme allemand : « pleine de vie ». Si le clan Mapother fut surpris par cette nouvelle, les quatre enfants Lebendiger furent pour leur part abasourdis. « Ma mère nous a annoncé un mardi au dîner qu'elle se remarierait le samedi », raconte Jonathan Lebendiger, qui avait treize ans, le même âge que son futur demi-frère. Tom et ses sœurs assistèrent à la cérémonie civile qui se déroula chez Mme Lebendiger, au 2811, Newburg Road, dans une verte banlieue de Louisville. En dehors de banalités échangées avec les quatre enfants Lebendiger lors du mariage, Tom n'a plus eu de contact avec cette « seconde famille ».

L'union fut précipitée, mais à peine Jonathan Lebendiger, son frère Gary et ses sœurs Jamie et Leslie eurent-ils digéré la nouvelle du remariage de leur mère qu'ils se retrouvèrent livrés à eux-mêmes, leur mère et son nouvel époux partant vivre une nouvelle vie en Floride. Les enfants Lebendiger furent recueillis par des proches, avec pour seul moyen de subsistance l'argent que leur avait laissé leur père. Ni leur mère ni leur beau-père ne contribuèrent en aucune façon à les vêtir, à les nourrir et à les éduquer, tout comme Tom Mapother senior ne fit rien pour sa propre famille.

On comprendra aisément que cet épisode ait laissé aux enfants Lebendiger un goût amer et de la rancœur envers l'homme qui venait de bouleverser leur existence. « C'était le mouton noir des Mapother, déclarera Jonathan Lebendiger, à présent agent immobilier à Philadelphie. Je ne sais pas quelle relation il avait avec son fils, mais je sais que c'était une pomme pourrie. Ils étaient tous juristes dans sa famille et il s'est dressé contre tout ce qu'ils représentaient. J'étais en colère à l'époque, mais je ne lui en veux plus. » Cette union perdura tout juste un an avant que sa mère et le père de Tom ne se séparent. Joan Lebendiger, fanatique de bridge, finit par s'installer à Los Angeles. Ses enfants se réconcilièrent avec elle avant sa mort, en 2005. « Elle a dit qu'elle avait fait de son mieux, mais elle a reconnu qu'elle n'était pas très douée pour la maternité, raconte Jonathan. Ne cherchons pas plus loin. »

Si le cercle Lebendiger fut peiné, le clan des Mapother fut « consterné » par le comportement de Tom senior. « Je ne crois pas que quelqu'un de normal aurait abandonné une femme et quatre enfants comme il l'a fait », a confié Caroline Mapother à l'écrivain Wesley Clarkson. La famille n'eut aucune nouvelle de Thomas Mapother III pendant des années – pas même une lettre ou une carte de Noël. Fait révélateur, Tom dit du Noël 1975 qu'il fut le plus beau de sa vie. Alors qu'ils avaient à peine assez d'argent pour se nourrir, sa mère proposa qu'ils tirent chacun d'un chapeau un nom, à l'avance, qu'ils préparent une surprise à cette personne et ne révèlent leur identité que le jour de Noël. Ce jour-là, ils se lurent tous des poèmes et se jouèrent de petits sketches. « Nous n'avions pas un sou et, en fait, ç'a été génial », dit-il un jour alors qu'il narrait cette existence où les vêtements des aînés allaient aux cadets, où il livrait des journaux et où l'on se débrouillait comme on pouvait. Curieusement, à l'époque, ils vivaient dans une belle maison avec quatre chambres sur Cardwell Way, un quartier où les piscines ne sont pas une rareté. De leur côté, les membres de la famille Mapother s'offusquent quand on laisse entendre qu'ils avaient abandonné Mary Lee et ses enfants à une existence difficile et faite d'expédients. Comme l'observe Caroline Mapother : « Ces propos me mettent en colère, parce que sa grand-mère a fait tout ce qu'elle a pu pour aider à entretenir ces enfants, surtout après le départ de Tom III. »

Tom était particulièrement proche de son grand-père paternel, Tom Mapother II, un avocat retraité jamais en mal d'anecdotes sur les personnages pittoresques qu'il avait connus dans sa carrière comme sur la jeunesse du père désormais absent de Tom. Un été, il emmena Tom et son cousin William visiter Washington ; puis, quand Tom quitta St. Raphael en 1976, il lui proposa de payer les frais de scolarité de St. Xavier, un prestigieux lycée catholique de garçons dont William était censé suivre les cours.

Tom refusa l'offre généreuse de son grand-père : il ne voulait pas bénéficier d'un traitement de faveur sous prétexte qu'il était un garçon et n'accepterait que s'il payait également les frais de scolarité de ses sœurs dans des établissements privés. L'argument paraît curieux, étant donné que St. Xavier était un lycée de garçons et que ses aînées, Lee Anne et Marian, étaient déjà au lycée et allaient bientôt terminer leurs études. Plus tard, Tom raconta à James Lipton que c'était pour cela qu'il était parti à deux cents kilomètres de là, au séminaire catholique de Cincinnati. Son séjour d'un an à la pension St. Francis, dirigée par des franciscains, a été largement interprété comme une intention de se destiner à la prêtrise. Comme il l'expliquera, la raison était beaucoup moins romanesque : « Nous n'avions pas d'argent à l'époque et je suis allé là-bas pendant un an, car c'était gratuit. » Pourtant, il précise qu'il envisagea un instant de devenir prêtre.

Peut-être sa famille sentit-elle que cet adolescent turbulent, qui ne cessait de se bagarrer et de s'attirer des ennuis, se porterait mieux sous un régime plus sévère que celui du « monstrueux régiment de femmes » qui le couvait. C'était désormais le cinquième établissement qu'il fréquentait depuis ses sept ans – et non l'une des quinze institutions où il prétend être allé avant ses quatorze ans. Il passa une année scolaire dans ce lointain séminaire, de septembre 1976 à l'été suivant, et décrivit cette période en compagnie de cent autres élèves, dont beaucoup d'enfants de parents divorcés, comme la meilleure de toute sa scolarité.

Tom a peut-être apprécié la discipline et l'existence réglementée d'une pension religieuse – la messe était dite chaque jour – tout comme la camaraderie bruyante et chahuteuse des vingt garçons partageant le dortoir. Le besoin d'appartenance à un groupe identifiable est un thème récurrent du vocabulaire affectif de Tom. Alors que sa famille répondait à ce besoin, l'univers cloîtré de St. Francis semble être devenu un nouveau foyer affectif loin du giron familial. « Il avait toujours le sourire, se rappelle le père Johen Boehman, recteur et gardien du séminaire désormais fermé. Mais il se distinguait des autres parce que c'était le plus petit de sa classe et qu'il ne pouvait rien faire sans que cela se remarque. »

Il s'inscrivit à la chorale, joua au basket, malgré sa petite taille, et fit partie de l'équipe de football des Saints. Il avait à disposition des clubs de loisirs, bateaux et avions télécommandés, ce qui était parfait pour un garçon passionné d'aviation. Mieux encore, pour la première fois, il figura au tableau d'honneur.

Au regard de ses agréables souvenirs, il est surprenant qu'il ne soit resté dans ce lycée que jusqu'à l'été 1977, au cours duquel il rentra à Louisville poursuivre ses études ; d'autant plus qu'il fut obligé d'aller vivre avec sa tante et son oncle, les Barratt, parce que Mary Lee et ses sœurs n'avaient plus les moyens de louer leur maison et avaient dû se réfugier chez leur grand-mère. Il s'inscrivit au lycée catholique St. Xavier et déclare avoir payé ses études en livrant des journaux et, pendant un moment, en travaillant chez un glacier du centre-ville. Ce choix semble étrange : son grand-père lui avait proposé de payer ses études, et, maintenant que son aînée Lee Anne avait son diplôme, rien ne l'empêchait d'accepter.

L'orgueil de l'adolescent, et la certitude que les modèles réduits d'avion ne remplacent pas la fréquentation du beau sexe contribuent sans doute à expliquer son retour à Louisville. Quand il était au séminaire, avec les autres garçons, il était allé rendre visite à des filles chez elles pour bavarder et s'amuser. « Je me suis rendu compte que j'aimais trop les femmes pour y renoncer », avouera-t-il. Ses amis et lui traînaient dans les rues de Louisville par désœuvrement ou jouaient au flipper au centre commercial. Son aisance avec les femmes, dont témoigne le nombre de ses conquêtes à Ottawa, fut tout aussi évidente dans sa ville d'adoption. Pendant des années, Laurie Hobbs, qui fit sa connaissance quand elle était élève au Sacré-Cœur de Louisville, se vanta d'avoir appris l'art du baiser à l'un des hommes les plus sexy du monde. Il était probablement trop gentleman pour aborder ses nombreuses expériences passées, mais elle dut s'en rendre compte par elle-même, si l'on en juge par ses commentaires : « Je me rappelle avoir été surprise qu'il sache embrasser comme cela. Nous flottions, enlacés l'un à l'autre. J'étais même obligée de lui dire d'arrêter de me tripoter. »

Quand ses amis et lui ne draguaient pas les filles, ils avaient toutes les peines du monde à ne pas commettre de sottises. Même si, à quinze ans, il était trop jeune pour avoir son permis de conduire, il sillonnait la ville au volant de voitures prêtées. Une fois, il s'arrêta en voyant une voiture de patrouille alors qu'il allait prendre un sens interdit. Les policiers le regardèrent sans broncher tandis qu'il faisait péniblement demi-tour.

Jamais le dernier à relever un défi, il se déshabilla et déambula tout nu dans la rue sous le nez de ses copains. Il eut vraiment des ennuis quand un véhicule de police le surprit dans ses phares. Selon un ancien camarade de lycée, il eut la présence d'esprit de raconter aux policiers sceptiques qu'il s'était enfermé dehors en sortant de son bain. Pour la peine, il fut raccompagné chez lui, enveloppé dans la veste du policier. Tommy Puckett se rappelle une autre fois où, pour Halloween, Tom et la bande se déguisèrent en jeunes femmes des années 1920.

Tom ne fut pas d'humeur à rire quand il apprit que sa mère fréquentait un représentant, Jack South, rencontré lors d'un congrès d'électronique. Cet homme était un affront à l'autorité d'un jeune homme qui avait pris l'habitude d'être le chef de famille, dorlotant sa mère et surveillant les fréquentations de ses sœurs. Avec son tempérament bourru de dur à cuire et son franc-parler, Jack South était un adversaire de taille pour le jeune garçon. Il y eut un clash inévitable, et, pendant un long moment, leurs relations furent tendues. Leur intérêt commun pour le sport, le cinéma et les « trucs de mecs », notamment le jeu, finit par briser la glace. Le fait que Tom ait eu du flair lorsqu'ils faisaient des paris contribua à leur réconciliation. Après tout, Jack faisait maintenant partie de la famille. Mary Lee et lui se marièrent en 1978, et, peu après, il obtint un poste dans le New Jersey. Du coup, la famille déménagea de nouveau. Mais, cette fois, ils partaient tous ensemble.

2

Elle était la coqueluche du lycée. Belle, cheftaine de la troupe de pom-pom girls, il était naturel, selon la hiérarchie étudiante, qu'elle sorte avec le joueur le plus sexy de l'équipe de football. Cependant, sa célébrité dépassait les frontières cossues mais étroites de son lycée. Lorraine Gauli était la vedette d'une série télévisée pour adolescents, *The New Voice* – précurseur de *Dawson* –, pour laquelle elle allait régulièrement tourner à Boston. Aux yeux de ses camarades, la belle actrice blonde avait toutes les chances de connaître le succès. Elle n'avait qu'à tendre la main. C'était du moins ce qu'il semblait.

Côté cœur, c'était moins idyllique : le footballeur Frank Gerard et elle passaient pour le couple phare du lycée, mais ils se chamaillaient comme chien et chat. Possessif et très jaloux, ce garçon d'un mètre quatre-vingt-trois avait un caractère de cochon et la réputation de laisser parler ses poings. Lors d'une soirée chez Kevin Forster, le couple idéal se disputa. Cela n'avait rien d'inhabituel : tout le monde savait qu'ils se réconcilieraient bien vite. Elle pleurait et sortit prendre l'air. Le nouveau du bahut était lui aussi sorti s'aérer. Petit, mince, quarante-cinq kilos tout mouillé et tout en dents : avec ses seize ans, Tom Mapother – Maypo, comme on le surnommait – n'était pas le tombeur local. Mais cet élève de seconde fraîchement arrivé était un type plutôt sympa. Lorraine était assise à côté de lui en cours de chimie. Il avait la conversation facile et était amusant.

Tom lui demanda ce qui n'allait pas et tenta de la réconforter. C'est là qu'il commit sa première erreur majeure. Il passa son bras autour de son épaule à l'instant où le petit ami et sa bande de l'équipe de foot sortaient la chercher. Ce fut pour Frank le prétexte idéal à une avalanche de coups de poing et de paroles venimeuses. « Depuis que tu es arrivé dans cette ville, tu fais tout pour t'attirer des problèmes ! » braillèrent les sportifs pendant que Frank criblait de coups son chétif adversaire. Lorraine se précipita dans la maison en hurlant et le petit Maypo fut abandonné à son sort, à moitié assommé, dans les buissons. Il finit par se relever, vérifia qu'il n'avait rien de cassé et rentra chez lui. Bienvenue à Glen Ridge.

Ce Beverly Hills du New Jersey est une petite banlieue résidentielle blanche et huppée de la ville de Montclair, où Porsche, BMW et Mercedes sont les moyens de locomotion courants. Avec ses rues bordées d'arbres quasi centenaires, ses ravissants réverbères et ses demeures familiales remontant pour la plupart à l'époque victorienne, Glen Ridge est aussi élégante que cossue. Alors que chirurgiens, comptables, avocats et journalistes apprécient la région parce qu'elle est à une courte distance de Manhattan, une grande partie des 7 500 habitants y ont élu domicile pour la qualité de ses établissements scolaires, en particulier le lycée, largement reconnu comme le meilleur de l'État.

L'immense maison victorienne de Washington Street, dans le très convoité quartier de South Ender, que le beau-père de Tom Jack South, loua pour la tribu Mapother en 1978, était plus vaste que ce qu'ils avaient connu jusque-là, mais l'environnement bourgeois, respectable et principalement blanc ne leur était pas étranger. Ils avaient déjà connu cela à Ottawa et à Louisville. La famille n'était pas très aisée et il arriva souvent que le garde-manger soit vide. Le beau-père de Tom était vendeur de plastique et sa mère travaillait dans l'immobilier, tandis que ses sœurs étaient serveuses à mi-temps à Glen Ridge et dans la banlieue voisine de Bloomfield. Tom prit un mi-temps de serveur au très chic Glen Ridge Country Club, où les Ridgers – surnom des habitants – se retrouvaient le week-end. Il avait pour clients les parents de ses camarades et ses camarades eux-mêmes.

Tom ne tarda pas à connaître l'aspect le moins angélique de Glen Ridge : le culte du sport. Le lycéen sportif était roi, jouait comme un forçat et faisait la fête comme un forcené. Une dizaine d'années plus tard, la face obscure de ces garçons idolâtrés par leurs lycées et leur ville pour leurs exploits sur le terrain fut exposée au grand jour lorsqu'un groupe de jeunes sportifs très appréciés du lycée de Glen Ridge fut accusé d'avoir violé une handicapée de dix-sept ans. Ce drame qui divisa la communauté inspira un livre, dans lequel l'écrivain Bernard Lefkowitz explore les dessous inavouables d'une banlieue apparemment parfaite.

Pour Tom et ses sœurs, déracinés à un moment critique de leur adolescence, il fallut se trouver de nouveaux amis. Faire leurs preuves. S'intégrer. Et, à Glen Ridge, ce n'était pas une mince affaire. La plupart des six cents élèves du lycée étaient ensemble depuis la maternelle. Tout le monde connaissait tout le monde. Un nouveau, surtout un garçon de seize ans, maigre et pas très grand, qui ne pouvait guère espérer de se faire une place dans la sainte Trinité des sports – football, baseball et basket –, devait se donner beaucoup de mal pour vaincre une hostilité instinctive. Ses condisciples observaient Tom comme un spécimen au microscope, et, quoi qu'il fasse, il avait tort. « Il a été en cours avec moi pendant les premiers jours, raconte Philip Travisano, un ancien de Glen Ridge. Comme il appelait notre professeur "madame", je me suis dit que c'était un fayot, mais j'ai compris plus tard qu'il était naturellement poli. »

Pour un adolescent habitué à être chef de bande, ce devait être d'autant plus cuisant d'être considéré comme du menu fretin parmi les requins. Ayant appris dans sa relation avec son père l'art du camouflage, Tom présenta un masque d'affabilité pour survivre dans la jungle lycéenne. Sa condisciple Nancy Armel fut priée par son oncle et principal adjoint Jack Price de faire visiter à Tom son nouveau lycée. Lorsqu'ils se rencontrèrent, elle perçut son malaise et ses complexes. « Il tenait à faire bonne impression », dit-elle.

Et il ne ménagea pas ses efforts. Comme elle habitait près de chez lui, il vint la voir, sous le prétexte de faire ensemble leurs devoirs. En peu de temps, elle passa de guide à camarade de classe, puis à petite amie. Ensemble, ils montaient à cheval et, comme ils étaient trop jeunes pour conduire, leurs parents les emmenaient au cinéma. Cependant, la plupart du temps, ils s'ébattaient chez l'un ou chez l'autre. Elle l'appréciait parce qu'il était drôle et qu'il présentait bien. Mais certainement pas parce qu'elle le trouvait beau. « Ce n'était pas le beau gosse dont toutes les filles rêvaient », déclare-t-elle dédaigneusement. Cependant, elle sortit avec lui pendant trois ans et fut sa première amante. Il fut même question de mariage.

À cette époque de sa vie, le jeune Maypo comptait surtout sur sa personnalité pour séduire. « C'était de la viande fraîche, mais il avait l'air un peu niais », raconte sa condisciple Diane Van Zoeren. Lors du premier bal du lycée auquel il participa, le petit gars du Kentucky ébahit l'assistance par une série de pirouettes, sauts et acrobaties. « On s'est tous rendu compte que ce mec avait quelque chose de différent, se souvient Philip Travisano. Il avait du charisme. Après son numéro, il a commencé à se faire des amis et tout le monde a compris qu'il était cool. » Avant d'arriver à la salle de bal, Tom avait répété pour que son numéro ait l'air naturel et détendu. Cette astuce, il devait la réutiliser durant toute sa future carrière. Il regardait des émissions comme *Soul Train* et copiait les pas de danse des ados dans l'assistance. « J'ai appris tout seul à faire le robot et des trucs comme ça », expliqua-t-il un jour.

Mais, malgré tous ses efforts, il n'était jamais assez cool pour être sur le haut du panier. Les pom-pom girls et les sportifs, les Lorraine et les Frank de ce petit univers régnaient dans les couloirs et sur les pelouses de Glen Ridge. Tom restait sur la touche.

Il rejoignit l'équipe de football, encore balbutiante. Ce nouveau sport, connu du reste du monde comme le « beau jeu », avait été confié au professeur d'histoire, le Dr Don Voskian, surnommé « Doc Voc ». Les performances du jeune Tom furent à la hauteur du reste de l'équipe, c'est-à-dire, comme l'observa un spectateur, « plutôt désespérantes ».

Il eut de bien meilleurs résultats durant l'hiver, où il s'exerça à la lutte, s'entraînant tous les soirs après les cours sous l'œil attentif du coach Angelo Corbo. Non seulement c'était un moyen pour ce garçon menu – à seize ans, il mesurait environ un mètre soixante-sept – de concourir avec des équipiers du même gabarit, mais c'était une occasion de se faire de nouveaux amis. « Je crois qu'il était assez seul et qu'il avait du mal à s'intégrer », se souvient Corbo.

Malgré tout, il ne manqua pas de rester poli, acharné et déterminé. Le sport eut une telle influence que sa mère déclara un jour à Corbo que l'esprit de la lutte, le fait de se mesurer à un autre, lui avait été très utile plus tard dans sa carrière. Bien sûr, ses partenaires seraient Dustin Hoffman, Paul Newman et Jack Nicholson plutôt que les élèves des lycées rivaux de Jefferson Township et Hillside. Ce qui lui manquait en technique, il le compensait par l'enthousiasme, et il fut ravi de voir paraître dans le journal local de Glen Ridge en janvier 1979 une photo le montrant en train de terrasser son adversaire.

La victoire était douce, mais la défaite difficile à supporter. « C'était quelqu'un de très passionné, raconte sa petite amie Nancy Armel. Il prenait tout très au sérieux. S'il perdait un match de lutte, on restait des heures sans pouvoir lui parler. Il valait mieux le laisser tranquille. »

S'il prit la lutte très au sérieux, il ne put jamais vraiment prétendre à des exploits scolaires. Comme dans les précédents établissements, il fut un élève moyen qui n'excella jamais dans aucune matière. Pourtant, durant les trois ans où Tom et sa petite amie Nancy étudièrent l'anglais ensemble – et firent leurs devoirs chez l'un ou chez l'autre –, elle ne remarqua jamais le moindre signe de difficultés d'apprentissage. Avec sa franchise de fille du New Jersey, Nancy accorde peu de crédit à ses déclarations lorsqu'il affirma plus tard avoir été « analphabète » : « Je suis sortie avec lui pendant tout le lycée et ça n'a jamais été un problème. Ça me scie. Peut-être qu'il a voulu doper sa carrière en disant qu'il avait été dyslexique. Il m'a paru tout à fait normal. Je ne me souviens pas qu'il ait jamais suivi des cours spéciaux, je l'aurais su. C'était un élève moyen comme moi, niveau B/C. Il ne se distinguait pas dans les études. » D'autres condisciples soulignent que, dans un petit établissement comme Glen Ridge, la moindre petite imperfection est remarquée et cruellement exploitée. Élève à la même époque, Pamela Senif observe : « Il n'était pas dans les classes réservées à ceux qu'on estime "à problèmes". En toute honnêteté, les autres se seraient moqués de lui. S'il était dyslexique, personne n'était au courant. »

Il n'est guère crédible qu'il ait pu dissimuler ses difficultés de lecture à sa petite amie pendant trois ans, mais ses piètres performances scolaires ne passèrent pas inaperçues. Sur le site Internet d'un établissement de Glen Ridge, d'anciens élèves publièrent des remarques peu amènes sur le plus célèbre ancien du lycée. L'un de ceux qui étaient en cours d'histoire avec Tom se souvient de lui comme d'un « fumiste » qui faisait du charme au professeur, le Dr Voskian, pour dissimuler son manque de préparation. Un grand sourire, mais « un esprit vide et confus » : tel était son verdict. Plus indulgent, un autre fait remarquer que, s'il ne lisait pas « Tolstoï ou Trollope, il savait lire, écrire et compter ». À sa décharge, n'oublions pas que les classiques européens ne constituent pas vraiment l'ordinaire littéraire des adolescents américains.

Tom fut peut-être un élève moyen, mais c'était un garçon ambitieux. Quand Nancy et lui discutaient de leur avenir, Tom exprimait un unique et ardent désir : devenir pilote de ligne. Tout gosse, il collectionnait déjà les modèles réduits et chaque fois qu'il fut contraint de déménager il emporta les maquettes de deux des plus célèbres avions de combat de la Seconde Guerre, le Spitfire et le P-51 Mustang. Son coffre à jouets, marqué au pochoir « maquettes d'avions de Tom », est encore dans le grenier de sa maison de Glen Ridge en gage éternel de sa fascination.

D'autres ambitions animaient Tom et Nancy. La dernière année du lycée, il lui déclara qu'il l'aimait, lui écrivit des poèmes et des billets doux. Un jour de Pâques, comme il n'avait pas les moyens de lui offrir des fleurs, il vola des jonquilles dans le jardin d'un voisin. C'était l'amourette de lycée typique : intense, fantasque et passionnée. À l'époque, ils avaient tous les deux leur permis et Tom empruntait la voiture de ses parents quand ils sortaient. C'est avec pudeur qu'elle confie ce souvenir envolé depuis longtemps : « Oui, il a été mon amant. Absolument. J'étais sa première. Du moins, je le crois. J'espère avoir été un bon professeur. Nous faisions des sottises dans la voiture garée, comme tous les ados. J'avais des bleus partout à cause du levier de vitesses, ça, je peux vous le dire. »

Ils parlaient ensemble de leur avenir. Il voulait aller dans la célèbre école d'aviation Embry-Riddle, en Floride, pour devenir pilote. Nancy se voyait hôtesse de l'air – ce qu'elle devint d'ailleurs finalement – et ils comptaient travailler ensemble. « Nous devions finir notre vie tous les deux, avec des enfants, la clôture blanche et tout le tremblement, raconte Nancy, qui a aujourd'hui deux garçons de deux unions. À l'époque, je l'aurais épousé. Nous étions deux ados amoureux. »

Mais, au beau milieu de ses rêves, Nancy commençait à percevoir chez son petit ami des changements qui n'étaient pas tout à fait à son goût. À l'automne 1979, il fréquentait les sportifs qui l'avaient entre-temps accepté. Il y avait Michael LaForte, qui devint marine, Randy MacIntosh, Mark Worthington, Joe Carty, Mario Ponce, aujourd'hui avocat en vue à Manhattan, Steve Pansulla, John Jordan, aujourd'hui mannequin, et les frères Travisano, Vinnie et Phil. Plusieurs allaient rester des amis de Tom. Ils allaient aux Meadowlands voir l'équipe de football des Giants, buvaient à la Star Tavern – à l'époque, l'âge légal pour consommer de l'alcool était dix-huit ans –, fréquentaient le cinéma Regency du quartier voisin de Bloomfield ou traînaient sur le parking du lycée. Ils connurent les ennuis habituels, bagarres et pépins de l'adolescence. Comme le raconte Sam LaForte, frère aîné de Michael : « Ils savaient s'amuser, c'était un petit groupe très uni, exactement comme le Rat Pack. Ils se faisaient toujours remarquer, et s'ils étaient dans le pétrin, c'est toujours vers moi, le grand frère, qu'ils venaient se réfugier ».

Comme de bien entendu, Tom Mapother fut surpris en train de boire de la bière avant un match de football du lycée – il était membre de la troisième équipe – et il en fut expulsé sans plus de cérémonie. Privé de football et sans la moindre chance de remporter aucune distinction scolaire, il sembla dériver. Tandis que les autres posaient leurs candidatures à des universités, Nancy Armel remarqua avec une certaine inquiétude que Maypo ne s'était même pas donné la peine de réclamer un dossier à l'école d'aviation de Floride.

Même sa carrière de lutteur sembla marquer le pas. Ironie du sort, durant la dernière année, le petit maigrichon s'était remplumé, prenant tellement de poids qu'il était désormais trop lourd pour sa catégorie. S'il voulait lutter cet hiver-là dans les compétitions individuelles plutôt que dans l'équipe, à la fin de la saison, son entraîneur lui annonça qu'il allait devoir maigrir un peu. Même s'il était certain de ne pas aller très loin dans la compétition, où il aurait dû affronter des athlètes beaucoup plus accomplis, il était déterminé à y prendre part. Afin de s'affiner, il entreprit de monter et descendre en courant les escaliers de sa maison de Washington Street. C'est à cette occasion qu'il trébucha sur un tas de paperasses laissés là par sa sœur Cass et se déchira un ligament à la cheville. Effondré, l'adolescent annonça à son entraîneur qu'il allait devoir se retirer du tournoi.

Il faisait toutefois encore partie de la chorale – il avait une belle voix – et il participa au concert de Noël avec son ami Steve Pansulla et d'autres chanteurs comme Cathy Carella et Kathy Gauli, la sœur de Lorraine. Steve, qui l'avait pris sous son aile durant ses premiers mois au lycée et encouragé à s'inscrire à la chorale et dans l'équipe de lutte, lui suggéra de tenter sa chance pour un rôle dans la représentation du lycée de *Blanches Colombes et Vilains Messieurs*. Cathy Carella et Kathy Gauli tentèrent toutes les deux de vaincre ses réticences. « Vas-y, fais-le, ce sera sympa », lui conseilla Steve. Après tout, maintenant qu'il ne pouvait plus participer au tournoi de lutte, que lui restait-il ? Au début, Tom refusa d'envisager cette idée. Il répondit à ses amis qu'il ne savait ni chanter ni jouer et qu'il n'était jamais monté sur une scène, encore moins pour une comédie musicale. L'acteur récalcitrant se montrait là bien trop modeste, comme le démontraient la tradition théâtrale familiale et le plaisir qu'il avait éprouvé sur la scène dans ses précédentes écoles.

Le fait que, aujourd'hui, ces mêmes camarades qui l'encouragèrent à auditionner pour *Blanches Colombes et Vilains Messieurs* à Glen Ridge soient abasourdis d'apprendre qu'il avait joué la comédie pendant la plus grande partie de sa vie en dit long sur le talent de Tom à dissimuler son moi véritable et à jouer un rôle. « Je ne savais même pas qu'il était déjà monté sur les planches », dit Pamela Senif, tout aussi surprise que d'autres anciens membres de la troupe de théâtre. « Eh bien, je ne le savais pas, pour nous, c'était la première fois qu'il jouait la comédie », renchérissent d'autres.

Finalement, il se laissa convaincre de passer une audition. Sous le regard critique de la directrice musicale Nancy Tiritilli et du metteur en scène Bill D'Andrea, il chanta deux chansons et lut une partie des dialogues. Son amie Cathy Carella assista à l'audition et comprit immédiatement qu'il allait décrocher le premier rôle, celui de Nathan Detroit. « Les gens ont été épatés tellement il était bon. C'était un acteur-né. Je savais qu'il deviendrait célèbre. » Pour elle, il avait lu son texte sans le moindre problème, ce qui confirme les déclarations de ses autres camarades : s'il avait des difficultés de lecture, il les dissimulait extrêmement bien.

Avant d'accepter le rôle de Nathan, il demanda l'autorisation à son entraîneur pour être sûr qu'il ne manquerait pas à l'équipe. Puis il entreprit une transformation qui allait changer pour toujours son statut dans le lycée, et sa vie. Au début, des acteurs confirmés comme Steve Pansulla, qui avait le rôle de Nicely-Nicely Johnson, et Kathy Gauli, qui jouait Agatha, le conseillèrent sur la manière de se comporter sur scène. « Contente-toi d'être toi-même, sois naturel, lui dit Steve. Oublie le public et ne sois pas nerveux. » Steve, qui s'était proclamé son mentor, encouragea Tom, qui se prétendait incapable d'endosser le rôle.

Toutefois, son manque d'assurance ne tarda pas à s'envoler. La troupe n'avait pas encore beaucoup répété que tous se rendirent compte qu'ils assistaient à la naissance d'une star. « Comme tout le monde le dit, c'était un acteur-né, se souvient Kathy Gauli. Il savait chanter et jouer, presque sans effort. C'était stupéfiant. Cela a vraiment été quelque chose de voir cette graine artistique une fois plantée donner naissance à un talent naturel. »

Il ne fallut pas longtemps non plus pour qu'émergent ces qualités qui deviendraient sa marque de fabrique : capacité à se concentrer, énergie et professionnalisme acharné. Tout comme il démontrait son aisance sur la scène, il prenait progressivement mais visiblement une nouvelle assurance parmi ses pairs.

Lors de la représentation de *Blanches Colombes et Vilains Messieurs*, en avril 1980, le théâtre du lycée fut rempli par les parents, proches et amis. Le père de Phil Travisano, Ronald, réalisateur de films publicitaires, vint soutenir son fils. Ce professionnel des plateaux fut tellement « époustouflé » par la performance de Tom Mapother qu'il alla en coulisses lui conseiller de se lancer sérieusement dans le métier d'acteur. « Il était impressionnant. La plupart des lycéens sont affectés et jouent carrément mal. Lui était fluide, dans le personnage, sans se préoccuper de ce qu'il était. »

Les opinions varient sur la manière dont Tom Mapother mit le pied à l'étrier pour devenir acteur. Selon une source, la starlette du lycée, Lorraine Gauli, amena son agent, Tobe Gibson, pour voir sa sœur Kathy, dans l'espoir qu'elle accepterait de la représenter. « L'ironie, c'est qu'il n'aurait pas été découvert ce soir-là si l'agent de ma sœur n'était pas venue me voir », raconte Kathy, avouant avec regret qu'elle ne décrocha elle-même jamais de contrat. Lorraine, qui était du métier, se rendit compte au premier coup d'œil que Tom avait tout pour devenir une star. Son agent aussi. « Il l'a rendue complètement gaga, dit-elle. Il avait un charisme fou. »

Si Tobe elle-même n'a aucun souvenir de cette soirée, elle se rappelle très clairement sa première entrevue avec l'adolescent dans son bureau de Manhattan. Elle avait demandé à Lorraine si elle connaissait des beaux gosses doués, et celle-ci lui recommanda, entre autres, Tom Mapother. Tom apporta même ses photos chez les sœurs Gauli pour que Tobe puisse le voir avant leur rencontre. À peine était-il entré dans son bureau, sur la 57e Rue, à New York, qu'elle sut qu'elle avait trouvé la pépite dont rêvent tous les agents... un jeune homme charismatique avec un talent à l'état brut. Comme elle le dit elle-même : « J'ai un côté médium et, quand il m'a serré la main, je lui ai annoncé : "Écoutez-moi. Vous allez devenir une grande star." »

Ce fut donc une audition de pure forme. Tobe était sûre de son coup. Comme l'explique sa fille, Amy, vedette de plusieurs soaps télévisés : « Elle a un instinct surnaturel. Ça lui est arrivé plusieurs fois, avec des clients. Ça a fini par me convaincre qu'il faut se fier aux intuitions. » Tobe inscrivit le nom et l'adresse de Tom dans son agenda et il signa un contrat standard, selon lequel il lui remettait 15 % de ses futurs cachets. Ils passèrent une grande partie du rendez-vous à discuter de son nom de scène. Selon la légende, divers noms furent envisagés avant que Tobe, qui partait en vacances dans les Caraïbes, eût aperçu une brochure dans le coin de son bureau et suggéré « Cruise » (« croisière », en anglais). À l'époque, Tobe ignorait que c'était son deuxième prénom, mais, lorsqu'elle l'apprit, cela ne fit que lui confirmer son intuition. Par ailleurs, il est curieux que Tom ait affirmé plus tard avoir laissé tomber son nom de famille à douze ans, quand son père était parti, étant donné qu'il était connu à Glen Ridge sous le surnom de « Maypo », abréviation de Mapother et allusion à une marque de céréales très en vogue à l'époque.

Au cours des mois suivants, Tobe devint une seconde mère, alignant les auditions, lui donnant des conseils et le laissant même dormir sur son canapé, chez elle, s'il avait un rendez-vous matinal à New York. Tout comme une grande partie de la version que donne l'acteur des événements de sa vie, elle réfute son assertion selon laquelle il n'a trouvé d'agent qu'après que sa loyale maman et lui eurent écumé Manhattan pendant des jours. « Ce n'est pas vrai, dit-elle. Lorraine était une de mes clientes et me l'a recommandé. C'est elle, l'instrument de son succès. » L'ancienne cliente de Tobe, Lorraine Gauli, a beaucoup plus d'indulgence concernant le fait d'avoir été oubliée dans la version postérieure de l'ascension de Tom. Désormais avocate pénaliste reconnue, elle est convaincue qu'il aurait été découvert tôt ou tard. « C'était un beau gosse talentueux et ce n'est pas si fréquent que cela. »

Il était peut-être inévitable que l'aspect suffisant et dominateur de sa personnalité commence à faire surface, le jeune Maypo se voyant déjà devenir roi du monde. Face à cette évolution, sa petite amie Nancy Armel jugea qu'elle trouverait mieux ailleurs. Elle partit en Floride pour les vacances de printemps et commença à fréquenter un garçon plus âgé sans le dire à Tom. Quand elle lui avoua enfin son infidélité, il explosa : « Ne vous laissez pas avoir par son sourire et ses dents, raconte-t-elle. Il avait un côté méchant et pouvait se montrer très cruel avec les gens. Vers la fin de son année de terminale, il avait l'impression de dominer les autres et commençait à montrer sa face obscure. Il croyait pouvoir agir en toute impunité. »

S'il avait toutes les raisons d'être fâché de l'inconstance de Nancy, il ne perdit pas non plus un instant. Lors d'une folle soirée avec la troupe de théâtre, il dansa toute la nuit avec ses nouvelles admiratrices. À l'époque, on racontait dans le lycée que la vitamine E dopait les performances sexuelles. Aussi, quand il demanda à son hôte, Andrew Falk, s'il en avait, les autres levèrent les yeux au ciel en souriant. « Pour moi, ça voulait dire qu'il avait le sang chaud, commenta Phil Travisano. C'était un mec viril comme les autres. »

Parfois, il y avait un peu trop de testostérone dans l'air. À la fin d'une autre soirée, cette fois chez Kim Thorne, il essaya de plaquer au sol deux filles, dont Cathy Tevlin, en les attrapant par les chevilles. Alors que tous les garçons s'esclaffaient, Cathy et son amie ne trouvèrent cela pas drôle du tout et se dégagèrent avant de quitter la soirée. « C'était un peu maladroit et sexuel en même temps. De nos jours, je ne crois pas que les femmes apprécieraient ce genre d'attitude idiote », observe l'une des personnes qui assistèrent à ce match de lutte impromptu.

Tout le monde n'était certes pas impressionné par sa récente renommée. Plaqué par Nancy Armel, Tom eut du mal à trouver une cavalière pour le bal de fin de lycée. Pour commencer, Ellen Hurley refusa. « Il faut que je vous dise que ce n'était pas un attrape-minettes. Elles n'étaient pas vraiment folles de lui. », déclare son amie Pamela Senif. Il parvint à convaincre Ann Stoughton d'être sa cavalière pour cette soirée – mais seulement « en amie ». Au final, il passa deux pénibles heures sur la pelouse à discuter avec son ancienne copine Nancy Armel – avant de filer dans la nuit dans sa vieille guimbarde verte chercher Diane Van Zoeren. Bien qu'elle fût une année en dessous de lui, il avait eu un faible pour elle dès son arrivée dans le New Jersey. Cette nuit-là, alors qu'il roulait dans les rues désertes de Glen Ridge, l'adolescent éperdu essaya vainement de trouver où elle habitait. Cependant, il la convainquit de sortir avec lui l'année suivante, tandis qu'il faisait l'improbable transition entre le lycée et le grand écran.

Après son triomphe dans *Blanches Colombes et Vilains Messieurs*, il était vraiment mordu par le métier d'acteur. Il manqua une bonne partie des dernières semaines du dernier trimestre à Glen Ridge, car il se rendait à Manhattan pour des auditions. Son rôle suivant, cependant, ne fut pas sur Broadway, mais sur Broad Street – plaisanterie locale sur un minuscule théâtre où avaient lieu les représentations amateurs de Bloomfield, près de Glen Ridge. Quelques semaines après avoir joué Nathan Detroit, il répétait le rôle de Herb dans la comédie musicale *Godspell*, librement inspirée de l'Évangile de Matthieu. Ce n'était pas glorieux. Mais bien que ce fût une production amateur, pour Tom, c'était un pas de plus dans un monde autour duquel il gravitait depuis qu'il était enfant.

Son enthousiasme et son acharnement pour la carrière qu'il s'était choisie étaient tels que, plutôt que de manquer une représentation de *Godspell*, il décida de ne pas assister à la cérémonie de remise des diplômes de son lycée en juin 1980. Plus tard, il attribua cette décision à la gêne que lui aurait causée sa dyslexie : « J'ai eu mon diplôme en 1980, mais je ne suis pas allé à la cérémonie. J'étais un analphabète fonctionnel. J'adorais apprendre, je voulais apprendre, mais j'étais un laissé-pour-compte du système. »

Comme c'est souvent le cas, les souvenirs des témoins de l'époque diffèrent des siens. Quand il jouait dans *Godspell*, il raconta à nombre d'amis qu'il avait prévu de ne pas assister à la remise des prix afin de pouvoir assurer ses représentations. Son amie Lorraine Gauli lui asséna qu'il était fou de manquer cette étape marquante de son parcours scolaire. Il haussa les épaules en souriant, mais elle comprit plus tard qu'il possédait des qualités qui lui manquaient à elle : une ambition brûlante de réussir et la volonté de sacrifier les plaisirs du moment pour parvenir coûte que coûte à son objectif. Du coup, alors qu'on égrenait les noms des lauréats sur les pelouses de Glen Ridge High, il poursuivait ses rêves dans un tout autre genre de cérémonie : en chantant, en dansant et en captivant le public. « Tu as aimé ? J'étais bon ? » demanda-t-il avec empressement à sa nouvelle petite amie, Diane Van Zoeren, venue voir le spectacle avec sa mère. Il se rengorgea visiblement à l'écoute de leurs compliments.

Les parents des lycéens donnèrent d'innombrables fêtes pour marquer la fin des études. Cet été-là, on vit Tom dans bon nombre d'entre elles, bière à la main, en short et T-shirt. Lors d'une soirée, Sam LaForte lui demanda quels étaient ses projets. Sa réponse fut aussi franche que révélatrice : « Sam, je vais partir pour New York et devenir une star. »

3

C'était une nuit de l'été 1980, idéalement romantique. Main dans la main, Tom Cruise et Diane Van Zoeren marchaient le long de la plage en regardant sous le clair de lune les vagues déferler sur les rivages du New Jersey. Ils s'arrêtèrent près d'un poste de secouristes. Tom, qui n'était pas d'humeur à roucouler, s'inquiétait de n'avoir ni argent, ni travail, ni relations. Quelques semaines seulement après avoir quitté le lycée de Glen Ridge, à dix-huit ans, vulnérable, frustré, il parvint à peine à retenir ses larmes tandis qu'il se confiait à sa petite amie.

Il était riche d'ambitions – il lui déclara qu'il se donnait dix ans pour réussir en tant qu'acteur, sinon, il suivrait une formation de pilote de ligne – mais sans le sou. L'argent, ou plutôt le manque d'argent, avait toujours été un problème dans sa vie. À présent, c'était encore plus urgent. Il parlait souvent de devenir millionnaire avant trente ans et avait fait le pari avec son grand ami Michael LaForte que le premier à gagner un million offrirait à l'autre une Mercedes. Cette promesse qu'il n'a pas tenue reste sur le cœur de certains membres de la bande de Glen Ridge.

Sur la plage de Lavallette, station balnéaire très appréciée du New Jersey, ce n'était pas l'idée des futurs millions qui lui occupait l'esprit, mais de réunir tant bien que mal assez d'argent pour louer un appartement à New York. Avec son agent, Tobe Gibson, dont les bureaux se trouvaient à Manhattan, il avait décidé qu'il valait mieux être sur place pour se rendre aux auditions et aux cours d'art dramatique. Il n'y avait pas que l'argent qui le tracassait. Même s'il avait un agent, Tom craignait de ne pas avoir suffisamment d'expérience ni de relations dans le milieu du cinéma pour réussir aussi rapidement qu'il l'aurait voulu. Son assurance après le succès de *Blanches Colombes et Vilains Messieurs* s'était envolée.

Quand le couple fut rentré de Lavallette, Tom se débrouilla avec les ressources dont il disposait. Pendant une partie de l'été 1980, il fit des allers-retours entre le domicile familial de Glen Ridge et Manhattan. Il était habituel de le voir rouler dans sa Ford Pinto vert foncé, et, si sa voiture était en panne, il empruntait celle de sa mère ou demandait à Diane Van Zoeren ou à son amie Lorraine Gauli, qui habitait juste à côté, de le conduire. Les filles de Tobe, Amy et Babydol, étaient stupéfaites de son enthousiasme pour un jeune homme auquel elles ne trouvaient « rien de spécial ». Du moins, physiquement. Elles s'arrêtaient au superficiel – son physique trapu et râblé et son comportement poli et inoffensif, n'ayant pas, comme leur mère, un flair instinctif pour déceler l'acteur naissant.

Après une journée en ville, il prenait le car qui faisait la liaison avec Glen Ridge, croisant parfois des voisins ou d'anciens camarades de lycée à la gare routière. Curieusement, la version que donne Tom de ces événements est beaucoup plus romanesque. Plus tard, il prétendit qu'il avait si peu d'argent qu'il se rendait souvent à pied jusqu'au Holland Tunnel qui relie Manhattan et le New Jersey en passant sous l'Hudson. « Il y avait des prostituées aux abords du tunnel qui me connaissaient, confia-t-il à l'écrivain Dotson Rader. Elles me voyaient et me disaient : "Bouge pas, je prends un client, ensuite, tu pourras monter." Et c'est comme ça que je passais le tunnel jusqu'au New Jersey. Le client ne comprenait pas trop ce que je venais faire sur la banquette arrière, mais il voyait que j'étais un gamin de dix-huit ans et que j'étais inoffensif. Ils ne faisaient aucun truc sexuel devant moi. Arrivé de l'autre côté, je descendais, je les remerciais et je faisais du stop jusque chez moi. »

Cette anecdote extraordinaire paraît aussi peu plausible qu'irréalisable. Pourquoi une prostituée aurait-elle risqué de manquer un client pour qu'un adolescent puisse traverser le Holland Tunnel ? Et pourquoi un conducteur mal à l'aise et déjà inquiet de se faire agresser l'aurait-il laissé monter dans sa voiture ? Rien d'étonnant à ce que Diane Van Zoeren n'ait aucun souvenir d'un mode de transport de ce type. « Tom empruntait la voiture de sa mère, mais je ne me souviens pas qu'il ait fait du stop ou que des putes l'aient raccompagné », dit-elle.

Et puis, durant l'été, Tom ravala à grand-peine sa fierté et demanda à son beau-père de lui prêter de quoi payer son loyer et ses dépenses à Manhattan le temps qu'il mette un pied dans la profession. « Combien ça va me coûter ? » demanda prudemment son beau-père quand Tom lui exposa comment il voyait son avenir. Il emprunta environ 850 dollars, qu'il convint de rembourser petit à petit. Si l'affaire est devenue une plaisanterie familiale récurrente, Diane Van Zoeren se rappelle qu'à l'époque Tom répugnait à demander quoi que ce soit à son « intimidant » beau-père. Il voulait réussir par ses propres moyens et refusait d'être redevable de la générosité quelque peu réticente d'un homme avec qui il était fréquemment en conflit.

L'argent en poche, il trouva un petit appartement sur l'Upper West Side qu'il partagea avec un autre acteur débutant aussi démuni que lui. Pour rembourser son beau-père, il travailla comme concierge et agent d'entretien dans son immeuble, prit un mi-temps de commis dans le restaurant Mortimer's, aujourd'hui fermé, et passa l'été à décharger des camions. Ce fut une époque de transformation. « Il avait perdu son look ringard, dit Diane. Il faisait du jogging et de la musculation. Franchement, il était très mignon. » L'un de ses souvenirs les plus chers de l'époque est un cliché de Tom pris pour rire durant l'un des week-ends qu'ils passaient à Lavallette. On le voit torse nu, pour exhiber son physique « bien baraqué », une bière à la main, avec un copain, le visage couvert de mousse à raser.

Cependant, à cette époque, il voyait sa vie sous un jour moins souriant. Il raconte que, durant cet été à Manhattan, il se nourrissait de hot-dogs et de riz, « comme un animal de la jungle ». En tout cas, un animal de la jungle qui rentrait chez sa mère le week-end pour y manger du poulet rôti. D'ailleurs, pour un antre de fauve, son appartement de l'Upper West Side était plutôt « propre et bien rangé », l'adolescent romantique s'assurant qu'il y avait des fleurs dans la pièce et des fraises à la crème dans le réfrigérateur quand Diane lui rendait visite.

Quand il en eut les moyens, il suivit une demi-douzaine de cours du soir donnés par l'acteur Phil Gushee à la Neighborhood Playhouse School of Theatre, sur la 54e Rue. Son agent estimait que c'était une dépense inutile. Aux yeux de Tobe, nous le savons, Tom était un acteur-né, dont le talent pouvait être gâché par la formation dispensée dans un cours d'art dramatique. C'est ce que pensait également son amie Lorraine Gauli, qui reconnaissait malgré elle que son talent brut et sa passion dépassaient de loin ses propres aptitudes. Quand il vint chez elle, un jour, pour répéter une scène de la pièce de David Mamet, *American Buffalo*, elle fut frappée par son jeu d'acteur naturel et instinctif. « Ce type était bon, c'était inné. Il n'avait besoin d'aucune méthode ni d'aucune formation. » Tom lui reprocha vivement d'avoir choisi l'itinéraire conventionnel en s'inscrivant pour une formation de trois ans dans une école d'art dramatique de New York. D'après lui, elle aurait dû suivre son exemple et postuler sans attendre à des rôles au cinéma et au théâtre. Il était convaincu de pouvoir apprendre le métier sur le tas.

Même ses amis qui n'avaient aucune connaissance du métier percevaient son talent qui ne demandait qu'à jaillir. Un week-end, dans le couloir de la maison familiale de Glen Ridge, il échangeait avec son ami Vinnie Travisano des répliques du grand succès de 1980, *Raging Bull*. « Il est tellement entré dans son personnage qu'on voyait que c'était sa vocation, commente Vinnie. C'était stupéfiant. »

S'étant donné dix ans pour devenir roi de la jungle du cinéma, il commença à y faire du bruit au bout de dix semaines. « Dès qu'il a commencé à auditionner, il a eu du succès », affirme Tobe Gibson. Il décrocha un rôle dans une publicité pour les chocolats Hershey et fut contacté pour plusieurs autres spots télévisés. Aussi passionné qu'acharné, il explorait tous les débouchés. Pendant une période, il prit des leçons de guitare auprès de Laura Davies, une prof de musique du lycée de Glen Ridge, afin d'avoir plus de chances de décrocher un rôle dans le feuilleton *Fame*, adaptation télévisée du long métrage d'Alan Parker. Les producteurs de la série auditionnaient à Hollywood, et Tobe réussit à faire ajouter le nom de Tom au bout d'une très longue liste de candidats pleins d'espoir. Il réunit comme il put l'argent nécessaire pour se payer le vol New York-Los Angeles, fit son sac et s'embarqua pour un voyage qui lui donna l'occasion de se frotter directement à l'indifférence d'un milieu qu'il était bien décidé à conquérir.

L'expérience laissa le jeune homme un peu perplexe. Il arriva dans le bureau du réalisateur et fit un bout d'essai qu'il qualifia plus tard d'« épouvantable ». Quand le réalisateur lui demanda combien de temps il avait l'intention de rester à Los Angeles, Tom, pensant qu'il pourrait être rappelé pour une autre audition, répondit qu'il y serait quelques jours. « Tant mieux, profites-en pour bronzer un peu », lui répondit-il avant de le congédier prestement. Comme il le raconta plus tard : « Je suis sorti en me disant que c'était à mourir de rire. J'avais les larmes aux yeux tellement je riais et je me suis dit : "Te voilà à Hollywood. Bienvenue, Cruise." » Étant donné son ambition et son tempérament peu porté sur l'humour, on a du mal à faire coller ce récit désinvolte avec la réalité probable : toutes ces journées à s'entraîner à la guitare et à répéter réduites à néant en une seule et impitoyable minute.

S'il y a quelqu'un que cela ne fit pas rire, ce fut sa petite amie, Diane Van Zoeren, qui l'appela pendant deux jours sans obtenir la moindre réponse. Elle découvrit plus tard qu'il s'était acoquiné avec deux autres aspirants acteurs et avait passé quarante-huit heures à tenter sa chance aux tables de jeu de Las Vegas.

Il ne fut pas retenu pour *Fame*, mais Tobe lui dénicha une audition pour un petit rôle dans *Un amour infini*, histoire d'une passion adolescente et torride avec Brooke Shields qui jouait le personnage principal. Tobe usa de tous ses talents de négociatrice pour que Tom obtienne une entrevue avec le réalisateur, Franco Zeffirelli. La directrice de casting du film, Sally Dennison, voulait un acteur plus grand et plus mince pour le rôle d'un footballeur d'une équipe de lycée, mais Tobe la convainquit au moins de jeter un coup d'œil à son protégé.

Avant qu'il parte pour l'audition, Tobe lui rappela les règles d'or du métier. À la première entrevue, remercier, regarder dans les yeux, et arriver dispos et plein d'enthousiasme. Si on obtient le rôle, bien surveiller les faits et gestes du réalisateur sur le plateau et ne pas s'en aller tant que le tournage n'est pas terminé. Ses recommandations passèrent au-dessus de la tête de Tom. Il avoua plus tard avoir commis le péché capital de trop boire la veille et d'arriver avec la gueule de bois. On lui demanda finalement de dire des répliques de *Roméo et Juliette* et de se mouvoir un peu dans la salle, sans doute pour que le réalisateur se fasse une idée de sa présence à l'écran. Pour quelqu'un de si passionné, avouer qu'il avait trop bu avant cette première grande occasion semble étrange. Avait-il agi ainsi par bravade ou culot, ou bien était-ce une vantardise a posteriori ?

    Gueule de bois ou pas, Tom obtint le minuscule rôle de Billy, tandis qu'un autre poulain de Tobe, Sean Gauli, le petit frère de Lorraine, en décrocha aussi un – le genre qui passe inaperçu si on cligne des yeux. Le tournage se déroula à Chicago à l'automne 1980, et, avant qu'il monte dans l'avion, sa mère s'assura que son jeune lion était convenablement vêtu en l'emmenant acheter T-shirts, shorts et sous-vêtements neufs. La précaution était utile, car son premier personnage à l'écran est plus remarquable pour le minuscule short en jean qu'il arbore durant le tournage d'une scène d'entraînement de football que pour les répliques qu'il y prononce. Son rôle, en l'occurrence, consistait à enlever son T-shirt avant de bavarder avec le personnage principal, David. Durant cette brève conversation, il suggère bizarrement à David de mettre le feu à la maison des parents de sa petite amie, ce qui aura des conséquences tragiques pour les amants maudits.

    Tom était depuis toujours un fan de cinéma, mais c'était un novice concernant le processus d'un tournage. Une fois sur le plateau, il commença à comprendre à quel point la technique primait. Comme il le racontera, il passa autant de temps à se préoccuper de l'angle de la caméra et de ses marques que des quelques répliques qu'il devait prononcer. Le film reçut des critiques allant de tièdes à carrément négatives, mais Tom fut ravi de son expérience. Durant le tournage, il fit une brève apparition à l'arrière-plan d'un documentaire télévisé sur le réalisateur Franco Zeffirelli pour l'émission télévisée *60 Minutes*. Lors de sa diffusion, il sauta littéralement d'excitation sur le canapé pendant qu'il se regardait pour la première fois sur le petit écran avec sa petite amie et sa famille. Cela préfigurait en quelque sorte une performance devant un plus large public qui devait se dérouler quelque vingt-cinq ans plus tard, chez Oprah Winfrey.

    Quand *Un amour infini* sortit, Tom se précipita avec une bande de copains pour le voir au cinéma Regency de Bloomfield, New Jersey. Après la séance, il croisa son confrère, Sean Gauli, qui faisait la queue pour la suivante. On pourrait voir là une métaphore de leurs carrières respectives. À l'époque, les portes s'ouvraient pour Tom tandis qu'elles se refermaient au nez de Sean, aujourd'hui vendeur de camping-cars en Floride.

Il est agacé que son ancien camarade exagère ses difficultés à percer, dans la mesure où cela éclipse ceux qui l'aidèrent à ses débuts et, paradoxalement, diminue le talent personnel de Tom, sa faculté surnaturelle de donner l'impression que tout est facile.

Sean Gauli a du mal à accepter ce que Tom déclarera à l'écrivain Jennet Conant : « J'ai été un acteur qui a crevé la faim pendant quelques mois. » Pour lui, les anecdotes qui le présentent faisant du stop d'un bout à l'autre du pays pour trouver gloire et fortune sont un mythe. « Il y a une différence entre ce qu'il raconte et la réalité, dit-il. Il était un acteur-né qui n'a eu aucun mal. Il serait bon que la vérité se fasse jour, et supplante ces sottises imaginaires. Nous avions tous du mal à percer, et, quand il a réussi, il n'a jamais essayé de nous aider. » Il reste de ce côté-là un peu de rancune car l'acteur n'a jamais reconnu que ses camarades de Glen Ridge, Steve Pansulla et Lorraine Gauli, ou son premier agent, Tobe Gibson, l'avaient aidé à démarrer sa carrière.

Son ancien ami, Vinnie Travisano, aujourd'hui directeur artistique reconnu, n'en est pas autrement surpris : « C'est un type très talentueux et les gens très talentueux attribuent à eux seuls le mérite de leur réussite et passent à autre chose. » Ainsi va le monde. Les stars ne disent merci que lorsqu'elles reçoivent un oscar.

À l'automne 1980, après son retour du tournage d'*Un amour infini*, le succès se faisait toujours attendre. Si ces quelques jours à Chicago avaient permis de confirmer ses ambitions, à New York, il était encore un jeune acteur sans travail qui débarrassait les tables dans un restaurant et tirait le diable par la queue. Cependant, cette expérience de tournage renforça sa confiance en lui et sa volonté de se faire un nom. Il fut fâché que son agent envoie des photos de presse aux magazines pour ados les plus populaires, *Tiger Beat* et *Teen Beat*. Même si plus tard, dans sa carrière, il fit la couverture de *Tiger Beat*, sur le moment, il lui fit clairement comprendre qu'il ne voulait pas être cantonné au rôle de beau gosse creux, ce qu'il souligna et répéta dans ses interviews : « Je ne m'enferme pas dans le stéréotype d'idole des jeunes ». Bien plus compromettante, une série de photos noir et blanc en studio de Tom en débardeur et minishort fut, paraît-il, publiée dans *Parlee*, un magazine gay diffusé à New York et Long Island. Diane Van Zoeren se souvient que cela l'inquiéta suffisamment pour qu'il fonce chez son agent et la mette au pied du mur. « Il n'a pas rigolé avec elle », raconte-t-elle, l'incident révélant un jeune acteur qui, même au tout début de sa carrière, voulait avoir le contrôle de son image.

Diane se rendit également compte qu'il ne s'arrêtait pas là : il voulait contrôler tout et tout le monde. Elle trouva cette attitude pesante et s'en ouvrit même à la petite sœur de Tom, Cass. « Nous avions une relation un peu mouvementée, explique Diane, qui était à l'époque en dernière année au lycée de Glen Ridge. Je ne comprenais pas qu'il soit parfois si emporté et fasse de tels drames. Il voulait tout dominer et je n'avais pas l'habitude de ça. »

Pourtant, il était romantique et attentionné – quand il en avait les moyens. Ainsi, si elle finit par s'accoutumer aux dîners chinois bon marché et aux ébats à l'arrière de l'Oldsmobile de son père – « le truc classique de lycéen, braver l'interdit », commente-t-elle – quand il revint du tournage d'*Un amour infini*, il lui acheta un joli collier orné d'un médaillon et d'une clé qu'il lui déclara romantiquement être « celle de son cœur ». Les épisodes romantiques étaient pourtant ponctués de disputes et de récriminations. Pendant un bal, en décembre 1980, ils se brouillèrent parce qu'elle dansa avec un autre garçon. Le lendemain, il lui envoya douze roses jaunes en guise d'excuses. Tom ne resta pas longtemps d'humeur conciliante. Quelques semaines plus tard, il se fâcha parce qu'elle était trop occupée pour lire le scénario de *Taps*, racontant une rébellion d'élèves officiers contre la fermeture de leur école militaire.

Au début de l'année 1981, la directrice de casting Shirley Rich cherchait un jeune talent pour ce film. Le légendaire George C. Scott et le récent lauréat des oscars, Timothy Hutton, étaient pressentis. Elle cherchait un acteur noir et un jeune wasp pour de petits rôles. Aucun des postulants n'avait le profil. « Je lui ai dit que j'avais ce qu'elle voulait », raconte Tobe Gibson, qui expédia promptement Tom passer une audition un vendredi après-midi.

Cette fois, il avait l'esprit clair quand il dit ses répliques devant le réalisateur Harold Becker, qui lui demanda de plaquer ses cheveux en arrière, pour voir ce qu'il donnerait le crâne rasé comme un jeune militaire. L'audition fut courte et l'adolescent ne sut pas s'il avait remporté les suffrages. Mais, lorsqu'il rentra à Glen Ridge, le sourire rayonnant de sa mère lui donna la réponse. « Tu as eu *Taps* ! » lui annonça-t-elle. Non seulement le cachet de cinquante mille dollars lui permit de rembourser les huit cent cinquante dollars empruntés à son beau-père, mais ce fut le premier échelon vers la réussite. Il jouait l'ami de l'un des principaux protagonistes, David Shawn, un aspirant rigide qui dérape dangereusement durant la rébellion des élèves officiers. « Comme il était pleinement conscient que ce rôle pouvait propulser sa carrière à Hollywood ou la briser, il l'a pris très au sérieux », se souvient Diane Van Zoeren.

À bien des égards, Harold Becker était le réalisateur idéal face à un talent brut et inexpérimenté comme celui de Tom Cruise. Il exigea une longue période de répétitions, faisant subir à ses jeunes acteurs quarante-cinq jours d'entraînement dans un vrai camp militaire – la Valley Forge Military Academy de Wayne, en Pennsylvanie –, afin de leur donner un aperçu réel de la camaraderie brutale qui y règne. Ils passèrent donc la moitié de la journée à répéter leurs rôles et le reste à suivre un entraînement militaire, apprenant à marcher au pas, à manier les armes et à enregistrer les infinies subtilités du protocole militaire. Selon Becker, au bout de cette période, ils seraient tout à fait dans la peau de leurs personnages et donneraient toute son authenticité au film.

Tous les jeunes acteurs aimaient cette atmosphère, sauf un – un jeune homme talentueux issu d'une troupe shakespearienne du Tennessee. Il devait jouer le rôle de David Shawn, un va-t-en-guerre intrépide censé incarner le « macho » face aux voix plus conciliantes durant la rébellion de ses camarades. « Mais il n'y est pas arrivé et cela a été une grande déception », raconte Becker. Le jeune acteur du Tennessee parti, Becker chercha parmi les autres acteurs celui qui serait capable d'incarner son personnage. Un jeune homme à la carrure de lutteur, qui se distinguait déjà des autres lorsqu'ils défilaient, attira son attention. C'était Tom Cruise. « Il y avait quelque chose chez lui qui m'a interpellé. Il était dedans à cent pour cent, en mesure de marcher au pas avec la rigueur qu'une recrue d'école militaire n'acquiert qu'au bout de trois ou quatre ans. Je n'irai pas jusqu'à dire que j'ai pensé que ce gosse irait loin. Mais je lui ai confié le rôle. »

Précisons – c'est tout à son honneur – que Tom se souciait davantage du sort de l'acteur pressenti à l'origine pour jouer David Shawn que de saisir sa chance. Becker expliqua que, bien que les deux jeunes gens soient devenus amis, il devait le remplacer et que, si Tom ne voulait pas du rôle, il chercherait ailleurs. Aussi Tom accepta-t-il.

C'est depuis les coulisses, avec un certain amusement, qu'assistait à ce drame le jeune Sean Penn, qui devait jouer Alex, un soldat méditatif qui devient une sorte de « ressort dramatique » entre les deux factions antagonistes. Fils du réalisateur Leo Penn et de l'actrice Eileen Ryan, cet acteur né en Californie, de deux ans plus âgé que Tom Cruise, était déjà un habitué de la scène et du grand écran. Il avait réalisé son premier film, *Echoes of an Era*, sur l'expérience d'un vétéran du Vietnam, alors qu'il était encore élève au lycée de Santa Monica. Le scénario était de son condisciple Emilio Estevez, dont le père, Martin Sheen, était la vedette du célèbre *Apocalypse Now*.

Après avoir quitté le lycée, où il avait étudié la mécanique automobile et l'éloquence, il avait décroché de petits rôles dans plusieurs séries télévisées, dont *Barnaby Jones* et *The Killing of Randy Webster*, avant de prendre un aller simple pour New York et de s'essayer au théâtre indépendant. Sans illusions vis-à-vis de Hollywood – son père avait été blacklisté pour avoir refusé de témoigner durant la sinistre chasse aux sorcières de McCarthy dans les années 1950 –, c'était un acteur passionné, fougueux et talentueux, doté d'assez d'assurance et d'un caractère suffisamment bien trempé pour provoquer réalisateurs et camarades acteurs, mais surtout pour se lancer à lui-même des défis.

En voyant Tom Cruise à l'œuvre, Sean perçut une communauté d'esprit avec cet autre jeune homme animé d'une ambition féroce. « Cruise, on aurait cru qu'il s'entraînait pour les Jeux olympiques, racontera-t-il. Je crois que c'était la première personne à qui j'aie dit : "Calme-toi." Mais il était sympa. »

Tom, Sean et Timothy Hutton devinrent rapidement des amis proches, le jeune homme de Glen Ridge respectant l'expérience et la réussite de ses deux aînés. Le trio dopé à la testostérone faisait la fête constamment et leurs chambres, au même étage de l'hôtel de Valley Lodge, fut surnommée le « couloir des frangins », en référence aux fiestas débridées propres aux fraternités des universités américaines. « Oui, c'était pas mal rock'n 'roll, à cet étage », confirme Sean Penn. Sur le plateau, en revanche, l'amitié était mise de côté. Les personnages que Penn et Cruise jouaient étaient antagonistes et constamment aux prises. Ils étaient autant absorbés dans leurs rôles l'un que l'autre, Penn exigeant qu'on l'appelle Alex même quand les caméras cessaient de tourner. Lors d'une scène où le personnage de Tom Cruise décharge un fusil, Harold Becker crut que Sean et Tom allaient s'entre-tuer après une réflexion de Sean à Tom, qui se mit brusquement à lui courir après sur le plateau, furieux. L'intervention de Becker et d'autres acteurs mit un terme à cet incident. « Sean adore appuyer là où ça fait mal et il a sorti quelque chose à Tom, explique Harold Becker. C'est comme ça qu'il a trouvé le moyen de déclencher chez Tom une animosité momentanée. »

Tom aussi s'impliquait dans le personnage qu'il incarnait, explorant avidement la folie cruelle du sous-officier psychotique. « Je me rappelle avoir été angoissé, vraiment angoissé, parce que, à ce stade, quand on est jeune, on ne veut pas se faire virer », confiera-t-il au réalisateur Cameron Crowe. C'était une angoisse née de l'ambition et du besoin quasi viscéral de réussir. L'expérience fut si intense qu'il lui fallut des mois pour s'en remettre. « Je n'avais absolument aucun sens de l'humour », avouera-t-il à un journaliste, chargé de rédiger son portrait, qui observa, sarcastique : « Ce n'est pas difficile à croire. »

Du point de vue personnel comme professionnel, la vie de Tom changeait. Un nouvel impresario, Gerry Silver, neveu de son agent du moment, Tobe Gibson, courtisait Tom. S'entendant promettre des rôles meilleurs et plus importants, Tom décida de se débarrasser de la femme qui lui avait donné sa chance. À la moitié du tournage de *Taps*, Tobe reçut un télégramme de son client l'informant sèchement et sans autre forme de procès que ses « services n'étaient plus nécessaires ». Tobe, qui se considérait comme une seconde mère pour lui, fut effondrée, d'autant plus que c'était son neveu qui lui dérobait son client. Suite à cette trahison, elle n'adressa plus la parole à Gerry pendant quatre ans et a encore aujourd'hui du mal à évoquer cet épisode : « Il a contacté Tom dans mon dos, l'a invité à dîner et lui a promis monts et merveilles. Et moi qui traitais Tom comme mon fils... »

Plus tard, Tom déclara à Lorraine Gauli qu'il avait congédié Tobe parce qu'elle ne l'emmenait pas là où il voulait aller. « Elle en a eu le cœur brisé, raconte Lorraine. Elle savait qu'il allait devenir une star et se disait que cela lancerait aussi son agence. » Tel est le prix que doivent souvent payer les agents qui repèrent de jeunes acteurs et actrices, comme le comprend la fille de Tobe, Babydol, qui allait faire la une des journaux des années plus tard quand elle serait dénoncée comme maquerelle de Hollywood. « C'est une croix que ma mère doit porter, dit-elle. Elle déniche des gens, elle les lance, et ils la quittent. Mais elle a vraiment joué un rôle essentiel dans le développement de sa carrière. »

Simultanément Tom fit ses adieux à sa petite amie, Diane Van Zoeren. Pendant son absence, Diane, qui avait toujours senti que leurs chemins divergeraient, avait en secret renoué avec un ancien soupirant. Quand Michael LaForte, l'ami de Tom, la mit au pied du mur en lui demandant si elle trompait son pote, Diane nia. Dans une tentative désespérée pour sauver cette romance de dix-huit mois, elle sauta dans un train pour Valley Forge, où répétait Tom. Elle était si pressée de se réconcilier avec lui qu'elle n'avait pas pris assez d'argent pour payer le taxi quand elle arriva à son hôtel. Ils passèrent deux jours ensemble, conscients que c'étaient les derniers. Avec son crâne rasé, son corps musclé, sa démarche assurée et auréolé de son amitié avec Tim Hutton et Sean Penn, Tom s'était métamorphosé. Il était beau, et il le savait. Surtout, il se rendait compte qu'il avait trouvé sa véritable vocation. Et Diane ne faisait pas partie de cette nouvelle vie.

La séparation avec Tom fut amicale, mais définitive. « Il m'a dit : "Je t'aime, mais je ne suis plus amoureux de toi." Je le trompais avec un autre et nos chemins divergeaient. Il était capable d'une grande froideur : quand il en avait fini avec vous, c'était définitif. » D'une certaine manière, son infidélité leur avait rendu service à tous les deux. L'un et l'autre passaient à autre chose, Diane entrant à l'université, Tom partant pour Hollywood.

Il ne perdit pas de temps à lui trouver une remplaçante. Peu après, il s'absenta du tournage de *Taps* pour escorter Melissa Gilbert (une ex de Timothy Hutton plus connue pour avoir incarné l'héroïne aux taches de rousseur de *La Petite Maison dans la prairie*) à une représentation de *Sophisticated Ladies* sur Broadway. Avec une veste de sport très BCBG et une cravate, l'inconnu Tom Cruise paraissait gauche et empoté sur les photos qui furent prises du jeune couple dans le hall du théâtre. Par contraste, Melissa, qui à l'époque était une vedette reconnue, semblait détendue et à l'aise. « Je sors avec des hommes différents et ce n'est sérieux avec aucun », confia-t-elle plus tard.

Ce fut peut-être pour lui un avant-goût de la vie qui l'attendait. Après de courtes vacances chez un oncle dans le Kentucky, il s'envola pour Hollywood, où il rejoignit Sean et Tim, qui était arrivé à l'aéroport avec l'oscar qu'il avait remporté pour son rôle dans *Des gens comme les autres* fourré sans cérémonie dans un sac de marin. Désireux d'économiser, il était hébergé tantôt chez Sean, dans sa maison de Malibu, tantôt à West Hollywood, chez le compositeur Joseph Vitarelli, ami de longue date de la famille Penn.

À en croire ceux qui le côtoyèrent à l'époque, son mode de vie était spartiate. Il habitait dans une chambre meublée en tout et pour tout d'un matelas posé à même le sol et d'un téléphone. L'unique décoration se composait d'un tas de scénarios, de bouteilles de bière et de cartons à pizza vides. Le confort était rudimentaire, mais, pour Tom, c'était la meilleure adresse du monde : Hollywood.

Non seulement c'était grisant de se trouver au cœur de l'industrie cinématographique, mais Sean Penn le présenta rapidement à la coterie des jeunes loups avides de se faire un nom. Ils traînaient au Hard Rock Cafe, très branché à l'époque, ou au On The Rox, un club privé de Sunset Boulevard, fréquentaient le frère de Sean, Chris, à qui Tom apprit à lutter, ainsi que d'autres amis comme Emilio Estevez et les frères Rob et Chad Lowe. Bien sûr, il connaissait déjà Timothy Hutton. Comme le raconte l'ex-fiancée de Sean Penn, Elizabeth McGovern : « Je pense sincèrement que Sean est un mordu de Hollywood. » Plus tard, ils allaient être connus sous le nom de Brat Pack (la bande des sales gosses), surnom dédaigneux inspiré du Rat Pack des années 1950, qui comptait Frank Sinatra, Dean Martin et Sammy Davis Jr. Ils n'apprécièrent guère ce surnom, non seulement parce qu'ils ne trouvaient pas leur comportement particulièrement excessif, mais aussi parce que chacun se considérait comme une star à part entière, et non comme le membre d'un groupe. Comme le fit remarquer plus tard Emilio Estevez, élu chef de la bande : « Nous étions juste des mecs qui se comportent en mecs. On traînait ensemble pour se défouler, c'est tout. » Et cela consistait, entre autres, à être beau gosse et à avoir le culot de draguer une playmate de *Playboy,* comme le fit un soir Emilio au Hard Rock Cafe.

Tom ne tarda pas à suivre l'exemple de son ami. Arrivé à Los Angeles à dix-neuf ans, il continua à sortir avec Melissa Gilbert. Selon celle-ci, qui fut plus tard fiancée à une autre membre de la bande, « je peux franchement dire que c'est quelqu'un de très sensuel. Il me donnait des frissons partout et on se pelotait non-stop sur le canapé dans le salon, chez ma mère. » Leur brève idylle se termina quand on présenta à Tom Heather Locklear, un beau top model, actrice blonde qui avait déjà joué plusieurs petits rôles dans des séries télévisées, notamment un épisode de *CHiPs.* Un jour, Tom prenait sa douche dans son appartement de Hollywood quand Heather l'appela. À l'époque, son meilleur ami de Glen Ridge, Michael LaForte, séjournait chez lui. Michael décrocha et se présenta comme le « cousin encore plus beau gosse » de Tom – leur petite plaisanterie mutuelle favorite – et commença à lui faire du rentrededans. C'était, dit-il ensuite à Tom, juste pour s'amuser innocemment, mais il raconta l'anecdote pendant des années, surtout une fois qu'Heather fut devenue star à l'automne 1981, quand le producteur Aaron Spelling lui attribua le rôle de Sammy Jo Dean dans *Dynasty.*

Il ne fait aucun doute que ce Brat Pack semblait destiné à devenir la future élite de Hollywood. Le père de Sean, Leo Penn, perçut leur potentiel, notamment celui de son fils et de Tom Cruise. Il déclara à Joseph Vitarelli que si ce tandem perçait « on en entendra[it] parler pendant un long moment ».

Tout le monde ne fut pas aussi impressionné par ce cocktail de talent et de suffisance. L'ami de Tom, Vinnie Travisano, qui vint lui rendre visite quelques jours pendant l'été 1981, remarqua sa transformation quand il vint avec sa petite amie sur le plateau d'*Arnold et Willy* et assista au tournage en compagnie de son ancien copain et de Sean Penn. « J'ai surtout trouvé que Sean Penn était un drôle de connard, à l'époque », raconte Vinnie. Son ancien camarade ne s'en tire pas mieux. Vinnie et sa copine trouvèrent le nouveau Tom Cruise « insupportablement arrogant, totalement imbu de sa personne et inabordable ». Quand Tom leur proposa une sortie en compagnie de Heather, la jeune fille refusa. « Mon amie le détestait, raconte Vinnie. Elle ne voyait en lui qu'un gamin suffisant qui ne pensait qu'à lui-même. » En revanche, lui qui connaissait Tom depuis des années, fut plus indulgent : « C'était un jeune homme qui cherchait ses marques », dit-il, tout en étant surpris de cette métamorphose.

Vinnie et sa copine ne furent pas les seuls à être troublés. Même la famille de Tom s'inquiéta. Sa mère et ses sœurs – qui travaillaient à l'époque dans des restaurants du coin – trouvaient que tout allait trop vite pour lui. Ses coups de fil à sa mère et au reste de la famille s'étaient raréfiés. Il était « devenu dédaigneux » et, comme le confia Cass à des amis, « pénible quand on le côtoyait », ce qui n'arrivait pas souvent, étant donné qu'il avait un emploi du temps surchargé. Tom était suffisamment conscient pour se rendre compte, comme il l'avouera, qu'il était devenu « quelqu'un de très désagréable à fréquenter », rejetant en partie la faute sur le rôle très fort qu'il avait joué dans *Taps*.

Son ami Sean Penn s'inquiétait également pour lui, non pas à cause de son comportement, mais sur le plan professionnel. Tom avait suivi son exemple et signé à la très influente Creative Artists Agency de Beverly Hills. Alors que Sean avait choisi Todd Smith, Tom avait engagé Paula Wagner, une ancienne comédienne de Broadway et dramaturge. Leur rencontre en juillet 1981 fut en demi-teintes, mais elle devait durer beaucoup plus longtemps que la plupart des mariages hollywoodiens. « Très heureux, miss Wagner », déclara le jeune homme courtois, vêtu de la même veste de velours côtelé marron qu'il portait quand il avait escorté Melissa Gilbert au théâtre. « Personne ne savait qui il était, raconta Paula Wagner à Fred Schruers. Mais dès l'instant où j'ai fait sa connaissance j'ai perçu quelque chose dans son regard et sa présence. Tout était déjà là. »

Le choix de son agent avait donc été approuvé par Sean Penn, mais pas le film que Tom signa. C'était le dernier genre à la mode à Hollywood : le film pour adolescents. *American Teenagers* était dans la même veine que la série à succès des *Porky*, où des gamins passaient une heure et demie à faire des sottises et à en profiter pour perdre leur pucelage. « C'est là que son intensité a commencé à le quitter, raconte Sean Penn avec une certaine réprobation. Je lui ai dit : "Mais qu'est-ce que tu fais ? Tu vas détruire ta carrière." »

Tom ne voyait pas les choses sous cet angle. Il était plutôt flatté qu'on parle de lui avant même la sortie en salles de *Taps*. Le producteur Garth Drabinsky cherchait un « jeune premier et une nouvelle tête » et avait entendu parler du jeune Cruise. Il se renseigna auprès du réalisateur de *Taps*, Harold Becker, qui était en train de monter son film. Après avoir visionné à peine huit secondes de Tom à l'écran, le producteur canadien décida de l'engager. Bien qu'il n'eût reçu que trente-cinq mille dollars pour un contrat de trois films, Tom accepta sur-le-champ, impatient de voir son nom en haut de l'affiche. Il commença à avoir des doutes quand il lut le scénario plus attentivement. Il confiera, un peu honteux : « La première fois que je l'ai lu, c'était pire que la version finale à l'écran. Je me suis donné beaucoup de mal, mais ç'a été un moment terrible dans ma vie. »

Le film était mauvais, mais c'était la première fois qu'il tenait la vedette. Il était l'un des membres d'un groupe de lycéens californiens qui se rendent dans un bordel au Mexique pour perdre leur pucelage. Devant les prostituées, son désir sexuel, tout comme le film, retombe lamentablement. Dans sa meilleure scène, il se tient en face des filles, mains dans les poches, tout désir et assurance disparaissant peu à peu de son visage. Finalement, il découvre l'amour dans les bras d'une jeune divorcée interprétée par Shelley Long.

Malgré les réserves de Tom – et celles de son ami Sean Penn –, le film contribua à lancer les carrières de Shelley Long, qui joua dans la série télévisée *Cheers*, et du réalisateur Curtis Hanson, qui tourna plus tard le film noir *L.A. Confidential*. En tout cas, Drabinsky se montra plus enthousiaste concernant le film et ce qu'y apportait Tom que ne le fut l'acteur lui-même : « Il était fantastique. Respectueux, travailleur et humble, il avait une attitude très professionnelle sur le plateau. »

Cependant, tout comme à l'époque du lycée, Tom avait le don de s'attirer des ennuis. Lorsqu'une bagarre éclata en pleine nuit près de sa caravane lors du tournage d'*American Teenagers,* au lieu d'appeler à l'aide, il entreprit de calmer tout seul les adversaires. Il prétendit plus tard qu'il avait « failli se faire tuer ». Tout en maintenant l'un des types au sol, l'acteur essayait d'éviter ses coups de poing, et c'est seulement quand des membres de l'équipe alertés par les cris, vinrent à la rescousse qu'il découvrit que l'homme tentait de le frapper avec un pic à glace.

Sans compter qu'une fois l'équipe revenue à Los Angeles Tom eut à nouveau des problèmes. Il fut apparemment menacé avec une arme à feu alors qu'il était avec d'autres membres de l'équipe au Lingerie Club, boîte mal famée de Sunset Strip, à Hollywood. Le jeune acteur dansait avec une jolie Asiatique pendant que les autres buvaient au bar, quand, soudain, elle braqua un revolver sur lui. « On a empoigné Tom et on a filé de cette boîte en quatrième vitesse », raconte sous couvert d'anonymat l'un des acteurs au journaliste Wensley Clarkson.

Plus tard, la même année, lorsque Tom retourna sur la côte est retrouver ses copains de Glen Ridge, son œil baladeur faillit lui coûter sa carrière. Durant leur tournée des bars de Manhattan, Tom et ses amis Michael LaForte et Vinnie Travisano atterrirent au Ritz, où se produisaient à l'époque des groupes de hip-hop comme Rock Steady Crew et Bow Wow Wow. Comme à son habitude, Tom se mit à draguer toutes les filles présentes. Il jeta son dévolu sur deux beautés au bar, sans se rendre compte qu'elles étaient accompagnées de deux colosses que cela n'amusait pas du tout. Vinnie vit l'un des types sortir de sa poche et enfiler un coup de poing américain, prêt à frapper la star en herbe. Michael et Vinnie intervinrent et mirent promptement leur ami à l'abri. « On disait toujours qu'on avait sauvé sa carrière parce qu'on avait protégé ses belles dents », commente Vinnie.

En fait, la carrière de Tom faillit être étouffée dans l'œuf. Lorsque Drabinksy essaya de vendre son film, il rencontra auprès des studios un accueil glacial, voire tout à fait hostile. La Fox prit d'abord une option, mais, lorsque le vice-président Norman Levy assista à la projection, son verdict fut sans appel : il détestait. Et il n'eut pas non plus de paroles très tendres pour Tom Cruise. Il déclara sans ambages à Drabinsky : « Ce film ne se vendra jamais et Tom Cruise ne sera jamais un grand acteur. » On comprendra sans peine que Drabinsky n'ait jamais oublié cette entrevue ni l'opinion formulée sur son poulain.

Ce qui sauva sa carrière, ce fut la sortie de *Taps* juste avant Noël 1981, plusieurs mois avant le catastrophique *American Teenagers*. Le film fut accueilli par des critiques assez fraîches, mais il rapporta beaucoup d'argent, attirant le public adolescent, réputé volatile, et les prestations de Tim Hutton et de Sean Penn furent très applaudies. Bien que Tom soit passé inaperçu lors de sa première soirée de gala en smoking aux côtés de célébrités de Hollywood comme Michael Douglas et Ali MacGraw et des autres acteurs du film dans la salle AVCO de Westwood, à Los Angeles, son interprétation du psychotique David Shawn fit des remous dans la profession.

Le réalisateur et auteur Cameron Crowe eut vent des rumeurs entourant le jeune acteur lors d'une soirée pour la version cinéma de son livre, *Fast Times at Ridgemont High,* le teen-movie qui propulsa Sean Penn au firmament. « La légende de *Taps* était dans l'air, raconte-t-il. Sean et Tom avaient acquis leur réputation. Sean était une sorte de De Niro, d'acteur extrême. Tom possédait les deux facettes d'acteur de caractère et de jeune premier. C'était *le* type du moment. »

Pour l'instant, ce dernier léchait ses blessures professionnelles après le bide d'*American Teenagers*. À dix-neuf ans, il reçut une leçon d'humilité. Même si le film avait attiré les projecteurs sur lui, il se rendit compte qu'il était encore très vert. « On m'avait offert des premiers rôles, mais je n'avais pas l'impression de pouvoir porter un film sur mes épaules, déclare-t-il à propos de cette période. Je n'avais pas encore assez appris et j'avais l'impression que je me ferais dévorer tout cru si j'essayais de porter un film à bout de bras. » Cependant, et ce n'était pas la première fois, la fortune sourit au jeune homme.

Quand il apprit que Francis Ford Coppola procédait à la distribution d'une version cinéma du best-seller de S. E. Hinton sur l'existence adolescente, *Outsiders*, Tom fut déterminé à jouer des coudes pour décrocher un rôle. Aux auditions, il prit carrément Coppola à part et lui déclara : « Je ferai tout ce qu'il faudra ; je suis prêt à jouer n'importe quel rôle dans ce film. » Sa tactique fut payante : on lui proposa d'incarner Steve Randle, un gosse élevé à la dure qui travaille dans une station-service. Il faisait partie du gang des Greasers, des gamins nés du mauvais côté de la barrière, dont les ennemis jurés étaient les Socs, ceux qui étaient nés avec toutes les chances de leur côté.

Tom était en bonne compagnie. La distribution est une sorte de Who's Who des futures stars de Hollywood : Matt Dillon, Patrick Swayze, Ralph Macchio, Diane Lane et C. Thomas Howell. Et il était ravi que ses amis Emilio Estevez et Rob Lowe y jouent aussi. Pour le jeune bleu, le grand avantage était que, à l'instar du réalisateur de *Taps* Harold Becker, Coppola encourageait ses acteurs à passer plusieurs semaines ensemble pour façonner et définir leurs personnages. Le financement du film n'étant pas encore bouclé, les répétitions furent prolongées pendant les dernières négociations. Au début du mois de mars 1982, ils se réunirent dans le gymnase d'une école de Tulsa, dans l'Oklahoma, où devait avoir lieu le tournage. Pendant un mois, les acteurs eurent toute liberté pour creuser leurs rôles dans des ateliers quotidiens conviviaux, mais intenses. C'était précisément ce dont Tom avait besoin. « Je me rappelle que je me sentais très bien et que je renforçais mes connaissances instinctives du métier d'acteur, raconte-t-il. Je comprenais mieux chaque niveau, j'en apprenais davantage sur le jeu dramatique au cinéma et ce que je voulais faire. » À mesure qu'il prenait conscience de ses forces et faiblesses d'acteur, il se rendit compte qu'il avait un don pour l'improvisation et la comédie.

Coppola, que Matt Dillon surnommait « Père Film », poussa et tira sa jeune équipe d'une manière tout à fait personnelle et saugrenue. Il encouragea Matt Dillon à aller voler à l'étalage et les acteurs jouant les pauvres Greasers à se mêler pendant quelques jours à de vrais Greasers. Pour se couler dans son personnage, Tom fit de la musculation trois fois par jour, ôta la couronne d'une dent qu'il s'était cassée dans sa jeunesse en jouant au hockey, se saupoudra de poussière les cheveux gominés peignés en arrière et se fit dessiner un faux tatouage sur le bras.

Loin du plateau, les membres des Socs, les bourgeois, reçurent de meilleures chambres d'hôtel et un budget quotidien confortable, alors que les Greasers, les pauvres, n'eurent droit qu'aux chambres les plus miteuses et au minimum syndical. Même leur vie sociale était différente : les Socs sirotaient des cocktails dans les clubs chics de Tulsa, tandis que les Greasers engloutissaient des bières en assistant à des matchs de catch dans la boue. Cette différence de traitement donna lieu à des tensions entre les deux groupes et à des rancunes qui débordèrent jusque dans la répétition d'une bagarre sous la pluie. Emilio Estevez en ressortit avec la lèvre entaillée, Tom Howell un œil au beurre noir et Tom Cruise une fracture du pouce. La rivalité se poursuivait hors caméra. Tom participa à une série de blagues infligées aux autres acteurs pour fêter le 1er avril. On lui attribue quasi unanimement d'avoir enduit de miel la lunette des toilettes de Diane Lane et griffonné « Helter Skelter » – une référence aux tueurs fanatiques de Charles Manson – sur le miroir de sa salle de bains. « Ils ont saccagé quelques chambres d'hôtel le 1er avril. La femme de chambre leur avait cédé les clés parce qu'ils étaient trop mignons », dira-t-elle. Tout le monde n'apprécia pas les mauvais tours des acteurs, et les clients de l'Excelsior, où ils séjournaient, se plaignirent fréquemment du vacarme. En une mémorable occasion, Tom descendit à la réception, ôta théâtralement sa prothèse dentaire et la laissa choir sur le comptoir, devant le directeur adjoint, qui lui répondit, imperturbable, que la maison n'acceptait que du liquide ou les cartes de crédit.

Coppola fut suffisamment impressionné pour offrir à Tom un petit rôle dans son film suivant, *Rusty James*, troisième des livres de S. E. Hinton à être adapté au grand écran. À la surprise de Coppola, le jeune homme déclina l'occasion de se frotter à des acteurs du calibre de Dennis Hopper et Mickey Rourke ainsi qu'à d'autres membres de la distribution d'*Outsiders*.

Vingt ans après, Tom Cruise se rappelle encore l'incrédulité de Coppola lorsqu'il lui expliqua qu'il refusait de travailler avec lui, préférant le rôle d'un adolescent de banlieue qui tient un bordel chez lui pendant que ses parents sont en week-end. « Et voilà que je refuse le réalisateur d'*Apocalypse Now* pour faire un film sur des putes », dit-il, renonçant à un rôle modeste dans un film bourré de vedettes pour tenter sa chance en solo.

Quoi qu'on en dise, ce fut un coup de dés. Le budget de *Risky Business*, le premier film du réalisateur Paul Brickman, était si mince que les premiers rôles portèrent leurs propres vêtements à l'écran, payèrent leurs billets d'avion de leur poche et séjournèrent dans des hôtels bon marché. Mais, surtout, Brickman, également auteur du scénario, s'opposait fermement à la participation de Tom. À titre d'essai, il avait donné les deux premiers rôles à Kevin Anderson et à Megan Mullaly, qui avaient déjà répété avec les acteurs pressentis pour les autres rôles.

D'après ce qu'il avait vu dans *Taps,* Brickman trouvait Tom beaucoup trop musclé et trop dur pour incarner un garçon un peu mollasson qui se retrouve dans une situation sexuelle critique mais riche en possibilités comiques.

L'agent de Tom, Paula Wagner, avait entendu un autre son de cloche. Selon la rumeur de Hollywood, en dépit de l'opinion du réalisateur novice, les coproducteurs Steve Tisch et Jon Avnet n'étaient pas satisfaits du premier rôle masculin. Elle invita donc Tisch et Avnet à déjeuner et organisa un rendez-vous entre le jeune acteur et ceux qui tenaient les cordons de la bourse. « Tom a passé la tête dans le bureau, nous a décoché son sourire à vingt-cinq millions de dollars, et il n'en a pas fallu plus », raconte Tisch.

Quand il s'absenta d'*Outsiders* pour tourner un bout d'essai, Tom était encore tatoué et gonflé pour son rôle. Même son célèbre sourire n'était pas à sa pleine puissance, en raison de l'absence de la couronne de sa dent de devant. Il se décrit ainsi auprès du journaliste Tom Shales : « J'étais crasseux, dégoûtant, j'empestais et j'avais les cheveux gominés... et je me retrouvais à expliquer à Paul Brickman comment j'allais m'habiller et incarner son personnage en perdant du poids. C'est donc plutôt stupéfiant qu'on m'ait pris pour le rôle. »

Il était beaucoup trop modeste. Sa manière de s'approprier le texte lors de l'audition, changeant légèrement les dialogues et trouvant la dynamique de la scène fit forte impression sur le réalisateur et les producteurs. Il avait conquis un public difficile. Comme il devait partir le lendemain matin, on lui demanda d'auditionner avec Rebecca De Mornay, jeune actrice d'abord envisagée puis rejetée parce que personne n'était convaincu qu'elle fût à la hauteur du premier rôle féminin. Jusqu'à ce qu'elle décroche ce personnage de prostituée au cœur d'or, son expérience d'actrice s'était bornée à une réplique – « Excusez-moi, ce sont mes gaufres » – dans *Coup de cœur*, de Francis Ford Coppola. Comme le budget était trop mince pour d'autres bouts d'essai, Tom et Rebecca se rendirent chez Tisch et, devant la caméra vidéo d'Avnet, jouèrent six courtes scènes. Auparavant, Tom se lava et enfila une belle chemise. À 5 heures du matin, quand ce fut terminé, réalisateur et coproducteurs savaient qu'ils tenaient leurs vedettes. Le producteur David Geffen fut tout aussi enthousiaste. En fait, il fut tellement enchanté par ce charmant garçon qu'il se fit faire une copie de la cassette, qu'il exposa dans son bureau avec « Tom Cruz » griffonné dessus. Les producteurs avaient résolu leur problème de casting – malgré l'avance de soixante-quinze mille dollars exigée par Paula Wagner pour les services de Tom. Du coup, l'acteur pressenti par Brickman pour le personnage, Kevin Anderson, dut se contenter d'un second rôle.

Tom fut donc retenu pour jouer Joel Goodsen, jeune homme de bonne famille pressé d'explorer sa sexualité, qui se retrouve à diriger un bordel dans la maison de ses parents. Une fois terminé le tournage d'*Outsiders* dans l'Oklahoma, il rentra à Glen Ridge deux semaines avant de partir en Floride, où il avait demandé à son ami Michael LaForte, entre-temps engagé dans les marines, de lui préparer un programme sportif destiné à le délester de six kilos de muscles afin de donner à son nouveau personnage l'allure d'un adolescent bourgeois de la banlieue de Chicago.

Un jour qu'il faisait du jogging à Glen Ridge, il tomba par hasard sur son ancienne amoureuse, Nancy Armel, qui avait entre-temps réalisé son rêve et était hôtesse de l'air à People Express. Ils sortirent de nouveau ensemble, et, un soir, il l'appela et lui dit qu'il avait des billets pour la nouvelle comédie musicale de Broadway, *La Cage aux folles*. Tom en ignorait l'intrigue jusqu'au moment où ils prirent place dans la salle. Comme le raconte Nancy : « Des hommes habillés en femmes, il n'a pas supporté. Nous avons dû partir avant l'entracte. Ça le mettait vraiment mal à l'aise. Il était définitivement homophobe. »

Il fut nettement plus à l'aise dans la chaude amitié virile qu'il établit à Sarasota, en Floride, avec Michael LaForte, quand il commença un sérieux entraînement pour son deuxième premier rôle. Aussi sportif qu'acharné des compétitions, Michael avait les pieds sur terre, un solide sens de l'humour et un penchant pour les canulars et les mauvais tours. Il vivait selon la devise : « La vie est un cabaret. » « Quand ils se retrouvaient après une longue absence, c'était comme s'ils s'étaient quittés la veille, explique le frère aîné de Michael, Sam. Voilà le genre de relation qu'ils avaient. Personne n'a jamais réussi à briser leur amitié. »

Michael eut le bon goût de ne pas prendre racine dans l'appartement de Sarasota quand Tom invita Nancy Armel à le rejoindre pour un long week-end. Pendant que Tom s'entraînait, elle allait à la plage ou retrouvait ses amies. Après deux ans d'absence, elle le trouva changé, plus assuré, assez satisfait de lui-même, mais encore d'une agréable compagnie. Avant qu'il parte à Chicago commencer le tournage, ses anciens condisciples purent renouer avec lui lorsque Tom arriva à une fête sur la plage de Lavallette. Insolemment coiffé d'un béret et vêtu de ce que l'on qualifia d'« accoutrement hollywoodien », il laissa clairement entendre qu'il leur faisait à tous une fleur en passant les voir. Le numéro du mec branché de Californie censé les impressionner fut un échec cuisant. « Il avait juste l'air idiot », se rappelle son ancienne copine Diane Van Zoeren. Si l'on oublie le choix malheureux du béret, il était confiant, maître de sa vie et « dévoré par le feu » de l'ambition. Ce n'était plus le lycéen ringard qu'elle avait connu deux ans plus tôt. Il se prenait d'ailleurs très au sérieux. À un moment de la soirée, il la prit à part et lui déclara, d'un air grave : « J'ai attrapé Hollywood par les couilles. »

Pour le ringard qu'il avoue lui-même avoir été au lycée, ses rodomontades étaient peut-être une manière de réagir à l'attention dont il était l'objet. Un soir, Nancy et lui quittèrent précipitamment un restaurant parce qu'un client avait reconnu l'acteur de *Taps*. « Au début, il trouvait toute cette attention un peu écrasante », raconte-t-elle.

Ironie du sort, c'est son interprétation d'un autre ringard, Joel Goodsen, le gentil garçon banlieusard, qui propulsa Tom sous le feu des projecteurs. Quand il arriva sur le plateau de *Risky Business*, à Highland Park, Chicago, rien ne laissait penser que ce film allait être le point de départ d'une ascension vertigineuse. En fait, on craignait dans l'équipe que, malgré les six kilos perdus en Floride, il ne soit encore un peu trop dodu pour faire une idole des jeunes crédible. Tom aimait tellement les sucreries qu'il s'était toujours inquiété pour son poids. Il ramenait tellement tout à lui-même qu'il se demandait souvent à haute voix si d'autres grands acteurs mangeaient autant de sucreries que lui. « Je parie qu'Al Pacino [son idole de toujours] n'aime pas le sucre », disait-il à ses collègues.

« Il était constamment au téléphone à discuter de son régime avec son agent », raconte Janet Caroll, qui incarnait sa mère dans le film. Elle le trouva « attentionné, aimable et sérieux », disposé à écouter les conseils, mais rien ne lui laissait deviner qu'elle assistait à la naissance d'une superstar.

Apparemment, Tom essaya de s'imposer sur le tournage. Au début, l'acteur se plaignit que le courant ne passe pas à l'écran entre Rebecca et lui. Quand il déclara au coproducteur Steve

Tisch qu'il trouvait qu'elle ne convenait pas pour le rôle, celui-ci lui répliqua que tout le monde la trouvait excellente et qu'il était hors de question de la remplacer.

Cette intervention ne fit rien pour le rendre populaire auprès des autres acteurs qui, même vingt ans après, ne sont guère élogieux. Ceux, du moins, qui travaillèrent avec lui trouvèrent que cette façade de politesse cachait un jeune homme prêt à profiter socialement et professionnellement de la moindre occasion. Un commentaire revient souvent : il aimait révéler au grand jour les faiblesses des autres et les écraser – peut-être était-ce une répétition du comportement que son père avait eu avec lui dans son enfance. « C'était vacherie sur vacherie pour tout et tout le monde, observe un ancien collègue, qui le décrit comme « aussi incolore que du tofu, en encore plus insipide ».

Pourtant, il sut toucher un large public, qui se rua en masse pour voir ce film à petit budget, malin, au succès laborieux, mais qui rapporta plus de soixante-dix millions de dollars. Fait tout aussi excitant pour Tom : Steven Spielberg, son idole d'enfance, prit la peine de lui envoyer un mot pour le féliciter de sa performance. « C'est le garçon américain classique, observe le réalisateur Paul Brickman. Il a ce côté archétype qui met le public en connivence avec lui. »

Le moment emblématique du film, abondamment parodié, est celui où l'acteur, en chaussettes blanches et caleçon, danse dans le salon de ses parents sur la chanson de Bob Seger, *Old Time Rock'n'Roll*. Cette scène improvisée trouva un écho chez l'acteur comme chez le public. « J'ai adoré parce que, bien sûr, je l'ai trouvée moi-même. C'était un moment que je comprenais », confie-t-il à Cameron Crowe. Certes, ses amis de Glen Ridge se rappellent l'avoir vu faire ce genre de mimique et courir dans leur jardin, en short, exactement comme Joel Goodsen.

Contrairement à la vraie vie des adolescents, au cinéma, le garçon sexuellement frustré avait fini par avoir la fille. Dans une séquence d'un érotisme onirique, Joel couche avec Lana, sa copine prostituée, à bord d'un train de banlieue de Chicago. Si Tom et Rebecca étaient mal à l'aise avant de tourner la scène, ceux qui se faufilèrent sur le plateau clos sont convaincus que la réponse à la question « l'ont-ils vraiment fait ou pas ? » est un oui sans équivoque. Comme le racontera Paul Brickman : « Ce fut difficile de les faire démarrer, mais encore plus de les arrêter. » Dès lors, le couple connut une alchimie à l'écran comme dans la vie, les deux jeunes gens passant tout leur temps l'un avec l'autre avant de finir par emménager ensemble. Il lui confectionnait des cookies et elle lui fit découvrir le film d'épouvante de Nicola Roeg, *Ne vous retournez pas*. Selon Rebecca, « Il avait l'air de chercher quelqu'un à aimer et qui l'aime en retour ».

Grand moment de triomphe, il retourna une dernière fois au lycée de Glen Ridge en 1983 pour assister à la remise de diplôme de sa petite sœur Cass. Avec *Risky Business* à l'affiche du cinéma du coin et Rebecca De Mornay à son bras, il n'eut aucun mal à arborer son sourire de plus en plus fameux tandis que ses anciens condisciples se précipitaient et demandaient en riant à « M. Cruise » son autographe.

Tom était désormais une idole ado totalement confirmée, son sourire désarmant et son allure de beau gosse sain plaisant autant aux filles qu'aux mères. Comme le note le critique Gary Arnold dans le *Washington Post* : « Avec Tom Cruise, le cinéma possède désormais une nouvelle étoile à adorer. » Son statut ne souffrait pas non plus de la fréquentation de la délicieuse Rebecca De Mornay – même si certains vinrent à penser que c'était une astuce publicitaire pour faire la promotion du film. Peu importe : à New York, les paparazzi les traquaient, on leur demanda de faire la couverture de *People* et les revues de Hollywood ne parlaient que d'eux.

D'une certaine manière, ce fut son film moins connu, *L'Esprit d'équipe*, sorti la même année que *Risky Business*, qui reflétait le plus fidèlement sa vraie vie. Coproduit par Lucille Ball, c'était l'histoire d'une star lycéenne de football, Stefen Djordjevic, qui tente de décrocher une bourse d'université pour éviter de devoir suivre son père et son frère dans la sidérurgie. Si ce film à la thématique dure et déprimante connut peu de succès au box-office, il correspondait bien au désir qu'avait Tom Cruise de s'éloigner d'une jeunesse malheureuse. « Je me rappelle avoir fini le lycée en pensant : ouf, je suis content que ce soit derrière moi », a-t-il souvent dit à propos de ses années d'adolescence. C'est un sentiment qu'il exprima durant ses conversations avec le réalisateur de *L'Esprit d'équipe*, Michael Chapman, qu'il admirait pour son travail sur son film préféré, *Raging Bull* : « Je sais qu'adolescent et enfant il craignait de ne pas pouvoir échapper à ce que cherchent à fuir les enfants », a retenu Chapman. Le Stefen Djordjevic incarné par Tom Cruise est l'ébauche à grands traits du personnage générique à venir, un héros égoïste, uniquement préoccupé de lui-même, mais qui finit par réussir.

Si *Risky Business* fut la première pierre de son succès populaire, *L'Esprit d'équipe* démontrait qu'il avait un répertoire. Ce jeune homme de seulement vingt et un ans avait commencé comme membre junior du Brat Pack, mais il montrait à ses rivaux qu'il était le plus rapide, et qu'il consolidait sa position d'acteur de premier plan de sa génération.

4

À Hollywood, aucun son n'est plus doux aux oreilles d'un acteur que celui des trompettes de la renommée. Tandis que l'échec est un compagnon silencieux et lugubre, le téléphone qui sonne perpétuellement, l'arrivée tapageuse du coursier portant des scénarios, le bruissement des pages qu'on feuillette constituent la suave mélodie du succès. Alors que le show-business ne parlait que de *Risky Business*, et que tout promettait à Tom Cruise des lendemains qui chantent, à l'automne 1983, ce fut le passé qui revint pourtant le hanter.

Sa grand-mère paternelle, Catherine Mapother, l'appela pour lui annoncer que son père, dont il n'avait plus de nouvelles depuis dix ans, atteint d'un cancer au stade terminal, réclamait sa venue à l'hôpital de Louisville. Seulement Tom Mapother III ne voulait entendre formuler aucune récrimination ni allusion au passé. Pour un jeune homme qui commençait à prendre l'habitude de dicter ses règles, ce dut être une exigence irritante, surtout de la part de celui qu'il avait naguère craint et méprisé mais qu'il aimait encore.

Il accepta bon gré, mal gré de se plier aux dernières volontés paternelles. Enfin financièrement à l'abri avec les soixante-quinze mille dollars de *Risky Business*, il paya les billets d'avion de ses trois sœurs pour qu'elles le rejoignent depuis New York au chevet du mourant. Ces retrouvailles éprouvantes furent aussi une catharsis. Tom était un gamin de douze ans lorsqu'il avait vu son père épouser une inconnue. Il avait fait tout seul son chemin dans le monde, sans l'aide ni les conseils de cet homme en train de mourir. Il lui apporta en cadeau un souvenir poignant de l'époque plus heureuse qu'ils avaient connue. C'était une poupée représentant un personnage déguenillé à la Tom Sawyer, et qui jouait la musique du film préféré de son père, *L'Arnaque* – souvenir de l'une des rares occasions où tous deux avaient vécu une sortie familiale sans nuages.

Depuis la brutale séparation d'avec les siens, le père de Tom avait pratiquement disparu de la circulation. Après son remariage avec Joan Lebendiger, il était parti un certain temps en Floride, puis sur la côte ouest. Un an après, lorsque ce mariage s'était effondré à son tour, il était revenu à Louisville, où il avait apparemment vécu dans la pauvreté et loin de tous. « Il était à la dérive. Il regrettait manifestement ce qu'il avait fait. J'avais de la peine pour lui », raconte sa cousine, Caroline Mapother. Pendant un certain temps, il se lia avec Jill Ellison, épouse séparée d'un journaliste de la ville, qui, semble-t-il, s'occupa de lui durant son cancer.

S'il était au courant que son fils se faisait un nom au cinéma, Thomas senior n'avait pas pris le temps, ou peut-être, plus exactement, pas fait l'effort de voir aucun de ses films. Son apparente indifférence était le dernier symbole de leur relation difficile. Depuis leur séparation, dix ans plus tôt, le père avait résolument respecté l'injonction brutale de son fils de se tenir « à l'écart de tout ».

L'homme jeune et brutal qu'avait connu Tom était désormais une silhouette pitoyable sur un lit d'hôpital. Devant ces retrouvailles forcées, le fils oscilla entre compassion pour les souffrances de son père et colère en songeant aux occasions manquées et à ce bonheur familial gâché. Tom racontera dans l'émission de télévision de James Lipton que sa famille était très particulière et que son père avait délibérément rejeté une « puissante force vitale ». Au cours des années, Tom est devenu plus philosophe, jugeant qu'il avait lui-même été la cause de ses souffrances et de son isolement. « Il avait commis des erreurs et il en avait conscience. Je ne lui en voulais pas, pas du tout, je me contentais de regarder un homme qui était mon père et que j'aimais malgré tout ce qui était arrivé. »

Il lui prit longuement les mains et, dans un sursaut d'orgueil, son père lui promit qu'il serait bientôt assez en forme pour l'emmener au restaurant. Cela ne se produisit pas : son père mourut d'un cancer métastasé du rectum le 9 janvier 1984, à seulement quarante-neuf ans. La cérémonie fut discrète et intime et Thomas Mapother III fut enseveli dans le cimetière catholique du Calvaire de Louisville.

Quelques semaines après, Tom se retrouvait dans une forêt enchantée peuplée de licornes, de lutins et de fées. Étrange catharsis. Il était Jack, héros d'un combat entre la Lumière et les Ténèbres imaginé par le Britannique Ridley Scott. Tom, qui admirait depuis longtemps le metteur en scène des chefs-d'œuvre *Blade Runner* et *Alien*, fut séduit par les quatre cent onze planches du story-board qu'apporta le réalisateur pour le convaincre d'être la vedette de son film fantastique, *Legend*.

Tom donna son accord, contre l'avis de Paula Wagner, qui lui conseillait de décliner le projet de Scott en invoquant le décès de son père. Laissant famille, amis et Rebecca De Mornay, il prit son premier vol transatlantique et débarqua à Londres, où le tournage devait commencer au printemps 1984.

Dès son arrivée aux Pinewood Studios, dans le Buckinghamshire, au nord de Londres, Ridley Scott l'emmena dans la Salle 7 et lui passa le film de Truffaut de 1970, *L'Enfant sauvage*, l'histoire vraie d'un petit garçon trouvé dans une forêt du centre de la France, incapable de parler, marchant à quatre pattes comme un animal, et qu'on pensait avoir été élevé par des loups. Fasciné par ce personnage, Ridley Scott voulait que Tom se laisse pousser les cheveux et imite les gestes brusques et le comportement farouche de l'enfant sauvage, qu'il considérait comme une force héroïque de la nature. Pour le coup, Tom n'avait pas perdu son temps en passant son enfance à faire des saltos et des cascades.

Contrairement à ses premiers films comme *Taps* ou *Outsiders*, où il avait bénéficié de la camaraderie de ses pairs, cette fois, il était livré à lui-même. Il traînait aux alentours de l'immense plateau, servant d'ordinaire pour les *James Bond*, pendant qu'on dressait le décor compliqué de ce monde merveilleux. Il aida à répéter la vedette féminine, Mia Sara, dix-sept ans, dont c'était le premier rôle professionnel. Et la jeune actrice de Brooklyn de le remercier en puisant dans son cercle d'amies londoniennes afin de lui trouver de la compagnie. Très souvent, il allait dans le bureau de l'attaché de presse Geoff Freeman pour bavarder et prendre des nouvelles du pays.

Une brève visite à Londres de son ami Sean Penn ne changea pas grand-chose à l'ambiance générale. Accompagné de l'acteur Joe Pesci, Sean parcourait l'Europe de beuveries en soirées endiablées dans l'espoir de se remettre de sa rupture avec l'actrice Elizabeth McGovern. Il laissa Joe à Rome pour passer voir Tom sur le tournage de *Legend* le temps d'une journée. Ce fut un fiasco. Tom était concentré sur son travail, Sean avait le cœur aussi brisé qu'imbibé. Ce dernier décrit énigmatiquement ces retrouvailles comme « une sorte d'interaction désastreuse ». Il repartit le lendemain pour Belfast. « J'avais envie d'aller dans un endroit violent », dira-t-il, ce qui indique bien son état d'esprit d'alors.

Comme si se retrouver inconnu, en terre étrangère, ne suffisait pas, le tournage fut ponctué d'accidents. Tom se blessa le dos dans une cascade et fut mordu par un renard qu'il était censé cajoler dans une scène. À quatre semaines de la fin du tournage, l'équipe assista, impuissante, à un incendie qui dévora la forêt de polystyrène méticuleusement construite. Il n'y eut que quatre jours de retard sur le tournage, mais cet accident illustre bien le destin de ce film : il fut un tel bide que Ridley Scott crut venue la fin de sa carrière et alla chercher le succès du côté des clips.

Comme l'écrit un critique de cinéma : « Le jeu d'acteur a tendance à passer inaperçu dans ce genre de production. J'ai particulièrement remarqué à quel point le rôle de Jack a englouti Tom Cruise. Dans *Risky Business*, ce talentueux jeune acteur donnait vie à un personnage authentique, et, cette fois, il est tellement écrasé par les décors et les effets spéciaux que n'importe qui aurait pu le remplacer. » Tom lui-même admet qu'il n'était « qu'une tache de couleur de plus dans la peinture de Ridley Scott » et considère aujourd'hui le film comme une plaisanterie.

La situation ne s'améliora guère quand il rentra à New York. Sa relation avec Rebecca De Mornay était en bout de course. Ils avaient été séparés pendant la majeure partie de l'année, et entretenir une relation sur longue distance à l'époque où e-mails et portables n'existaient pas n'était pas une mince affaire. Leur histoire était fondée sur une ambition mutuelle, des carrières parallèles et une enfance semblable passée dans des familles séparées et constamment déracinées.

Au moins la jeunesse de Rebecca avait-elle été beaucoup plus exotique et raffinée, à la remorque d'une mère bohème, dans une ribambelle de pays européens. « J'avais énormément besoin de m'intégrer et je me suis donné du mal pour être acceptée », expliqua-t-elle un jour. Si Tom apprit à parler l'anglais avec un accent canadien ou du Kentucky, Rebecca parlait un allemand parfait, ayant vécu en Autriche. Ces deux êtres brûlaient d'être acclamés et adulés. « Les enfants de familles éclatées ont quelque chose de nettement différent, observe Rebecca. On est en quête d'amour et d'affection quand on a été privé de la présence de l'un de ses parents. Je crois que c'est le cas de Tom. »

Dans l'ombre était tapi le démon sournois de la jalousie et de l'envie. Les carrières de Tom et Rebecca prirent leur essor après le succès de *Risky Business*. À l'époque, Rebecca, beaucoup moins expérimentée dans le métier que son petit ami, avait fait des choix plus avisés. Durant l'année qu'ils passèrent ensemble, c'est elle qui eut manifestement le plus de succès. En 1984, pendant que Tom gaspillait son temps à jouer la créature des bois à Londres, Rebecca avait décroché trois films loués par la critique. On imagine sans peine comment Tom, avec son esprit compétitif et dominateur, réagit en voyant sa petite amie le distancer en nombre et en qualité de films. Même le demi-million de dollars de *Legend* et son nom en haut de l'affiche ne durent pas compenser l'affront. Ce jeune homme, nourri aux compliments d'une mère et de sœurs qui lui étaient tout acquises, eut sans doute du mal à s'accommoder d'une compagne qui attirait à elle le feu des projecteurs et qui était plus mondaine, cultivée et élégante.

Dans son film *Mémoires du Texas*, elle fut acclamée pour son interprétation d'une jeune femme qui se lie d'amitié avec une vieille dame jouée par la grande actrice Geraldine Page, qui remporta un oscar. Dans son deuxième film, la même année, l'âpre et dramatique *À bout de course*, les acteurs Jon Voight et Eric Roberts furent nominés aux oscars pour leurs rôles de truands évadés pris au piège d'un train en folie. Les cinéphiles plébiscitent régulièrement ce film dans lequel Rebecca incarne une employée des chemins de fer qui se retrouve au mauvais moment dans le mauvais train.

Le troisième, *Match à deux,* était également de qualité. Non seulement Rebecca eut le bonheur de travailler avec Neil Simon, mais elle fut dirigée par le légendaire auteur Hal Ashby, qui tourna *Bienvenue, Mister Chance* avec Peter Sellers. Pendant que Tom passait ses journées grimé, entouré de fées et de lutins à attendre de prononcer des dialogues ridicules, sa petite amie collaborait avec la crème de Hollywood. Pour ne rien arranger, elle jouait une chanteuse de night-club sexy qui entretient une liaison torride avec un joueur de baseball incarné par Michael O'Keefe. Pour un jeune homme que ses deux précédentes amies avaient trompé, c'était difficile d'être totalement en confiance, surtout qu'il n'ignorait pas l'alchimie qui peut survenir entre deux comédiens vedettes. Après tout, c'était ainsi qu'il avait connu Rebecca. Et, pour couronner le tout, l'affiche montrait Rebecca et son partenaire s'embrassant à pleine bouche. « Je vais voir un film où Rebecca joue une scène d'amour avec un autre type et lui dit qu'elle l'aime. J'affronte toujours mes peurs », avoua-t-il à l'époque.

Hors caméra, le film connut quelques problèmes : Neil Simon refusa les modifications de son texte et le réalisateur Hal Ashby fut viré pour consommation de drogue. Le rôle de chanteuse et actrice était un peu au-delà des capacités de Rebecca, qui apprenait encore le métier. Comme le raconte son partenaire Michael O'Keefe : « Elle était un peu dépassée. »

La relation à distance fut aussi au-delà des capacités de deux acteurs ambitieux sur le point de devenir des stars. Leur séparation fut, comme l'explique une amie actrice de Rebecca, « un moment très déplaisant pour elle. Elle ne voulait pas en parler. Ç'a été très brutal ».

Lorsqu'elle accepta d'aborder publiquement le sujet, elle avoua avoir souffert : « Nous étions tous les deux ambitieux et acharnés. La rupture n'a pas été très amicale. » Pour elle, c'est parce que, sous la façade cordiale, luttaient des ego conflictuels. « On vit dans la menace des rivalités, des longues séparations, des grandes scènes d'amour, des critiques. Et il y a la nature éphémère de ce métier. » Tom fut beaucoup plus pragmatique et sévère : « Quand ça ne marche pas, on l'accepte et on passe à autre chose. »

Et il ne s'en priva pas, échangeant l'étoile montante de vingt-trois ans pour une valeur sûre de trente-neuf ans. Sa nouvelle petite amie, Cher, aurait presque pu être sa mère, mais c'était une princesse de Hollywood, et leurs apparitions publiques garantissaient à Tom les gros titres et l'attention permanente des médias. Preuve qu'il avait fait un sacré bout de chemin en un temps éclair, il fit sa connaissance à une soirée de charité à la Maison-Blanche en faveur des personnes souffrant de dyslexie, en présence de Nancy Reagan. Tom, Cher, le champion olympique Bruce Jenner et le peintre Richard Rauschenberg, entre autres, reçurent une distinction pour mérites exceptionnels en dépit de leur dyslexie. Cher et Tom avaient eu des difficultés d'apprentissage, mais, si le diagnostic avait été précoce pour Tom, l'actrice n'avait appris la raison de ses difficultés à lire, à donner l'heure ou à rédiger des chèques que lorsque sa propre fille, Chastity, avait été diagnostiquée comme dyslexique.

« Quand je lis un scénario, c'est très lentement, et je m'efforce de le mémoriser tout de suite », expliqua-t-elle à l'assistance. Tom avoua qu'il avait un dictionnaire à portée de main quand il lisait des projets de film. « Je n'arrivais pas à lire le *New York Times* parce que je butais sur les mots compliqués, déclara-t-il. C'était humiliant. Quand je me suis mis à tourner, j'ai dû m'acheter un dictionnaire. J'ai commencé par la version débutants, puis je suis passé progressivement à des dictionnaires plus gros. Dans l'avion, je lisais mes textes avec mon dictionnaire. »

Leur handicap commun leur permit de briser la glace, mais l'étoile montante de Tom et la place de Cher au firmament de Hollywood les poussèrent également l'un vers l'autre. Cher, qui fréquentait des hommes plus jeunes qu'elle bien avant que ce ne soit en vogue, fut immédiatement attirée par lui. Son année passée à Londres avait au moins eu un avantage : il avait perdu l'allure de gentil garçon grassouillet de *Risky Business* et profité de son rôle dans *Legend* pour acquérir un physique sportif. « Je n'arrive pas à le quitter des yeux, confia Cher, pleine d'admiration, à une amie. Il est tellement beau que je n'ai qu'une envie, le reluquer. » On les vit ensemble pendant quelques mois, pour le plus grand bonheur des rubriques potins de la presse. Évidemment, cela ne gâchait rien que tous les deux aient des films à promouvoir en 1985. Le deuxième grand film de l'actrice, *Mask*, drame tiré de l'histoire vraie d'un adolescent californien défiguré de naissance, consolida sa réputation grandissante d'actrice respectable.

À cause de la différence d'âge ni l'un ni l'autre n'ont pris cette relation au sérieux – la fille de Cher, Chastity, n'avait que huit ans de moins que Tom –, mais ils passaient du bon temps ensemble. « Cher est drôle et intelligente, nous sommes d'excellents amis et c'est tout », déclara-t-il à *People*. Il séjourna chez elle, à Malibu, et quand Cher venait à New York elle utilisait souvent son appartement, qu'il y soit ou non. C'est d'ailleurs de chez Tom que Chastity, enfant solitaire et à problèmes, passa le coup de téléphone le plus éprouvant de sa vie : elle avoua à son père, Sonny Bono, que non seulement elle était lesbienne, mais qu'elle avait une liaison avec l'amie de sa mère, Joan. Cher, furieuse, lui ordonna de quitter les lieux et d'aller voir un psychothérapeute : « Maman ne m'a pas réconfortée avec des câlins et des baisers, parce que ce n'était pas le genre de la famille. Elle a préféré m'envoyer consulter. » Il fallut presque dix ans à Cher pour accepter la sexualité de sa fille : « C'est difficile, pour une mère. C'est une chose d'être large d'esprit quand on n'est pas concerné. Quand on l'est, on est vraiment forcé de puiser des ressources au plus profond de soi. » Apparemment, Tom, à qui l'homosexualité posait des problèmes, ne joua d'autre rôle dans ce drame familial que d'héberger Chastity chez lui, à New York. En tout cas, l'adolescente s'entendait très bien avec les jouvenceaux que fréquentaient sa mère. « Je me moque qu'ils soient plus près de mon âge que du sien », déclara-t-elle.

Un soir qu'il était sorti avec Cher à New York, Tom fut confronté à un amer souvenir du passé. Ils dînaient chez Fiorella, à l'angle de la 60e Rue et de la Troisième Avenue. Il se trouva que leur serveuse était Lorraine Gauli, sa camarade de Glen Ridge. Quand il était arrivé au lycée, elle était une vedette de la télévision qui semblait destinée à la gloire et au succès. Après avoir suivi des cours d'art dramatique, sa carrière d'actrice avait sombré dans une lamentable série d'échecs aux auditions et aux bouts d'essai. À présent, celle qui l'avait encouragé à se lancer devait affronter l'indignité de le servir à table : « J'ai été humiliée comme jamais. Je disais à tout le monde que c'était un de mes amis, et je me retrouvais à le servir. »

Tom la présenta à Cher et bavarda amicalement avec elle. Il avait réussi, pas elle : il pouvait se permettre d'être gentil. Tom avait tourné la page de son existence passée et, désormais maître de son destin, il écrivait le chapitre suivant, qui avait pour titre « succès ».

Les autres le percevaient peut-être ainsi, mais il voyait les choses différemment. Sous l'assurance et la suffisance, le jeune homme n'était pas tout à fait à l'aise avec cette célébrité nouvellement acquise. Dans les interviews, il était raide et excessivement grave, n'ayant que les mots « métier » et « démarche artistique » à la bouche. L'intérêt qu'on lui portait, particulièrement son public adolescent, le gênait. Tout comme il avait quitté brusquement un restaurant en Floride avec son ancienne petite amie Nancy Armel parce qu'on le dévisageait, à New York, au Serendipity 3, il donna un généreux pourboire à un serveur qui avait demandé à un quatuor de gamines de cesser de le dévorer des yeux. Il découvrit un jour que quelqu'un surveillait son appartement de l'Upper West Side depuis un immeuble voisin. Quand il alla trouver le propriétaire stupéfait, il apprit que c'étaient sa fille et ses copines qui l'épiaient avec des jumelles.

N'ayant pas assez de recul, il n'avait pas encore pleinement conscience de sa place : ses seules références étaient ses contemporains. Dans son esprit, la promotion 1982, soit la coterie de jeunes gens qui jouaient avec lui dans son premier film, *Taps*, réussissait tout aussi bien, surtout son ami, le fantasque Sean Penn. Alors que Tom semblait s'excuser de sortir avec Cher, en janvier 1985, Sean tomba sous le charme de la femme la plus sexy et la plus controversée du show-business, Madonna. Avec un film acclamé par la critique, *Recherche Susan désespérément*, et son deuxième album, *Like a Virgin,* qui avait défrayé la chronique et ravi le public adolescent, c'était une artiste aussi surprenante qu'unique en son genre.

D'un point de vue stratégique, la trajectoire de ses contemporains aurait dû le faire réfléchir. Son ami Timothy Hutton, le plus jeune oscarisé de tous les temps pour *Des gens comme les autres*, avait choisi de se tourner vers des projets sérieux ; c'est pourquoi il avait dédaigné le premier rôle dans *Risky Business*, le film qui avait lancé Tom. Bien que celui-ci ait reçu une nomination convoitée aux Golden Globe pour le rôle de Joel Goodsen, sa participation à *Legend* avait probablement étonné ses camarades. Si le décor et les effets spéciaux étaient extraordinaires, le texte était grotesque – avec Tom débitant des répliques comme : « Lorsque j'arriverai au paradis, je connaîtrai déjà la voix des anges. » De leur côté, Sean et Timothy travaillaient ensemble sur *Le Jeu du faucon*, un film austère racontant l'histoire de deux amis accusés de vendre des secrets aux Russes. « Il serait difficile de trouver meilleures performances », déclara *People* quand le film sortit en janvier 1985.

Après que *Legend*, sorti la même année, eut sombré sans faire de vagues, Tom et Paula Wagner étaient bien décidés à choisir ses projets avec plus de réflexion. Si les propositions étaient nombreuses, choisir la bonne était, au final, une loterie. Comme l'observe le scénariste William Goldman, la première règle à Hollywood est : « Personne ne sait rien. »

Ce truisme explique peut-être pourquoi la gestation d'un film est généralement si longue. En mai 1983, pendant que Tom apprenait son rôle pour *Risky Business*, le producteur Jerry Bruckheimer, dans son bureau des studios Paramount, était plongé dans un article d'Ehud Yonay publié par le magazine *California* et intitulé « Top Guns », qui parlait de l'école des pilotes d'élite de la Navy à San Diego. « *La Guerre des étoiles*, mais sur terre », songea-t-il en le passant à son associé, Don Simpson. Celui-ci, occupé au téléphone, balaya d'un geste le magazine qu'il lui tendait, jugeant que c'était de la veine d'un western. Une fois qu'il eut pris le temps de le lire, ce tandem prodige, qui avait présidé au succès de *Flashdance* et du *Flic de Beverly Hills*, avait déjà en tête son prochain blockbuster : *Top Gun*.

D'une certaine manière, Simpson avait eu une intuition juste : c'était bel et bien un western. Ces jeunes pilotes sexy étaient des cow-boys des temps modernes, gonflés à la testostérone, avec des noms flamboyants comme Viper ou Cougar, qui repoussaient leurs limites. Malgré leur comportement arrogant, ces jeunes hommes dans leurs machines volantes vivaient selon un code d'honneur désuet et leurs maîtres mots étaient sacrifice, camaraderie et patriotisme. « C'est un film sur l'individualisme yankee, la noblesse, l'excellence et le sacrifice », expliqua Simpson devant les grands pontes de Hollywood, essayant courageusement de transformer son concept en film.

Les studios et nombre de scénaristes en jugèrent autrement. Après avoir d'abord exprimé de l'intérêt, la Paramount répondit : « Qui a envie de voir un film où il n'y a que des avions ? » Don Simpson en fut réduit à se prosterner devant le grand patron, Michael Eisner, pour le supplier de croire à son projet. « S'ils sont désespérés à ce point, il faut qu'on les laisse travailler dessus », déclara Eisner. Les grands scénaristes n'étaient pas très intéressés, et, selon l'un d'eux, Jack Epps, après plusieurs ébauches de scénario, le film « mourut tout simplement ».

C'est seulement à la fin de 1984, dix-huit mois après les premières discussions, que le nouveau dirigeant de la Paramount, Ned Tanen, donna son feu vert et leur accorda un budget de seize millions et demi de dollars. Avant tout, il fallait y associer l'US Navy, la marine américaine. Durant une réunion avec de hauts responsables, dont le secrétaire de la Marine au Pentagone de l'époque, John Lehman, ils obtinrent l'autorisation de filmer sur la base aérienne de Miramar, près de San Diego, et à bord de deux porte-avions. Pour protéger la réputation de la Navy, un contre-amiral à la retraite, Pete Pettigrew, fut nommé conseiller technique.

Après la réticence des studios, il fallut vaincre celle des réalisateurs et des acteurs. John Carpenter et David Cronenberg refusèrent le projet, aussi Simpson et Bruckheimer choisirent-ils finalement Tony Scott, frère de Ridley Scott (*Legend*), qui s'était replié sur les films publicitaires après que son premier film, *Les Prédateurs*, eut été qualifié d'« épouvantablement nul ». Son spot publicitaire mettant en scène une Saab faisant la course avec un avion de combat avait néanmoins dû taper dans l'œil des deux producteurs. Bien entendu, ceux-ci assumèrent vaillamment leur choix, louant le réalisateur pour sa photographie élégante, sinon pour sa capacité à raconter des histoires. Leur décision ne sembla inspirer confiance ni aux acteurs ni aux agents.

La star de *Breakfast Club*, Ally Sheedy, refusa le rôle de Charlie, l'instructrice, qui fut finalement campée par Kelly McGillis. « Je pensais que personne ne voudrait voir un film sur des pilotes de combat », racontera-t-elle. Réaction similaire de la part de Val Kilmer, qui n'entra dans la peau d'Iceman que contraint et forcé par son contrat.

D'autres stars refusèrent le rôle vedette de Maverick, l'arrogant et charismatique pilote qui « grandit » au cours du film. Le très photogénique Matthew Modine, vedette de *Birdy*, film qui raconte les traumatismes de vétérans du Vietnam, n'apprécia pas le discours militariste du script et refusa le rôle. Il revenait de Berlin-Est et avait découvert que les soldats russes étaient des « êtres humains ordinaires ». Le Chachi Arcola de *Happy Days*,

Scott Baio, déclina, tout comme l'archétype de mauvais garçon, Mickey Rourke. Charlie Sheen, un temps envisagé, fut jugé trop jeune à vingt ans, et John Travolta, qui savait piloter, passait pour un raté au box-office. Finalement, ils choisirent un jeune homme à cheveux longs qui sortait tout juste des forêts de polystyrène des studios de Pinewood et qui, avec son mètre soixante-dix, mesurait seulement deux centimètres et demi de moins que la taille requise pour un pilote de la Navy. Assez hypocritement, Bruckheimer devait plus tard prétendre : « Jamais nous n'avons envisagé personne d'autre que Tom Cruise. Quand le scénario nous a été livré, c'est lui que nous avons visualisé dans le rôle. »

À l'époque, même Tom Cruise n'en était pas totalement convaincu. Comme d'autres acteurs, il n'appréciait pas la thématique va-t-en-guerre et craignait par ailleurs de s'embarquer pour un « *Flashdance* dans les nuages ». En tout cas, l'acteur, qui venait de créer sa propre maison de production, Kid Cruise, avait dans ses cartons des projets qui l'intéressaient davantage. Mais Simpson et Bruckheimer ne lâchèrent pas le morceau.

C'est à ce stade-là que naît le mythe de Tom Cruise et de *Top Gun*. Durant une réunion de deux heures avec les producteurs, Tom exigea d'être impliqué dans tout le processus de production. Il voulait deux mois pour retravailler le scénario, ce qui signifiait qu'il consentait à travailler gratuitement s'il n'y avait aucun accord au final. Simpson raconta plus tard que Tom venait chez lui et qu'ils passaient cinq à six heures à remanier le scénario devant une bière. « C'était très sympa », dit-il. Selon ce contrat léonin, Tom Cruise arrêtait la distribution, supervisait le réalisateur Tony Scott sur le tournage et serait consulté durant le montage. Comme le précisera Simpson : « J'étais contre, parce que j'aime bien diriger. Pour moi, un acteur est d'abord un employé. J'aime que ce soit moi le patron. Mais nous avions longuement discuté, il avait fait ses preuves et, en partant, il nous a serré la main en déclarant : "Messieurs, je suis avec vous.". »

Tom Cruise devint ainsi le premier acteur de la Paramount impliqué dans tout le processus de production. Était-ce uniquement grâce à son culot et à sa vision artistique qu'il était prêt à défendre même gratis ? D'aucuns ont un souvenir assez différent des négociations. Loin de vouloir retravailler le scénario pendant deux mois sans salaire, Tom aurait exigé des producteurs une avance avant même de s'engager à quoi que ce soit. Tandis qu'il faisait la fine bouche, Don Simpson lui courait après pour enfin le coincer avec un cachet d'un million de dollars. Une dernière réunion était prévue pour avril 1985, mais, Paula Wagner étant en déplacement, Tom fut terrifié à l'idée d'affronter les deux producteurs dans leurs bureaux de la Paramount. « Je ne peux pas y aller, ils vont me manger tout cru », se lamenta-t-il. Simpson refusa tout net que la rencontre se déroule dans les bureaux de l'agence artistique de l'acteur, Creative Artists Agency. De ce fait, ce fut le patron de CAA, Michael Ovitz, qui accompagna son jeune client à la Paramount pour conclure l'accord.

À vingt-deux ans seulement, Tom Cruise avait toutes les raisons d'être inquiet. Si Hollywood est un panier de crabes, Bruckheimer et Simpson étaient de redoutables requins. Comme le note un ancien du métier : « Bruckheimer, c'est celui qu'il faut avoir à l'œil. Il est capable de vous poignarder dans le dos. Au moins, Simpson vous poignarde dans le ventre. » Ce dernier se plaisait même à laisser traîner sur son bureau un 9 mm afin d'intimider ses visiteurs. Quand on demanda au réalisateur Marty Brest un conseil pour gérer un entretien avec Simpson, il répondit : « Portez un foutu gilet pare-balles. »

Simpson, qui aimait jouer les durs, se vanta un jour : « Je pourrais tuer quelqu'un sans l'ombre d'un remords. » Il avait la sale réputation de hurler sur les scénaristes, acteurs et agents dans les réunions. Seuls ceux qui ne s'écrasaient pas devant lui gagnaient son respect.

Ces semaines durant lesquelles il courtisa Tom Cruise le virent sombrer aussi dans ses pires excès. Car Don Simpson avait deux amours, l'alcool et la cocaïne. Il était souvent tellement défoncé qu'à 16 heures il pouvait à peine parler et encore moins marcher. Il devint tellement paranoïaque que pendant un temps, convaincu que la Mafia avait mis un contrat sur sa tête, il refusa de se rendre à son bureau de la Paramount et se barricada dans sa maison de Cherokee Avenue. Les rares visiteurs qu'il laissait entrer remarquaient les innombrables caméras de surveillance dans la propriété. Il y avait d'amples preuves de sa consommation de drogue ainsi qu'un arsenal d'armes qu'il brandissait à tout bout de champ.

« Il était cocaïné jusqu'aux yeux », raconte le scénariste Chip Proser, qui acheva la principale réécriture du scénario de *Top Gun* en avril 1985, peu de temps avant que Tom soit engagé. Cette version correspondait pratiquement au scénario final ; l'intrigue et les personnages y étaient décrits très en détail. Or, Simpson délirait tellement qu'il était persuadé que Proser et Tony Scott voulaient lui voler le film. Du coup, scénariste et réalisateur se retrouvaient dans des cafés de Santa Monica pour ne pas risquer d'être aperçus ensemble dans un restaurant de Hollywood et d'encourir la fureur paranoïaque de Simpson.

Par conséquent, l'histoire selon laquelle Don Simpson et Tom Cruise auraient récrit conjointement ce scénario en buvant quelques bières semble fantaisiste, d'autant que les producteurs payaient déjà des professionnels trente mille dollars par semaine pour transformer une idée assez mince en triomphe du box-office. Cela n'empêcha pas les attachés de presse de *Top Gun* de répéter cette version à qui voulait l'entendre. Comme Tom Cruise et la Navy le découvrirent à leur grand déplaisir, à Hollywood, la vérité est une notion très relative.

Pour Bruckheimer et Simpson, promettre la lune faisait partie de la négociation, que ce soit pour obtenir la coopération de la marine américaine ou embaucher leur premier rôle. Durant le tournage, ils ignorèrent purement et simplement les réserves du contre-amiral Pettigrew. « J'essaie seulement de les empêcher de transformer *Top Gun* en comédie musicale », se plaignit-il à un moment, bien qu'il ait fini par convenir que les changements amélioraient la réalité. Aussi, quand Tom Cruise, lors d'une première réunion avec les producteurs et leur conseiller de la Navy, parla d'augmenter ou d'allonger les scènes de vestiaire pour que le film prenne un caractère plus sportif que guerrier, Simpson et Bruckheimer écoutèrent avec attention en opinant du bonnet. Quand Tom fut parti et que Pettigrew fit remarquer que les pilotes de la Navy avaient des chambres individuelles, Simpson n'y alla pas par quatre chemins : « Écoutez, on a payé un million pour l'avoir. Il faut qu'on voie un peu de viande », répondit-il avec cynisme.

Une fois qu'il eut signé en avril pour un tournage qui devait débuter deux mois plus tard, Tom se concentra sur sa préparation : étudier le contexte, apprendre le rôle et passer trois semaines avec un entraîneur sportif pour se modeler le silhouette d'un pilote de la Navy. D'ailleurs, l'entraîneur réussit si bien à « transformer totalement » l'acteur que Jerry Bruckheimer l'engagea pour sa remise en forme.

Tom n'eut même pas le temps de faire couper sa crinière de *Legend*, et encore moins de récrire le scénario avant de se rendre à Miramar, la base navale des environs de San Diego, pour se mêler aux pilotes de chasse *top gun*. Malgré ses réserves initiales, une fois qu'il eut passé la grille, il se retrouva dans un vrai paradis pour garçons. Lui qui rêvait depuis son enfance de devenir pilote avait l'occasion de se frotter à des avions d'une valeur de trente-six millions de dollars. Il était fou de joie de voler dans des F-14 et de s'imprégner des principes de ces hommes animés d'autant de volonté, de concentration et d'audace que lui. « C'était un rêve qui se réalisait, racontera-t-il. Faire ce film me branchait à fond. »

Les acteurs devinrent bientôt des personnages familiers sur la base. L'instructeur Dave « Bio » Baranek se rappelle sa première rencontre devant une bière avec un « freluquet aux cheveux longs » un mercredi soir au mess de Miramar. « Tom m'a demandé : " Qu'est-ce qui est le plus marrant et le plus terrifiant, quand on vole ? " Il était poli et sincère et il absorbait comme une éponge tout ce qu'on lui racontait. Je lui ai parlé des combats aériens en accélération, du vol à basse altitude à pleine vitesse et de la puissance et de la manœuvrabilité quasi illimitées des appareils. »

Après ce premier entretien, on demanda dans l'escadron un célibataire qui accepterait d'être le compagnon de beuverie de Tom. Le lieutenant Jim Ray se porta volontaire et devint le « buveur désigné » de l'escadron. « Ils ont beaucoup fait la fête et se sont bien amusés », se remémore Baranek. La plupart du temps, Cruise et les autres acteurs se retrouvaient au Rusty Pelican, un restaurant de fruits de mer de San Diego, où ils mitraillaient de questions les vrais pilotes de chasse. Il ne lui fallut pas longtemps pour marcher, parler et penser comme un pilote. « Ce qui m'a le plus impressionné, c'est qu'il ait pris autant de temps pour s'assurer de bien faire son boulot. Il n'est pas arrivé les mains dans les poches », approuve Jim Ray.

Finalement, après avoir passé des tests d'aptitude sur les F-14, notamment pour apprendre comment supporter les effets d'une accélération violente, s'éjecter et se libérer d'un siège éjectable dans l'eau, il fut autorisé à effectuer son premier tour. Pour ce garçon avide de sensations, ce fut la réalisation d'un rêve. « C'est très sexuel, dira-t-il. Votre corps se contorsionne, vous avez mal aux muscles et la pression empêche l'irrigation du cerveau. Vous crispez les fesses et les jambes en gémissant et en ruisselant de sueur. Je suis resté avec un sourire béat sur les lèvres. »

Le tournage du film ranima en lui une passion pour la vitesse qui ne l'a jamais quitté. Cette fois, au lieu de dévaler les rues de Louisville dans la voiture de sa mère, c'était sur les boulevards de Santa Monica qu'il roulait à l'aube à toute vitesse avec le patron du studio, Ned Tanen, dans sa Porsche au moteur tellement modifié qu'il ne fonctionnait qu'au kérosène et logeait dans un hangar pour les avions. « Il est tombé amoureux des voitures de course », racontera Tanen. Son entrée dans le monde de la moto fut nettement moins glamour : il s'entraîna sur le parking de la House of Motorcycles d'El Cajon, en Californie. Mais l'image de Tom Cruise à moto fonçant sur une route dans le désert et éclairé par le soleil couchant est devenue une image culte et a contribué à populariser l'acteur.

Chaque vendredi soir avait lieu une soirée de fin de tournage et tout le monde buvait et faisait la fête au bord de la piscine du mess des officiers. Tony Scott, dont la liaison avec la sculpturale actrice Brigitte Nielsen avait mis fin à son mariage, prit l'habitude, selon Pettigrew, le conseiller de la Navy, d'« auditionner » de jeunes actrices alors que tous les rôles étaient distribués depuis longtemps. Si Scott, ami intime de Timothy Leary, le pape du LSD, se livrait à ses activités derrière les portes closes de sa caravane, la fête battait son plein lorsque Don Simpson faisait une arrivée tonitruante, souvent tellement défoncé qu'il emboutissait sa Pontiac Trans Am noire sur le parking.

La fête la plus mémorable fut peut-être celle de juillet au mess de North Island pour le vingt-troisième anniversaire de Tom. Simpson et ses assistants, Dave « the Rave » Robertson et Dave Thorne, surnommé « Baby Dave », allèrent sur la plage inviter des filles en bikini à se joindre à la fête. L'un des assistants raconte que durant la soirée très arrosée, Kelly McGillis, le premier rôle féminin, planta l'amie avec qui elle dansait, se déshabilla complètement et sauta dans l'eau. Des acteurs ainsi que des élèves pilotes de l'école Top Gun empoignèrent alors Bruckheimer et Simpson et les jetèrent sans plus de cérémonie dans la piscine. Simpson coula aussitôt : il ne savait pas nager.

Alors qu'il essayait de se reposer un peu à bord de l'*US Enterprise* pendant que les avions rugissaient au-dessus de sa tête, il reçut un coup de fil du réalisateur hollywoodien qu'il vénérait le plus : Martin Scorsese, le metteur en scène de *Raging Bull*, le voulait pour son prochain projet. Deux ans plus tôt, Tom répétait ses répliques avec son ami Vinnie Travisano chez lui, à Glen Ridge. Et voilà que le grand homme lui demandait s'il acceptait de travailler avec lui. Ah, il y avait aussi un petit détail : il faudrait qu'il collabore avec une autre légende de Hollywood, Paul Newman. Comme le racontera Tom : « Je n'en revenais pas que tout ça m'arrive à moi. »

L'idée était de tourner la suite longtemps attendue du film de 1961, *L'Arnaqueur*, où Paul Newman incarnait le roi du billard Fast Eddie Felson. *La Couleur de l'argent* serait la confrontation d'un Fast Eddie vieillissant et de Vincent, un jeune joueur doué mais arrogant. Scorsese, qui avait vu Tom dans *L'Esprit d'équipe,* le trouvait parfait pour le rôle. Si flatté qu'il fût, après dix mois d'un tournage épuisant, Tom avait envie de faire une pause. Cependant, l'occasion de travailler avec deux grands de Hollywood – et d'apprendre auprès d'eux – était trop tentante et il signa docilement.

Cette fois, on ne trouve pas trace de rumeurs fantaisistes selon lesquelles Tom aurait récrit le scénario, monté le film ou choisi les angles de vue. Il travaillait avec des hommes brillants, dévoués à leur métier et à l'apogée de leur art. Newman, Scorsese et le scénariste Richard Price avaient passé les neuf derniers mois sur les dialogues et le story-board. Quand le tournage commença, en janvier 1986, Tom n'avait plus qu'à venir jouer. Rien que cela était une perspective intimidante. Tom était dans ses petits souliers. Bien qu'ils se soient déjà rencontrés – Tom avait échoué à une audition devant Paul Newman en 1984, pour *L'Affrontement* –, pendant les premiers jours, il lui donna du « monsieur Newman » jusqu'à ce que celui-ci lui dise de l'appeler Paul.

Contrairement à son habitude, Paul Newman exigea plusieurs semaines de répétitions avant le tournage, afin de tester discrètement le tempérament de son jeune protégé. Tom s'entraîna au billard pendant des heures et des heures sous le regard attentif du joueur Mike Sigel. Cette conscience professionnelle lui valut le respect de la vedette. « En six semaines, il a appris à jouer mieux que moi en cinq mois, vingt-cinq ans plus tôt », dira Paul Newman. Durant le tournage, qui se déroula principalement dans des clubs de billard crasseux de Chicago, Tom tira lui-même tous ses coups, sauf deux coups sautés exécutés par Mike Sigel. Même cela, il aurait pu le réussir avec un peu plus de pratique, mais le planning de cinquante jours n'autorisait pas un tel luxe.

Le film traitait des relations complexes entre le vieux cynique et le jeune prétendant, l'aîné enseignant à son disciple comment arnaquer ses adversaires et étudier leur psychologie. Tom devait se montrer à la hauteur pour devenir un acteur et non plus quelqu'un qui joue un rôle. Il se rendit compte dès le premier jour que Paul Newman le jaugeait aussi discrètement que subtilement. Il réussit l'épreuve. À la fin du tournage, le respect de Paul Newman pour le jeune homme était tel que, lorsqu'il fut nominé pour un oscar, il envoya à Tom un télégramme : « Si je le remporte, il sera autant à nous deux qu'à moi, car tu as très bien travaillé. » Il le remporta, et Tom fut si fier du télégramme qu'il l'encadra et l'accrocha au mur dans son appartement de New York.

En fait, Paul Newman qualifia le tournage de *La Couleur de l'argent* de l'« expérience la plus créative » de sa vie. « Durant le film, il n'y a pas eu la moindre parade rituelle. Pas d'ego. Tom Cruise et moi étions totalement francs l'un envers l'autre. » Après l'avoir appelé « monsieur » les premiers jours, Tom participa au concours de la « blague du plus mauvais goût » et alla jusqu'à offrir à Newman un soutien-gorge et un porte-jarretelles pour son soixante et unième anniversaire. Il régnait une ambiance vraiment familiale durant le tournage, l'épouse de Scorsese, Barbara de Fina, venant préparer des pâtes et d'autres spécialités italiennes pour Tom. Cette atmosphère chaleureuse et conviviale ne pouvait que combler Tom, qui avait toujours eu un profond besoin d'ancrage.

Au cours des mois, sa relation avec Paul Newman s'étoffa et s'approfondit, leur respect professionnel mutuel cédant la place à une espèce d'amitié virile. Newman initia Tom à sa passion de toujours : les courses automobiles professionnelles, un amour qui l'avait conduit à participer aux 24 Heures du Mans. À la fin du tournage, il organisa pour Tom et Don Simpson cinq jours de formation avec son copilote Jim Fitzgerald. Ce fut assez pour que Tom se passionne et aille voir son ami participer à plusieurs courses durant l'été.

On a beaucoup dit que Paul Newman avait endossé le rôle du père de substitution auprès du jeune acteur. Six ans plus tôt, son fils unique, Scott, âgé de vingt-huit ans, s'était suicidé, accablé par ses échecs professionnels et le divorce de ses parents. Tom Cruise, doué, charismatique et acharné, semblait prendre la place désormais inoccupée dans la vie de Paul. Comme l'observe le biographe de Paul Newman : « On estima inévitablement que Newman considérait Tom Cruise comme le substitut de son fils. Il avait avec le jeune acteur une relation très proche qu'il n'avait jamais connue avec Scott. »

Le grand feu d'artifice promotionnel de *Top Gun* commença en mai 1986, quelques semaines seulement après la fin du tournage avec Martin Scorsese. Cette dernière expérience l'aida à garder les pieds sur terre alors qu'il était propulsé au firmament des superstars. *Top Gun* l'ancra pour toujours dans l'imaginaire populaire, dès les premières séquences, dans cette scène où il vole au-dessus d'un Mig et prend un Polaroïd du pilote russe pour sa collection. Mais le sourire nonchalant et les exploits de tête brûlée cachent un jeune homme hanté par le passé qui trouve sa rédemption grâce aux conseils de plus expérimenté que lui. Bref, un sex-symbol au cœur tendre, thème qu'il allait exploiter à loisir.

Le film fut un triomphe, captivant le public depuis le plan d'ouverture, où un appareil de combat décolle en rugissant d'un porte-avions, accompagné par une musique obsédante, jusqu'à la dernière de ses cent dix minutes. L'ode à la marine était si réussi que la Navy connut un taux de candidatures inédit depuis la Seconde Guerre. Autant pour Tom, qui désirait faire un film sportif ; *Top Gun* était bien plus que cela. Outre qu'il se révéla l'un des plus juteux de l'année pour la Paramount et qu'il fut en lice pour huit oscars, il devint, comme *Wall Street*, l'un des films emblématiques des années 1980, représentant les idéaux piliers du rêve américain.

Avec sa photographie léchée, sa bande-son rythmée et ses acteurs séduisants, le film attira presque tous les publics. Comme le cherchaient Simpson et Bruckheimer, les classes moyennes de province accoururent en masse. Le film suscita un engouement spectaculaire dans la communauté gay. Le match de volley entre Tom Cruise et Val Kilmer, torse nu et huilé, captiva les lecteurs du magazine gay *Suck* au point qu'ils lui décernèrent trois ans de suite le titre de « scène de film préférée ». Même si Tom avait refusé de poser torse nu pour les photos publicitaires, ce courant gay devait continuer de le poursuivre.

À l'époque, il défendit publiquement ce grand moment de pur étalage de chair et de muscles comme l'expression de l'obligation pour les pilotes d'être constamment au sommet de leur forme. « Chacun veut battre l'autre, chacun veut être le meilleur », argua-t-il dans l'une des interminables séries d'interviews. Pour Tom, la vie ne serait plus jamais la même. Si toute cette attention lui donnait l'impression d'être « seul et à part » – il ne pouvait pas sortir avec ses sœurs sans être harcelé par la foule et les paparazzis –, il reconnaissait, peut-être instinctivement, que la meilleure manière de contrôler les médias était de ne révéler que ce qu'il désirait. Durant le tournage de *Top Gun*, il avait mesuré leur pouvoir destructeur en voyant son ami Sean Penn devenir leur cible à cause de sa relation avec Madonna. Non seulement Sean Penn, déjà violent, avait été arrêté pour avoir jeté des pierres sur des journalistes britanniques, mais son mariage sur les falaises de Malibu, en août 1985, avait dégénéré en curée de chasseurs d'images : Tom et les invités, dont son ancienne amie Cher, avaient à peine pu entendre la cérémonie au milieu du vacarme des hélicoptères.

Tom adopta une approche différente en donnant en pâture certains fragments de sa vie plutôt que de refuser de nourrir des médias jamais rassasiés. Sean Penn en fut extrêmement impressionné. Comme le raconte son assistante, Meegan Ochs : « Sean disait que Tom Cruise méritait un oscar pour sa manière de gérer la presse. Pour lui, Cruise avait décidé très tôt des quelques sujets qu'il accepterait d'aborder publiquement : sa dyslexie, sa relation avec son père. Tout le monde croyait obtenir de lui des informations très intimes, et, grâce à cela, il était le chéri des journalistes. Mais, en fin de compte, il passait son temps à répéter à l'infini les mêmes bribes de vie. Au lieu de faire comme Sean, qui essayait tant bien que mal de garder le silence sur sa vie privée. »

D'autres, comme le magnat du cinéma David Geffen, furent tout aussi impressionnés par la ligne de conduite de Tom. De son côté, Paul Newman, qui était devenu une star à une époque moins hystérique, considérait d'un œil paternel la tempête médiatique : « C'est difficile quand cela arrive aussi vite. Ce garçon a de la jugeote. Beaucoup. Pour le moment, il garde la tête sur les épaules, mais c'est l'un des très rares à y être parvenu. »

Cette admiration mutuelle fut symbolisée lors de la promotion de *La Couleur de l'argent*, en octobre 1986, par la publication en couverture du magazine *Life* d'une photo de Tom Cruise et Paul Newman allongés sur une table de billard. À la première organisée pour une association de bienfaisance au Ziegfeld Theater, à New York, Tom, Paul Newman, Joanne Woodward et l'amoureuse de Tom à l'écran, Mary Elizabeth Mastrantonio, posèrent en famille sous les flashs. Une semaine plus tard, Tom se rendit à Atlanta voir son ami et mentor participer au célèbre rallye Valvoline. Il y offrit un bouquet à Paul Newman en forme de porte-bonheur. « Elles sont pour ton jardin. Montre-leur de quoi tu es capable ! » disait la carte. Elle était signée Tom et Mimi. Apparemment, la célébrité n'était pas une existence tellement solitaire.

5

Même selon les critères de Hollywood, c'était une créature exotique, d'une beauté sculpturale, à la hauteur d'une jeunesse mouvementée. Miriam Spickler avait vu le jour en 1956 à Coral Gables, en Floride, et ses parents ne furent pas longs à déceler l'exceptionnelle vivacité d'esprit de leur enfant. Intelligente, vive et douée d'une mémoire quasi photographique, la jeune Miriam, que tout le monde surnommait Mimi, n'eut aucune peine à se hisser au premier rang de sa classe, notamment en sciences, malgré les nombreux changements d'établissements scolaires dus aux déplacements de son père, Phil, ingénieur civil. Elle avait sept ans quand ses parents se séparèrent et elle choisit de rester avec son petit frère Paul auprès de leur père.

Cette décision se révéla déterminante. Ses aptitudes scolaires évidentes lui permirent de sauter plusieurs classes et de terminer le lycée à quatorze ans. Au lieu d'aller à l'université, elle accompagna, dans ses expéditions régulières au casino du lac Tahoe, dans le Nevada, son père, qui avait cessé ses activités d'ingénieur pour devenir joueur professionnel. Grâce à sa beauté et à sa mémoire exceptionnelle, la voluptueuse adolescente devint une joueuse de poker et de black jack accomplie – même si elle n'avait pas encore l'âge légal. Des années plus tard, elle participerait à des tournois professionnels.

Peu après, son père abandonna les incertitudes de la table de jeu pour une occupation beaucoup moins hasardeuse : vendre une religion inventée par un homme. Cela faisait longtemps que Phil Speckler avait renoncé au judaïsme pour adhérer à la scientologie. Celle-ci avait été fondée par Lafayette Ron Hubbard, un auteur de science-fiction, en 1954, soit quatre ans après la publication de son best-seller, *La Dianétique – La science moderne de la santé mentale*. Cet ouvrage, l'un des premiers à populariser le thème du développement personnel, servit de texte de référence à la scientologie. Rapidement, ses lecteurs devinrent des paroissiens et l'affaire fut repackagée en religion. Hubbard voyait se réaliser une rodomontade qu'il avait lancée en 1947, lors d'un congrès d'auteurs de science-fiction : « Si vous voulez devenir millionnaire, le plus rapide, c'est de lancer votre propre religion. »

Hubbard présentait la dianétique comme une alternative révolutionnaire et scientifiquement prouvée à la psychiatrie et à la psychothérapie conventionnelles. Il arguait qu'elle pouvait soulager toutes sortes de maux, y compris l'asthme, l'arthrite, l'alcoolisme, les ulcères, les migraines, la conjonctivite, les nausées matinales, le rhume et les maladies cardiaques. En outre, il prétendait qu'elle pouvait augmenter considérablement l'intelligence et éliminer les émotions pesantes ainsi que guérir (*sic*) l'athéisme et l'homosexualité. Le concept de base était que le cerveau se souvient de tout et qu'en se rappelant puis en éliminant les expériences négatives, ou « engrammes », l'individu peut se libérer de ses sentiments refoulés et parvenir ainsi à un état mental « clair ». Hubbard affirmait que la propagation de la dianétique conduirait à un « monde sans folie, sans criminels et sans guerres ». Application audacieuse de la supériorité de l'esprit sur la matière.

Hubbard fonda sa propre Église de scientologie non seulement pour exploiter le succès financier de son livre, mais également pour court-circuiter les constantes critiques des psychiatres et autres scientifiques en général pour qui ses théories n'étaient guère plus qu'un fatras pseudoscientifique que rien n'étayait ni ne prouvait, et qui exploitaient la crédulité des gens. Le Prix Nobel de physique, Isidor Isaac Rabi, déclara au *Scientific American* : « Ce bouquin contient probablement plus de promesses et moins de preuves par page que toute autre publication depuis l'invention de l'imprimerie. »

Le mépris de la communauté scientifique n'empêcha pas Hubbard de fonder sa première Église en Californie, en 1954. Il affrontait une âpre concurrence sur un marché saturé. Il y avait, rien qu'à Los Angeles, plus d'une centaine de sectes et groupuscules religieux, et il trouva l'un de ses rivaux les plus coriaces en la personne de Krishna Venta, qui déclarait à ses disciples être arrivé sur un vaisseau spatial deux cent quarante mille ans plus tôt. La philosophie de Hubbard était beaucoup plus subtile, puisqu'il promettait à ses adhérents l'équivalent spirituel d'une pierre philosophale, soit la capacité, grâce à lui, de transformer le plomb en or. En l'occurrence, il s'agissait d'une synthèse inattaquable de foi et de raison, de science et de croyance.

Alors que les scientifiques voyaient l'homme comme un corps, Hubbard affirmait que c'était un esprit réincarné à l'infini. Il n'adorait pas Dieu, il était son propre dieu. En suivant la philosophie religieuse appliquée de Hubbard, un individu pouvait réaliser totalement sa nature immortelle et se libérer de son corps. Au fond, la scientologie n'en appelait pas à l'âme, mais à l'ego. Tout homme pouvait devenir son propre dieu... à condition d'y mettre le prix.

Pour y parvenir, les impétrants – que Hubbard appelait « chair fraîche » – devaient subir une audition. Ce processus présentait quelques similitudes avec la confession catholique, sauf que les fidèles devaient payer une somme rondelette pour ce privilège. Afin de conférer à cette opération des allures scientifiques, l'auditeur utilisait un appareil appelé électropsychomètre, ou électromètre, semblable à un détecteur de mensonges rudimentaire qui mesure les modifications du courant électrique biologique. Selon la théorie, l'appareil enregistre les pensées et réactions et extirpe les mensonges inconscients. Ce processus de découverte permettrait de libérer l'esprit.

Progressivement – et des milliers de dollars plus tard –, les scientologues passaient ce que Hubbard appelait le « Pont » pour parvenir à l'état d'illumination. L'élite, ayant atteint les niveaux les plus élevés, était considérée au même titre que des surhommes capables, selon Hubbard, de communiquer par télépathie, de quitter leur enveloppe physique à volonté, de déplacer mentalement des objets, de s'affranchir totalement de l'univers physique et de contrôler ce que les scientologues appellent le MEST (acronyme de *Matter, Energy, Space and Time*, soit matière, énergie, espace et temps). C'est très probablement la chimère la mieux vendue au monde : des clients dépensaient jusqu'à cinquante mille dollars, ou davantage au cours actuel, pour avancer dans le parcours labyrinthique de Hubbard dans l'espoir d'atteindre une gratification spirituelle – et la faculté de déplacer des cendriers avec l'esprit. Passer d'homme mortel à surhomme immortel... c'était une perspective séduisante. Sans oublier que cela allait sauver la planète.

Hubbard fit preuve de génie en créant un univers parallèle, un système de croyances indépendant promettant une « liberté spirituelle totale » tout en dépeignant la Terre comme un endroit dangereux rempli de « marchands de chaos ». En pleine guerre froide, alors que planait la menace d'une apocalypse nucléaire, sa philosophie fit mouche, notamment chez les catholiques et, plus tard, les vétérans du Vietnam et les hippies, déçus par les structures politiques et religieuses traditionnelles et inspirés par l'idée de sauver le monde de lui-même. Le père de Mimi, Phil Spickler, fut un disciple de la première heure. Il raconte : « J'avais le sentiment très net que nous changions ou changerions l'avenir du monde. Dans les années 1950, après guerre, il semblait possible de desserrer l'étau de certaines institutions sur les affaires du monde et d'assainir la planète. »

L'altruisme mis à part, c'était aussi une manière de gagner de l'argent. L'Église de L. Ron Hubbard était essentiellement une entreprise en franchise qui augmentait le nombre de ses membres en accordant à des personnes appelées ministres volontaires le droit de fonder des filiales un peu partout dans le pays. Comme toute vente pyramidale, plus on est haut dans la hiérarchie, plus on encaisse. En moyenne, un scientologue qui faisait entrer de la « chair fraîche » dans l'Église empochait une commission à vie de 10 %, et un supplément sur les ventes de livres. Spickler ouvrit sa propre mission à Palo Alto, en Californie, et sa fille Mimi gravit si rapidement les échelons qu'à la fin de son adolescence, elle était déjà auditrice de classe 8, capable de former les scientologues les plus avancés, y compris les célébrités. « Cette philosophie religieuse m'a formée et façonnée, c'est une partie de mon éducation. Donc, en un sens, cela sera toujours en moi », dit-elle.

Pendant les années 1970, Mimi se rendait fréquemment au siège de scientologie à Clearwater, en Floride, où elle suivait des cours. Même si des camarades scientologues s'en souviennent comme d'une jeune fille glaciale, distante et farouche, elle était si belle que les hommes tombaient à ses pieds. Adolescente, elle avait pleinement conscience de l'effet qu'elle produisait et sortit avec une ribambelle de scientologues, dont son collègue auditeur, James Fiducia, un grand et séduisant New-Yorkais. Quand ils se séparèrent, elle fit la connaissance d'un autre auditeur de haut niveau, Jim Rogers, du même genre que le précédent, grand, beau, et plus âgé qu'elle. Elle l'épousa en 1977, à tout juste vingt et un ans. Après le mariage, ils ouvrirent à Sherman Oaks, dans la vallée de San Fernando, un petit cabinet d'« audition de terrain » qui accueillait acteurs, artistes et autres vedettes du petit et du grand écran. Comme beaucoup d'entre eux souhaitaient dissimuler leurs liens avec la scientologie, il était souvent difficile de les encourager à fréquenter le principal Centre des célébrités de Hollywood. Le cabinet de Sherman Oaks garantissait discrétion et anonymat, ce qui était idéal pour une star souhaitant se familiariser avec la vision du monde de Hubbard. Comme l'observe un ancien scientologue, « l'audition de terrain consiste à amener les gens à l'Église sans chichis, genre : passez prendre un verre et venez discuter. » C'est aussi une histoire d'argent, car les auditeurs de terrain gagnent très correctement leur vie grâce aux commissions que rapporte la « chair fraîche ». Et les célébrités étaient des morceaux de premier choix. Jim et Mimi possédaient dans la vallée une agréable maison de cinq pièces avec terrain de volley et piscine, l'audition rapportant, hors commission, quelque cent dollars de l'heure. Elle recruta ainsi le chanteur puis politicien Sonny Bono ; et sa grande amie, l'actrice Kirstie Alley, qui affirmait avoir renoncé à la drogue grâce à la scientologie, était une visiteuse régulière.

Si la scientologie était pour Mimi un moyen de financer son train de vie, ce fut également la voie qui lui permit de réaliser son ambition suprême : devenir une star de Hollywood. Sous la façade belle et charmeuse se cachait une jeune femme déterminée qui multipliait les relations pour mettre un pied sur l'échelle de la gloire. « Elle savait ce qu'elle voulait : devenir une superstar. Si vous n'aviez rien à lui proposer, vous ne l'intéressiez pas », confie une ancienne amie. Mimi et Kirstie tentèrent même d'écrire des scénarios, l'un d'eux racontant l'histoire d'une fille qui vit une dernière amourette avant ses trente ans. En fait, il fallut un certain temps à Skip Press, scénariste et scientologue pendant peu de temps, pour comprendre qu'elle l'invitait à des barbecues chez elle à cause de ses relations et de la possibilité d'avoir la primeur de ses derniers projets, et non parce qu'il était aussi brillant que séduisant : « Quand son mari et elle ont mis sur pied leur cabinet d'audition, j'ai compris à quel point elle était déterminée à conquérir Hollywood. C'est l'une des personnes les plus froidement calculatrices que je connaisse, capable de vous ostraciser si vous ne servez pas ses ambitions. »

En 1980, Mimi divorça de son premier mari, Jim, et se concentra à plein temps à sa carrière d'actrice. L'année suivante, elle joua dans la série télévisée à succès *Hill Street Blues* et commença à sortir avec Ed Marinaro, l'une des stars. Au cours des années suivantes, elle décrocha plusieurs petits rôles dans des soaps comme *The Rousters* et *Paper Dolls*. Son acharnement à se créer des relations n'impressionna pas tout le monde, l'un des amis de son ex-mari déclarant, non sans cruauté : « Mimi est à ma connaissance la seule actrice capable de coucher pour n'arriver nulle part. »

Tout en cherchant des rôles, elle continuait à recruter de nouveaux membres. Les commissions à vie qu'elle touchait lui permettaient de payer ses factures. Dîners et soirées étaient des occasions parfaites pour glisser discrètement la scientologie dans la conversation, et c'est en 1985, lors de l'un de ces dîners, que Mimi rencontra Tom Cruise. À l'époque, elle sortait avec une « connaissance » du jeune acteur, mais elle raconta plus tard qu'elle avait ressenti entre eux une alchimie faite de regards à la dérobée et de brèves paroles échangées : « Je crois que nous nous sommes trouvés mignons l'un et l'autre. »

Pour Tom, qu'elle soit actrice était un atout. À part une brève aventure avec la chanteuse Patti Scialfa, qu'il avait connue en coulisses après un concert dans le New Jersey lors de la tournée « Born in the USA » de Bruce Springsteen, il n'avait d'yeux que pour celles qui étaient du métier. Ainsi, s'il se lançait dans l'une de ses tirades passionnées sur le « métier d'acteur », l'autre devait comprendre de quoi il parlait. « C'est comme tenter d'expliquer quel effet cela fait de conduire une voiture de course. C'est impossible. Il faut être au volant pour comprendre », dira-t-il. Mimi ne manqua pas de lui reconnaître cette qualité : « Il a toujours été un type dynamique et passionné pour certaines choses. »

Au premier abord, Tom n'était pas le genre habituel de Mimi. Les hommes qu'elle avait connus – après son divorce, elle était sortie avec les « policiers » de télévision Tom Selleck et Ed Marinaro, ainsi qu'avec Bobby Shriver, rejeton du clan Kennedy – étaient tous plus âgés et plus grands qu'elle. Tom Cruise avait, quant à lui, six ans et cinq centimètres de moins qu'elle. Mais, comme les autres, il avait des contacts et travaillait beaucoup. « Il avait l'air si jeune et si vulnérable, et elle était une très forte personnalité qui savait comment manier son pouvoir, raconte une ancienne amie qui la vit en action. C'est bien simple : elle a bouleversé son univers. »

La liaison de Mimi avec Tom Cruise reposait sur une ambition partagée et un métier, celui du show-business. Ils se virent entre le tournage de *La Couleur de l'argent*, la tournée promotionnelle de *Top Gun* et le premier grand rôle de Mimi dans un policier, *Traquée*. Comme le remarque le biographe de Tom Selleck, Jason Bonderoff : « Mimi est une arriviste, une vraie machine de guerre, et c'est l'une des choses qui a tant séduit Tom [Selleck] chez elle. Le problème est qu'ils étaient tellement occupés par leurs carrières respectives qu'ils ont eu à peine le temps de tomber amoureux. »

Mimi prêta davantage d'attention à ce nouveau Tom qui arrivait dans sa vie et l'initia à la vie et l'œuvre de L. Ron Hubbard. Quelque peu en avance sur son temps, Hubbard accordait une grande importance à la conversion de célébrités à sa religion : leur présence donnait selon lui une crédibilité au mouvement et encourageait d'autres à s'y joindre. Dès 1955, il avait instauré le « projet Célébrités », et exhortait ses fidèles à recruter des stars du cinéma, du théâtre et des sportifs de haut niveau. Il donna des cours gratuits aux célébrités et les courtisa en bâtissant ou en achetant des immeubles qu'il transforma en Centres des célébrités, notamment une demeure néogothique située au pied des collines de Los Angeles, où artistes, comédiens et autres pouvaient suivre des séances de scientologie dans un environnement agréable et convivial, loin des regards indiscrets.

Il visait à recruter les « étoiles montantes ou pâlissantes », car il partait du principe que ceux qui étaient au sommet de la gloire n'avaient pas besoin des conseils de la scientologie. C'est ainsi que John Travolta rejoignit la scientologie en 1974, alors qu'il peinait à se faire remarquer. « La scientologie m'a poussé », affirma-t-il plus tard. Parmi ceux qui se convertirent durant cette période, on compte notamment les musiciens Chick Corea et Isaac Hayes, tandis que le professeur d'art dramatique Milton Katselas envoyait – et continue encore de le faire – un flot ininterrompu d'aspirants acteurs au Centre des célébrités de Los Angeles pour voir si la scientologie leur réussissait. Le bouche-à-oreille et les recommandations personnelles de membres de l'industrie du divertissement étaient des éléments clés dans le recrutement des célébrités. Aussi, quand Chick Corea se rendit à un concert de Paul McCartney à Hollywood, il pensait à tout autre chose qu'à la musique. En coulisses, il essaya de recruter Paul et son épouse Linda. Ils refusèrent, tout comme John et Yoko quand le très estimé pianiste de studio Nicky Hopkins, autre scientologue, tenta de les y amener. Hopkins eut plus de succès avec Van Morrison, qui fut scientologue pendant un temps.

Rien ou presque n'était laissé au hasard dans les « rencontres fortuites » entre une disciple comme Mimi Rogers et une recrue célèbre potentielle. Or ces personnalités du show-biz n'avaient aucunement conscience du fait que leur initiation à la scientologie était le résultat de semaines, parfois de mois de planification méticuleuse. La première étape consistait à identifier une cible puis à échafauder un « plan de bataille ». Pour les y aider, des scientologues dévoués fabriquaient des modèles des cibles en argile, Michael Jackson, par exemple, en définissant des scénarios progressifs pour faire avancer le projet.

Sur le mur du bureau du Centre des célébrités de Hollywood était accroché un tableau magnétique de un mètre sur deux avec des noms des célébrités placés dans des colonnes comme « Contact », « Levier », « Session de présentation » et « Org », indiquant leur degré d'implication. Cet aspect des choses était pris on ne peut plus au sérieux. Le personnel du centre était constamment sous pression pour atteindre des objectifs. L'ancienne scientologue Karen Schless Pressley fut « commodore » du Centre international des célébrités pendant trois ans, au milieu des années 1980 – on la considérait elle-même comme une célébrité, puisqu'elle était l'auteur, avec son mari, Peter, du tube de 1982, *On the Wings of Love*.

« Je me rappelle David Miscavige [actuel dirigeant de la scientologie] taper du poing sur la table en hurlant qu'il fallait plus de célébrités. C'était une vraie psychose », raconte-t-elle. Avec une angoissante régularité, ses collègues et elle étaient prévenus que s'ils ne convertissaient pas une célébrité sous quarante-huit heures ils devraient faire face à une sanction interne, être traduits nommément devant une Commission éthique ou se voir assigner au projet Force de réhabilitation, version scientologiste du bagne. En 1986, lorsque Mimi et Tom commencèrent à se fréquenter plus sérieusement, l'organisation était plongée dans une crise à la suite du décès de son fondateur. À l'époque, la scientologie était devenue l'une des sectes à la réputation sulfureuse les plus craintes du monde, étant interdite dans de nombreuses démocraties comme le Royaume-Uni, la France, l'Espagne, l'Allemagne et l'Australie. En apparence, elle était conviviale et accueillante, ses adhérents vivant selon la devise : « Si c'est pas marrant, c'est pas de la scientologie. » Le Centre des célébrités de Hollywood, sous la chaleureuse tutelle d'Yvonne Jentzsch, était considéré comme un endroit « détendu et sympa », idéal pour nouer des relations d'affaires, rencontrer de jolies filles et, si on avait de la chance, tirer son coup.

Derrière les sourires enjôleurs, la scientologie était un mouvement paranoïaque, à l'image de la personnalité schizophrène de son fondateur : c'était une secte dogmatique bien décidée à dominer le monde, qui méprisait les autres religions et imputait aux psychiatres et aux autres professionnels de santé la responsabilité de tous les maux apparus sur la planète depuis l'aube des temps. Quant à la communauté homosexuelle, Hubbard écrivait dans son livre, *Science de la survie*, que s'ils ne parvenaient pas à emprunter le chemin du salut offert par la scientologie la solution était de « s'en débarrasser calmement et sans remords ». Cet homme qui rédigeait des consignes pour tout – depuis le nettoyage des vitres avec du papier journal jusqu'à des astuces pour frauder le fisc ou utiliser un vibromasseur – s'est montré nettement moins précis que d'habitude quant aux moyens à mettre en œuvre pour se « débarrasser » des homosexuels.

Le cœur noir de la scientologie était un univers fermé et étrange, à l'abri des regards, qui reflétait la mégalomanie de son fondateur. Même la deuxième femme de Ron Hubbard, Sara Northrup, a dépeint le chef de la secte comme un « fou irrécupérable » qu'il fallait faire interner.

Durant les années 1960 et 1970, Hubbard avait édifié la plus grande agence privée d'espionnage du monde, se protégeant derrière le bouclier du 1er Amendement pour attaquer, harceler et diffamer. Les membres de l'Église, ses agents, apprenaient à proférer des menaces de mort anonymes, souiller la réputation des adversaires, falsifier des documents, préparer et commettre des cambriolages. Ils utilisèrent tous les moyens nécessaires pour « terroriser et réduire au silence » – l'expression peu avenante est de Ron Hubbard – toute opposition. Pour un scientologue, mentir, si cela servait la cause, était non seulement un droit, mais un devoir, souligne Hubbard dans sa technique 88 : « La seule manière de contrôler les gens est de leur mentir. Vous pouvez noter cela en capitales dans votre carnet. »

« Commencez par communiquer à la presse les preuves réelles de crimes sexuels, sanglants et odieux », écrivit-il en 1966, stratégie codifiée dans une consigne au titre trompeur, « Juste combat », stipulant qu'il « est possible de tromper un critique, de lui mentir, de le traîner en justice ou de l'anéantir ».

Nul ne s'étonnera qu'une enquête exhaustive du gouvernement australien sur la scientologie ait conclu, en 1965 : « La scientologie est néfaste ; ses techniques sont nocives ; sa pratique présente une grave menace pour la collectivité, médicalement, moralement et socialement. Ses adhérents sont malheureusement victimes d'illusions et souvent mentalement malades. »

La secte pratiqua ce qu'elle prêchait – à un point glaçant. Des membres de l'Église furent délibérément infiltrés dans des organismes gouvernementaux, des journaux, des associations antisectes, médicales et psychiatriques, ainsi que dans d'autres organisations jugées opposées à la scientologie. Le complot d'espionnage le plus audacieux de l'Église – du moins publiquement à cette date – fut ourdi dans les années 1970. Baptisé du nom de code « opération Blanche-Neige », il consista, entre autres, à la mise sur écoutes systématique, au vol et au cambriolage de onze bâtiments administratifs publics et privés, dont celui du fisc et le bureau du procureur général adjoint des États-Unis. Les espions scientologues avaient même constitué un dossier sur le Président de l'époque, Richard Nixon, lui-même coutumier de telles activités douteuses. En 1977, ces agissements criminels conduisirent le FBI à lancer l'une des plus importantes opérations de son histoire : des dizaines de policiers armés s'introduisirent simultanément dans les centres scientologistes de Washington et de Los Angeles. À la suite de cela, onze dignitaires scientologues, dont la troisième épouse du fondateur, Mary Sue Hubbard, furent incarcérés. Hubbard et Kendrick Moxon, l'actuel avocat de la scientologie, furent reconnus comme conspirateurs, sans être mis en examen, ainsi que dix-neuf autres scientologues, dont certains sont encore aujourd'hui actifs au sein de l'Église.

En 1972, l'écrivain Paulette Cooper rédigea un livre intitulé *Le Scandale de la scientologie*, qui, au regard des critères actuels, faisait, somme toute, une analyse réservée et modérée de la secte. Pour sa peine, l'Église lui intenta un total de dix-neuf procès. Ce n'était que le début d'un calvaire qui dura sept ans.

Paulette Cooper fut alors accusée d'un crime qu'elle n'avait pas commis. Ce complot mobilisa des dizaines d'employés de l'Église dans une campagne de harcèlement destinée à envoyer l'écrivain en prison, à l'asile, ou à l'acculer au suicide. Pendant les mois qui suivirent la publication du livre, cette jolie petite brune fut suivie, subit des appels téléphoniques obscènes et des tentatives d'effraction de son appartement de Manhattan, ainsi qu'une calomnieuse et insidieuse campagne l'accusant de maltraitance sur son enfant de deux ans. (Conformément aux enseignements de Ron Hubbard, les allégations souvent grotesques de crimes sexuels odieux sont la marque de fabrique des entreprises de diffamation de la scientologie.)

Quelques mois plus tard, en mai 1973, le FBI arrêta Paulette pour avoir prétendument proféré des menaces d'attentat à la bombe contre l'Église de scientologie. Il fallut deux ans et le recours au détecteur de mensonges, examen que Paulette réussit, pour que le FBI abandonne ses accusations. Suivant un plan baptisé « opération Terreur », les scientologues poursuivirent leur harcèlement. Pendant un moment, un agent scientologue, Jerry Levin, se lia délibérément d'amitié avec elle, feignant de compatir à sa situation, tout en rapportant ses moindres faits et gestes à ses supérieurs scientologues. Dans l'une de ses notes, il exulte ainsi : « Elle n'arrive plus de nouveau à dormir et parle de suicide... Ne serait-ce pas merveilleux pour la scientologie ? » Une descente du FBI en 1977 mit au jour les vingt-trois mille documents liés à l'opération Terreur ainsi que toute l'étendue du complot, et l'innocence de Paulette fut prouvée sans équivoque.

Les raisons que Paulette donne pour avoir mené son enquête sur la secte sont aussi simples que courageuses. Née dans le camp d'Auschwitz où ses parents furent exterminés, elle déclare : « Mes parents ont été assassinés par Hitler. La scientologie est une organisation fasciste. Si les gens avaient élevé la voix dans les années 1930, peut-être ne serait-il jamais arrivé au pouvoir. Une fois que j'ai jugé que cette Église était nuisible, je n'ai pas eu le choix. »

Après l'incarcération de ses hauts dignitaires, la secte prétendit rompre avec ces pratiques infâmes. Durant les années 1980, deux éminents juges, énonçant le droit sur deux continents différents, ne furent manifestement pas dupes. En 1984, dans les attendus de son jugement sur un conflit de garde d'enfant, le juge Latey, de la Haute Cour de Londres, concluait : « La scientologie est à la fois immorale et odieuse au plan social... Elle est corrompue, néfaste et dangereuse. Elle est corrompue parce que fondée sur des mensonges et des tromperies et que son véritable objectif est l'enrichissement et l'accroissement du pouvoir de M. Hubbard, de son épouse et de ceux qui gravitent au sommet. Elle est néfaste parce qu'elle se complaît dans des pratiques indignes à l'égard de ses adhérents qui ne respectent pas aveuglément ses consignes comme de ceux qui la critiquent ou s'y opposent. Elle est dangereuse parce qu'elle a pour but de séduire la jeunesse, de l'endoctriner et de lui laver le cerveau afin d'en faire des esclaves aveugles et des instruments privés de sens commun, de vie et de relations avec autrui. »

La même année, un juge de Californie s'intéressa à l'étrange mentalité du fondateur de la secte, Ron Hubbard. En conclusion d'un procès de quatre semaines intenté à des dignitaires de l'Église pour harcèlement de leur ancien coreligionnaire Gerry Armstrong, à l'époque assistant de Ron Hubbard, le juge Breckenbridge prononça une condamnation sans détour de la secte et de son fondateur : « L'organisation est de toute évidente schizophrène et paranoïaque, et cet étrange mélange semble à l'image de son fondateur. Toutes les preuves conduisent à dresser de lui le portrait d'un homme qui s'est révélé un menteur quasi pathologique concernant son histoire, ses antécédents et ses activités. En outre, les documents versés au dossier confirment son égoïsme, sa cupidité, son avarice, sa soif de pouvoir, sa vindicte et son agressivité à l'égard de ceux qu'il perçoit comme déloyaux ou hostiles. »

A l'époque, la secte semblait au bord de l'implosion, ravagée par les querelles, schismes et procès. En 1982, des missions scientologistes trop gourmandes furent sommairement dissoutes. De nombreux ministres volontaires furent harcelés, humiliés et forcés à rentrer dans le rang. Des milliers de membres claquèrent la porte, mécontents, et certains organisèrent une manifestation bruyante devant son siège britannique. Même quelques célébrités scientologues vinrent à douter de la direction que prenait l'organisation. Dans une interview, en août 1983, au magazine *Rolling Stone*, John Travolta exprima ses doutes sur la gestion de l'Église. « J'aimerais bien défendre mieux la scientologie, mais je ne pense pas qu'elle mérite de l'être, dans un sens. » Alarmée, la hiérarchie de la secte nomma deux auditeurs, Chris et Stephanie Silcott, couple sud-africain, pour l'accompagner partout, des plateaux de tournage à son domicile, afin de ranimer sa foi. D'autres célébrités comme le musicien Edgar Winter eurent droit à des séances d'auditions gratuites pour qu'ils ne fassent pas de vagues.

Même le père de Mimi, Phil Spickler, voyait se pervertir le mouvement dans lequel il s'était jeté avec tant d'enthousiasme. « Il y a à découvrir dans la dianétique et la scientologie beaucoup de choses qui sont vraiment absolument merveilleuses et qui peuvent être utilisées en dehors des motivations de profit et d'esclavage. »

Pendant que le mouvement implosait, Hubbard se cachait, fuyant la justice qui le recherchait pour escroquerie et évasion fiscale. Ceux qui l'aperçurent alors qu'il était réfugié sous un faux nom dans un ranch éloigné de tout, à Creston, en Californie, dressent le portrait d'un homme incohérent et négligé qui rappelait le milliardaire excentrique Howard Hughes. Il avait les dents noires, les cheveux sales et gras jusqu'aux épaules, les ongles longs et recourbés : cela ne correspondait guère au style de vie qu'il avait passé des années à promouvoir. Ironie suprême, lorsqu'il mourut en janvier 1986, peu de temps après avoir subi une attaque cérébrale, on trouva dans son organisme des doses élevées de Vistaril, un médicament utilisé pour calmer les patients agités ou souffrant de crises d'angoisse. Pourtant, c'était cet homme-là qui avait passé sa vie à lutter contre les psychiatres...

Avec sa mort, la direction de la scientologie fut l'objet d'une âpre lutte de pouvoir. Les jeunes fanatiques de la Sea Org – groupe d'élite qui s'engageait par écrit à être fidèle à la scientologie pour un milliard d'années – fomentèrent un coup d'État contre le cercle rapproché de Hubbard, expulsant celui qu'il avait désigné comme successeur, Bill Franks, et d'autres intimes. Dans plusieurs pays, les officiers de la Sea Org, certains à peine adolescents, s'emparèrent du pouvoir. « On dirait *Sa Majesté des mouches*, raconta un ancien adepte au *New York Times*. Les enfants ont pris le pouvoir ! » Quand la poussière retomba, David Miscavige, un jeune homme aussi petit de taille qu'ambitieux et impitoyable, et qui avait arrêté ses études avant la terminale, avait pris les rênes de l'institution. Avec les défections en nombre, tout laissait à penser que la scientologie disparaîtrait comme bien d'autres sectes à la suite de la mort de leurs fondateurs. Mais ce ne fut pas le cas.

Quand Tom Cruise reçut des brochures sur la dianétique et la scientologie, en janvier 1986, il ne savait rien ou pas grand-chose de la secte, en dehors du fait que certains membres de son entourage y avaient adhéré ou s'y intéressaient, comme le producteur Don Simpson. Il est douteux qu'il ait eu l'occasion de lire l'article du magazine *Forbes* de cette année-là décrivant l'Église comme un « repaire de dictateurs financiers, avec contrôle de sécurité à la chaîne, détecteurs de mensonges, comités d'évidence et camps de détention ».

De son côté, Mimi continuait d'agir comme elle le faisait depuis des années : elle convertissait son entourage. À l'époque, le nom de Tom était sur toutes les lèvres, à Hollywood, et *Top Gun* triomphait au box-office. Prendre dans ses filets un aussi gros poisson allait la faire monter en grade au sein de l'Église et donner à sa carrière au cinéma, et à ses revenus, un énorme coup de pouce. Le scénariste Skip Press, qui vit Mimi en action, raconte : « En tant qu'ancien scientologue qui en avait vu toutes les facettes les plus sombres, je ne serais pas étonné qu'elle ait fait du plat à Tom avant tout dans l'intention de l'amener à la secte et de se servir de lui comme tremplin pour sa carrière d'actrice. Au milieu des années 1980, la scientologie se remettait à peine du raid du FBI. Il lui fallait à tout prix du sang frais pour rester en vie. »

Pourtant les dirigeants de la scientologie avaient d'autres célébrités en vue. Durant la liaison de Tom avec Mimi, en 1986, les cibles privilégiées de l'Église étaient son ami Emilio Estevez, fils de l'acteur Martin Sheen, et sa fiancée, l'actrice Demi Moore. En fait, toute la famille Sheen était dans le collimateur. Avec Mimi dans la place, ce n'est peut-être pas une coïncidence si les scientologues missionnés pour recruter Demi et Emilio commencèrent à recevoir des informations ultraconfidentielles sur leurs déplacements. Comme l'explique Karen Pressley : « Un haut responsable scientologue nous appelait pour nous dire qu'Emilio Estevez était à Malibu et que nous avions quarante-huit heures pour lui parler et le faire venir à une séance d'audition. Il y avait tellement de pression que ça dépassait les bornes. » L'idée était qu'en convainquant Emilio de les rejoindre Demi suivrait certainement. Aujourd'hui encore, Emilio Estevez refuse toujours de parler de son engagement dans la secte de peur d'avoir ses « lignes sur écoutes ».

Pendant que les grosses huiles de la scientologie se concentraient sur le couple, Tom adhéra à la secte peu après la sortie de *Top Gun* en 1986. Comme pour les nombreuses vedettes qui redoutent que leurs liens avec un mouvement aussi controversé ne soit publiquement connus, les auditeurs scientologues lui rendirent discrètement visite chez lui. C'est seulement plus tard qu'il alla s'inscrire à l'élégant centre de Sherman Oaks, que sa petite amie Mimi et son ex-mari Jim Rogers avaient fondé.

Si les cajoleries de Mimi ont peut-être encouragé Tom à goûter à la scientologie, il n'était pas, même selon les critères de Hubbard, de la « chair fraîche » comme les autres. C'était une étoile, mais ni montante ni pâlissante. Au contraire, au faîte de sa gloire, il avait atteint les cimes vertigineuses de Hollywood sans l'aide de L. Ron Hubbard. Adoré par ses fans, financièrement à l'aise, apprécié dans la profession, nageant dans le bonheur d'une relation adulte avec une femme passionnante et sexy, en apparence, il avait tout. Alors que lui manquait-il dans la vie ? Quelle était, comme disent les scientologues, sa « ruine » ?

Immanquablement, les gens sont attirés par la scientologie parce qu'ils connaissent des problèmes. Cela peut être la drogue – comme pour Don Simpson et Kirstie Alley –, l'alcool, la dépression ou la solitude. Quiconque s'y rallie cherche une espèce de salut. Ce n'est pas une coïncidence si le « stress test gratuit », proposé à grand renfort de publicité par les centres de scientologie de par le monde, est l'appât utilisé pour ferrer les clients potentiels en leur indiquant ce qui cloche dans leur vie. Lors du questionnaire qui y est pratiqué, l'un des principaux rôles de l'auditeur scientologue est de découvrir la « ruine » de l'individu, soit les faiblesses et points sensibles qui peuvent être exploités pour vendre encore plus de séances et de cours de scientologie.

Peter Alexander, ancien vice-président des studios Universal, fut adepte de la scientologie pendant vingt ans et paya un million de dollars les services de l'Église. « Il n'y a que deux sortes de gens qui s'engagent dans cette secte, observe-t-il. Ceux qui ont des problèmes personnels graves et ceux qui adhèrent vraiment aux idées qu'elle prône. » Ce n'est pas un point de vue exceptionnel. Âgé aujourd'hui de cinquante-quatre ans, Michael Tilse a été un adepte plus ou moins régulier pendant vingt-sept ans. Selon lui, « les gens qui s'engagent ont subi des blessures émotionnelles importantes, ils essaient de trouver quelque chose en eux. Ils ont un énorme besoin de changer quelque chose ». D'autres sont moins critiques : « Tom a trouvé ce que nous trouvons tous. Un truc qui marche. C'est aussi bête que ça, observa un haut responsable scientologue récemment décédé. Hubbard parlait d'individus qui prennent en main leur vie et leurs actes. Cela a dû toucher une corde sensible chez lui. »

La plupart des scientologues convaincus ou repentis conviennent que les cours d'introduction apportent des bénéfices pratiques. Dans le cas d'Alexander, les techniques scientologues d'autosuggestion l'ont aidé à cesser de fumer. Des années après s'y être engagé, Tom expliqua que la scientologie, notamment la méthode Study-Tech, mise au point par Ron Hubbard, l'avait guéri de sa dyslexie. Cette affirmation sera discutée en détail un peu plus loin dans ces pages, mais certains indices laissent à penser qu'elle relève davantage du prosélytisme que du constat objectif.

Une autre explication, peut-être plus plausible, de la foi de Tom Cruise dans la scientologie se trouve peut-être dans son caractère et dans la profession qu'il s'était choisie. L'éthique de la scientologie allait comme un gant à sa personnalité. Pragmatique, dogmatique et sur ses gardes : ce sont des qualificatifs qui s'appliquent tout autant à la secte qu'à Tom lui-même. La façade lisse, le visage public souriant et poli de l'acteur et des représentants de la secte dressent une barrière contre toute investigation en profondeur, autant qu'ils dissimulent une méfiance fondamentale envers le monde extérieur.

En outre, les acteurs réagissent particulièrement bien aux enseignements de la scientologie, puisque la technique d'audition en tête-à-tête flatte leurs capacités et les encourage à théâtraliser leur existence en transformant des événements passés en scènes qu'ils peuvent travailler. Pour ces gens dont la profession est totalement égocentrique, il est terriblement séduisant d'adopter une croyance où l'objet de la dévotion et de la vénération est soi-même, où l'individu devient son propre dieu.

Bien que reposant entièrement sur le narcissisme, le métier d'acteur, comme celui de mannequin, exacerbe les faiblesses. Chez un artiste, même adulé, demeure toujours la peur de l'échec, de la chute du funambule devant un public ravi et impitoyable. Durant les premières années de sa carrière, Tom exprimait ses angoisses en se jetant dans le travail. Comme il le raconta à Jennet Conant : « Au début, j'avais peur en permanence. Je me disais : je n'ai qu'une seule chance. Et je vais la perdre, alors il faut bosser, bosser, bosser. Pendant dix ans, ça n'a été que ça. »

Tout comme les stars de Hollywood s'entourent d'une coterie de flatteurs qui apaisent leurs angoisses et les caressent dans le sens du poil, la scientologie « bombarde d'amour » les célébrités qu'elle est parvenue à convaincre en les couvrant de compliments, en les dorlotant et en les protégeant des dangers du monde extérieur. En particulier, elle alimente leur méfiance enracinée des médias.

Pour Tom Cruise, assiégé par l'hystérie médiatique de l'après *Top Gun*, c'était une perspective séduisante, d'autant plus que le jeune acteur avait toujours besoin d'être accepté. Dustin Hoffman observa cette caractéristique chez le jeune homme alors qu'il tentait de le convaincre de participer à un film portant sur un autiste et l'évolution de sa relation avec son frère. Après avoir tourné *Rain Man* avec Tom, il commente : « Je crois qu'il avait un besoin désespéré d'avoir une famille, que ce soit la mienne ou la famille improvisée que représente une équipe. »

La scientologie joue de ce besoin. Une fois à l'intérieur de la secte, les célébrités découvrent l'étreinte chaleureuse d'une famille et sont baignés dans un océan de gens souriants et heureux. Dès qu'elles s'engagent, elles sont toujours traitées comme les êtres d'exception qu'elles sont convaincues d'être.

Cependant, peut-être que la philosophie de Ron Hubbard trouva un écho chez Tom Cruise en enseignant à l'acteur, qui n'avait encore que vingt-quatre ans, qu'il avait le pouvoir de récrire le scénario de sa vie. Comme l'observe l'écrivain J. C. Hallman, qui enquêta sur les religions marginales en Amérique pour son livre, *The Devil is a Gentleman* : « Ce que les scientologues semblent croire, c'est que les événements de votre vie écrivent un scénario à votre place et que vous pouvez vous en libérer en vous évadant du rôle que le destin vous a assigné. Vous brisez votre personnage. Et vous rédigez votre propre scénario au lieu de simplement jouer celui que le destin a écrit pour vous. » Pour un jeune homme qui ressassait les souvenirs amers d'une enfance déracinée, l'absence de son père et un sentiment d'isolement, la perspective de se réinventer et de renaître dut certainement toucher une corde sensible. « Je me disais que j'avais hâte de grandir, parce que la suite ne pouvait être que meilleure que ce que je vivais », dira-t-il.

Tom commença à mener son existence selon le célèbre axiome de relativisme moral de Ron Hubbard : « Si ce n'est pas vrai pour vous, c'est que ce n'est pas vrai. » Lentement, imperceptiblement, il échangea sa famille ou les souvenirs douloureux de son passé pour la nouvelle et radieuse famille de la scientologie. Tom embrassa cette philosophie si totalement qu'à un moment il utilisa l'une des expressions particulières de Hubbard pour décrire son propre père. Il le qualifia de « marchand de chaos », terme utilisé par Hubbard envers ceux – surtout les journalistes, la police, les politiciens et les médecins – qu'il jugeait coupables des malheurs du monde.

L'une des ironies de la trajectoire de Tom Cruise est qu'un homme si souvent décrit comme manipulateur se retrouva, au final, façonné et manipulé par la croyance qu'il embrassa en 1986. Comme d'autres célébrités membres de la secte, chacun de ses gestes, qu'il le sache ou non, était discuté, débattu et orchestré par des scientologues qui s'activaient en coulisses pour garantir que leur proie inestimable suivait bien le chemin qu'on lui traçait. « Ces stars n'ont jamais soupçonné qu'une pieuvre s'était emparée de leur existence », note un ancien agent du Centre des célébrités.

Alors que la décision de Tom de rejoindre la scientologie allait se révéler la plus controversée de sa vie, à l'époque, elle signalait aussi l'intimité grandissante qu'il partageait avec Mimi Rogers. Pour lui, rien n'importait autant que sa demande en mariage. Non que ce fût le moment le plus romantique de sa vie. Ainsi qu'elle le racontera : « Il n'a rien fait de particulièrement éblouissant, comme se mettre à genoux. Ça s'est fait, c'est tout. » Peut-être que, témoins du cirque médiatique qui avait entouré le mariage de Sean Penn, Tom et Mimi préférèrent-ils ne s'ouvrir de leurs projets qu'à leurs familles. Même l'agent de Mimi, Andrea Jaffe, ne fut pas mise au courant. Ce fut simple et sans chichis. Pieds nus et en jeans, ils s'unirent le 9 mai 1987 suivant des rites unitariens – plutôt que scientologues – dans leur maison de location, au nord de l'État de New York. Les sœurs de Tom préparèrent et glacèrent le gâteau de mariage au chocolat, son ami Emilio Estevez – entre-temps séparé de Demi Moore – était son témoin et sa mère, Mary Lee South versa les larmes de circonstance, qualifiant la cérémonie d'« intime et belle ».

Sur les quinze invités, les absents les plus remarqués étaient Paul Newman et sa femme Joanne Woodward, partis à Cannes pour la promotion de l'adaptation cinématographique de *La Ménagerie de verre*, de Tennessee Williams. Paul et Joanne avaient appris le projet de mariage quelques semaines plus tôt lorsque les deux couples avaient dîné à l'élégant Wilkinson's Seafood Café de l'Upper East Side pour fêter l'oscar du meilleur acteur remis à Paul pour son rôle dans *La Couleur de l'argent*. Sa performance automobile quelques jours après le mariage de Tom et Mimi ne fut pas aussi fructueuse. Sous les yeux de Tom, il perdit le contrôle de sa Nissan et l'emboutit dans le mur du Circuit international de California Riverside. Un long moment d'angoisse s'écoula avant que Paul Newman ne s'extraie par la vitre et ne s'éloigne de l'épave.

Si l'incident ne diminua pas l'enthousiasme de Tom pour sa nouvelle passion, durant les premiers mois de sa vie conjugale, il n'eut guère de temps pour les courses de voitures – ni pour sa nouvelle compagne. Les jeunes mariés retournèrent aussitôt travailler. Mimi mettait les dernières touches à *Traquée*, un thriller sexy avec Tom Berenger, réalisé par Ridley Scott, espérant vraiment que ce rôle lui permettrait de percer.

Alors que Mimi peinait encore sur les abrupts sentiers de la gloire, Tom était déjà au sommet. Durant les mois qui suivirent son mariage, il allait tenter l'impossible, artistiquement parlant, en se lançant dans trois films qui non seulement allaient gonfler son compte bancaire, mais lui vaudraient une véritable reconnaissance de la part des critiques. Dans ce périple qui le mena au cœur de son identité d'homme et d'acteur, il alla de la Jamaïque aux Philippines, puis à New York, Las Vegas, Cincinnati, dans l'Oklahoma, et retourna dans son Kentucky natal. Si ce n'était guère idéal pour alimenter la flamme d'un jeune couple, il rencontra en tout cas un frère en chemin.

Quand Tom avait fait la connaissance du légendaire Dustin Hoffman à New York, deux ans plus tôt, il avait en quelque sorte exaucé un rêve. À son arrivée à Hollywood, Tom et son ami Sean Penn étaient passés devant la maison de Dustin Hoffman à Beverly Hills et s'étaient défiés d'aller sonner. Ni l'un ni l'autre n'en avaient eu le culot. Aussi, quand Hoffman lui offrit deux billets pour venir le voir à Broadway dans *Mort d'un commis-voyageur*, la pièce d'Arthur Miller, Tom ne se fit pas prier. Après la représentation, il alla bavarder pendant trois heures avec l'acteur dans sa loge. « Un courant est passé entre nous, racontera Dustin Hoffman. C'était comme quelqu'un de la famille, il me traitait comme un grand frère. » Durant la conversation, ils reconnurent des similitudes frappantes dans leur vie. « Ni lui ni moi n'avons eu une enfance heureuse, dit encore Hoffman. À croire que nous venions de la même maison. » Même leur trajectoire était remarquablement semblable : dix ans plus tôt, Hoffman était devenu une star du jour au lendemain grâce au *Lauréat*, tout comme Tom Cruise avec *Top Gun*. Après ce tête-à-tête prolongé, Dustin Hoffman rentra chez lui et confia à sa femme, Lisa, l'« étrange lien » qu'il s'était découvert avec le jeune homme.

Néanmoins, le nom de Tom ne vint pas immédiatement à l'esprit de Dustin Hoffman lorsqu'il chercha des acteurs pour lui donner la réplique dans son prochain film. *Rain Man* était l'histoire de deux frères : Charlie Babbitt est un vendeur ordinaire, quoique un peu près de ses sous, alors que son frère aîné, Raymond, est un autiste génial qui a passé la majeure partie de sa vie en établissement psychiatrique. Comme leur père, en décédant, laisse toute sa fortune à Raymond, Charlie se met en quête de ce frère qu'il n'a pas connu dans l'intention de le dépouiller. Durant un long voyage où, entre autres péripéties, ils utilisent l'étonnante mémoire de Raymond pour gagner dans les casinos de Las Vegas, Charlie apprend à aimer son frère handicapé – et à s'aimer lui-même.

Au départ, Dustin Hoffman avait envisagé Jack Nicholson pour jouer le frère, puis Bill Murray. C'est Michael Ovitz, président de la Creative Artists Agency, la plus grosse agence de Hollywood, qui proposa Tom Cruise, non seulement parce qu'il était plus jeune et promettait énormément au box-office, mais aussi parce que Tom et Dustin étaient tous les deux dans ses petits papiers. Comme pour *La Couleur de l'argent*, ce fut pour Tom l'occasion de travailler avec un homme qu'il aimait et respectait et sur un film dont l'intégrité artistique étendrait sa palette de jeu. La gageure était d'arriver à rendre sympathique auprès du public un personnage qui apparaissait totalement antipathique.

En septembre 1987, trois mois avant d'épouser Mimi, Tom avait emménagé dans une maison sur le front de mer, à Malibu, voisine de celle de Dustin Hoffman afin que les deux acteurs puissent travailler ensemble sur *Rain Man* avec le scénariste Ron Bass et le réalisateur Steven Spielberg.

Les deux acteurs se plongèrent comme à leur habitude dans l'étude des personnages. Tom ne s'absenta que deux jours en octobre pour accompagner son épouse à la première de *Traquée*, qui écopa de critiques mitigées. Tom et Dustin consultèrent des spécialistes médicaux de San Diego et de la côte est, côtoyèrent des dizaines d'autistes, certains ayant des dons extraordinaires, comme effectuer des calculs mathématiques plus vite qu'un ordinateur. Les deux stars dînèrent et plaisantèrent avec eux, les emmenèrent au bowling et rencontrèrent leurs familles. Au bout du compte, Hoffman fut en mesure d'imiter parfaitement les gestes et le comportement d'un autiste, jusqu'à l'impossibilité d'établir un contact visuel.

Pourtant, la nature même de cette affection se révéla un obstacle artistique de taille. Les trois réalisateurs successifs, habitués à ce que tout personnage évolue au cours du film, furent déroutés par le caractère immuable des autistes. C'était un problème pour eux que le personnage central demeure constamment le même – et ne regarde pas en face. L'un d'eux, Martin Brest, se chamailla interminablement avec Hoffman, dont le perfectionnisme est légendaire. Il refusait que le personnage de Raymond Babbitt apparaisse au bout de quinze minutes seulement. « Bon sang, Tom est la plus grande star du monde, il peut bien tenir le film à bout de bras pendant deux bobines », rétorqua Hoffman. Le suivant fut Steven Spielberg, qui quitta le projet pour tourner la suite des *Aventuriers de l'arche perdue*, laissant toutes ses notes au dernier réalisateur, Barry Levinson (*Tin Men* et *Good Morning, Vietnam*), en lui prédisant que ce film engrangerait cent millions de dollars.

Avant cela, cependant, il fallait le tourner. Comme Tom s'en rendait désormais compte, à Hollywood, il n'y a pas de feu vert automatique. Pendant longtemps, le projet sembla s'embourber. Tom s'envola pour New York et noya son chagrin dans les bars de Manhattan. Il joua même au barman, apprenant à préparer le cocktail parfait sous l'œil attentif du barman John « JB » Bandy. En quelques semaines, il visita une trentaine de bars tout en apprenant un nouveau métier – avec la promesse d'un cachet de trois millions de dollars pour un maximum de trois mois de travail. Joli boulot. Sa nouvelle vie en compagnie des piliers de bars de Manhattan faisait partie de ses recherches pour le film produit par Disney *Cocktail*, qu'il avait accepté de tourner le temps que les difficultés de production de *Rain Man* soient aplanies.

Dans *Cocktail*, Tom campe un soldat démobilisé qui arrive à New York pour faire fortune et se retrouve à travailler dans un bar avec l'Australien Bryan Brown, avec qui il se dispute à cause d'une fille jouée par Elisabeth Shue. Au final, leur quête d'argent facile – et de femmes fortunées – tourne à la tragédie, métaphore idéale de la cupidité des années 1980. Durant le tournage en Jamaïque et ailleurs, Cruise fit l'expérience des désagréments de la célébrité : selon les rumeurs qui circulaient dans la presse à scandale américaine, le jeune marié avait une liaison avec Elisabeth Shue. En réalité, l'actrice, diplômée de Harvard, se demandait ce qu'elle faisait dans un film si « vide et si superficiel ». Qualifiant les cancans de « plus stupides que jamais », elle remarquera : « Si j'avais su que ça ne parlerait que de mecs qui agitent des shakers, j'aurais peut-être réfléchi à deux fois. »

Alors que le film fut, selon les termes de l'agent de Tom, Paula Wagner, « éviscéré » par les critiques comme un... cocktail de clichés sentimentaux, il démontra tout de même que Tom Cruise était bel et bien une star. Non seulement il refusa de réduire d'un sou son cachet de trois millions, obligeant la production à faire des économies ailleurs, mais, en dépit des critiques qui l'avaient éreinté, le film fut un succès au box-office, le septième en terme d'entrées pour l'année 1988. « Félicitations, tu es capable de porter un film sur tes épaules », lui annonça, ravi, le patron des studios Disney, Jeffrey Katzenberg. Ce fut l'un des plus grands succès de l'histoire de Disney, avec un bénéfice de onze millions huit cent mille dollars, et la preuve qu'un nom connu pouvait faire passer un mauvais film. Même si Tom ne s'en rendit pas tout à fait compte sur le coup, c'était un moment clé de sa carrière.

Quoi qu'il en soit, Tom eut peu de temps pour réfléchir à la question. À peine avait-il remisé le shaker qu'il se lança dans les répétitions de *Rain Man*, dont le tournage commença enfin en mai 1988. Du coup, il manqua son premier anniversaire de mariage, son vingt-sixième anniversaire et, en juillet, la première de *Cocktail*, ce qui n'était pas plus mal, si l'on en juge par les coupures des journaux. En même temps, il était trop concentré sur le tournage pour se soucier de la presse à scandale qui racontait que Mimi avait des difficultés à tomber enceinte. La presse oubliait de préciser qu'ils travaillaient beaucoup, souvent chacun à un bout du monde. Cette gêne temporaire était un moindre prix à payer pour travailler aux côtés de Dustin Hoffman. Tout comme lors de sa collaboration avec Paul Newman, il doutait de sa capacité à égaler la présence à l'écran de son partenaire. Il se voyait comme un élève et Hoffman en professeur : « Je n'étais pas sûr de pouvoir jouer dans la cour des grands. Le fait de travailler avec lui suffisait à me combler. »

Comme pour *La Couleur de l'argent*, l'alchimie entre les deux vedettes et la créativité encourageante de Barry Levinson permirent un tournage agréable où personne ne chômait. « J'avais hâte de me lever le matin et en fin de journée, je n'avais pas envie de partir », raconte Tom, qui commençait sa journée par de la gym à 4 h 30. « De ce point de vue-là, c'était une machine, commenta Hoffman. Il y a un plaisir à parvenir à l'excellence. Rien ne compte en dehors du travail. »

Et le travail fut très payant, financièrement et artistiquement. *Rain Man* rapporta plus de quatre cents millions au box-office et, première pour lui, Tom reçut une part des bénéfices et un cachet de cinq millions. Cela compensa sa déception de ne pas avoir été nominé aux oscars. Les membres de l'Academy of Motion Picture Arts and Sciences étaient apparemment restés de marbre devant son interprétation du petit roquet arrogant qui devient un égoïste repenti au troisième acte. Le film plut au public et à certains critiques. Roger Ebert qualifia Tom Cruise de « star authentique et acteur authentique », mais tout le monde ne fut pas de cet avis. L'acerbe et influente critique Pauline Kael le taxa d'« artificiel » : « Sa conscience de la caméra sur lui ne produit rien d'autre qu'une imposture. » Elle ne fut pas plus tendre pour son partenaire et qualifia ses efforts de « jeu sur un seul registre ». La performance de Hoffman, en revanche, toucha une corde sensible chez les jurés des oscars, qui lui décernèrent la statuette de meilleur acteur. Le film remporta à lui seul les oscars de meilleur réalisateur, meilleur scénario et meilleur film.

Si l'examen rétrospectif de la carrière de Tom paraît une succession d'étapes soigneusement planifiées, en réalité, une bonne partie reposa sur le hasard et l'influence de son agence, Creative Artists. Par exemple, s'il n'y avait pas eu des retards et des incertitudes dans la production de *Rain Man*, il n'aurait pas eu le temps d'accepter le premier rôle de *Cocktail*. Il n'aurait pas pu davantage tourner le suivant, *Né un 4 Juillet*, d'autant plus qu'il s'agissait d'un projet qui traînait à Hollywood depuis dix ans. Il n'aurait peut-être même pas jeté un coup d'œil au texte s'il n'avait pas eu le même agent que le réalisateur, Oliver Stone, ou si Tom Pollock, patron d'Universal Pictures, n'avait pas accepté d'accorder les quatorze millions de financement parce qu'il estimait que c'était l'un des « très grands films pas encore tournés des dix dernières années ».

À première vue, l'histoire vraie de Ron Kovic – jeune homme innocent et patriote de Long Island qui subit une fracture de la colonne vertébrale au Vietnam et rentre au pays affronter l'indifférence et une existence où il est cloué dans un fauteuil – avait largement dépassé la date de péremption. Non seulement Hollywood avait déjà traité le sujet de la guerre – le *Platoon* d'Oliver Stone avait remporté l'oscar du meilleur film en 1987 –, mais le monde était passé à autre chose. Avec le dégel rapide de la guerre froide, la nouvelle génération de cinéphiles considérait le Vietnam comme appartenant résolument à un lointain passé. Cependant, Tom fut intrigué non seulement par une histoire humaine déchirante qui représentait un défi pour ses talents d'acteur, mais aussi par l'étrange destin qui entourait le film. Lui-même était né la veille du 4 Juillet, mais, plus important encore, son idole Al Pacino avait été pressenti pour incarner le rôle dix ans plus tôt. Alors même qu'il travaillait sur *Rain Man*, Tom accepta de rencontrer Oliver Stone dans un restaurant de New York en janvier 1988. Ce n'était pas la première fois que l'enthousiasme de Stone allait fasciner et convaincre un acteur. À la fin du déjeuner, Tom était prêt à jouer Ron Kovic. « J'ai choisi Tom parce qu'il était le plus proche de Ron Kovic dans l'esprit, expliquera Stone. Ils avaient d'évidence la même volonté, le même acharnement à réussir, à être le meilleur, à prouver quelque chose. Tom est tout aussi énergique que Ron. »

Du coup, alors que *Rain Man* obtenait le feu vert, Tom se retrouva à préparer en même temps deux rôles très exigeants, à tel point qu'il voyait Dustin Hoffman et Barry Levinson le matin, Oliver Stone et Ron Kovic l'après-midi. Son emploi du temps était tellement éreintant que Paul Newman lui envoya un carton de bières avec un mot le suppliant de s'asseoir, de se détendre et de s'accorder un week-end de repos. Il n'en eut pas l'occasion. Tout allait à un train d'enfer, et Stone, qui avait passé dix ans à essayer de porter l'histoire à l'écran, craignait, on le comprendra sans peine, que son acteur vedette ne déclare forfait. Il appelait constamment Tom de peur qu'il ne se retire du projet. « Je vous donnerai tout ce que j'ai, vous pouvez me faire confiance », finit par lui répondre Tom, exaspéré.

Ron Kovic en était moins sûr. Ce qui était pour Tom un défi artistique et pour Oliver Stone – qui avait combattu au Vietnam – une « mission sacrée » était toute sa vie pour le vétéran. Ses premiers doutes furent apaisés lorsque Tom lui rendit visite chez lui, à Los Angeles. Une fois garé devant la maison, Tom se laissa glisser lentement hors de la voiture dans un fauteuil roulant, signe qu'il prenait l'affaire très au sérieux. Kovic se rappelle avoir regardé Cruise, qui représentait à l'époque l'archétype du héros d'action américain, et d'avoir pensé : « Il va vivre un enfer et il ne s'en doute même pas. » Paradoxalement, c'était la nature du personnage public de Tom qui le rendait si imposant dans le rôle – comme Oliver Stone et le patron d'Universal, Tom Pollock, le comprirent immédiatement. « L'itinéraire du film est encore plus prenant quand il est joué par ce taurillon sorti de *Top Gun*, raconte Pollock. Ce n'est pas seulement Ron qui traverse cette histoire bouleversante, c'est Tom Cruise – notre perception de Tom Cruise. »

Pendant la majeure partie de l'année, Tom s'infligea des tortures mentales et physiques afin de véhiculer la colère et les souffrances endurées par Kovic. Couramment qualifié de passionné et de concentré, il trouva son maître en la personne de son réalisateur, totalement absorbé par l'histoire. Stone l'envoya deux fois en camp d'entraînement : « Je voulais que ce soit lui qui creuse son trou lui-même. » Stone encourageait constamment son acteur à lire tout ce qu'il pouvait sur le Vietnam, à rencontrer des anciens combattants et à visiter des hôpitaux pour comprendre la douleur et l'impuissance éprouvées par ces héros oubliés. Dans la folie qui gagne généralement ce genre de projet passionné et touchant à l'intime, Stone convainquit Tom de se laisser injecter un produit qui le paralyserait pendant deux jours afin qu'il puisse exprimer de manière réaliste la torture que représentent l'impuissance et l'incontinence pour un jeune homme naguère viril cloué dans un fauteuil. Comme il y avait un risque qu'il souffre de séquelles irréparables, l'assurance eut la prudence de repousser cette idée démente. C'était un peu comme lorsque Dustin Hoffman avait passé deux jours sans dormir sur le tournage de *Marathon Man* afin de mieux exprimer son épuisement. Son partenaire, l'acteur britannique Laurence Olivier avait laconiquement observé : « Essayez de le jouer... c'est nettement plus facile. »

Même sans le fameux produit paralysant, Tom Cruise finit par comprendre ce qu'était la vie d'un handicapé. C'était épuisant, inconfortable et frustrant, et il était lessivé à la fin de ses journées. Tom accompagna Ron dans des magasins et des galeries marchandes pour voir comment il se débrouillait. Une fois, on leur demanda de quitter un magasin parce que les roues des fauteuils abîmaient la moquette. « Je n'en suis pas revenu, raconte Tom. Certains soirs, je rentrais chez moi en me répétant que cela pourrait m'arriver à moi aussi. » Il restait dans son personnage lors des entrevues avec les patrons des studios et les journalistes, qui restaient perplexes devant ce type au regard de fou cloué dans un fauteuil. Même chez lui, il restait concentré sur le personnage qu'il habitait désormais, et, le soir, sa femme le regardait s'extirper lentement de son fauteuil pour se coucher.

Le tournage de trois mois, qui commença à Dallas avec des scènes de combat tournées aux Philippines, fut aussi dur que la préparation. Tom se rasa le crâne, perdit du poids et était si épuisé par les douze heures de travail par jour qu'il s'effondrait régulièrement dans les bras d'Oliver Stone. « Je ne dis pas que c'est ce qu'il y a de plus sain à faire, mais c'était la bonne manière de procéder et la seule pour jouer ce personnage », racontera-t-il au réalisateur Cameron Crowe. Ce fut, comme l'avait prédit Kovic, un aller-retour en enfer pour Tom, qui s'efforça de jouer l'horreur d'avoir tiré accidentellement sur un camarade au Vietnam, ainsi que la colère impuissante devant son propre corps brisé, une famille et une nation indifférentes. Tom avoua qu'il avait été tout bonnement « lessivé » par ce tournage intense. « Je n'avais plus la moindre ressource en moi », avouera-t-il après le tournage aux Philippines des dernières scènes de combats.

En tout cas, Kovic fut conquis. À la fin du tournage, en juillet 1989, il offrit à Tom pour son vingt-septième anniversaire sa propre étoile de bronze. « Il la lui a remise pour sa bravoure, explique Oliver Stone, pour avoir vécu exactement le même enfer que ceux qui y étaient vraiment allés. »

Ce ne fut pas une coïncidence si, alors que Tom se préparait au rôle de Ron Kovic, l'un de ses nouveaux compagnons scientologues soigneusement choisis fut le vétéran du Vietnam Pat Gualtieri. Intelligent et sensible, il avait servi dans le 5e bataillon de la 2e artillerie, au nord de Saigon, et avait survécu à l'attaque de son unité de cent quatre-vingts hommes par dix mille Nord-Vietnamiens au début de l'offensive du Têt. Lorsque le conscrit de Brooklyn était rentré chez lui, en 1968, il avait trouvé une nation mal à l'aise et s'était rendu en Californie, avide de réponses aux mystères de la vie. Il s'essaya auprès de plusieurs mouvances spirituelles avant de se fixer sur la scientologie. Agréable et apprécié, Pat était un guide idéal pour convaincre les stars en leur expliquant, avec l'un des dignitaires scientologues, Greg Wilhere, le langage et la pensée qui sous-tendaient cette foi.

Lentement, précautionneusement et délicatement, Tom fut conduit vers le cœur de la scientologie. À la fin de l'été 1989, les hauts responsables scientologues se sentirent assez sûrs de leur coup pour inviter Tom dans leur Gold Base (la Base d'or) secrète, au fin fond du désert californien. Quand il eut accepté, le nouveau leader de la secte, David Miscavige, annonça avec ravissement à son cercle rapproché : « La plus importante recrue de tous les temps est en passe d'être ferrée. Son arrivée changera pour toujours le visage de la scientologie. »

6.

Aussi angoissé qu'un adolescent avant son premier rendez-vous amoureux, le jeune dirigeant de la scientologie, David Miscavige, arpentait comme un lion en cage le bungalow impeccable où il attendait son hôte un samedi soir de la fin de l'été 1989. Nulle dépense, nul effort n'avaient été épargnés pour impressionner son visiteur, mais à 20 heures, heure convenue du rendez-vous, il n'y avait toujours aucun signe de Tom Cruise. On consulta les montres avec inquiétude, les minutes puis les heures s'écoulèrent, et, finalement, des sous-fifres de la secte passèrent des coups de fil désespérés. David Miscavige n'était pas du genre à apprécier qu'on le fasse attendre. Mais il attendit tout de même, de plus en plus furieux à mesure qu'il voyait ses projets se réduire à néant. Le temps que Tom, qui venait de terminer le tournage de *Né un 4 Juillet*, arrive à la Gold Base, il était 23 heures passées, et l'acteur, épuisé par le trajet depuis Beverly Hills, alla tout droit se coucher.

Il avait manqué un accueil aussi raffiné qu'incongru. Au cœur du désert, on avait prévu de le conduire jusqu'à un bassin au pied de la réplique grandeur nature valant cinq cent soixante-cinq mille dollars d'un schooner trois-mâts. Dans le bungalow de style tropical, où trônaient des perroquets et autres oiseaux exotiques en cage, Miscavige et d'autres hauts responsables scientologues lui avaient préparé un comité d'accueil. Sans doute, tout en lui montrant les décorations nautiques, lui aurait-on raconté l'histoire de ce navire en pleine terre, le *Star of California*, construit selon les instructions expresses du fondateur de la secte, Ron Hubbard.

Bien qu'ayant servi sans faire la moindre étincelle dans la Navy durant la Seconde Guerre mondiale, Hubbard aimait à se voir en héros de la marine couvert de décorations ; il revêtait même ses disciples les plus exaltés, les membres de la Sea Org, d'uniformes de parade d'une milice marine. Cette organisation paramilitaire fraternelle se consacrait avec un zèle exceptionnel à la propagation des croyances scientologiques : les membres exprimaient leur total dévouement en signant des contrats qui les engageaient à servir la scientologie pendant un milliard d'années, au gré de leurs réincarnations successives. Ils s'imaginaient être des dieux déchus, des immortels, ou « thétans », qui avaient déjà vécu des millions d'années et allaient être réincarnés pendant des milliards d'autres.

De son repaire dans le désert – un lieu tellement secret que ses nouvelles recrues y étaient amenées les yeux bandés afin de ne jamais pouvoir en divulguer l'emplacement –, la Sea Org poursuivait sa mission. Comme l'écrit Hubbard : « Tous les hommes seront mes esclaves. Toutes les femmes succomberont à mon charme. Toute l'humanité rampera à mes pieds sans savoir pourquoi. » En vue du jour où ils pourraient mettre en pratique les paroles de l'homme connu comme la « Source », les recrues lisaient *L'Art de la guerre* du stratège chinois Sun Tzu et le *De la guerre* du général prussien Carl von Clausewitz. Rien ni personne issu du « monde des *wogs* » – le terme qualifiant les non-croyants, littéralement : les « bougnoules » – ne pouvait se mettre en travers de leur chemin. Certainement pas dans cette vie.

En fait, le monde extérieur était une distraction importune. Les fidèles avaient interdiction de regarder la télévision, d'écouter la radio, de lire la presse, d'utiliser des ordinateurs et le téléphone ou de recevoir la moindre communication de l'extérieur, famille comprise. Le personnel de sécurité ouvrait même leurs cadeaux de Noël pour vérifier qu'ils ne contenaient rien qui puisse les détourner de la cause.

La plupart des scientologues ordinaires n'avaient jamais entendu parler de la Gold Base et encore moins visité cet ancien village de vacances aux alentours de Hemet, en Californie. L'organisation faisait enregistrer dans l'annuaire local la propriété de deux cents hectares sous le nom de « Scottish Highlands Quietude Club » (club de repos des Highlands écossais).

C'est dire combien Tom Cruise avait de l'importance pour être invité dans ce saint des saints.

Fait significatif, l'invitation n'était adressée qu'à Tom, alors même que sa femme était scientologue depuis presque toujours. C'était moins parce qu'ils semblaient désormais mener des vies séparées qu'en raison de la position de Mimi dans la hiérarchie de la secte. Quand son père, Phil, avait quitté l'Église durant la purge du début des années 1980, il avait été qualifié d'ennemi ou, selon le jargon des scientologues, d'« individu suppressif ». Pis, il avait rejoint ceux, surnommés les « écureuils », qui offraient des services similaires à ceux de la scientologie, mais à des tarifs réduits.

Les proches et connaissances du père de Mimi étaient censés « déconnecter » – couper toute relation – s'ils désiraient rester dans la scientologie. Bref, Mimi fut obligée de choisir entre son père et la secte, dilemme que subirent des milliers de scientologues au cours des années et qui provoqua maintes ruptures familiales. « Tom était une grande star, elle n'était pas grand-chose et était "entachée" par ses liens avec son père, explique un ancien scientologue qui intervint dans les préparatifs de la première visite. David Miscavige ne se souciait pas d'elle.

Plutôt que Mimi, Tom Cruise venait avec son assistante, Andrea Morse, fille de l'acteur Robert Morse. Tom finança ses nombreux cours de scientologie, et, en retour, Andrea amena sa mère, Carole, et sa sœur, Hillary, à la secte. Ainsi débutait une stratégie soigneusement planifiée : peu à peu, l'acteur serait finalement entouré de scientologues autant chez lui qu'à son bureau, Odin Productions.

Des deux côtés, on tenait à ce que la première visite de Tom à la base ne soit pas rendue publique. Dans l'obscurité, alors que des gardes armés en uniforme l'emmenaient au-delà de la clôture de deux mètres de haut couronnée de barbelés, Tom aurait eu tout lieu de penser qu'il pénétrait sur une base militaire plutôt que dans un club convivial où dansaient gentiment des Écossais en kilt.

Cette impression aurait pu être renforcée par les caméras à infrarouges et les projecteurs à arc et, s'il avait connu leur présence, les micros cachés et détecteurs capables de repérer un lapin gambadant à dix mètres de la clôture. Cet endroit suintait la paranoïa. Des caméras enregistraient les numéros d'immatriculation des voitures qui passaient ; et au-dessus du bâtiment se dressait un mirador où des gardes à l'œil d'aigle, armés de puissants fusils à viseur télescopique, guettaient les intrus dans le désert californien calciné par le soleil.

D'ailleurs, David Miscavige était connu pour parcourir les environs, armé d'un Uzi. Il avait en tout cas l'embarras du choix question arsenal, possédant une collection personnelle d'une soixantaine d'armes. Outre un fusil d'assaut israélien, un fusil à double canon calibre 12 offert par Hubbard, il avait un Magnum 44, arme de l'inspecteur Harry, et un Walther PKK, comme James Bond. Un beau matin, il remarqua qu'un panneau « stationnement interdit » avait été placé en face de son bureau. Il ordonna à son majordome de lui apporter son fusil et passa quelques minutes à réduire en pièces la malheureuse pancarte. « Se savoir armé lui donnait une sensation de puissance, affirme un assistant. C'était sa manière d'intimider les gens. » Dans le tiroir de son bureau, le dirigeant de l'Église gardait un calibre 38 dont nul ne savait s'il était chargé.

Cette nuit-là, Miscavige guettait l'inspecteur général de la scientologie, Greg Wilhere – dans les faits, son bras droit –, qui avait pour mission d'amener l'acteur de Hollywood jusqu'à leur retraite secrète. Onctueux, courtois et imperturbable, Wilhere était le « superviseur de cas » de Tom : ce haut personnage avait pour mission de garantir que Tom gardait son enthousiasme intact, quitte à tenir à distance toute influence extérieure hostile à la scientologie. Greg Wilhere était l'homme idéal pour bichonner Tom Cruise : amical, sincère et intelligent, et même admiré à contrecœur par ceux qui avaient quitté la scientologie.

Il eut toutefois besoin de déployer toutes ses qualités pour calmer la fureur de son patron. Bien que ne mesurant qu'un mètre soixante-cinq, Miscavige était connu pour ses colères homériques où il se déchaînait sur les subordonnés qu'il accusait de l'avoir contrarié. Wilhere parvint à l'apaiser en lui expliquant que Tom avait été retardé plusieurs heures à cause du tournage.

Le dépit de Miscavige était peut-être compréhensible. À l'époque, son organisation était l'objet d'une vaste enquête du fisc. Non seulement la secte dépensait un demi million de dollars par mois en frais d'avocats, mais des milliers d'adeptes subissaient des contrôles fiscaux. « La situation était difficile en 1990, et je ne crois pas que beaucoup de scientologues étaient au courant, admit plus tard Miscavige. Nous avons gardé le secret. C'était affreux. »

Pour la direction de la scientologie assiégée, Tom Cruise représentait la cavalerie galopant à son secours. Il avait fallu des années de planification méticuleuse pour attirer Tom jusqu'ici. Durant ses premières années dans la secte, il avait été considéré comme un « préclair », c'est-à-dire un individu pas encore libéré de ses problèmes et de ses difficultés. (En fait, ce ne fut qu'en 1989 qu'un magazine scientologue annonça que Tom et son cousin William Mapother avaient terminé leur formation de base.) Si la procédure d'audition avait bien quelques points communs avec la confession catholique, elle n'avait rien de libre ni d'anonyme. Au cours de sa séance avec l'électromètre, au fil d'un interrogatoire courtois mais implacable, Tom Cruise avait été invité à révéler ses secrets les plus intimes, chacune de ses réponses étant griffonnée dans un dossier prétendument confidentiel et portant son nom d'état civil, Thomas Mapother. Suivant la méthodologie établie par Hubbard lui-même, les auditeurs avaient demandé à Tom, entre autres choses, s'il avait jamais violé, pratiqué l'homosexualité ou le cannibalisme, été infidèle, regardé des films pornos, tué ou mutilé des animaux pour le plaisir.

Bien que l'audition soit censée trouver une solution aux problèmes, le fils de Ron Hubbard, Ronald De Wolf, qui audita de nombreux convertis avant de se fâcher avec son père, considérait cette procédure avec plus de cynisme, puisqu'il y voyait une manière de contrôler et éventuellement de faire chanter les scientologues, surtout les célébrités. Il déclara, dans une interview accordée à *Playboy* : « L'audition s'intéressait à la totalité de la vie sexuelle d'un type. Vaste sujet... On contrôle entièrement quelqu'un si on possède par écrit tous les détails de sa vie sexuelle et de ses fantasmes. Chez les scientologues, on s'intéresse uniquement au sexe. Au sexe, au sexe et rien qu'au sexe. La première chose que nous voulions savoir de la personne auditée, c'étaient ses déviances sexuelles. Il suffit simplement de découvrir ce que pourraient être ses perversions. Ses rêves et ses fantasmes. Ensuite, on peut lui passer une corde au cou et l'emmener où on veut. On lui promet de réaliser ses fantasmes ou on la menace de les dévoiler... Rien de plus simple. » La direction de la scientologie refusa de réfuter les propos de

De Wolf, car, selon elle, la crédibilité de ce dernier était « inexistante ».

Même si le dossier d'un préclair était censé rester confidentiel, plusieurs auditeurs pouvaient y avoir accès, et, paraît-il, les hauts dignitaires étaient connus pour en discuter le contenu. L'ancienne responsable scientologue Karen Pressley, qui vécut des années à la Gold Base, était présente, un soir, quand l'auditeur de John Travolta, John Silcott, discuta ouvertement de la sexualité de l'acteur. « J'en ai eu la tête qui tournait, raconte-t-elle, et je me suis rendu compte que cette histoire de confidentialité était une chimère. » Un autre responsable scientologue admet sans détour : « Ces dossiers sont bien commodes s'ils veulent vous faire chanter. »

Tom avait été invité à la Gold Base pour vérifier que sa première audition, qui avait eu lieu à Sherman Oaks, s'était déroulée correctement. Si les questions sont parfois scabreuses, la procédure est, en soi, très technique, Hubbard ayant forgé tout un jargon pour la décrire. Tout en surveillant le déroulement de son audition, la Gold Base demanda à Tom de donner son approbation professionnelle à son studio de films de propagande, connu sous le nom de Golden Era Productions.

Le premier week-end de Tom était donc organisé avec la précision d'une opération militaire et planifié comme pour la visite d'une tête couronnée. Pendant une semaine, la base avait bourdonné d'activités : les quelque cinq cents disciples de la Sea Org repeignaient, taillaient, soignaient et nettoyaient jardins et bâtiments pour que tout soit impeccable, sans qu'ils aient été informés de l'identité de leur futur visiteur. Alors que son assistante était logée dans les quartiers du personnel, Tom bénéficia d'un luxueux bungalow avec un cuisinier et maître d'hôtel scientologue, Sinar Parman, à disposition vingt-quatre heures sur vingt-quatre.

Pour souligner l'importance de la visite, les membres de la Sea Org reçurent l'ordre de rester enfermés ou, si c'était impossible, de ne pas traîner dans certaines zones de la propriété où Tom aurait pu se trouver. S'ils se trouvaient par hasard dans son champ de vision, ils devaient détourner le regard et en aucun cas ne lui adresser la parole. Ceux qui seraient en contact avec lui devaient l'appeler « monsieur » tout court, et non « monsieur Cruise ». Tout contrevenant serait puni. « Tout le monde dans la base marchait sur des œufs », se souvient un membre de la Sea Org. Tout était prévu pour impressionner et étonner celui qui était peut-être la plus importante recrue de l'histoire de la scientologie.

Durant la visite des lieux, Tom constata que la Gold Base n'était pas un endroit pour les enfants. Comme les religieuses et les moines, les membres de la Sea Org n'étaient d'ailleurs pas autorisés à en avoir. Si une femme se retrouvait enceinte, elle devait choisir entre ses croyances et son futur bébé. Si elle décidait d'avoir l'enfant, elle quittait la Sea Org et demeurait au sein de la secte à un grade moins élevé. L'ancienne disciple de la Sea Org Karen Pressley se rappelle que des consœurs scientologues lui demandèrent souvent de leur prêter de l'argent pour avorter. « Cela me posait un gros problème, parce que je suis contre l'avortement », dit-elle. Les représentants de l'Église de scientologie réfutent l'affirmation selon laquelle on inciterait de manière systématique les femmes membres de la Sea Org à avorter.

Pendant que Tom visitait studios, bureaux et salles de montage – la partie de la propriété appelée le « Château » –, des agents en uniforme de la Sea Org relayaient ses moindres faits et gestes par talkie-walkie. Dans le studio, d'autres membres de la Sea Org répétaient rigoureusement les scènes « spontanées » qu'ils devaient tourner. Pour les employés de la division cinéma de la Sea Org, la visite de Tom eut une issue malheureuse. Il déclara négligemment que, lorsqu'il tournait à Hollywood, il travaillait d'une seule traite jusqu'à la fin. Or, à la Gold Base, les techniciens avaient droit à du temps libre pour leurs études en scientologie. Suite à la petite réflexion de l'acteur, les plannings furent modifiés et les employés obligés de travailler sans relâche jusqu'à ce qu'ils aient achevé leurs films. Durant les deux années qui suivirent, selon au moins un ancien membre de la Sea Org, l'unité cinéma n'eut pas un seul jour de repos.

La différence, évidemment, c'est que Tom Cruise était payé des millions de dollars alors que les employés de la Sea Org en touchaient à peine trente-cinq par semaine. D'ailleurs, une employée en fit les frais. Comme elle se plaignait de ce nouvel emploi du temps, elle fut envoyée dans la « prison » des scientologues, connue sous le nom de « projet force de réhabilitation » (*Rehabilitation Project Force*, ou RPF) : un ancien ranch de Happy Valley, à dix-huit kilomètres de la réserve indienne de Soboba, dont les détenus étaient surveillés jour et nuit et contraints, entre autres châtiments, de courir autour d'un poteau sous un soleil de plomb. Alors que la scientologie décrit le RPF comme un programme de réhabilitation volontaire offrant une deuxième chance aux membres de la Sea Org qui ont enfreint les règles de la secte, ceux qui refusent leur punition sont « déclarés » et jetés dans le néant. Pour un croyant sincère, cela signifie abandonner ses amis et sa famille et renoncer au rêve de la vie éternelle. Ceux qui sont passés par le RPF en disent qu'il s'agit d'un mélange de lavage de cerveau et de travaux difficiles. Ses détracteurs accusent la secte de violation des droits de l'homme et comparent ces camps de réhabilitation à des goulags.

Bien sûr, Tom ne s'était pas rendu compte que sa remarque désinvolte aurait des répercussions aussi draconiennes. Après qu'il eut visité le studio, David Miscavige lui fit faire le tour du domaine assis derrière lui sur sa moto. Ensuite, ils allèrent faire du ball-trap sur une crête montagneuse dominant Bonnie View, la résidence bâtie par les scientologues pour le retour attendu sur terre de feu L. Ron Hubbard, au terme de ses pérégrinations galactiques. Bien qu'ayant joué dans plusieurs films militaires, Tom n'aimait pas particulièrement les armes ; Miscavige, membre fervent de la National Rifle Association, lui montra comment les manipuler. Tom en fut si impressionné qu'en cadeau de remerciement il envoya à son nouvel ami un lanceur à plateaux automatique pour remplacer l'appareil manuel qu'ils utilisèrent ce week-end-là. Bien qu'il n'en ait eu aucune conscience, ce cadeau eut pour conséquence un surcroît de labeur pour les détenus de la prison de la secte. Plus d'une vingtaine travaillèrent jour et nuit pendant trois jours pour installer l'engin et préparer le terrain de tir en vue de la prochaine visite de Tom.

Quoi qu'il en soit, l'acteur trouva sa visite tout à fait réussie et il n'en fit pas mystère : les scientologues qu'il rencontra notèrent son énergie et son enthousiasme. « C'était une pile ambulante, raconte l'ancien inspecteur général adjoint de l'Église de scientologie, Jesse Prince. Il était rayonnant, enthousiaste, amusant. Comme un gosse seul qui vient de se trouver tout un tas de gens qui vont devenir ses amis. Pendant ce temps, il suivait les cours de niveau inférieur... Cette période correspondait à un état de grâce, en fait. Très amusant. »

Non seulement cette visite renforça la nouvelle foi de Tom, mais elle lui fit connaître l'homme qui aurait une profonde influence sur son avenir. David Miscavige l'avait conquis dès le premier instant et l'alchimie entre les deux hommes avait été évidente et immédiate. Au début, ils étaient pareils à deux frères en perpétuelle rivalité. Aussi dominateur, acharné de compétition et macho qu'il était, Tom Cruise avait trouvé son égal en la personne du chef de la scientologie. Leur amitié naissante ne surprit aucun de ceux qui avaient assisté à l'ascension fulgurante et inexorable de Miscavige. « On comprenait pourquoi ils s'entendaient si bien, témoigne un ancien cadre scientologue présent lors de cette première rencontre. Ils étaient aussi concentrés, exigeants et perfectionnistes l'un que l'autre. Appelons ça le syndrome du petit. » Fait significatif, des deux amis, le dominant était Miscavige : il était de deux ans l'aîné de Tom mais il accusait cinq centimètres de moins. Comme le note Shelly Brett, qui travailla pour le leader scientologue pendant quinze ans : « David dominait Tom Cruise sans même qu'il s'en rende compte. »

Né dans une banlieue de Philadelphie d'un père polonais, Ron Miscavige, qui gagnait sa vie comme trompettiste, et d'une mère italienne, Loretta, David avait une sœur jumelle et deux autres frère et sœur. Chétif, gravement asthmatique et extrêmement allergique, il était le souffre-douleur à l'école à cause de ses origines polonaises et de sa taille. Le petit David tenait tellement à faire du sport qu'une fois son père lui remplit les poches de plaques de un kilo pour qu'il atteigne le poids plancher de vingt-sept kilos requis pour jouer en défense dans l'équipe de football des Pennypacker Patriots.

Si l'école était un supplice quotidien, la vie familiale lui apportait peu de répit : les proches se rappellent son père comme un homme au caractère difficile et fort intimidant. Quand Ron découvrit la scientologie, cela modifia tellement sa conduite que sa femme, déconcertée, crut qu'il ne l'aimait plus tant il était différent. La conversion de Ron fut totale lorsque David se remit d'une grave crise d'asthme alors qu'il consultait des scientologues. « C'est à partir de ce moment-là que j'ai compris, racontera David. Je me suis dit : "J'ai la réponse." »

Dès l'âge de douze ans, David Miscavige auditait d'autres scientologues et était devenu le 4 867e scientologue à atteindre le statut de « clair ». Il quitta le lycée le jour de son seizième anniversaire, invoquant à la fois l'abus « consternant » de drogue de ses condisciples et son désir profond de consacrer sa vie à la scientologie. Il rejoignit l'élite de la Sea Org à Clearwater, en Floride, où il travailla comme messager du commodore, c'est-à-dire garçon de courses de L. Ron Hubbard. Il a laissé le souvenir d'un adolescent charismatique, mais doté d'une ambition féroce et d'un esprit de compétition acharné.

Très vite, il fut muté à la Gold Base où il travailla avec Hubbard et d'autres à la création des films promotionnels. En 1979, alors que Tom Cruise était encore au lycée, Miscavige fut promu « chef » au sein de l'Organisation des messagers du commodore, envoyant des équipes, ou « missions », améliorer la gestion des centres de scientologie. C'était un boulot écrasant et stressant à une époque où le sommet de la hiérarchie scientologue, dont l'épouse de Hubbard, était en prison, et Hubbard lui-même en cavale.

Pendant que Tom se faisait un nom au cinéma, Miscavige asseyait son autorité au sein de la secte en pleine déliquescence. En 1981, après deux affrontements très animés, il força à démissionner Mary Sue, l'épouse de Hubbard. Il soutient aujourd'hui qu'ils sont amis. Toutefois, l'intéressée n'est pas du même avis. « C'était un tyran », déclara-t-elle à son gendre Guy White. La même année, à vingt et un ans, Miscavige épousa sa première petite amie, Shelley Barnett, qui était messagère du commodore depuis ses douze ans. Un an plus tard, il orchestra l'exclusion des ministres volontaires (au rang desquels figurait le père de Mimi Rogers, Phil Spickler), et cela provoqua un véritable schisme au sein de l'Église. Le ralliement de sa belle-mère, Flo Barnett, à un groupe scientologue dissident, provoqua une rupture terrible dont sa famille ne se remit jamais. Flo se suicida en 1985 en se tirant trois balles de fusil.

Pendant la période de crise que traversait son Église, Hubbard confia à Miscavige la gestion de sa considérable fortune. Plus important encore, le jeune homme fut l'un des rares scientologues qui continuèrent de communiquer avec leur chef terré dans son ranch de Californie. Les membres de la secte savaient qu'il ne fallait pas poser de questions quand une camionnette noire aux vitres teintées arrivait à la Gold Base au cœur de la nuit et que Miscavige, armé de son Uzi, préparait un chargement à destination de leur chef. Ensuite, Miscavige et le responsable scientologue Pat Broeker, qui vivait avec Hubbard, partaient en suivant des itinéraires compliqués, au cas où ils seraient suivis par le FBI ou autres autorités. Une fois, la pression étant trop forte, ils passèrent deux jours devant les tables de jeu à Las Vegas. Ils expliquèrent plus tard qu'ils étaient allés se cacher dans les casinos de peur d'être repérés. Le stress était palpable, Miscavige ayant une peur maladive d'échouer en prison et d'y subir une agression sexuelle, voire un viol.

Cette peur n'égalait que ses efforts infinis pour apaiser les exigences démentes de Hubbard. La tension était telle qu'il souffrait de crises d'asthme épouvantables. Un ancien coreligionnaire, Jesse Prince, qui l'auditionna, se rappelle avoir pris le jeune homme désemparé dans ses bras : « Parfois, il était tellement énervé qu'il avait les yeux exorbités et qu'il ne pouvait plus respirer. Comme il refusait de prendre des médicaments ou d'utiliser un inhalateur, je devais le calmer et il dormait pendant des jours après ses crises. »

Des collaborateurs affirment que Miscavige gardait une bouteille d'oxygène sous son lit, dans ses quartiers de la Gold Base, pour les cas d'urgence. Loin de le soigner, la scientologie, apparemment, ou plutôt L. Ron Hubbard, exacerbait son état. Sans parler des trois paquets de Camel qu'il fumait par jour.

Devoir se plier constamment aux caprices de Hubbard – par exemple, le moindre soupçon de parfum, particulièrement la rose, le mettait dans des rages folles – affecta profondément Miscavige. Il arrivait que Jesse Prince, qui lui avait fait connaître la musique de Jimi Hendrix, l'emmène dans un bar pour l'aider à noyer son chagrin : « Avoir affaire de près à LRH a été traumatisant pour lui. C'est ce qui a fait d'un garçon agréable et amateur de sport le monstre qu'il est devenu. On aimait faire les clowns. À le voir à présent, on a peine à imaginer qu'il était drôle à l'époque. » L'incompréhension est désormais mutuelle : la scientologie qualifie Prince de « criminel » depuis qu'il a quitté l'organisation.

À la mort de Hubbard, en 1986, Miscavige se retrouva à vingt-six ans à la tête d'une entreprise d'un milliard de dollars, au sein de laquelle sa parole avait force de loi et son pouvoir était absolu. Tel un souverain, il menait un train de vie des plus luxueux. Il portait d'impeccables chemises en coton égyptien cousues main à deux cent cinquante dollars brodées de son monogramme, des chaussures sur mesure et des costumes italiens pure laine de la meilleure qualité. Sa femme Shirley et lui étaient des habitués des boutiques Neiman Marcus et Hermès à Beverly Hills.

Une fois, elle lui acheta un costume à dix mille dollars chez le tailleur sud-coréen Richard Lim, sur Wilshire Boulevard, à Beverly Hills – l'équivalent de six ans de salaire d'un disciple de la Sea Org. Contrairement aux membres qui partageaient des dortoirs spartiates, le chef de la secte possédait un peu partout dans le pays des appartement somptueusement et coûteusement décorés dans le style club anglais. Il bénéficiait des services de majordomes et de femmes de chambre qui devaient, entre autres, promener ses chiens Chelsea et Cheslea.

Le nouveau dirigeant était suivi en permanence par une cour servile qui enregistrait sur cassette ses moindres paroles et les traduisait en une série d'ordres et de directives. Pour s'assurer que ses décrets étaient suivis à la lettre, il fonda sa propre garde prétorienne, recrutée exclusivement dans le Centre religieux de technologie au sein de la Sea Org, qu'il surnomma ses « SEALs », s'inspirant des célèbres SEALs, les commandos de la marine américaine qu'on dit capables de réaliser l'impossible. Ceux de Miscavige étaient mieux vêtus, mieux nourris et mieux logés, mais ces privilèges avaient un coût.

On attendait d'eux qu'ils se consacrent corps et âme, jour et nuit, à leur chef, à l'exclusion de toute vie personnelle. Miscavige adorait les films hollywoodiens dans lesquels le dirigeant, généralement le président des États-Unis, jouissait de la loyauté absolue de son personnel. Miscavige était quotidiennement accompagné de six d'entre eux, même en vacances, à bord de yachts privés. S'il allait nager, trois plongeaient avec lui.

Miscavige contrôlait tous les aspects de la scientologie : de la bande-son d'un film promotionnel jusqu'aux plans d'un bâtiment, rien n'échappait à sa volonté absolue de perfection. Le petit chef était particulièrement attentif au décor de ses allocutions, exigeant que le fond soit bleu afin de s'assortir à la couleur de ses yeux et que l'estrade corresponde à son statut. Karen Pressley collabora étroitement avec lui sur de nombreux projets et le vit même choisir le tissu des nouveaux uniformes des gardes de la Sea Org : « Les hommes qui sont obsédés par les tissus ont tendance à avoir une nature féminine. Je peux vous dire qu'il n'y a rien de gay chez ce type. Il était dominateur, maniaque du contrôle, obsessionnel. On avait l'impression de vivre sous une dictature. »

S'il aimait modeler son comportement sur son héros politique, Simon Bolivar, Miscavige régnait par la terreur. D'après des déclarations sous serment faites dans le cadre de différents procès, il aurait levé la main sur des employés. (Interrogé à ce sujet, un représentant de la scientologie a démenti.) Guy White, le gendre de Hubbard, eut droit à ce traitement quand, un soir, Miscavige et d'autres l'accusèrent d'avoir commis des « crimes ». Après ce que les scientologues appellent une « audition gang bang », durant laquelle il fut mitraillé de questions hostiles, Guy White fut envoyé au RPF.

S'adonner à des « RP noires », comme on disait, soit émettre un soupçon de critique à l'encontre du chef, était considéré comme un crime. Miscavige scrutait jusqu'aux expressions faciales des membres de la Sea Org, qui étaient punis s'ils avaient l'air de s'ennuyer ou d'être en désaccord. Dans *1984*, George Orwell avait forgé un terme pour désigner cette offense : « facecrime ».

On comprendra aisément que beaucoup – même parmi ses proches – vivaient dans la crainte de cet homme qu'ils surnommaient Napoléon. Karen Pressley, qui habitait dans les mêmes quartiers que les parents de Miscavige, raconte : « Un jour, son père m'a regardée dans les yeux et m'a dit : " J'ai peur de mon propre fils." Cela m'a terrifiée. D'autres sont plus mesurés et apprécient l'énergie, la concentration et le charisme de Miscavige, tout en reconnaissant qu'il dépassait parfois les bornes. Son assistante, Shelly Brett, le voyait comme une sorte de Dr Jekyll et Mr Hyde, capable du pire comme du meilleur : « Si vous êtes dans ses petits papiers, vous êtes au sommet, dans le cas contraire, vous êtes la lie. » Un autre assistant, Marty Rathbun, affirme que pendant toutes les années durant lesquelles il avait côtoyé Miscavige il ne l'avait jamais vu frapper personne. « Ce n'est pas dans son tempérament », a-t-il déclaré au *St. Petersburg Times*.

Tandis qu'il nouait une amitié durable avec Miscavige, Tom Cruise reste redevable au cinéma d'une autre rencontre capitale. Cela faisait trois ans qu'il nourrissait en lui un projet de film sur les courses automobiles. Dopé par l'adrénaline et la vitesse après avoir fait des tours à 300 kilomètres-heure sur le célèbre circuit de Daytona, il s'était exclamé : « Je veux tourner un film là-dessus ! » Après le tournage de *La Couleur de l'argent*, Tom s'était lancé avec son enthousiasme coutumier. Il conduisait des Nissan pour l'écurie de Newman avec un tel talent que, à en croire le pilote Bob Bondurant, il avait tout pour devenir un pro.

L'acteur esquissa une histoire dans les grandes lignes et engagea un scénariste expérimenté, Douglas Day Stewart, pour élaborer l'intrigue de ce qui allait devenir *Jours de tonnerre* : un pilote de course très sûr de lui, Cole Trickle, essaie d'éliminer un rival, mais les deux hommes sont grièvement blessés et, comme de bien entendu, Trickle tombe amoureux de la neurochirurgienne chargée de le soigner. Il finit par dominer ses démons, apprendre l'humilité et remporter la grande course.

Ce projet, baptisé un temps « Top Car », devait être aux courses de stock-car ce que *Top Gun* avait été pour l'école d'aviation de San Diego. Une fois qu'il fut officiellement sur les rails, Tom fit appel au scénariste Warren Skaaren, qui, après avoir rédigé plusieurs ébauches, démissionna, exaspéré par ses exigences. Sans se laisser démonter, Tom courtisa le scénariste Robert Towne (*Chinatown*) en l'emmenant sur le circuit de Watkins Glen, dans l'État de New York. Alors qu'ils s'imprégnaient de l'atmosphère, Towne dit à Tom : « J'ai pigé, Cruise. C'est fantastique. » Avec le réalisateur Tony Scott et les producteurs Don Simpson et Jerry Bruckheimer à bord, tous les ingrédients étaient réunis pour mitonner un nouveau succès pour l'été.

La Paramount avait donné son feu vert pour un début de tournage en novembre 1989, mais le scénario était à l'état d'ébauche, le film n'avait pas de titre, la vedette féminine n'avait pas été choisie – et le personnage que ladite vedette était censée incarner n'existait même pas sur le papier. En octobre, escorté de Robert Towne, Tom se rendit avec un empressement tout particulier à une projection privée du thriller australien *Calme blanc*, dont on parlait beaucoup en raison des performances de Billy Zane et Nicole Kidman. Tom fut aussi captivé par la présence à l'écran de Nicole Kidman que par ses longues et élégantes jambes et sa peau diaphane. Il sortit de la projection très impressionné, et donna à ses assistants l'ordre de la faire venir à Los Angeles pour un bout d'essai.

La jeune femme se trouvait au Japon en tournée de promotion pour *Calme blanc*, mais cela ne fut pas un obstacle. Nicole fut envoyée à Hollywood pour un entretien avec Tom, les producteurs et le réalisateur. Elle arriva à la Paramount épuisée par le décalage horaire, curieuse, mais sans beaucoup d'espoir : « Je me suis dit : "Je vois le genre." Ce n'était pas la première fois que j'allais en Amérique. On va au rendez-vous, on auditionne et on n'obtient pas le rôle. » Aussi décida-t-elle de profiter du voyage pour rendre visite à des amis et à sa sœur, Antonia, qui se trouvait en Angleterre.

Cependant, quand elle fit son entrée dans la salle de réunion, ce fut le coup de foudre. « À peine avais-je posé les yeux sur lui que j'ai pensé qu'il était l'homme le plus sexy que j'aie jamais connu, confia-t-elle à *Rolling Stone*. J'en ai eu le souffle coupé. Je ne sais pas ce que c'était. Une réaction chimique ? Difficile à définir. Difficile d'y résister. »

Sur le moment, la jeune fille, surnommée « la Tige » par ses condisciples, songea qu'elle avait peu de chances de décrocher un rôle, étant donné qu'avec son mètre quatre-vingts elle dépassait la vedette masculine de dix centimètres. Elle lut quelques pages de dialogues, mais pas du film en question, et repartit se détendre un peu en Californie. Elle fut surprise, le lendemain, quand Jerry Bruckheimer l'appela pour lui annoncer qu'on la voulait pour le premier rôle féminin. Il restait un petit hic : son personnage, comme une bonne partie du scénario, n'était pas encore construit. Et, si improbable que ce fût, la jeune fille de vingt-deux ans incarna une brillante neurochirurgienne, le Dr Claire Lewicki.

L'attirance qu'éprouvait le premier rôle masculin pour sa nouvelle partenaire était indéniable : « En faisant sa connaissance, ma première réaction a été du pur désir. C'était totalement physique. » À première vue, cette grande liane rousse australienne avait peu de points communs avec son épouse brune et voluptueuse. Mais, cependant, les deux femmes avaient la réputation d'être farouches, ambitieuses et inaccessibles – l'idéal pour un homme qui adore relever des défis et conquérir l'imprenable.

Tom fut très vite sous le charme. Comme avec David Miscavige au plan amical, la star semblait avoir trouvé son égale dans cette jeune femme mince qui se référait à des actrices à poigne comme Vanessa Redgrave, Jane Fonda et Katharine Hepburn. Nicole perçut également que l'acteur était insatisfait et avait besoin d'une relation plus soudée que celle qu'il vivait alors. Quelques semaines plus tard, à la fin novembre, Robert Towne dîna avec le couple Cruise chez Toscana, à Brentwood. Il sentit immédiatement leurs liens et comprit que le mariage de Tom et Mimi venait de se terminer, au bout de deux ans.

Fidèle à lui-même, Tom mit fin à son premier mariage avec autant d'empressement et de détachement que pour ses précédentes liaisons. À l'automne, il quitta le domicile conjugal de Brentwood et s'installa quelques jours chez son ami – et témoin – Emilio Estevez. Après quoi, Mimi et lui se rendirent à la base scientologiste de Hemet pour ce que la secte appelle une « audition avec un chapelain ». Il s'agissait de tenter de résoudre leurs difficultés en en discutant avec un conseiller scientologue. Selon l'Église, une fois que tout est dit, qu'il n'y a pas de ressentiment caché, il n'y a pas de raison de se séparer. Dans certaines circonstances, cette procédure est couronnée de succès, mais, en l'occurrence, ce ne fut pas le cas, et à dessein : la direction de scientologie nourrissait en effet une telle hostilité envers le père de Mimi qu'elle-même n'était plus en odeur de sainteté dans le groupe. « On ne voulait plus d'eux, raconte un ancien scientologue qui participa à cette mascarade. Le but était d'aider Tom Cruise, et, en vingt-quatre heures, ils convinrent de se séparer. »

L'acteur bénéficia même des services d'un haut responsable scientologue, Lyman Spurlock, directeur financier, pour l'aider à gérer leur séparation. « Il était paumé, il ne connaissait pas ses droits et ne savait pas ce que Mimi était en droit de réclamer, se rappelle l'ancien scientologue Jesse Prince. On a fait en sorte que la procédure de divorce soit la moins douloureuse possible pour lui. » Au final, Mimi aurait reçu dix millions de dollars, le divorce comprenant une clause de confidentialité pour les deux parties. On raconte que Mimi fit bien comprendre à la direction de l'Église qu'elle ouvrirait la boîte de Pandore si jamais la scientologie tentait de la discréditer.

Pendant que Tom gérait sa vie privée avec une certaine froideur, Nicole faisait ses adieux à sa famille à Sydney. Cependant, elle ne rompit pas avec son petit ami de longue date, l'acteur Marcus Graham, ancienne vedette du feuilleton australien *E-Street*. Bien qu'il fût parmi les premiers informés de l'obtention de son nouveau rôle, elle ne lui confia rien de ce qui se tramait entre elle et son futur partenaire. D'ailleurs, quand elle atterrit à Los Angeles, elle l'appela pour lui annoncer que le légendaire agent new-yorkais, Sam Cohen, qui comptait parmi ses clients Woody Allen et Meryl Streep, était venu sur la côte ouest lui faire signer un contrat. Bien que sa carrière fût un peu sur le déclin, Graham n'avait aucune raison de croire que leur histoire était terminée, puisqu'ils vivaient ensemble avant qu'elle parte aux États-Unis. Ils organisèrent même des vacances dans une île du Pacifique et pendant qu'elle tournait *Jours de tonnerre*, il dépensa plus de mille trois cents dollars en appels téléphoniques.

C'était de l'argent dépensé en pure perte. Quelques jours après avoir entamé sa nouvelle vie en Amérique, Nicole passait chaque instant, professionnel comme privé, avec Tom. Elle était envoûtée : « Je me suis délibérément laissé consumer par l'amour ». À la fin novembre, non seulement le couple tournait ensemble à Charlotte, en Caroline du Nord, mais il se rendait discrètement à la Gold Base en hélicoptère. Ils disposaient de leur propre bungalow VIP sur la propriété. Quand ils en sortaient, c'était pour passer du temps avec David Miscavige, sa femme, Shelley, et le superviseur de Tom, Greg Wilhere.

Quoi qu'ils fassent, Wilhere était avec eux ou les avait à l'œil afin de s'assurer que tout était parfait. « Il était évident qu'ils étaient très amoureux, ils ne se lâchaient pas un instant, raconte un ancien scientologue qui fut le témoin de ce qui était à l'époque un secret jalousement gardé. Quelques jours après la séparation de Tom et Mimi, Nicole et lui venaient à la Gold Base. Les hauts responsables scientologues leur ont tout facilité. » En fait, Greg Wilhere joua un rôle si important en aplanissant leurs difficultés logistiques que Tom donna son nom à l'un des personnages de *Jours de tonnerre*. Ainsi, le Dr Wilhere du long métrage était un petit clin d'œil entre les deux tourtereaux et leurs amis scientologues.

Le 9 décembre 1989, au beau milieu du tournage de *Jours de tonnerre*, les avocats de Tom entamèrent discrètement la procédure de divorce avec Mimi pour « différences incompatibles ». Malgré tout, Tom continuait de jouer les maris comblés, donnant une série d'interviews qui s'inscrivait dans la promotion de *Né un 4 Juillet*, qui sortit juste avant Noël. Pendant que des voitures de course brûlaient la gomme sur le circuit de Charlotte, Cruise parlait affectueusement de sa femme à des journalistes triés sur le volet. « Le plus important pour moi est que Mimi soit heureuse, déclara-t-il à Richard Corliss, auteur d'un portrait flatteur pour le magazine *Time*. Je suis tout simplement plus heureux que je ne l'ai jamais été. » Corliss rapportait notamment que Mimi et lui avaient visité la forêt amazonienne dans le cadre de leur engagement auprès du conseil d'administration de l'Earth Communications Office, une organisation de l'industrie cinématographique qui fut par la suite infiltrée par les scientologues et qui défend de grandes causes écologiques.

Durant un autre entretien avec Trip Gabriel pour *Rolling Stone*, un magazine qui, en raison de l'amitié qui liait Tom et son propriétaire, Jann Wenner, était, dans les faits, sa lettre d'information, il opposa un démenti aux rumeurs de difficultés conjugales. Et il déclara tout bonnement au magazine *US* : « Je suis vraiment très heureux dans mon couple. » Cette fiction de bonheur conjugal fut consolidée par la visite de Mimi sur le tournage de *Jours de tonnerre* durant cette campagne de relations publiques.

Rétrospectivement, Richard Corliss estime que les dissimulations de Tom étaient autant dues à son caractère qu'à la machine hollywoodienne. « Son mariage avec Mimi Rogers était une fiction qu'il était décidé à entretenir, du moins jusqu'à la publication dans la presse des portraits rédigés en relation avec la sortie de *Né un 4 Juillet*. Son insistance à affirmer qu'il était encore avec Mimi alors qu'il avait décidé de la quitter ne m'a pas étonné. Ce genre d'esquive est une tradition aussi ancienne que Hollywood. »

Hormis le fait d'avoir contribué à faciliter la séparation, la scientologie permit aussi à Tom de rester imperturbable en racontant que sa vie privée était harmonieuse. L'art de mentir, nous l'avons vu, fait partie intégrante des textes sacrés de la scientologie, et l'un des cours pour débutants sur la communication enseigne des techniques efficaces pour « débiter de fausses informations ». Tom se révéla un élève doué en la matière : la couverture médiatique de décembre fut aussi favorable à son personnage à l'écran qu'à sa personne, et il fut nominé pour l'oscar du meilleur acteur pour son rôle dans *Né un 4 Juillet*. « Le Ron Kovic incarné par Tom Cruise est la preuve indiscutable qu'il est l'un des acteurs contemporains de Hollywood au répertoire le plus étendu », écrivit le critique de cinéma Edward Gross.

Pendant que ces papiers flatteurs fleurissaient dans les magazines, son avocat de Los Angeles se rendit le 12 janvier à Daytona Beach, en Floride, lieu du tournage, afin que Tom puisse signer les papiers du divorce. La veille, Tom avait discrètement retrouvé Mimi au Hilton University Place de la ville de Charlotte. Si certains suggèrent que c'était là une tentative désespérée de l'actrice pour sauver son mariage, il s'agissait en réalité de finaliser leur déclaration officielle et les questions financières. En fait, à l'image de la séparation éclair, le divorce fut prononcé quatre jours plus tard et un bref communiqué du couple publié le lendemain : « Malgré les aspects positifs de notre mariage, certaines difficultés n'ont pu être résolues, même après plusieurs tentatives. »

Dans une interview qu'elle donna à *Playboy* trois ans plus tard, Mimi Rogers explicita non sans malice ces mystérieuses « difficultés ». Délaissée pour une femme plus jeune, Mimi se vengea en balançant à son ancien mari, que *People* qualifiait d'« homme le plus sexy du monde », un bon coup de pied dans les *cojones*.

« Tom envisageait sérieusement de devenir moine, déclarat-elle au journaliste Michael Angeli. En tout cas, durant cette période, apparemment, le mariage ne pouvait pas cadrer avec ce besoin spirituel. Et il a jugé qu'il devait rester chaste pour préserver la pureté de son instrument. En conséquence, il était évident que nous devions nous séparer. » Quant à son instrument à elle : « Oh, mon instrument avait besoin d'un peu d'attention. » Ses commentaires déclenchèrent une avalanche de ragots sur la sexualité de son ex-mari, mais elle avoua plus tard qu'elle s'était simplement amusée avec le journaliste, manifestement tombé sous son charme.

Peut-être est-il plus juste de penser que ce furent leurs emplois du temps extrêmement chargés, le désir exprimé par Tom de fonder une famille, l'influence de sa nouvelle Église et bien sûr l'alchimie sexuelle entre lui et une femme plus jeune qui précipitèrent la ruine de cette brève union. « Avant Nicole, déclara Tom plus tard au magazine *Talk*, j'étais insatisfait, je voulais davantage. Nous n'étions tout simplement pas faits l'un pour l'autre et ce n'était pas ce que je désirais vivre. Je crois qu'on a juste pris des chemins divergents. Mais ce n'était pas la faute de Mimi... Ça s'est simplement trouvé comme ça. »

Il passa peu de temps à réfléchir à ce qui n'allait pas dans son premier mariage et préféra foncer tête baissée dans une nouvelle aventure. Ironie du sort, il se comportait d'une manière très semblable à son père. Au moins, Tom fut plus discret. Cinq jours après l'annonce officielle de son divorce, il fit face à une horde de photographes lorsqu'il reçut un Golden Globe couronnant son travail dans *Né un 4 Juillet*. Une femme l'accompagnait effectivement sur le tapis rouge, mais c'était sa mère, Mary Lee. En dehors de cela, il passait tout son temps libre avec la nouvelle femme de sa vie : on voyait fréquemment sa BMW blanche de location et sa Harley Davidson garées devant le bungalow de sa partenaire australienne à Daytona Beach, lorsque le tournage se déplaça en Floride. La romance entre Tom et Nicole n'était pas l'unique sujet des bavardages de l'équipe sur le plateau de *Jours de tonnerre* ; l'actrice Donna Wilson sortit avec le producteur Don Simpson durant les premières semaines du tournage, avant de le plaquer pour le réalisateur Tony Scott, qu'elle épousa ensuite.

Peu après le prononcé du divorce, le 4 février, Nicole annonça à sa mère, Janelle, qui avait pris un congé pour venir voir sa fille et juger Tom sur pièces, qu'une fois que le tournage du film serait terminé elle avait prévu d'emménager dans la nouvelle maison que Tom avait achetée pour quatre millions de dollars à Pacific Palisades, en Californie. Aux dires de tout le monde, sa mère ne tomba pas des nues, car sa fille s'était lancée dans ses précédentes histoires d'amour avec une passion analogue.

Comme Tom, Nicole avait du sang irlandais dans les veines. La famille Kidman avait immigré en Australie comme colons libres en 1839. Née en 1967 à Honolulu, à Hawaii, de parents australiens, Nicole reçut une éducation catholique et assistait à la messe chaque semaine. Pourtant, volontaire et déterminée, elle abandonna ses études à l'âge de seize ans pour se lancer dans une carrière d'actrice. « J'étais un cauchemar pour mes parents », racontera-t-elle au magazine *Movieline*. Rebelle et impétueuse, cette anticonformiste de dix-sept ans partit en vacances à Amsterdam avec son petit ami, de vingt ans son aîné. Quand cette liaison s'effondra, elle vécut pendant trois ans une relation intermittente avec un autre homme plus âgé, l'acteur Tom Burlinson, qu'elle quitta après avoir refusé de l'épouser.

Le suivant, l'acteur Marcus Graham, n'avait en fait aucune chance quand l'homme le plus sexy du monde entra en scène. Pendant qu'il l'attendait à Sydney, Tom courtisait assidûment Nicole : il lui envoyait presque quotidiennement des petits mots et des fleurs, généralement des roses rouges. Marcus ne se rendit compte de la situation qu'en voyant Nicole sur le tapis rouge avec Tom – ainsi que leurs mères respectives, Janelle et Mary Lee – lors de la cérémonie des oscars, en mars 1990. Au cours de cette soirée, qui marqua leur première apparition publique en tant que couple, Tom se vit ravir l'oscar du meilleur acteur par Daniel Day Lewis pour sa performance dans *My Left Foot*. Tom se montra beau joueur. « C'était merveilleux rien que d'être nominé. C'était une reconnaissance de mes pairs. »

Cet événement chassa un instant de son esprit les difficultés croissantes qu'il rencontrait avec son projet en cours. Mauvais temps, scénario inachevé, problèmes techniques et un budget en escalade – passant de quarante à soixante-dix millions, dont un confortable cachet de sept millions pour Tom : *Jours de tonnerre* sentait l'amateurisme à plein nez. Le texte n'étant pas abouti, les acteurs recevaient de nouveaux dialogues tous les jours, Tom lisant le sien sur le tableau de bord de sa voiture tout en roulant à trois cents à l'heure. La catastrophe ne se fit pas attendre : après que Tom eut eu un accident en essayant de déchiffrer son texte, le scénariste Robert Towne prit l'habitude de le lui souffler dans une oreillette.

Pourtant, les tempêtes financières menaçant d'engloutir *Jours de tonnerre* ne contrariaient pas l'humeur festive du tournage. Selon le biographe de Don Simpson, Charles Fleming, grâce à des livraisons régulières de drogue et de prostituées, le moral des troupes était au beau fixe. Les filles qui venaient aux fêtes recevaient en cadeau des robes Donna Karan que Don avait remisées dans sa suite. Dans la journée, il envoyait ses deux assistants sur les plages des environs demander aux baigneuses si elles avaient envie de venir à une fête en l'honneur de Tom Cruise. Une fois, la boîte de nuit locale, le Palace, fut réservée pour une soirée où se produisit le rappeur Tone Loc. Selon Fleming, alcool et cocaïne y coulèrent à flots.

Comme si le tournage au jour le jour n'était pas suffisamment angoissant, durant son séjour en Floride, Tom se lança discrètement dans un nouveau sport extrême : le parachutisme en chute libre. Il fit des dizaines de sauts sous la férule de l'expert local Bob Hallett, qui le qualifia de « naturellement doué ». Nicole fut ravie d'accepter son invitation à se joindre à lui, réalisant un rêve d'enfance dont ses parents l'avaient privée. Voilà qui confirmait encore, si besoin était, que Nicole correspondait en tout point à Tom : une femme dotée d'une conscience professionnelle « féroce » en tournage et qui se révélait une risque-tout dans la vie. Après qu'elle eut sauté de l'avion, un instructeur à son côté, son petit ami se jeta à son tour, lui posa un baiser sur la bouche et s'éloigna avant de déployer son parachute. « Pas aussi bien que le sexe, mais presque », déclara-t-elle, ravie de l'expérience. À Pâques, il emmena sa mère, Mary Lee, effectuer son premier saut.

Il était là également quand son ami David Miscavige, accompagné d'un instructeur, fit de la chute libre à l'occasion d'une visite sur le plateau. Le dirigeant de l'Église de scientologie apprécia tant son aventure qu'à son retour à la Gold Base il montra fièrement une vidéo de son saut en compagnie de Tom à quelques personnes. Or, au sein de l'Église, tout le monde ne voyait pas d'un très bon œil l'engouement de Miscavige à l'endroit de l'acteur. Son père, Ron, fut « très fâché » qu'il saute en parachute, redoutant l'accident. « Il jugeait qu'en tant que chef de la scientologie il avait une responsabilité vis-à-vis de ses ouailles, explique Karen Pressley. Mais David aime prendre des risques, il adore le danger. »

Malgré les inquiétudes de son père, les escapades continuèrent. Les deux amis faisaient la course en voiture, brûlant les feux rouges et, selon un ancien scientologue, ils frôlèrent un jour une collision à pleine vitesse. « C'étaient deux mecs qui essayaient de s'impressionner l'un l'autre », déclare un ancien scientologue qui les avait vus ensemble. Leur amitié allait au-delà des échanges virils. Tom appelait sans cesse David pour solliciter avis et conseils. Durant le tournage de *Jours de tonnerre*, par exemple, il lisait le scénario du film *Edward aux mains d'argent*, de Tim Burton qui racontait l'histoire d'un être solitaire et sensible, un peu étrange mais incompris. Hésitant à accepter le rôle, il demanda à son entourage et à Miscavige leur opinion. Ce dernier lui conseilla de refuser le rôle sous prétexte qu'il était « trop efféminé ».

Tom suivit son conseil, arguant qu'il voulait que le film ait une fin heureuse et non celle, sinistre, prévue par Burton. Ce fut finalement Johnny Depp qui joua Edward.

Si Miscavige n'était peut-être pas le mieux placé pour juger de la qualité des scénarios, en tout cas, il était compétent pour l'aspect technique, et il surveillait dans ses moindres détails la fabrication des films de propagande de la secte. Non seulement il avait chez lui une coûteuse chaîne dernier cri pour juger de la qualité sonore des productions de Golden Era, mais les ingénieurs scientologues avaient élaboré un système maison appelé Clearsound. À ses débuts, Tom s'était soucié de son poids. Désormais devenu un séducteur de Hollywood, il craignait que sa voix ne fût un tout petit peu trop aiguë. Il s'en ouvrit à son mentor scientologue avant le début du tournage de *Jours de tonnerre*. Miscavige lui proposa alors de vérifier si le procédé Clearsound y changeait quelque chose. Bien que ce système n'ait pas été utilisé pour le film, le journaliste Rod Lurie prétendit plus tard que Miscavige avait tenté de convaincre le producteur Don Simpson durant sa visite sur le plateau. Simpson, brièvement scientologue avant d'accuser la secte d'« escroquerie » pour l'avoir délesté de vingt-cinq mille dollars en échange de ses conseils, aurait dit à Miscavige d'aller « se faire foutre » quand il avait abordé le sujet et l'aurait fait expulser du plateau. Par la suite, le chef de la secte nia toute altercation, mais il confirma qu'il avait discuté du procédé avec Tom. L'utilisation du Clearsound allait ressurgir lors des futurs projets de l'acteur.

Avec ou sans Clearsound, *Jours de tonnerre* – et sa vedette masculine – reçut un accueil orageux de la critique à sa sortie, en juin 1989. « Il est mignon et doué pour certaines choses, écrivit David Denby dans le magazine *New York*. Mais il est également suffisant et il en fait des tonnes... Il est à côté de ses pompes et il va trop loin. Il doit mûrir... Il est en crise. Il est seul, désorienté. Découragé. Il cherche une figure paternelle. » Qualifié de « film mineur aux prétentions majeures » par le journal *Boxoffice*, *Jours de tonnerre* eut du mal à trouver son équilibre financier. Une fois les comptes faits, la première tentative de Tom pour orchestrer un film à gros budget se solda par quatre-vingt-neuf millions de dollars en entrées pour un coût de plus de soixante-dix millions.

Après des années passées à enchaîner film sur film, Tom avait besoin de repos, et Nicole et lui passèrent quelques semaines à faire de la plongée aux Bahamas. Durant l'été, le couple décora sa nouvelle maison de Pacific Palisades tout en prenant des cours intensifs de scientologie dans le bungalow VIP de la Gold Base. Tout leur temps n'était pas consacré à l'étude, les deux jeunes gens ayant tout loisir d'être eux-mêmes loin des yeux indiscrets et des téléobjectifs. Ainsi, pour l'anniversaire de Nicole, en juin, une Mercedes offerte par Tom fut livrée à la base. « On aurait dit des ados qui gambadaient dans toute la base en s'amusant », se rappelle un ancien membre.

Pendant que Tom suivait des cours de niveau supérieur, on familiarisait doucement Nicole avec les écrits d'Hubbard et les fondamentaux de la scientologie. Ironie du sort, elle avait un dénominateur commun avec l'ex-épouse de Tom : son père posait problème. Comme la fille de Phil Spickler, Nicole devait être traitée avec beaucoup de suspicion. Non seulement c'était une catholique pratiquante, mais son père, le Dr Antony Kidman, était psychologue clinicien. Par définition, c'était un ennemi de la scientologie, un membre d'une profession tenue pour responsable de tous les maux de la terre, y compris la Shoah et les purges staliniennes.

Pour que Nicole soit vraiment adoptée et acceptée par la secte, elle devait se « déconnecter » de son père – c'est-à-dire cesser toute communication avec lui. Cela plongea la hiérarchie dans l'embarras. Voici ce qu'en dit Jesse Prince : « C'était définitivement un mauvais point pour Nicole d'avoir un père psychologue. Elle a toujours été considérée comme « source de problèmes potentiels » dans la scientologie. Mais les dirigeants ont estimé qu'il pourraient gérer la question. C'était une acrobatie. Comme ils avaient Tom dans la poche, ils se sont dit qu'ils s'inquiéteraient de Nicole plus tard. »

Là encore, il semblait que les célébrités adeptes de la scientologie vivaient selon des règles différentes de celles imposées aux membres ordinaires, observant des principes allégés plutôt que la doctrine pure et dure. Et Tom Cruise était encore un cas à part. La direction de la secte ne reculait devant rien pour le satisfaire. Aussi, lorsque le secret de l'appartenance de Tom à la scientologie fut éventé par Janet Charlton dans un article du tabloïd *Star* en juillet 1990, les hauts responsables se mirent en quatre, autant pour apaiser l'irritation de leur membre le plus précieux que pour découvrir la source de la fuite. Afin de trouver le coupable, ils recoururent aux services d'Eugene Ingram, détective privé à la réputation sulfureuse. Pendant les quatre mois de l'enquête, Janet Charlton fut harcelée, et des personnes se faisant passer pour elle cherchèrent à obtenir des copies de ses factures téléphoniques. Finalement, après une série de subterfuges, Nan Herst Bower – scientologue de longue date, ex-attachée de presse à Hollywood et amie de Janet – fut démasquée. Quand elle fut traduite devant un tribunal de scientologie, elle plaida non coupable des huit chefs d'accusation, notamment « propagation de rumeurs malfaisantes » et « communication d'informations antiscientologiques à la presse ». Elle fut reconnue coupable et officiellement inscrite sur la liste des « personnes suppressives déclarées », équivalent d'une excommunication. Selon la sentence, il lui était interdit d'entrer en contact avec aucun scientologue, y compris son mari, leurs trois fils Brad, Todd et Ryan, et ses petits-enfants. Sa famille lui envoya peu après des lettres de « déconnexion » confirmant leur refus d'avoir le moindre contact avec elle. En une semaine, Nan était passée d'épouse heureuse et de grand-mère comblée à la rupture totale avec ses amis et sa famille. Seize ans ont passé depuis le procès et elle n'a jamais plus revu son mari, ses fils et ses huit petits-enfants. « J'ai servi de bouc émissaire après les plaintes de Tom. La scientologie a brisé ma famille. Elle m'empêche de voir mes fils et mes petits-enfants. Nous étions une famille juive unie, avant cela. Je n'ai pas pu mener ma vie de mère et de grand-mère depuis cette histoire. »

En août 1990, un mois après cette enquête, des disciples de la Sea Org affrontèrent le courroux de leur chef alors que le bungalow VIP de l'acteur sur la Gold Base avait été gravement endommagé par une coulée de boue provoquée par des pluies torrentielles. C'était la volonté de Dieu, mais, comme les scientologues ne croient pas en Dieu, David Miscavige accusa la Sea Org de ne pas avoir mis en place des protections contre les inondations. En punition, il plaça des centaines de disciples de la Sea Org en « condition éthique de confusion », et des groupes entiers travaillèrent vingt-quatre heures sur vingt-quatre pour réparer les dégâts. « Un certain nombre de gens sont partis parce qu'ils l'ont jugé fou », selon Shelly Brett.

Tom n'était probablement pas au courant des châtiments sévères infligés à ses coreligionnaires, tout comme Nicole n'était pas informée de l'hostilité inflexible de la scientologie envers les gens comme son père. Tandis que les disciples de la Sea Org travaillaient jour et nuit à restaurer les luxueux quartiers du couple, en août 1990, celui-ci s'envola en jet privé pour Sydney retrouver la famille de Nicole. L'actrice essaya vainement de mettre fin aux inévitables rumeurs de mariage. « Toutes ces histoires de fiançailles sont absurdes, déclara-t-elle à un magazine australien. J'aimerais me marier un jour, mais je crois que ce serait très imprudent de le faire à ce stade de ma vie. »

Un mois plus tard, ils annonçaient leur futur mariage, Tom offrant à Nicole un diamant de deux cent soixante mille dollars, selon certaines sources. Sa déclaration suivit en droite ligne la manière dont il avait courtisé l'actrice, avec un mot laissé sur l'oreiller disant : « Nicole, ma chérie, je t'ai poursuivie et poursuivie jusqu'à ce que tu me rattrapes enfin. À présent, veux-tu m'épouser ? »

Presque aussitôt, l'assistante de Tom, Andrea Morse, et sa sœur Lee Anne DeVette furent chargées de trouver un lieu digne d'accueillir ces noces. Elles finirent par dénicher dans la ville de Telluride, ancienne cité minière du Colorado recyclée en terrain de jeux hivernal pour les stars, une maison en bois valant deux millions de dollars et donnant sur les Rocheuses. La veille de Noël 1990, dans une demeure remplie de fleurs, avec un saule décoré de lys blancs et de roses rouges, Nicole, vêtue d'une robe brodée datant de 1930 achetée à Amsterdam, fut unie à Tom lors d'une cérémonie scientologue toute simple. L'auditeur de Tom, Ray Mithoff, officia ; Antonia, la sœur de Nicole, était sa demoiselle d'honneur ; Dustin Hoffman, le témoin de Tom. Parmi les invités figuraient David et Shelley Miscavige, Gelda Mithoff, Greg Wilhere et l'amie de Nicole, l'actrice Deborra-Lee

Furness. Toute la soirée fut orchestrée par David Miscavige, qui fit venir deux chefs cuisiniers scientologues et des disciples de la Sea Org pour s'occuper des mariés et des invités. Si les préparatifs du mariage avaient été nimbés de mystère, Tom et Nicole avaient hâte de faire connaître leur petit secret. L'actrice appela une station de radio de Sydney deux jours après pour annoncer qu'elle était désormais mariée et qu'elle « nageait dans le bonheur ».

Quelques semaines plus tard, l'intraitable agent Mike Ovitz, à la tête de la Creative Artists Agency, ainsi que l'agent de Tom, Paula Wagner, donnèrent un dîner en l'honneur des jeunes mariés. Outre le gratin de Hollywood était invitée au restaurant DC3 de Santa Monica toute la crème de la scientologie. Et Mike Ovitz, qui était à l'époque l'homme le plus puissant de Hollywood, côtoyait l'homme le puissant de la scientologie, David Miscavige. Tom Cruise se trouvait au cœur de ce télescopage entre show-biz et religion. Tout un symbole.

7

Le cadeau de mariage de Dustin Hoffman et de son épouse, Lisa, était peu courant, mais tout à fait de circonstance : c'étaient des boules de bowling. Toujours aussi acharnés de compétition, Tom et Nicole s'étaient récemment découvert une passion pour ce jeu, mais il s'écoula un temps avant qu'ils puissent continuer leurs duels sportifs. Comme pour son premier mariage avec Mimi Rogers, ils n'eurent pas non plus le loisir de savourer la moindre lune de miel : quatre jours après ce mariage de Noël, Nicole partait en Caroline du Nord terminer le tournage de *Billy Bathgate*, un film de gangsters dans lequel elle jouait avec le témoin de Tom, Dustin Hoffman.

Il fallut également un certain temps pour que Nicole puisse profiter du cadeau de mariage de David et Shelley Miscavige. Tom ayant confié au chef de la scientologie que le couple rêvait de courir main dans la main dans une prairie fleurie, son ami avait décidé de réaliser son rêve. Une équipe de vingt disciples de la Sea Org fut chargée de creuser, sarcler et semer du blé et des fleurs sauvages aux alentours du bungalow des Cruise. L'ancienne scientologue Maureen Balstead se rappelle avoir travaillé jusqu'à l'aube dans la boue et sous une pluie battante. « C'était un projet urgentissime, il fallait que Tom puisse réaliser son rêve. J'ai trouvé étrange que nous lui fassions une telle faveur : j'étais censée être au service de ma religion ! »

David et Shelley Miscavige vinrent inspecter les travaux en moto. Ils ne furent apparemment pas satisfaits des résultats et firent labourer et replanter toute la zone. Aujourd'hui, la direction de la scientologie joue les vertus indignées quand on évoque cette histoire. Mike Rinder, directeur des Affaires spéciales internationales, nie purement et simplement qu'elle soit vraie. D'autres personnes ont affirmé le contraire sous serment. Mais Karen Pressley, amie du couple Miscavige, le confirme : « L'histoire de la prairie pour Tom et Nicole est absolument exacte. J'étais là. »

Songeant peut-être au mythique couple de cinéma Spencer Tracy et Katharine Hepburn, Tom offrit à sa nouvelle épouse un cadeau sans prix : le premier rôle féminin dans son nouveau film, une exubérante aventure romantique intitulée *Horizons lointains*. Même si le réalisateur Ron Howard n'avait jamais vu jouer Nicole, il n'eut guère voix au chapitre. Pendant neuf ans, l'auteur de *Cocoon* et de *Splash* avait caressé ce projet basé sur la vie de son arrière-grand-père, qui avait quitté l'Irlande pour se joindre à la ruée vers le Nouveau Monde en 1893. Sans se faire d'illusions mais plein d'espoir, il avait envoyé le scénario à Tom des mois plus tôt. Aussi fut-il surpris que Tom accepte d'incarner cet Irlandais bagarreur qui part chercher fortune dans l'Ouest et trouve l'amour en la personne de la fille intrépide d'un propriétaire terrien.

L'accord de Tom lança le projet auprès des maisons de production. À vingt-huit ans, la star n'hésitait pas à imposer son autorité. Tout comme il avait consenti au premier rôle féminin – ainsi qu'à un cachet qu'on annonça de dix millions de dollars – Howard s'inclina quand Tom exigea d'utiliser le procédé sonore Clearsound. Cruise emmena Howard à la Gold Base pour lui en faire la démonstration et travailler sur la production en toute tranquillité. Le producteur Brian Grazer et le scénariste Bob Dolman arrivèrent plus tard en hélicoptère privé. La visite laissa Dolman pantois. Ses hôtes scientologues, pour cette journée, étaient « totalement obsédés par la sécurité, de vrais militaires : une voiture attendait l'hélicoptère, tout le monde était en treillis ». Une fois la réunion terminée, ils furent reçus par David Miscavige.

Avant de partir sur le tournage, en mai 1991, Tom et Nicole séjournèrent à la base pour répéter le rôle des deux amoureux, Joseph Donnelly et Shannon Christie. Durant ce mois de mai, l'Église de scientologie connut la pire attaque médiatique de son histoire. Un article en une du prestigieux magazine *Time* – celui qui avait publié un élogieux portrait de Tom peu auparavant –

accusait la scientologie d'être une « secte avide de pouvoir et d'argent » qui ruinait des vies et n'était rien de plus qu'une « vaste arnaque ».

Dans un dossier de huit pages, le journaliste Richard Behar décrivait l'Église comme une « entreprise dépravée » pratiquant des activités illicites, le harcèlement juridique, les persécutions physiques et mentales et l'évasion fiscale. La scientologie était un « racket mondial extrêmement profitable qui prospérait en terrorisant ses membres et ses critiques selon des procédés dignes de ceux de la Mafia ». Dans son enquête exhaustive, étayée par cent cinquante interviews, Behar citait Cynthia Kisser, du Réseau de veille sur les sectes : « La scientologie est très probablement la secte la plus impitoyable, la plus terrorisante au sens fort du terme, la plus procédurière et la plus lucrative qu'ait jamais connue ce pays. » Et si l'article n'était pas assez accablant, quelques semaines plus tôt, des membres de la scientologie avaient été traduits en justice à Toronto, accusés d'avoir volé des milliers de documents dans des bureaux du gouvernement et des cabinets d'avocats et d'abus de confiance. C'était la première fois dans l'histoire du Canada qu'une Église passait en jugement. En fin de compte, l'Église fut reconnue non coupable de vol, mais coupable d'abus de confiance, et elle écopa d'une amende de deux cent cinquante mille dollars.

Les retombées furent immédiates dans le monde entier. Par exemple, le scientologue Peter Alexander, ancien vice-président des studios Universal, avait reçu un peu plus tôt ordre de l'Église de demander à un ami, Tom Pollock, alors président de la division cinéma d'Universal, d'ôter une allusion désobligeante à la scientologie dans *La Manière forte*, avec James Woods et Michael J. Fox. Pollock s'était exécuté à contrecœur. Après avoir lu l'article de *Time*, il appela aussitôt Alexander pour lui dire de ne plus jamais lui demander de rendre un service à la scientologie.

Comprenant le préjudice causé au recrutement et à ses effectifs actuels, Miscavige lança une véhémente campagne de contre-feux à trois millions de dollars, prétendant que l'Église de scientologie était victime d'un complot tordu et complexe mené par la bête noire de la secte, l'industrie pharmaceutique. Elle fut ensuite totalement déboutée d'une action en justice contre *Time* pour diffamation. Cependant, quand Miscavige alla rendre visite à Tom et à Nicole en Irlande pour fêter le vingt-neuvième anniversaire de Tom, il était prêt, si la question était abordée, à réfuter énergiquement la thèse de Behar et à apaiser les moindres inquiétudes du couple de stars.

Tom et ses convictions étaient d'évidence dans la ligne de mire. À la même époque, la victime de la scientologie, Nan Herst Bower, écrivit à Tom, aux bons soins de son attachée de presse, Andrea Jaffe, sur le tournage d'*Horizons lointains*, pour lui demander d'intervenir dans sa tragédie familiale. Dans sa lettre courtoise de deux pages, elle expliquait qu'elle avait été accusée, à tort, d'avoir révélé aux médias que Tom était membre de la scientologie. « Je pensais que s'il était informé de l'injustice et de la peine que m'avait causées l'Église dans sa louable intention de le protéger il aurait peut-être envie de contacter la hiérarchie pour discuter de mon cas et de ses conséquences sur ma famille. Je ne peux pas croire que Tom aurait cautionné qu'on brise une famille pour lui. » Elle ne reçut aucune réponse, alors même qu'elle avait expédié la lettre en recommandé. Quand le journaliste John Richardson interrogea de manière ouverte Tom sur le sujet deux ans après, celui-ci nia avoir eu connaissance de la douloureuse situation de Nan Herst Bower.

Pendant qu'une famille était brisée, le couple très amoureux qualifiait son film de « lune de miel ». Ron Howard dit du tournage : « Ils n'arrêtaient pas de s'embrasser toute la journée. » Tom débordait d'attentions pour sa nouvelle épouse et affichait fièrement en public les sentiments que Nicole lui inspirait. « Il était aux petits soins, remarqua un figurant, Tony Leone. Il lui mettait une serviette sur les épaules, s'assurait que tout allait bien. » Aux soirées officielles, ils se tenaient la main, se serraient l'un contre l'autre, et Tom semblait constamment lui murmurer des douceurs à l'oreille. Comme Nicole souffrait de crises de panique, ces roucoulades en public étaient autant destinées à calmer ses nerfs qu'à témoigner d'une marque d'amour.

Pour une fois, ce n'était pas de la comédie. Tom exprimait constamment son adoration en envoyant, presque chaque jour, à sa jeune épouse des roses et des petits mots, brefs mais tendres, parfois griffonnés sur des post-it qu'il lui laissait partout où ils allaient. (Une propriétaire de Toronto qui loua sa maison au couple fut perplexe en trouvant plusieurs de ces billets doux sous les coussins de son canapé quand elle réintégra les lieux. Elle crut d'abord que c'était son mari qui se montrait inhabituellement tendre, puis elle se rendit compte qu'ils étaient de la main de Tom.) Durant les premières années de leur mariage, Nicole fut enchantée de toutes ses attentions. « Il est d'un romantisme stupéfiant, dit-elle. Il se donne tellement de mal pour notre couple. »

Les attentions en question s'exprimèrent par des bijoux somptueux, une Mercedes haut de gamme et même un adorable chiot labrador. Ce dernier cadeau montrait qu'il avait encore beaucoup à apprendre sur le compte de son épouse : elle n'apprécie pas les animaux. Quand Nicole annonça à son mari qu'elle n'aimait pas faire du shopping, il décida de s'en charger ; tantôt il achetait lui-même des robes haute couture, tantôt il employait les services à mille dollars la journée de la styliste Kate Harrington. Comme le raconte une amie admirative et plutôt envieuse : « Je n'ai jamais connu un homme aussi amoureux, affectueux et attentionné envers une femme. Il adorait Nicole, tout simplement. »

Tous deux étaient impatients de fonder une famille. Nicole parlait d'avoir des enfants comme d'une certitude plus que d'une éventualité, et déclarait au passage qu'elle les élèverait en Australie « pour qu'ils gardent les pieds sur terre ». Cependant, sur le tournage, Nicole, qui fêta son vingt-quatrième anniversaire à cette époque, réenvisagea la question en voyant le réalisateur Ron Howard et son épouse Cheryl en action avec leurs quatre enfants. Elle vit en eux un modèle prouvant qu'il était possible d'élever des enfants sains et équilibrés dans le tourbillon de Hollywood. Elle ne douta jamais de vouloir un enfant avec Tom, mariée ou pas. Comme elle l'avoua quelques années plus tard : « Je mourais d'envie d'avoir un enfant avec lui. Peu importait que nous soyons mariés ou non. C'est ce que je regrette de ne pas avoir fait. »

Tom n'avait jamais caché son ambition d'être père, désir qui était pour lui pressant et parfois presque viscéral. C'était comme s'il croyait pouvoir ainsi effacer les peines de son enfance, surtout sa difficile relation avec son père. Pour un homme qui aimait être entouré de sa famille – sa mère Mary Lee rendit visite aux jeunes mariés en Irlande – la paternité serait une sorte de consolation et d'accomplissement. « J'adorerais avoir des enfants, déclara-t-il durant sa romance avec Nicole. Je refuserais un oscar pour assister au match de baseball de mon fils ou au récital de ma fille. »

Pendant un temps, il sembla que cette lune de miel prolongée durant le tournage en Irlande se déroulait comme prévu. Cet été-là, la presse attribua la déclaration suivante à Tom : « C'est un miracle, elle est enceinte. Je vais être père. J'ai hâte de prendre mon premier enfant dans mes bras. » Alors que l'attachée de presse du couple réfutait sèchement ces allégations, il semble que, pour une fois, les tabloïds disaient la vérité.

En octobre, une fois le tournage d'*Horizons lointains* terminé, Nicole repartit pour New York seule afin de refaire des scènes de *Billy Bathgate*. Durant le tournage, elle souffrit de douleurs au ventre et fut emmenée à l'hôpital. Immédiatement après, elle fut admise sous un faux nom au St. John's Hospital de Santa Monica, près de sa demeure de Hollywood. D'après une source hospitalière abondamment reprise dans les journaux, elle subit une « intervention bénigne destinée à ôter dans l'abdomen des tissus cicatriciels provoquant des douleurs ».

Si la nature véritable de son malaise resta secrète, la vérité était que Nicole attendait en fait leur premier enfant. La joie du couple fut de courte durée, car c'était une grossesse extra-utérine. Si aujourd'hui certains médicaments permettent la prise en charge de ce type de grossesse, à l'époque, il fallait procéder à l'ablation de l'ovule fécondé par microchirurgie afin de prévenir une hémorragie. Dans les cas les plus graves, l'ablation de la trompe de Fallope était nécessaire. Alors qu'environ la moitié des femmes qui souffrent de grossesses extra-utérines connaissent par la suite des grossesses normales, selon le gynécologue David Farquharson, de l'hôpital royal d'Édimbourg, il existe un risque sur dix de connaître une deuxième grossesse extra-utérine.

Le pronostic médical pour Nicole était d'autant plus réservé en raison des antécédents familiaux. Sa mère, Janelle, s'était longtemps crue incapable d'avoir des enfants et, au bout de six ans de mariage, avait pratiquement renoncé à cet espoir. Si la naissance de Nicole fut une merveilleuse surprise, peut-être avait-elle transmis ses problèmes gynécologiques à sa fille. Si tel était le cas, c'était véritablement un miracle que Nicole ait pu se retrouver enceinte. Cependant, il semblait improbable qu'elle puisse mener ultérieurement une grossesse à terme. Les médecins la prévinrent qu'elle courait un grand risque, qu'une autre grossesse pouvait lui être fatale. Le verdict anéantit les jeunes mariés. Épuisée physiquement et mentalement, Nicole s'envola seule pour l'Australie afin de se reposer en famille. « Ce fut vraiment très traumatisant », dira-t-elle des années plus tard.

Les choix qui s'offraient au couple étaient peu encourageants : s'ils essayaient d'avoir un enfant, ils étaient conscients, même si Nicole tombait enceinte, de mettre sa santé en danger. Ironie du sort, cette situation allait avoir des répercussions non seulement sur leur image de couple heureux et amoureux, mais aussi sur celle de Tom comme héros viril. Mais c'était le cadet de leurs soucis.

Le mois suivant, avec une cruauté involontaire, un article du magazine *Parade* de janvier 1992 annonça que Nicole attendait un enfant. La nouvelle fut fermement démentie par le porte-parole du couple, mais il y avait là un soupçon de vérité, car ils envisageaient désormais d'avoir recours à l'adoption. Comme le note le biographe de Nicole, James Dickerson, « la nouvelle avait été déformée à mesure qu'elle était colportée. Horrifiés, Nicole et Tom remirent à plus tard leur projet d'adoption ».

Pendant un temps, ils se plongèrent dans le travail, en organisant une campagne de promotion en duo pour *Horizons lointains*. Éprouvé, peut-être, par les spéculations pénibles et interminables entourant le mariage du couple le plus glamour de Hollywood, Tom fit entrer une autre femme dans sa vie, l'attachée de presse Pat Kingsley, as des médias, redoutée pour la manière impitoyable avec laquelle elle contrôlait l'information concernant ses clients. « Contrôler » était un terme que Tom comprenait bien, sa nouvelle attachée de presse s'assurant qu'elle régnait sans partage sur la folie médiatique. Avant d'interviewer Tom ou Nicole, les journalistes devaient signer un contrat stipulant le lieu, la date et le mode de publication. Ceux qui refusaient étaient raccompagnés à la porte. « Il y a de plus en plus d'indices laissant entendre qu'il devient un maniaque du contrôle, susceptible et exigeant. On entrevoit par moments un ego surdimensionné, écrivit le journaliste Rod Lurie sur le golden boy de Hollywood. Beaucoup de journalistes commencent à croire qu'ils se sont laissé berner par son sourire ravageur. »

Kingsley avait beau faire claquer son fouet, quand le cirque d'*Horizons lointains* commença en avril 1992, les critiques et le public ne furent guère enthousiasmés par la performance des nouveaux mariés de Hollywood. Non, ils ne formeraient pas un duo à la mesure de Spencer Tracy et Katharine Hepburn. D'ailleurs, quand le film fut projeté au festival de Cannes, certains critiques formulèrent bruyamment leur réprobation, malgré la présence de Tom et de Nicole comme invités d'honneur. Le public bouda le film, qui, ayant coûté trente millions, n'en rapporta que soixante aux États-Unis. Blessé par les critiques – le film fut notamment qualifié de « bancal » et « cliché » –, Ron Howard se replia sur sa famille et passa l'été à lire et à voir des films. Nicole, admettant qu'elle n'aurait pas dû travailler avec Tom si rapidement après *Jours de tonnerre*, auditionna vainement pour les premiers rôles féminins de *Ghost, Le Silence des agneaux, Nuits blanches à Seattle* et *Thelma et Louise*. Sans travail pendant plusieurs mois, elle se montra philosophe : « Les refus étaient très pénibles au début, mais, quand on est actrice, on apprend à encaisser. Ma mère dit que je suis très tenace. »

L'art imitant parfois étrangement la vie, Nicole décrocha finalement un rôle secondaire dans un thriller, *Malice*, dont le scénario rappelait la pénible épreuve qu'elle avait subie : prise de douleurs abdominales, l'épouse d'un professeur est emmenée à l'hôpital où le chirurgien procède à l'ablation des ovaires, la laissant stérile. Expérience cathartique ou défi d'actrice, quoi qu'il en soit, ce rôle la remit sur les rails, le film récoltant un vif succès au box-office. Non que l'argent fût un problème : Tom lui avait dit dès le début de leur relation qu'il s'occuperait des superproductions, ce qui lui laissait tout loisir de tenter des projets plus risqués.

Il tint parole. Malgré la débâcle d'*Horizons lointains*, « Tom le Fabuleux » prouva qu'il était littéralement blindé. Au début de l'année 1992, il se lança dans l'adaptation cinématographique de la pièce de Broadway, *Des hommes d'honneur*, sur les abus de pouvoir de la désormais tristement célèbre base de Guantanamo à Cuba. Non seulement il empocha un cachet évalué à douze millions et demi de dollars, mais, une fois de plus, il dicta le choix du procédé sonore utilisé dans le film. Comme le déclare diplomatiquement la productrice Lindsay Doran : « Tout ce que je sais, c'est que nous avons enregistré selon deux systèmes différents. On m'a dit que l'un d'eux était un procédé flambant neuf qui était l'avenir. » Si Tom se préoccupait de sa voix, il n'y avait guère de doute sur ses talents d'acteur, le jeune homme jouant sur un pied d'égalité avec Jack Nicholson dans le rôle d'un brillant avocat militaire qui sonde et agace le redoutable commandant de la base. Comme le souligne le réalisateur Rob Reiner, c'était une distribution prestigieuse, avec notamment Kevin Bacon et Demi Moore, qui fit du film « le plus difficile défi d'acteur à ce jour [pour Tom]... Il ne pouvait recourir à son charme dans aucune des scènes : il n'y avait pas la moindre histoire d'amour ».

Dans ce combat de grands fauves hollywoodiens, le jeune lion se révéla un roi de la jungle. Pour bien souligner son statut, en juillet 1992, Paula Wagner et lui fondèrent leur propre maison de production, Cruise-Wagner, qui donnait à Tom un contrôle accru sur les projets futurs – et une part plus grosse du gâteau. Ils emménagèrent dans les anciens bureaux de Ron Howard à la Paramount, avec dix employés chargés d'écumer la pile hebdomadaire de scénarios pour dénicher la perle qui conviendrait à Tom. Le président de la Paramount, Sherry Lansing, espérait que cette collaboration avec la jeune star serait aussi fructueuse que celle de la Warner avec Clint Eastwood. Le partenariat paya quelques mois plus tard quand Tom joua aux côtés de Gene Hackman dans l'adaptation cinématographique du roman de John Grisham, *La Firme*, sur lequel la Paramount avait mis une option avant même qu'il soit écrit. Signe de son influence, seul le nom de Tom figurait sur l'affiche quand le film sortit. Irrité et blessé, son partenaire oscarisé Gene Hackman réclama que son nom soit enlevé de tous les documents promotionnels. Cela n'entama pas le succès du film, et le studio reconnaissant offrit à Tom une Mercedes 500 SL lorsque les rentrées eurent franchi la barre des cent millions quelques jours après.

Pendant le tournage, Nicole et Tom s'occupaient activement de fonder une famille. Ayant discrètement acheté un appartement sur Marco Island, en Floride, ils étaient autorisés à adopter dans l'État qui se trouvait être le siège de la scientologie sur la côte est, la ville de Clearwater étant infiltrée par la secte. En décembre 1992, alors que Tom tournait *La Firme*, les époux remplirent une demande d'adoption officielle à Palm Beach, en Floride. Contrairement à nombre de parents pleins d'espoir, ils n'eurent que quelques semaines à attendre pour obtenir un enfant. En janvier 1993, ils se rendirent à l'hôpital de Miami et y prirent livraison d'une petite fille brune en pleine santé, née quelques jours plus tôt, le 22 décembre. Les parents, ravis, la baptisèrent Isabella Jane Kidman-Cruise. Le choix n'avait aucun rapport avec leurs familles respectives : ils aimaient simplement le prénom Isabella. « Comme ma mère a une sœur adoptive, c'est un peu un trait familial et je me doutais que j'y viendrais un jour. Mais je ne pensais pas devoir le faire si tôt », dira Nicole.

Étant donné la décision du couple d'adopter en Floride plutôt que dans leur État de résidence, la Californie, on spécula beaucoup, à l'intérieur comme à l'extérieur de la scientologie, pour savoir si cet épisode avait été orchestré par la secte. Selon des proches de David Miscavige à l'époque, ce dernier joua un rôle essentiel dans l'organisation de cette adoption éclair. « Certaines choses sont d'ordre privé, expliqua Nicole par la suite. Nous avons adopté Isabella parce qu'elle était faite pour nous. »

Cela ne neutralisa pas le tourbillon de spéculations. Des tabloïds avancèrent que l'homme le plus sexy du monde était stérile, formulèrent des doutes sur son orientation sexuelle et firent courir la rumeur que Nicole ne pouvait pas avoir d'enfant. Les ragots décuplèrent quand l'ex-épouse de Tom, Mimi Rogers, parla de son désir de se faire moine dans le numéro de mars de *Playboy*. Elle se rétracta plus tard, comme nous l'avons vu, déclarant publiquement que Tom n'était pas homosexuel – « J'ai couché avec lui pendant quatre ans, je suis bien placée pour le savoir » – mais le mal était fait. Son bon mot vint alimenter le folklore grandissant entourant la sexualité de l'acteur. Pendant un moment, le couple ne réagit pas à ces rumeurs, tout en maintenant le silence sur les véritables raisons de leur recours à l'adoption. Dans cet esprit, Nicole préféra déclarer son désir de concevoir un enfant un jour et d'en adopter d'autres.

La majeure partie du temps, les époux se contentaient de savourer le miracle quotidien de cette nouvelle présence à leurs côtés. Bien que disposant jour et nuit des services de deux nourrices, Tom s'occupait beaucoup du bébé, voulant incarner le genre de père qu'il avait toujours rêvé d'être, celui sur qui Isabella pouvait totalement compter. À mesure qu'il s'habituait à la paternité, il commençait à évaluer ce qui lui avait manqué dans son enfance et à mesurer le comportement de son père à l'aune du sien. Il faut noter qu'il y avait dans ses commentaires publics sur son père un côté plus agressif et moins conciliant, reflétant peut-être ce qu'il était en train de vivre.

Conformément à sa nature, Tom, comme des millions d'autres pères avant lui, devint immédiatement un expert infaillible en matière d'éducation des enfants. Chez les Cruise, c'était le père qui savait. Quand il était absent, il appelait constamment pour s'assurer qu'Isabella était convenablement nourrie, baignée et soignée. Il voulait que tout soit parfait, vérifiant l'alimentation de la petite, l'heure de ses repas et de ses siestes. Il ne fallut pas longtemps pour que ses menus quotidiens soient saisis dans un ordinateur, avec la longue liste des ingrédients interdits dans son alimentation. « Être père, c'est ce dont j'ai toujours rêvé, mais en cent fois mieux, déclara-t-il. Jamais je n'ai été plus heureux. » Quand il ne travaillait pas, il lui faisait la lecture tous les soirs et quand il allait à des réunions ou à des tournages, il l'emmenait avec lui. « Il est né pour être père, commenta un ami du couple de l'époque. Il la désirait totalement, c'est un père merveilleux, très affectueux, il adore Isabella. »

La petite découvrait une maisonnée où tout l'univers quotidien était réglé et sous contrôle. Chaque matin, Tom et Nicole étaient réveillés à 8 heures par le personnel, qui revenait dix minutes plus tard s'assurer qu'ils étaient parfaitement réveillés. Modèles d'une existence saine, Tom et Nicole faisaient de la gym le matin, puis déjeunaient de porridge tout en lisant le *New York Times*. Elle appréciait d'être massée après le sport ou de se faire faire un soin de beauté, son coiffeur et son coloriste venant régulièrement à domicile. Il lisait peu de livres en dehors des textes de scientologie qui remplissaient la bibliothèque, passant ses journées à réfléchir sur des scénarios ou à étudier les manuels de pilotage pour passer son permis. Pour se distraire, il jouait au volley, au golf ou se contentait de regarder le sport à la télévision, surtout les exploits des New York Mets, l'équipe de baseball dont il était supporter depuis l'enfance.

Quelques années après avoir été commis de restaurant, il possédait désormais une maison de près de dix millions de dollars avec cinq chambres dans le quartier chic de Pacific Palisades, employait une pléthore de nourrices, cuisiniers, jardiniers, gouvernantes et personnel de sécurité. On dit que beaucoup étaient approuvés par des responsables de l'Église. Il y avait en tout cas des rapports étroits entre le bureau de Tom et celui de son ami scientologue John Travolta. La loyauté et l'acharnement au travail étaient récompensés : à Noël et aux anniversaires, chaque employé devait fournir une liste de dix cadeaux, dont la valeur allait croissant, d'un jeu de société à une voiture. Le couple choisissait ensuite un des articles de la liste selon la satisfaction que ledit employé avait donnée au cours de l'année.

Si loyal que fût son personnel, servir Tom Cruise était stressant et exigeant car il mettait la barre très haut. Si quelqu'un prenait l'initiative de modifier quoi que ce soit, même légèrement, il entrait dans des « rages folles ».

« On était toujours dans ses petits souliers avec lui et on préparait les réponses à toutes les questions qu'il pourrait poser », témoigne un proche. Si Nicole était plus distante et moins impliquée dans la gestion du quotidien, c'était le genre de patronne qui remarquait la moindre erreur mais ne reconnaissait jamais que sa maison était impeccablement tenue.

Une fois, un article concernant sa manie du shopping parut dans la presse anglaise et la mit en fureur. Pour confondre le responsable de cette indélicatesse, il fut ordonné à tout le personnel de rédiger ce que les scientologues appellent un « rapport de situation », dans lequel chacun devait avouer s'il avait participé à l'incident. On n'en voudra pas aux employés d'avoir jugé que c'était un peu comme à l'école. Il s'avéra que la coupable était l'acheteuse personnelle de Nicole, qui n'était pas astreinte à des règles aussi strictes que le personnel de maison.

Tous, scientologues ou non, devaient signer un contrat de confidentialité de huit pages selon lequel un seul mot déplacé, si innocent fût-il, à un ami ou un membre de la famille à propos de la vie chez les Cruise pouvait conduire à des amendes et à des frais d'avocat énormes. Pour des révélations à la télévision ou à la presse, les peines étaient exorbitantes.

La discipline intérieure et les exigences incessantes de leurs employeurs étaient irritantes. Les Cruise, surtout Tom, voulaient à la fois le service et la compagnie. Lorsqu'ils recevaient des visites, Tom et Nicole traitaient leur personnel comme des amis, mais à peine les hôtes étaient-ils partis que les domestiques s'en retournaient à leurs devoirs. Les fêtes étaient le moment le plus difficile, les employés s'efforçant de faire leur travail sans en avoir l'air. Même s'ils avaient terminé leur journée, Tom aimait qu'ils s'attardent, simplement pour, comme il le disait, « avoir une présence vivante dans la maison ». Il détestait rester seul un instant, son besoin de compagnie était presque palpable.

Tom avait constamment sur les lèvres une question : « Où est Nic ? » Il aimait savoir où elle était et avec qui à tout instant. C'était un refrain permanent. « Si c'était un maniaque du contrôle ? Certainement, affirme un proche. Il voulait toujours savoir ce que faisait Nicole, en particulier. »

Pourtant, c'était toujours Nicole qui avait le dernier mot. Ainsi, vers Noël ou pour son anniversaire, en juin, elle consultait souvent la marchande d'art Barbara Guggenheim, épouse de l'avocat de Tom, Bert Fields, chez qui ils achetaient la majeure partie des œuvres décorant leur maison. Nicole se renseignait sur les enchères en cours et s'assurait que les employés de Barbara informent Tom de ce dont elle avait envie. Et elle l'obtenait. Tom était un époux généreux, toujours disposé à faire plaisir à l'élue de son cœur. Selon un proche, « elle était très manipulatrice. Il cédait toujours à tous ses désirs ».

Lorsque Nicole partait en voyage, notamment en Australie pour voir ses parents, la mère ou les sœurs de Tom venaient séjourner chez lui, ou alors son cousin, William Mapother, qui avait travaillé comme assistant de production sur ses films, lui rendait visite. La nature généreuse et le tempérament enjoué de sa mère apportaient rires et gaieté dans une maison généralement calme ; l'arrivée de sa sœur aînée, Lee Anne DeVette, en changea l'organisation. Quelques mois avant d'adopter Isabella, Tom engagea Lee Anne, scientologue comme lui, pour s'occuper du déluge de coupures de presse et servir d'intermédiaire avec les œuvres de bienfaisance liées à la scientologie. Il ne fallut pas longtemps pour que sa sœur, qui était perçue par certains comme dure et mesquine, se fâche avec Nicole. Si Lee Anne, dont le mariage avait éclaté au bout de deux ans, en 1981, aimait rappeler à tout le monde qu'elle était la sœur de Tom – et s'imposer en conséquence –, Nicole la traitait avec un dédain à peine déguisé, la considérant plus comme sa servante que sa belle-sœur. Très vite, elles ne se supportèrent plus. Comme le souligne un proche : « Lee Anne détestait Nicole. Et elle avait toutes les raisons, car Nicole la traitait comme un individu de deuxième ordre. Mais elle ne pouvait pas se dresser contre Nic. Personne ne le pouvait ! »

Mignonne et naturelle, Rowan Hopkins est la « fiancée » de Tom.

Avec ses cheveux longs et son charme, Tom Cruise Mapother n'a que douze ans mais déjà une allure de séducteur.

Tom jouait au football au séminaire Saint-Francis, où il étudia pendant un an. Il pensa à entrer dans les ordres, mais abandonna vite cette idée.

Le jeune Tom Cruise Mapother IV se marie pour la première fois à tout juste onze ans. La jeune mariée signe Rowan Mapother Hopkins.

Torse nu, Tom profite de son premier été après avoir terminé le lycée. Il se rend à New York pour des castings ou à la plage avec sa petite amie Diane Van Zoeren. De gauche à droite : Diane, Tom, Scott Spina et Holly Taylor.

Tom dans la loge de maquillage, peu avant d'entrer en scène pour une représentation de *Blanche Colombes et Vilains Messieurs*.

En 1981, Tom Cruise accompagne Melissa Gilbert à la première de la comédie musicale *Sophisticated Ladies*. La jeune actrice a conquis le cœur de l'Amérique grâce à son rôle de Laura Ingalls dans *La Petite Maison dans la prairie*.

Le film *Risky Business* lança la carrière de Tom Cruise en 1983. La jeune Rebecca De Mornay y incarnait une prostituée aguerrie. En dehors des plateaux, le couple poursuivit sa relation et s'installa quelque temps à Manhattan.

Promotion 1983. La plupart des acteurs choisis par Francis Ford Coppola pour *Outsiders* sont devenus des stars. De gauche à droite, on reconnaît Emilio Estevez, Rob Lowe, C. Thomas Howell, Matt Dillon, Ralph Macchio, Patrick Swayze et Tom Cruise.

En 1986, au moment où *Top Gun* fit de lui une star.

La scientologie tente d'attirer de la « chair fraîche » (selon l'expression de L. Ron Hubbard). Elle propose ainsi des tests gratuits aux adhérents potentiels.

L'actrice Mimi Rogers et Tom Cruise en 1986. Le couple se maria en mai 1987, et Mimi initia son époux à la scientologie.

Protégé par des hautes barrières et des caméras de sécurité, le centre secret de la scientologie est installé au cœur du désert californien. La Gold Base abrite des studios et des bureaux. Sur cette photographie exceptionnelle, prise en 1987, une équipe de tournage y réalise un film à la gloire de Hubbard.

Ron Hubbard teste une tomate avec l'appareil qu'il a dénommé électropsychomètre.

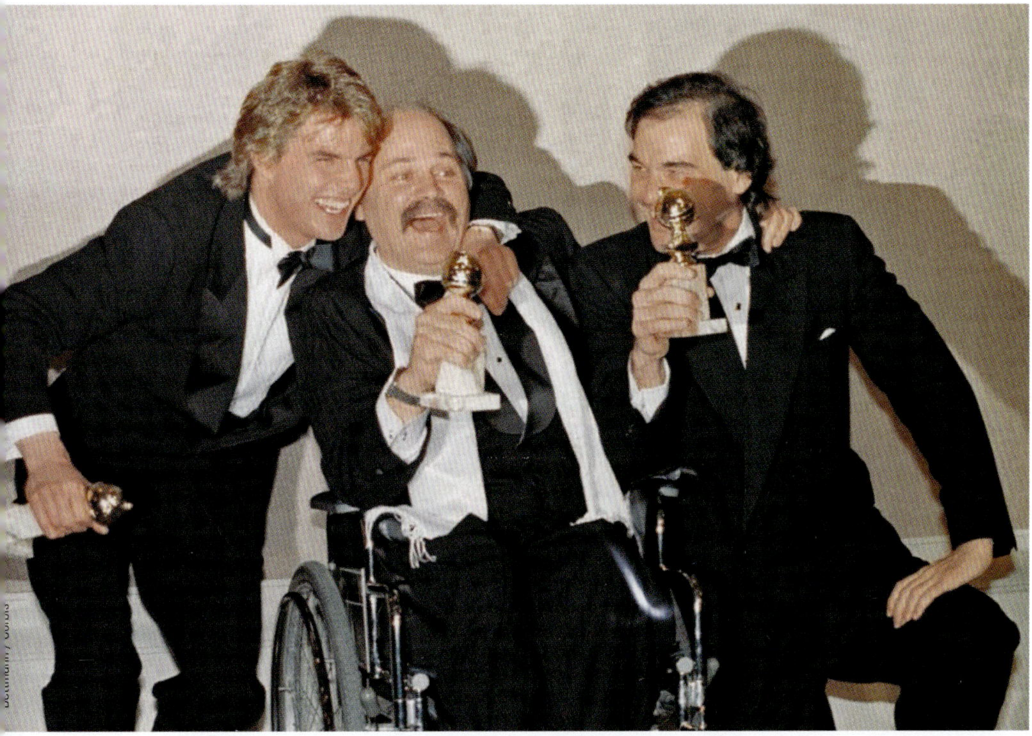

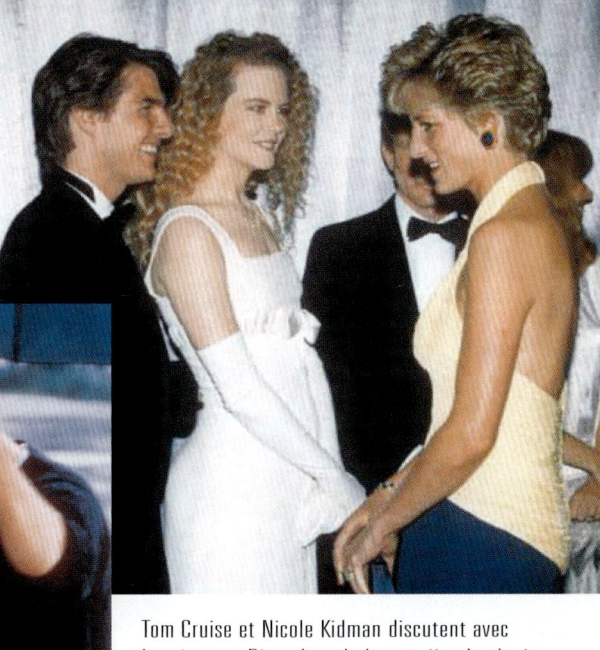

Tom Cruise, le scénariste Ron Kovic (au centre) et le réalisateur Oliver Stone célèbrent leur moisson de Golden Globes pour le film *Né un 4 juillet*.

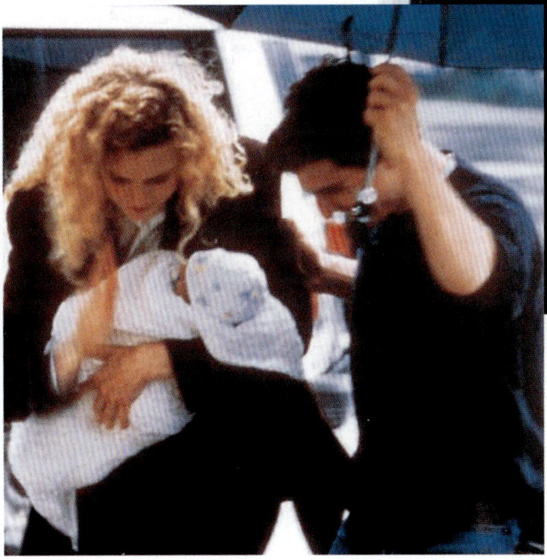

En janvier 1993, Tom et Nicole sortent d'un hôpital de Miami avec leur fille adoptive, Isabella.

Rex Features

Tom Cruise et Nicole Kidman discutent avec la princesse Diana lors de la première londonienne de *Horizons lointains*.

À la mort de Ron Hubbard en 1986, ce jeune disciple aux dents longues a mis la main sur l'Église. David Miscavige a encouragé Tom Cruise à se consacrer à la scientologie, et les deux hommes sont des amis proches.

Tom rencontra Penélope Cruz sur le tournage de *Vanilla Sky* en 2001. Ici à la première du *Dernier Samouraï* en janvier 2004.

En février 2005, Tom est surpris en compagnie de l'actrice colombienne Sofia Vergara juste après une soirée donnée par Will Smith en l'honneur de Jammie Foxx. Certains prétendent que Tom avait demandé à Will Smith d'inviter la jeune femme.

Le centre des célébrités de la scientologie à Hollywood est un peu la seconde maison de Tom Cruise. Il dispose d'une entrée privée pour éviter les regards inquisiteurs.

Katie Holmes et son premier petit ami, l'acteur James Van Der Beek, sur le tournage de *Dawson*. La jeune fille avait soutenu à ses sœurs qu'un jour elle épouserait Tom Cruise.

Lors de leur premier rendez-vous en avril 2005, Tom Cruise emmena Katie Holmes faire une virée à moto sur la plage de Santa Monica. Le soir même, elle était échevelée, hilare… et amoureuse.

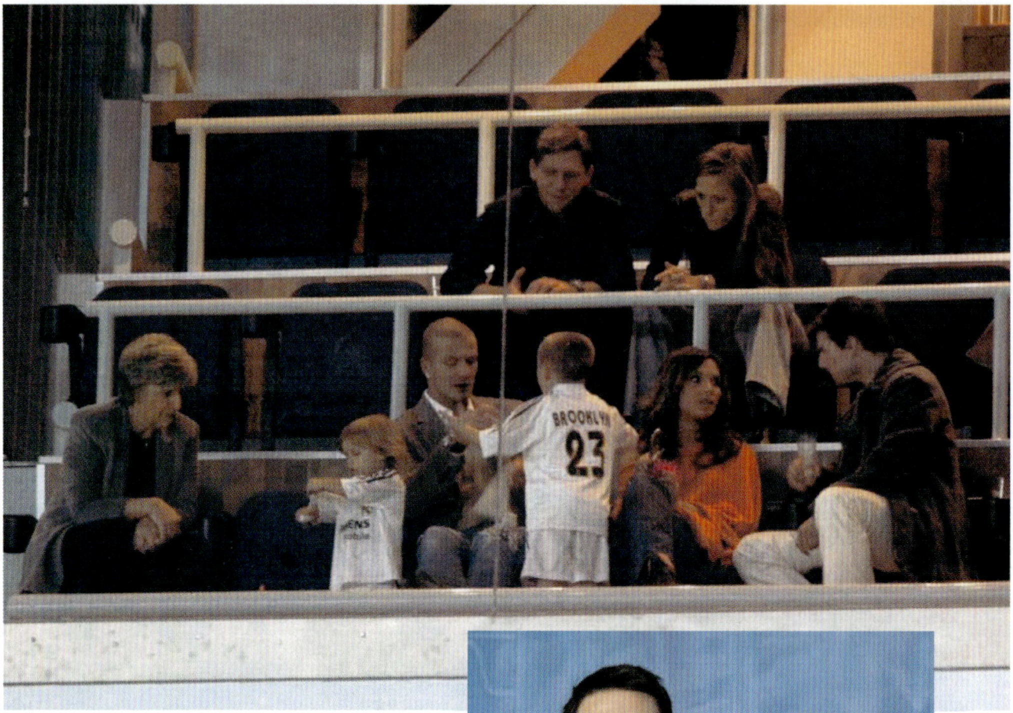

À la fin octobre 2004, le leader scientologue David Miscavige (gradins du haut) s'est envolé pour Madrid et, avec son ami Tom Cruise, a assisté à un match de foot en compagnie de David et Victoria Beckham, et de leurs enfants Brooklyn et Romeo.

Cory Doctorow

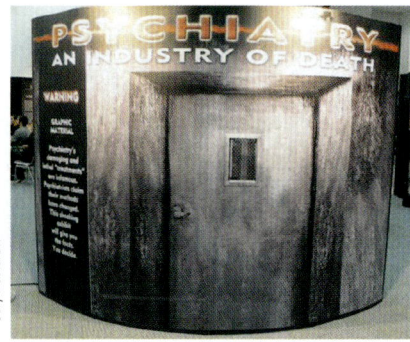

Une exposition scientologue intitulée « Psychiatrie, Industrie de la Mort » s'ouvrit à Hollywood en janvier 2006.

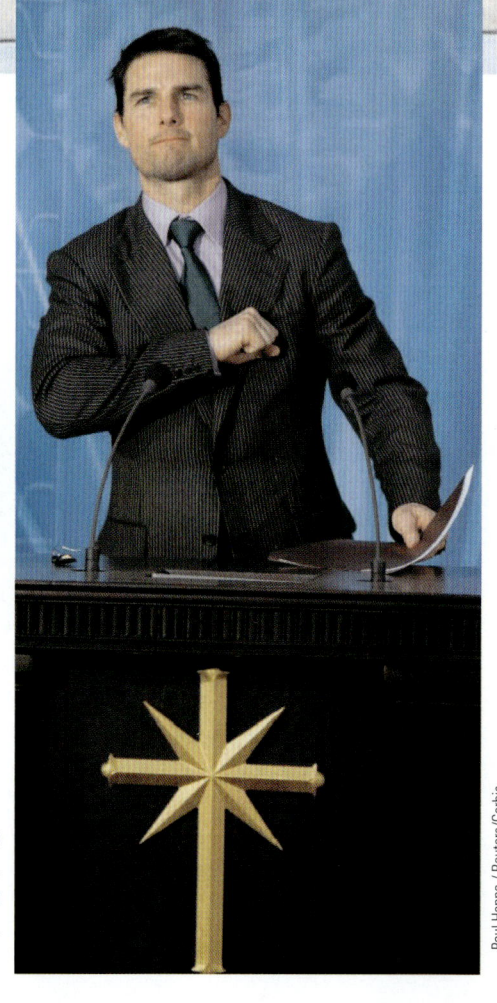

Tel un messie médiatique, Tom prêche au monde entier les vertus de la scientologie. À Madrid, en septembre 2004, il a assisté à l'inauguration d'un nouveau centre scientologue.

Paul Hanna / Reuters/Corbis

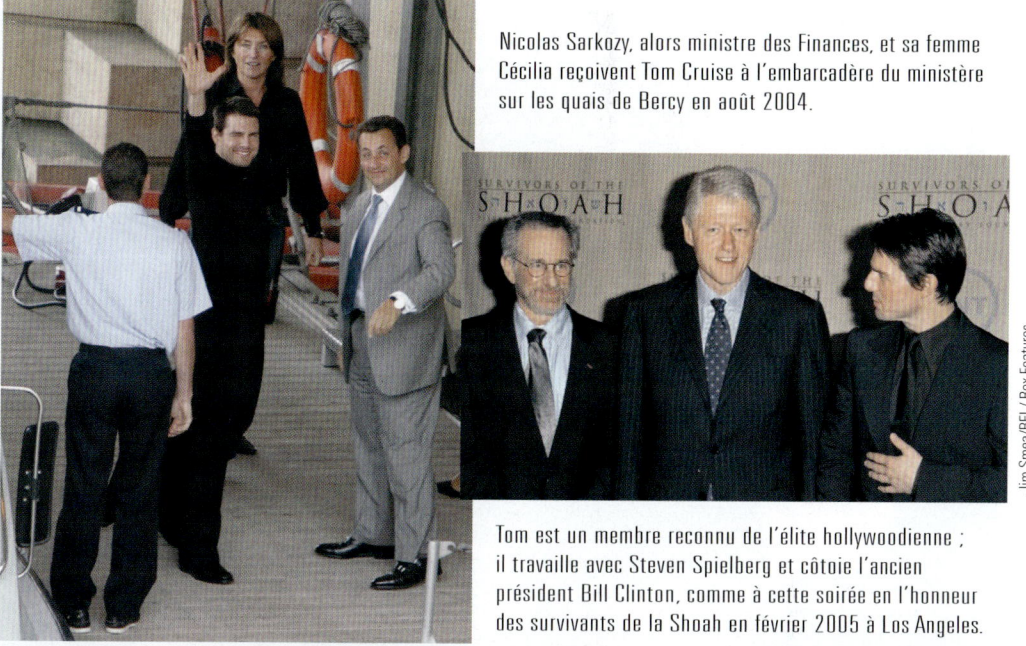

Nicolas Sarkozy, alors ministre des Finances, et sa femme Cécilia reçoivent Tom Cruise à l'embarcadère du ministère sur les quais de Bercy en août 2004.

Jim Smea/BEI / Rex Features

Tom est un membre reconnu de l'élite hollywoodienne ; il travaille avec Steven Spielberg et côtoie l'ancien président Bill Clinton, comme à cette soirée en l'honneur des survivants de la Shoah en février 2005 à Los Angeles.

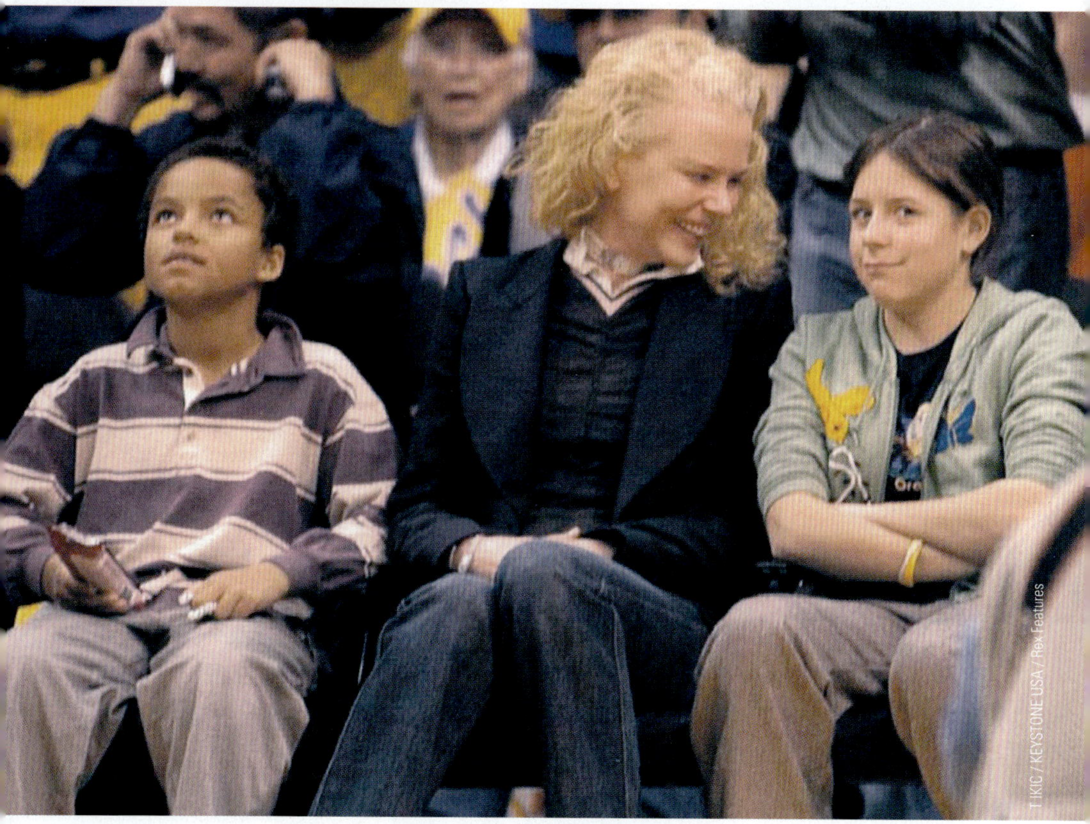

T IKIC / KEYSTONE USA / Rex Features

Depuis son divorce, en 2001, Nicole Kidman apparaît rarement en public avec Isabella et Connor, ses enfants adoptifs. Ils vivent avec Tom, et sont élevés dans la foi scientologue. Leur mère garde le contact par email ou webcam. En décembre 2004, ils assistèrent à un match de basket de l'équipe de Los Angeles, les Lakers.

John Travolta a célébré son cinquantième anniversaire à Los Cabos, au Mexique, en février 2004, et a invité Tom Cruise. Travolta attribue la renaissance de sa carrière à la scientologie.

Ardent en amour, Tom ne connaissait Katie Holmes que depuis quelques semaines au moment où il s'est agenouillé devant elle pour la demander en mariage au sommet de la tour Eiffel. Le voici avec l'actrice, de seize ans sa cadette, à la première londonienne de *La Guerre des mondes* en juin 2005, le mois de leurs fiançailles.

La nouvelle maison des Cruise à Beverly Hills, que Tom aurait achetée pour 35 millions de dollars. Tom et Katie partagent les sept chambres à coucher, le court de tennis et la piscine avec la mère de Tom, sa sœur cadette Cass et ses enfants.

Lors du dîner qui précéda leur mariage à Rome en novembre 2006, la véritable star était Suri. Les premières photographies du bébé ne furent publiées que trois mois après sa naissance, laissant libre cours à des rumeurs selon lesquelles la petite fille souffrait d'un handicap.

Sipa Press / Rex Features

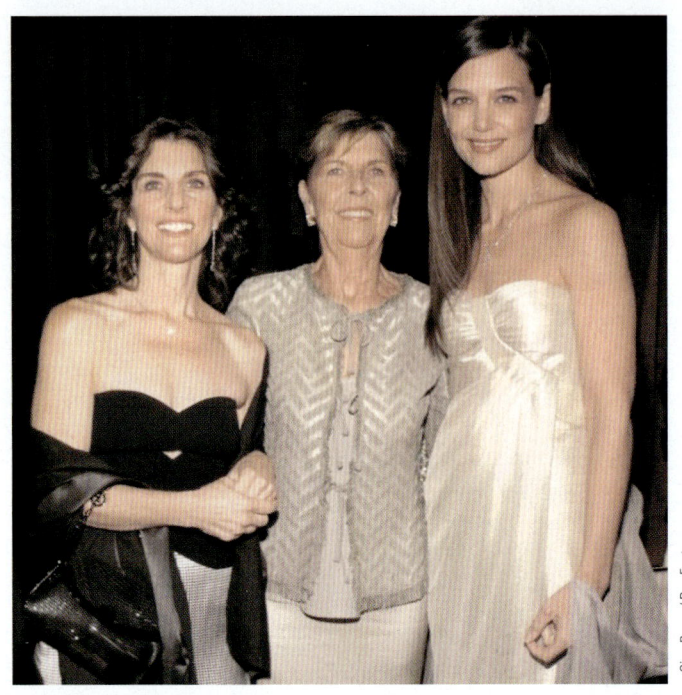

Les trois femmes qui comptent dans la vie de Tom Cruise : sa sœur Lee Anne DeVette, sa mère Mary Lee Mapother South et son épouse Katie Holmes, durant le défilé privé de Giorgio Armani à Los Angeles en février 2007.

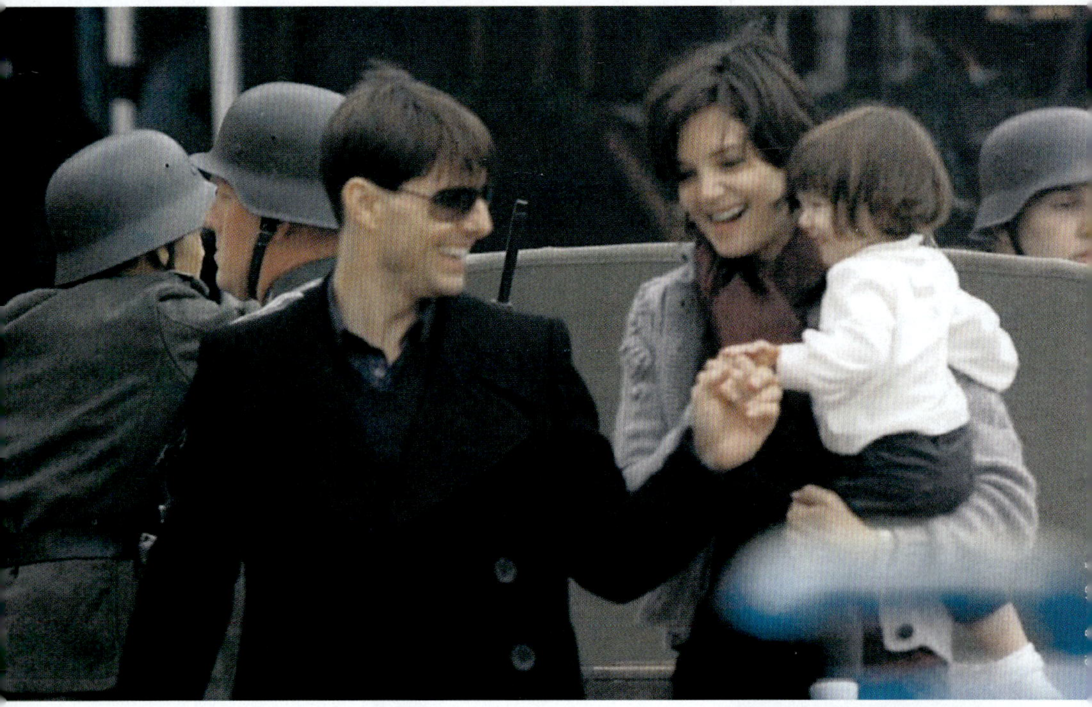

Tom, Katie et Suri durant le tournage de *Valkyrie* à Berlin en septembre 2007.

La dernière pièce de ce puzzle domestique était permanente : le leader de la scientologie, David Miscavige, se faisait représenter à la maison par l'homme que Tom surnommait « Dovenator », son chef du personnel, Michael Doven. Grand, bien bâti, avec une belle gueule carrée d'acteur, Doven était brillant. Skieur de haut niveau, enragé de fitness et photographe de talent, il aurait pu choisir n'importe quelle carrière. Pourtant, ce scientologue, né dans le Colorado, s'installa aux côtés de Tom, afin que la recrue la plus précieuse de la secte ne s'écarte pas du droit chemin. Grâce à son fanatisme – il avait sacrifié sa carrière pour son Église –, Tom et Nicole restaient bien sagement dans le troupeau.

David Miscavige appelait Tom une ou deux fois par semaine, mais il était en contact quotidien avec Doven, s'informant de l'humeur de l'acteur, dressant des plans, préparant ses messages et contrôlant étroitement Tom et Nicole. Doven, qui épousa l'assistante de Tom, Andrea Morse, apparut la première fois sur le tournage de *Des hommes d'honneur*, où Tom exigeait que tous les membres de l'équipe l'appellent « le communicateur ». En effet, Doven s'occupait des « lignes » de Tom : il contrôlait toutes les informations qui lui parvenaient et les filtrait pour n'en garder que l'essentiel. Dans cette existence très occupée, c'était grâce à Doven que Tom ne perdait pas un instant de vue son travail – et la scientologie.

Encore que Tom n'eût pas besoin d'être convaincu. « Allons au CC », disait-il souvent à Nicole. CC était l'abréviation pour le Centre des célébrités, la demeure gothique sur Franklin Avenue que fréquentaient les stars adeptes de la scientologie. Nicole et Tom disposaient de leur entrée personnelle par le parking souterrain, de leur propre salle d'audition et, bien sûr, d'un personnel dévoué. De toute évidence, la scientologie était une religion où, comme dans *La Ferme des animaux,* tous les individus sont égaux mais certains sont plus égaux que d'autres. À la Gold Base, outre leur bungalow VIP, Tom disposait de deux motos, d'une Mercedes décapotable et d'un garage, tandis que Nicole avait son jardin privé.

Quand les époux voulurent se mettre au tennis, les employés de la Sea Org leur construisirent un court privé. Tout comme David l'avait initié au tir, Tom encouragea le chef de la secte à s'intéresser au sport. Non seulement Miscavige cessa de fumer, mais il fit construire une salle de musculation pour Tom et lui, mise à la disposition des hauts responsables en l'absence de Tom. Lorsque le chef de la scientologie ordonna à son père d'acheter le matériel pour la salle, Ron Miscavige s'avoua « abasourdi » par les frais revenant à l'organisation, surtout lorsque son fils fourra son nez dans les plans et l'achat des appareils, faisant monter l'addition à cent cinquante mille dollars. La largesse de la secte ne s'arrêtait pas là. Miscavige faisait régulièrement porter de grands crus à Tom, et, en au moins une occasion, il lui envoya son assistante, Shelly Brett, avec un luxueux panier de pique-nique pour qu'il aille faire un tour dans son jet Gulfstream. De son côté, Tom offrit à son ami un mobile Motorola et de coûteux baffles pour son appartement. Et, lorsqu'il s'acheta son premier jet privé, il constata que le chef de la scientologie ne ménageait pas sa peine pour le satisfaire : des ingénieurs scientologues installèrent dans l'appareil le système Clearsound.

Le traitement exceptionnel et privilégié réservé à Tom était à la mesure de son amitié avec Miscavige. C'étaient deux mecs qui traînaient ensemble, regardaient des films, fonçaient sur leurs motos, se défiaient au basket, au football ou au tir au pigeon. Tout était prétexte à compétition, à qui serait le plus rapide, le plus vif, le plus courageux... le meilleur. Quand Tom et Nicole allaient skier dans le Colorado, David se joignait à eux et essayait de dépasser son ami sur les pistes noires. « Ils étaient collés l'un à l'autre, raconte Jesse Prince. Deux petits bonshommes qui s'appréciaient. Ils riaient des mêmes choses, avaient le même comportement. C'étaient comme deux guignols, d'un côté la grande star et de l'autre le chef d'une religion. Ils s'adoraient, mais ce n'était pas homosexuel. C'était beaucoup plus compliqué que ça. »

Dans cet univers de chaudes amitiés viriles au sein d'une Église qui prétendait que ses préceptes guérissaient l'homosexualité, où les femmes étaient habillées comme les hommes et étaient appelées « monsieur », Nicole s'efforça de s'intégrer. Malgré son côté garçon manqué, elle commença à trouver que David – ou plus exactement la scientologie – avait tendance à tenir la chandelle dans son mariage. « Cela l'a beaucoup agacée », prétend Jesse Prince, qui déclare qu'en tant qu'inspecteur général adjoint, il était son superviseur et, en cette qualité, avait lu les dossiers confidentiels où elle exprimait ses doléances. « Elle en avait assez que David Miscavige soit constamment avec eux. Elle avait l'impression que son mari passait trop de temps avec lui et s'étonnait de subir cette surveillance permanente. » Même David Miscavige commença à se demander s'il sacrifiait sa foi à son ami, inquiétude partagée par son père, Ron. Certes, durant toute l'année 1993, il se concentra pleinement sur la scientologie, principalement sur l'interminable bataille avec le fisc pour se voir accorder le statut de religion. Il présidait des réunions quotidiennes à la base, dans la « salle de réunions de crise » high-tech et sans fenêtres – copie du centre militaire névralgique de la Maison-Blanche –, où des avocats, dignitaires scientologues et détectives privés discutaient stratégie.

Même si les scientologues se plaisent à propager le mythe selon lequel leur dirigeant alla voir sans rendez-vous le directeur de l'administration fiscale ; en réalité, il leur fallut des mois de négociations intensives pour obtenir leur exonération d'impôts. Comme l'observa l'avocat new-yorkais Robert Fink, qui révisa l'accord : « Le fisc ne statue normalement que sur la question des impôts. Ce que le fisc voulait, en l'occurrence, c'était acheter la paix, ce qui ne s'était jamais vu. »

Cette affaire suscita des débats enfiévrés, peut-être mal informés, sur le fait que cette exonération d'impôts avait été obtenue moins parce que la scientologie avait le statut légitime de religion que parce qu'elle avait mis au jour suffisamment de turpitudes des hauts fonctionnaires du fisc pour les contraindre à céder par le chantage. Quoi qu'il en soit, Miscavige annonça en octobre 1993 à dix mille scientologues enthousiastes que la « guerre » était terminée. Ce fut véritablement le triomphe de la volonté, la grande heure de David Miscavige. L'une des premières personnes qu'il informa de cette audacieuse victoire fut son ami, Tom Cruise.

Pourtant, à peine quelques semaines plus tôt, l'acteur s'était publiquement cabré quand John H. Richardson, qui écrivait un article dans le numéro de septembre de *Premiere*, l'avait interrogé sur son amitié avec Miscavige et son engagement dans la scientologie. L'acteur s'était offusqué que sa foi soit un sujet de discussion et avait trouvé « dément » que l'on s'intéresse à son « bon ami » David Miscavige. Il avait réfuté que les scientologues lui rendaient visite sur les tournages, trouvé répugnante l'idée qu'il avait des « superviseurs » et admis n'être allé qu'une fois à la Gold Base, et pour des raisons professionnelles. Ces dénégations irritées surprirent les scientologues de la Gold Base, notamment le gendre de L. Ron Hubbard, Guy White, qui se rappelle très bien avoir dû transporter un lourd réfrigérateur dans le bungalow VIP de Tom avant l'une de ses nombreuses visites. Comme le déclara aigrement Tom à Richardson, qui avait passé deux ans à enquêter sur la « sinistre » organisation et son évangile « vindicatif » : « J'en sais plus long sur la scientologie, l'Église et son personnel que tous les journalistes que j'ai pu rencontrer. »

Il est clair que Tom avait toutes les raisons de déclarer connaître sur le bout des doigts les complexités de la secte. Il avait atteint ce que les scientologues appellent le « mur du feu », ou thétan opérant III (OT III), stade auquel étaient révélés les secrets de l'univers selon Hubbard. À l'époque, le mythe de la création de la scientologie était un secret jalousement gardé, les disciples étant prévenus que s'y exposer avant d'être prêts pouvait leur être fatal. Dans une mise en scène théâtrale, les candidats étaient exhaustivement audités et avertis qu'ils devraient payer d'énormes dommages et intérêts si jamais ils divulguaient les secrets. Ensuite, on leur remettait une chemise transparente contenant les documents OT III, ainsi qu'une clé : ils disposaient de seulement quelques secondes pour l'utiliser et ouvrir une pièce secrète. Pour certains, l'expérience tenait moins de *Mission : Impossible* que de *Mission improbable* : ils apprenaient, grâce au fac-similé d'un document écrit de la main de Hubbard, la vérité cachée sur l'origine de l'homme.

Selon l'histoire, largement parodiée depuis, notamment par le dessin animé télévisé *South Park*, il y a soixante-quinze millions d'années, un souverain extraterrestre dénommé Xenu résolut le problème de surpopulation de sa région galactique en envoyant 13,5 trillions d'individus sur la Terre, appelée à l'époque Teegeeack, et en les désintégrant après les avoir jetés dans des volcans. Ces millions d'âmes perdues, connues sous le nom de thétans, furent les dépositaires d'innombrables idées erronées sur Dieu, le Christ et les religions organisées. Par la suite, elles se fixèrent sur les êtres humains et, selon Hubbard, étaient la cause non seulement des problèmes des individus, mais de toutes les dissensions qui déchiraient le monde moderne.

En lisant le document, Tom apprit que la prochaine étape sur le « pont menant à la liberté totale » consistait à débarrasser son corps de ces thétans. Pour progresser encore, Tom dut avaler jusqu'à la dernière goutte la potion théologique de Hubbard. « Quand on parvient au niveau OT III, on fait partie d'un club très fermé où on va jusqu'au bout avec Timothy McVeigh [le terroriste d'Oklahoma City] », observe Jesse Prince.

Comme beaucoup d'autres scientologues de ce niveau, Tom fut troublé et angoissé par la révélation qui lui était faite et s'efforça de faire cadrer ce mythe de la création avec les enseignements plus pragmatiques dispensés aux niveaux inférieurs de la scientologie. Une telle réaction n'est pas rare. La scientologie surveille étroitement ceux qui ont lu l'histoire du « mur du feu » et guette le moindre signe de recul de leur foi. D'anciens scientologues se rappellent que, durant cette période difficile, Tom semblait pas dans son assiette. « De dynamite, c'était devenu un pétard mouillé », observe un proche. D'autres se remémorent qu'à l'époque les relations devinrent « très difficiles » entre David Miscavige et l'acteur, Tom se plaignant d'avoir étudié pendant des années pour apprendre au final que cette religion ne parlait que d'extraterrestres. On prit donc des gants avec lui pour le ramener délicatement dans le troupeau. Une équipe de scientologues aguerris travailla d'arrache-pied à le « récupérer », convoquant l'acteur dans le bureau du président du Centre des célébrités de Hollywood pour l'auditer et le conseiller.

Une fois que Tom eut été « recadré » et qu'il eut accepté les implications de ce mythe tordu, l'étape suivante de ce long – et coûteux – processus d'illumination consistait à débarrasser son corps des thétans. Trois ou quatre fois par jour, l'adepte se rendait dans une salle insonorisée et hermétique pour détecter les thétans accrochés à son organisme et les évacuer. Comme ceux-ci sont invisibles et souvent dans un état catatonique, il ne pouvait les trouver que par télépathie, en utilisant son électromètre. Grâce à ses pouvoirs télépathiques, il posait au thétan une série de questions. La première était toujours : « Qu'es-tu ? » Le thétan pouvait répondre, télépathiquement, d'un nombre infini de manières, prétendant être une voiture, une mite ou même Napoléon. Quelle que fût la réponse, il convient de répéter la question jusqu'à ce que le thétan réponde enfin : « Je suis moi. » Une fois qu'il s'était reconnu comme lui-même, l'adepte était débarrassé de cet esprit hésitant, qui, en théorie, s'éloignait en flottant et allait habiter un autre individu.

Durant les vingt minutes de ces sessions de télépathie, on pouvait déloger jusqu'à dix thétans organiques. Si bizarre que paraisse ce processus, il avait pour effet de plonger ceux qui, comme Tom, le pratiquaient, dans un état de transe légère, mais euphorique, et l'acteur se sentait mieux après ses « victoires » de la journée. Comme le raconte Peter Alexander, ancien vice-président des studios Universal, qui atteignit le niveau de Thétan Opérant VII : « Selon la théorie, plus on exorcise les thétans organiques, plus on devient soi-même. C'est un processus très nombriliste. Il n'y est question que de soi, et c'est pourquoi les acteurs l'adorent. Cela fait appel au Narcisse en vous. Vous commencez à vous sentir plus sûr de vous, à croire que vous et vous seul détenez les réponses aux secrets de l'univers. En ce temps-là, j'étais sous l'emprise de mes propres endorphines. Maintenant, je me rends compte que je me mettais tout seul dans une transe hypnotique légère. »

Cependant, au final, le processus est considéré par de nombreux anciens scientologues comme illusoire et démoralisant. Beaucoup de scientologues de haut niveau décident de quitter la secte quand ils s'aperçoivent que cela les laisse insatisfaits – et leur coûte fort cher. Ainsi, Alexander estime avoir dépensé environ un million de dollars durant les vingt ans où il fit partie de l'organisation. Avec son franc-parler habituel, Jesse Prince résume ainsi l'opinion de nombreux anciens disciples de haut niveau : « Au bout d'un moment, vous perdez soit la tête, soit la foi. Vous pouvez passer des heures à parler à votre pouce, à votre coude ou à votre trou du cul, mais ce n'est pas cela qui fera de vous un demi-dieu. Une fois que vous l'avez compris, vous partez. »

Quels qu'aient été les doutes de Tom, ils firent long feu, l'acteur étant décrit par ses mentors scientologues comme un élève « assidu et passionné ». Cependant, on s'interrogeait sur sa sincérité : on en venait à se demander insidieusement s'il jouait un personnage au lieu d'être lui-même. Scientologue de longue date, Bruce Hines, qui audita de nombreuses célébrités, dont John Travolta, déclare : « J'avais l'impression qu'il jouait un rôle et qu'il n'était pas sincère. » Il n'était pas le premier ni le dernier à ressortir d'une entrevue avec Tom en se demandant si toute sa vie n'était pas une vaste comédie très élaborée.

Bruce Hines, ancien étudiant en physique de l'université de Denver qui fut attiré par la scientologie à cause des prétendus fondements scientifiques du livre de Hubbard, *La Dianétique*, participa à son corps défendant à la relation entre Tom, Nicole et David Miscavige. Durant les premiers mois passionnés de son histoire d'amour avec Tom, l'Australienne engloutit rapidement les cours débutants de scientologie, atteignit le niveau de Thétan Opérant II et avait appris à s'auditer elle-même. On la jugeait donc capable de franchir le « mur du feu » et d'être admise dans le saint des saints. Pourtant, elle freina sa progression en prétextant que son travail d'actrice l'accaparait. Bien que la jeune femme se trouvât en plein tournage de l'aigre-doux *My Life* au printemps 1993, David Miscavige voulut creuser un peu cette explication.

Bruce Hines fut chargé de l'auditer et de découvrir pourquoi elle stagnait. Il lui sembla que David Miscavige et Tom Cruise avaient eu une conversation et que la séance permettrait d'identifier un problème particulier et de s'en servir afin de la ramener dans le droit chemin. Sa relation très proche avec son père psychologue – ses voyages à Sydney étaient de plus en plus fréquents – allait forcément, selon la définition de Hubbard, causer des complications. Pour préparer l'audition de Nicole, Hines relut son dossier confidentiel, qui ne révéla aucune difficulté avec sa nouvelle religion. Les précédents auditeurs avaient l'impression qu'elle était une jeune femme épanouie, ayant peu de complexes ou de frustrations.

Durant la séance d'audition, longue de vingt minutes, Nicole déclara sans ambiguïté qu'elle était parfaitement heureuse et que rien ne la tracassait. Dans ses paroles comme d'après l'électromètre, elle ne donna pas l'impression de dissimuler quoi que ce soit. Quand il rendit son rapport en disant que tout allait bien chez elle, Hines fut puni pour n'avoir pas réussi à identifier le problème. Il était dès lors clair que la séance n'était pas destinée à aider Nicole mais à découvrir une faiblesse permettant de la « recadrer » et de la ramener dans le giron de la secte. Comme le dévoile aujourd'hui Hines : « Ils devaient drôlement s'inquiéter, parce qu'elle commençait déjà à se détacher de la scientologie. Bien évidemment, c'est sur moi qu'on a rejeté la faute. On m'a dit que je n'avais pas su poser les questions correctement. Et, encore aujourd'hui, je suis convaincu de n'avoir commis aucune erreur. » Si la scientologie professe que nous sommes tous responsables de nos propres agissements, il est clair que cela ne s'applique pas aux célébrités.

Il y eut une femme que Tom ne put pas « recadrer », la romancière à succès Ann Rice. Si Nicole gardait pour elle les doutes qu'elle nourrissait peut-être envers la scientologie, Ann Rice exprima publiquement ses réserves à l'égard du choix de Tom quand il décrocha le rôle du sinistre Lestat, à la sexualité ambiguë, dans l'adaptation cinématographique de son livre, *Entretien avec un vampire*. Elle aurait nettement préféré l'acteur néerlandais Rutger Hauer pour le rôle, et n'appréciait pas davantage le second rôle masculin, Brad Pitt. « C'est comme si on avait pris Huckleberry Finn et Tom Sawyer ! s'indigna-t-elle. Cruise n'est pas plus Lestat le vampire qu'Edward G. Robinson n'est Rhett Butler. »

Les déclarations d'Ann Rice tombaient particulièrement mal : en septembre 1993, des voix s'élevaient pour réclamer une commission d'enquête sur les circonstances de l'adoption d'Isabella par le couple, et le républicain Anthony R. Martin, ancien candidat de son parti pour un siège au Sénat, critiquait « les corrompus de Floride qui vendaient des bébés à d'autres États ». S'il était évident que Martin cherchait à se faire de la publicité et fut facilement balayé, il se révéla plus difficile de se débarrasser de Rice. Sa campagne publique, qui mobilisa des milliers de ses fans, déboucha sur des menaces de mort quelques jours avant que Tom commence le tournage. Ces menaces furent prises suffisamment au sérieux par les producteurs pour faire dresser une allée couverte entre la caravane de Tom et le plateau. Cela empêcha également les paparazzis de prendre des photos de l'acteur costumé et maquillé en vampire et décupla le mystère entourant le film.

Quand Tom accepta la récompense de meilleur acteur de la décennie au festival international du film de Chicago, en octobre 1993, peu avant le début du tournage, il fit bonne figure devant ces attaques personnelles et déclara qu'il « espérait prouver à beaucoup de gens qu'ils avaient tort ». Tentant de calmer le jeu, il prétendit qu'il avait lu les 352 pages du roman d'Ann Rice dans son adolescence – un bel exploit pour un jeune homme qui disait être « analphabète » quand il avait quitté le lycée.

En public, Tom se montrait conciliant, mais, en privé, il était « profondément blessé » par les attaques impitoyables de l'écrivain quant à son intégrité artistique. Le légendaire producteur David Geffen, qui l'avait convaincu d'accepter le rôle de Lestat, l'apaisa en lui disant que Rice était une folle. Cependant, ce devait être une expérience déroutante pour quelqu'un constamment entouré de gens qui lui passaient tous ses caprices, chantaient ses louanges et le caressaient dans le sens du poil. Que l'on n'apprécie pas le risque artistique et commercial qu'il prenait en endossant le rôle d'une créature à la sexualité flottante lui resta sur le cœur.

Pour la première fois, l'homme le plus sexy du monde, que le public était habitué à voir dans des rôles de héros au regard limpide, jouait un méchant, un personnage qui cherche l'amour, quel que soit le sexe de ses partenaires. C'était d'autant plus louable que son ami David Miscavige lui avait fortement déconseillé quelque temps plus tôt d'accepter le rôle d'Edward aux mains d'argent à cause de l'ambiguïté du personnage. Celui de Lestat était bien plus sombre et plus mature. Malgré les réserves que put avoir Miscavige, Tom s'en remit au jugement de son épouse et de David Geffen, l'homme qui avait reconnu son talent dix ans plus tôt en lui attribuant le premier rôle dans *Risky Business*.

Préparant ce film avec son énergie et son zèle habituels, Tom entreprit de prouver à Rice et à ses fans qu'ils avaient tort. Non seulement il lut tous les livres de l'auteur, mais il s'infligea un régime strict, apprit à jouer du piano et se rendit à Paris avec Nicole pour s'imprégner de l'atmosphère décadente du roman. Ils arpentèrent les rues, visitèrent musées et galeries – principalement la nuit, tout comme de vrais vampires. « Nous nous sommes lâchés, raconte-t-il. Nous buvions des grands crus et nous dansions jusqu'à l'aube. » Ironiquement, alors que Tom jouait Lestat comme un personnage solitaire en quête d'amour, le réalisateur, Neil Jordan, comparait la vie d'un vampire à celle des grandes stars de Hollywood – fuyant la lumière et vivant dans une « étrange réclusion ». Apparemment, quoi qu'il fasse, Tom finissait toujours par jouer son propre rôle.

Tout comme la créature de la nuit que Tom devint pendant un moment, son épouse et lui savouraient une existence mouvementée, arpentant la planète pour l'amour de leur art, tantôt chacun de son côté, tantôt à deux. Du coup, puisque Hollywood était leur lieu de résidence, ils utilisaient leur jet privé comme d'autres des taxis. Leur attitude devant ce style de vie privilégié en dit long sur les divergences qui se faisaient jour. Quand il s'installait dans son fauteuil en cuir pleine peau, Tom contemplait souvent avec émerveillement la somptueuse cabine en se pinçant littéralement devant sa bonne fortune. « Je n'en reviens pas de posséder tout ça », disait-il. Il n'oubliait jamais qu'il n'y avait pas si longtemps il volait des fleurs pour les offrir à sa petite amie, mais qu'à présent il était en mesure d'offrir une existence de luxe à sa femme. Encore qu'elle ne fût guère impressionnée : Nicole avait du mal à s'imposer au plan professionnel, mais elle se comportait déjà en diva.

Peut-être faisait-elle des caprices parce que sa carrière était au point mort. À l'époque, Nicole était plus connue pour son rôle de Mme Cruise que pour ses mérites personnels. Star en Australie, pour le gratin de Hollywood, elle était à la remorque de Tom, comptant sur lui pour les coups de pouce, scénarios et projets. On ne la payait, comme le souligne son biographe David Thomson, que pour « faire la potiche » dans des films où elle devait invariablement se déshabiller. Certes, elle vivait une lune de miel avec les caméras, avec ou sans vêtements, mais, au final, c'était frustrant.

À vingt-six ans, elle remit suffisamment son talent en question pour s'inscrire à l'Actors Studio de New York afin d'étendre sa palette. Dans les interviews, elle déclarait sans ambages qu'elle voulait avoir des rôles plus consistants à se mettre sous la dent. On imagine aisément sa détresse quand son amie de Sydney, la réalisatrice Jane Campion, lui refusa le rôle de la vulnérable et tragique Isabel Archer dans son projet d'adaptation du roman de Henry James, *Portrait de femme*. La décision fut d'autant plus cuisante qu'à l'origine Jane Campion lui avait assuré qu'elle la choisirait. Pour la réalisatrice australienne, Hollywood – ou plutôt les rôles que Nicole avait acceptés là-bas – avait quelque peu érodé son talent. Au palmarès de ces films vite oubliés figure sans nul doute *Batman Forever*, où elle joue face à Val Kilmer la psychologue sexy Chase Meridian – incidemment, la profession même que la scientologie avait juré de faire disparaître. « Elle a fait pas mal de films qui ne lui convenaient pas selon moi et, je pense, selon elle », expliqua plus tard Jane Campion. Finalement, après bien des larmes et des peines et l'humiliation d'un essai, Nicole allait conquérir Jane Campion et décrocher le rôle si convoité.

Cela, ce serait pour plus tard. Les difficultés de Nicole à escalader les sommets de Hollywood, même avec l'aide d'un guide expert, ne faisaient que rappeler la distance parcourue à une vitesse vertigineuse par Tom. C'est peut-être un signe de son désir intense, voire de son désespoir, de réussir qui la conduisit à contourner les voies habituelles et à appeler elle-même le réalisateur Gus Van Sant pour le supplier de lui accorder le premier rôle de son film, *Prête à tout*. Le fait que Meg Ryan, initialement choisie par la production, l'ait refusé, ne fit que renforcer la détermination de Nicole. Elle déclara à Gus Van Sant qu'elle se sentait « destinée » à jouer la présentatrice de météo froidement calculatrice et ambitieuse qui fait tuer son mari par son amant étudiant parce qu'elle juge qu'il la freine dans sa carrière.

Pour une fois, l'avenir était radieux : Nicole remporta le rôle qui allait la lancer. À la fin de l'année 1993, elle se révéla aussi obsessionnelle et acharnée que son mari, qui la seconda dans son travail de documentation et de préparation. Le couple alla jusqu'à s'enfermer pendant trois jours dans un hôtel de Santa Barbara, sur la côte californienne, pour s'imprégner d'émissions de télévision nulles. Pour ce nouveau projet, la famille Cruise reprit la route et loua une maison à Toronto pendant l'été 1994.

Pendant que Nicole tournait – elle interdisait l'accès du plateau à son mari quand elle avait des scènes de sexe torrides avec ses partenaires Matt Dillon et Joaquin Phoenix –, Tom passa son permis de pilote et, une fois au moins, emmena Nicole faire un tour dans un biplace d'où elle sortit, marcha sur l'aile et fit une pirouette avant de sauter en parachute. L'acteur déclara plus tard que c'était grâce aux méthodes de Hubbard qu'il avait réussi à lire suffisamment aisément pour comprendre le jargon technique des manuels de pilotage.

Par chance pour eux, les époux scientologues quittèrent Toronto avant que leur Église soit de nouveau en proie à la controverse. En février 1995 commença un procès en diffamation au terme duquel l'Église de scientologie fut condamnée à payer un million six cent mille dollars de dommages et intérêts, l'amende la plus élevée dans l'histoire du pays. La scientologie avait eu beau prétendre s'être refait une virginité, ce procès démontrait le contraire. Après presque dix ans sous la direction de David Miscavige, la secte était plus agressive et plus procédurière que jamais.

Tout n'est pas aussi immuable. Peu après la sortie d'*Entretien avec un vampire,* en novembre 1994, David Geffen prit le risque d'envoyer une cassette du film à Ann Rice, qui résidait à La Nouvelle-Orléans. Elle lui fit savoir qu'elle était enthousiasmée, et il appela un Tom Cruise étonné pour lui annoncer la bonne nouvelle : « Elle te trouve bien, elle adore le film, figure-toi. Elle l'adore vraiment. » Tom fut abasourdi par le culot de Geffen. « Tu as la veine d'un Irlandais, David Geffen ! » lui dit-il. Le revirement fut total quand Rice acheta des pages de publicité dans le *New York Times* et *Vanity Fair* félicitant le film et Tom Cruise pour une performance qui « saisissait à la perfection » la force, l'humour et l'audace de Lestat.

Si son personnage bisexuel renouvela les rumeurs sur la sexualité de Tom, le couple s'occupait d'agrandir la famille. Après avoir passé leur cinquième anniversaire de mariage à Noël dans leur chalet de ski de Telluride, la très chic station de sports d'hiver où ils s'étaient mariés, Tom et Nicole ouvrirent discrètement un dossier d'adoption. À la fin du mois de février, ils adoptèrent un bébé qu'ils prénommèrent Connor Antony Kidman Cruise. Sa mère était une New-Yorkaise afro-américaine qui avait accouché le 6 février 1995.

Connor et Bella étaient trop jeunes pour s'en rendre compte, mais ils faisaient désormais partie d'une famille de troubadours itinérants. Quelques semaines après l'adoption, le petit Connor quittait l'Amérique en avion. Ce fut une nouvelle étape dans le mariage du couple, un voyage qui les entraîna plus loin de chez eux qu'ils ne l'auraient imaginé.

8

Enfin, il était vraiment là où il se sentait instinctivement à sa place : celle du barreur. Il tenait le gouvernail. Il était finalement seul maître à bord, produisant, jouant et réglant les moindres détails de son premier blockbuster, *Mission : Impossible*. Pour ce producteur débutant de seulement trente-deux ans, c'était risqué, et il dut naviguer sur une mer démontée entre les exigences pressantes du réalisateur Brian De Palma et les écueils financiers relatifs au tournage d'une série télévisée à moitié oubliée des années 1970 sur les exploits d'agents secrets hors pair qui déjouent les innombrables complots de malfaiteurs cherchant à dominer le monde.

Tom Cruise devait incarner l'agent spécial Ethan Hunt, ce qui représentait un énorme défi physique et psychologique, tout en surveillant le budget et les moindres détails du quotidien pour mener ce projet de millions de dollars jusqu'à l'écran. En outre, il dut survivre à l'explosion d'un aquarium, exécuter un saut périlleux arrière sur un train à pleine vitesse et, plan le plus célèbre, effectuer des acrobaties suspendu à un câble à trente mètres du sol dans un coffre afin d'éviter les détecteurs de sécurité laser. Mais tout cela ne fut sans doute rien à côté de la virtuosité nécessaire pour se frayer un chemin dans le labyrinthe de l'administration de l'ancienne République communiste tchèque, où se déroula le tournage à l'hiver 1995.

Pour un perfectionniste acharné et maniaque du détail, cette bureaucratie tatillonne mit sa patience à l'épreuve. « Prague nous a épuisés financièrement. Ils n'ont pas encore l'habitude de la démocratie », ironisa-t-il. Même un tête-à-tête avec le nouveau

Président du pays, Vaclav Havel, ne parvint pas à réduire les coûts. Pourtant, tourner dans la capitale tchèque avait un avantage : il pouvait se promener dans les rues pavées avec Nicole, Bella et le petit Connor sans attirer l'attention.

Cela dit, Tom Cruise n'avait guère le temps de jouer les touristes. À mesure que le tournage avançait, d'abord à Prague, puis dans les studios de Pinewood, près de Londres, il donnait son avis sur tout. Bien que Brian De Palma fût son aîné de vingt-deux ans, le producteur novice exigeait d'avoir le dernier mot sur le moindre détail, depuis la réécriture quotidienne des dialogues jusqu'à la modification de la bande-son pour qu'il y ait plus de flûtes. Cet intérêt pour le son était peut-être inspiré, voire recommandé, par son gourou David Miscavige, dont l'oreille sensible était l'arbitre suprême en matière musicale dans les films de scientologie. En tout cas, certains membres de la secte virent dans son incarnation d'Ethan Hunt, agent secret risque-tout, de nettes similitudes avec le chef de la scientologie. « *Mission : Impossible* est fascinant, parce que dans Ethan Hunt je voyais David Miscavige, observe Karen Pressley. Le personnage comme l'homme cherchaient le grand frisson. Tout comme David vivait à travers Tom Cruise, je voyais Tom devenir lentement David Miscavige. Cette transposition était en soi digne d'un scénario de film. » C'était une prémonition de la direction que Tom allait prendre.

Nicole, quant à elle, se débarrassait de l'étiquette d'« épouse de Tom Cruise ». En mai 1995, elle se rendit à Cannes, où était présenté son film *Prête à tout*. Elle monta les marches seule, avec une robe fendue jusqu'à la hanche qui fit presque autant sensation que le film. Non seulement elle fut nominée pour treize récompenses, dont un Golden Globe qu'elle remporta, mais elle était enfin reconnue pour son mérite personnel.

Tout en savourant les acclamations de la critique – le film n'engrangea, en revanche, qu'un modeste succès financier –, elle se lança dans un rôle qui lui tenait à cœur, ce qui l'obligea à laisser Connor et Isabella aux bons soins de Tom. Au cours de l'été 1995, le couple occupait une demeure princière à Londres à quinze mille dollars la semaine, mais, malgré cela, Nicole jugea qu'elle avait besoin de solitude pour se concentrer sur son rôle de l'héritière Isabel Archer dans le *Portrait de femme* de Jane Campion. Elle en était tellement obsédée qu'elle s'infligea le port d'un corset qui réduisait sa taille à quarante-huit centimètres afin d'éprouver les souffrances de l'héroïne. Le tournage fut interrompu plusieurs fois, l'actrice, blême d'épuisement, allant jusqu'à s'évanouir. Nul ne fut surpris qu'à la fin, en novembre, elle passa deux semaines alitée avec quarante de fièvre. Comme pour son mari dans *Né un 4 Juillet*, on aurait pu entendre le fantôme de Laurence Olivier chuchoter : « Essayez de le jouer, c'est nettement plus facile. »

Pendant que Nicole s'infligeait ces souffrances pour ce qu'elle appelait son « bébé », Tom jonglait avec la maison, la carrière, les enfants et le tournage, mais il trouvait encore le temps de faire la lecture à Isabella et de se livrer à son passe-temps préféré : piloter. Il eut même l'occasion de flirter quelque peu avec Diana, princesse de Galles, lorsqu'elle vint aux studios de Pinewood avec son fils, le prince William. Si elle fut effectivement éblouie par son sourire et son charme durant les deux heures de visite, il n'était pas son genre : elle préférait les hommes de haute taille.

Malgré son emploi du temps frénétique, Tom trouva le temps de lire un scénario de l'ex-journaliste et réalisateur Cameron Crowe, que lui avait présenté dix ans plus tôt Sean Penn, alors qu'il travaillait avec lui sur *Fast Times at Ridgemont High*. Le dernier projet en date de Crowe, *Jerry Maguire*, racontait l'histoire d'un agent sportif cynique et mondain qui abandonne un poste prisé dans une entreprise sans âme et qui entraîne avec lui sa secrétaire et un seul client, le footballeur Rod Tidwell. L'intelligence du scénario séduisit immédiatement Tom, captivé par la métamorphose de Maguire, de l'égoïsme à la connaissance de soi. Il l'intrigua tellement qu'il se rendit à Los Angeles pour rencontrer Crowe et son producteur et lut le rôle devant l'assistance avant même de parler argent. Crowe expliqua que, comme le nom de Tom était synonyme de succès, il serait intéressant d'explorer un personnage qui connaît la déchéance. Ce long métrage allait valoir à Tom une nomination aux oscars, un oscar pour Cuba Gooding Jr., qui jouait Rod Tidwell, et révéla Renée Zellweger, la future Bridget Jones. Incarnant l'amoureuse de Tom, elle remarqua chez lui un talent qui en faisait un acteur efficace, mais un individu difficile à cerner, ayant la faculté de se déconnecter instantanément de ses émotions.

« Il jouait tellement bien que c'en était presque bizarre. Vous le regardiez dans les yeux et il était là, vraiment amoureux de vous. Vous voyiez son cœur et son âme. Puis le réalisateur criait : "Coupez !", Tom quittait le plateau et vous, vous étiez obligé de suivre une psychothérapie pendant six mois. » Cette réflexion n'est pas unique. Ceux qui l'ont interviewé ou même auditionné sont ressortis de l'entretien en se demandant s'ils avaient assisté à un numéro ou vu quelqu'un de vrai.

Non seulement Tom remporta un Golden Globe, mais, en 1996, il fut le premier acteur à avoir le premier rôle dans cinq films consécutifs – dont *Jerry Maguire* et *Mission : Impossible* – qui rapportèrent pour chacun plus de cent millions de dollars au box-office américain. Plus encore, son premier essai en tant que producteur, *Mission : Impossible*, avait rapporté plus de quatre cent cinquante millions. Il était indiscutablement le roi de Hollywood.

Pourtant, la place d'honneur sur le mur de son bureau n'était pas occupée par des affiches de son dernier succès, mais par un fax jauni qu'il avait encadré. Il lui avait été envoyé par le légendaire réalisateur Stanley Kubrick, père des chefs-d'œuvre *2001 : l'Odyssée de l'espace*, *Orange mécanique*, *Shining* et *Docteur Folamour*. Kubrick écrivait tout simplement qu'il souhaitait travailler avec Tom et Nicole sur un projet et qu'il leur enverrait un scénario d'ici à quelques mois. Que Tom ait choisi d'exposer ce message montrait que même lui n'était pas insensible aux compliments. Le fax lui rappelait quotidiennement que l'ampleur de son talent allait au-delà de sa popularité. « C'était carrément un miracle qu'il nous demande à Nicole et à moi de faire ce film », racontera-t-il. Enfin, le scénario du scénariste oscarisé Frederic Raphael arriva. « Il nous a suffi de deux secondes pour dire oui et ça a été réglé », se souvient Nicole. Même si leur précédente collaboration à l'écran n'avait pas été un succès, la possibilité de travailler avec une légende du cinéma l'emporta sur toute autre considération. « Ils estimaient qu'ils travaillaient sur un chef-d'œuvre, un film qui marque toute une carrière », raconta plus tard un proche.

Ce fut le début d'une curieuse collaboration qui allait mettre à rude épreuve leur jeu d'acteur, leur santé, leur patience et leur amour. La première rencontre avec Kubrick, à l'hiver 1995, donna le diapason de l'existence étrange et irréelle qu'ils mèneraient pendant les prochaines années. Alors que Nicole était en plein tournage de *Portrait de femme*, ils louèrent un hélicoptère pour se rendre de Londres au domicile de Kubrick, près de St. Alban's, dans le Hertfordshire. Malgré cette arrivée très hollywoodienne, ils étaient angoissés, et Nicole avoua plus tard avoir été « terrifiée » quand elle avait serré la main du personnage en combinaison de travail bleue qui les avait accueillis sur la pelouse de son immense propriété.

Ils étaient venus parler du film *Eyes Wide Shut*, tiré d'un roman d'Arthur Schnitzler, portant sur les fantasmes sexuels d'un couple marié, sur la confusion entre ces fantasmes et la réalité et les émotions terribles qu'elle peut produire. Comme leur expliqua Kubrick : « Ce film parle d'obsession sexuelle et de jalousie. Pas de sexe. » Malgré tout, il s'assura que Nicole acceptait par contrat de se déshabiller afin de pouvoir tourner des scènes d'amour. Son idée était d'exprimer à l'écran le mystère de la vie de couple en employant un tandem uni à la ville.

Il avait d'abord envisagé Kim Basinger, qui avait prouvé dans *Neuf Semaines et demie* qu'elle n'était pas prude, et son mari, Alec Baldwin. Le scénariste Frederic Raphael était circonspect. « Je crois que c'était une drôle d'idée. Pour lui, si c'était un vrai couple marié qui interprétait un couple marié, il obtiendrait nécessairement quelque chose d'authentique ou de réel. C'était une conception naïve à la fois du métier d'acteur et de la nature du mariage. » Comme Kubrick n'en démordait pas, Raphael avait proposé de contacter le couple le plus célèbre de Hollywood. D'où le fax envoyé à Tom.

Si Nicole et Tom étaient un peu angoissés, main dans la main, sur le canapé du salon, Kubrick était « enchanté » d'avoir attiré dans ses rets le couple légendaire et déclara plus tard à Raphael qu'ils avaient l'air « charmants ». Raphael se montra plus cynique. « Je ne sais pas pourquoi, mais dans la bouche de Kubrick le mot était curieux. On ne saura jamais s'ils se tenaient la main pendant tout l'entretien ou pas. Cependant, ils ont dû lui donner ce qu'il voulait. Et il a pris cela pour argent comptant au lieu d'avoir un peu de recul. Parce que, après tout, si on joue un rôle, même très sincèrement, ça montre qu'on joue un rôle. » Si, comme le soupçonnait Raphael, cet étalage d'affection conjugale était en fait une sorte d'audition, à l'époque, ni Tom ni

Nicole ne se doutaient que le film allait s'emparer de leur âme et de leur esprit.

Pour deux acteurs qui avaient l'habitude de travailler en profondeur leurs personnages, la décision de jouer leur propre rôle, ou du moins une certaine version d'eux-mêmes, ne leur laissait d'autre choix que d'explorer leurs émotions les plus intimes. Même s'ils engagèrent le professeur d'art dramatique Susan Batson et répétèrent séparément dans leur résidence de Londres, de l'aveu de Nicole, ils pénétraient « dans un territoire dangereux » qui avait effrayé même Stanley et son épouse Christiane quand le réalisateur avait suggéré de travailler sur le roman de Schnitzler au début de leur mariage. Comme l'explique Nicole, dans une sorte de prémonition : « Mais Tom et moi avions décidé de sauter le pas. Cela impliquait que nous discutions de jalousie et de notre attirance pour d'autres – des sujets qu'on évite généralement ou dont on prétend ignorer l'existence. C'était difficile et parfois cela nous mettait au pied du mur. Cela allait soit nous rapprocher, soit nous séparer. »

Le cachet annoncé de vingt millions de dollars était important, mais le couple acceptait un contrat sans date limite. Ils étaient si heureux de travailler avec Kubrick que, tout en sachant qu'il avait la réputation de refaire inlassablement les prises, même durant les répétitions, ils signèrent pour un tournage de cinq longs mois. En fait, si le film se déroule en un peu plus de trois jours à Manhattan, le tournage en prit quatre cents, décrochant dans le *Guinness* le record du plus long tournage de l'histoire. Il traîna tellement que deux des acteurs, Harvey Keitel et Jennifer Jason Leigh, déclarèrent forfait pour honorer des engagements ailleurs. Ils furent remplacés par Sydney Pollack et Marie Richardson. Cela eut un avantage. Durant l'interminable tournage, Pollack apprit à Tom à cuisiner et ils partagèrent leur amour de la voltige aérienne – Pollack fut stupéfié par la rapidité avec laquelle Tom apprenait des manœuvres compliquées.

Mais Tom ne pouvait guère apprécier la cuisine, étant donné que, à trente-quatre ans, il avait contracté un ulcère de l'estomac, affection généralement associée au stress. Cela n'avait rien de très étonnant. Tom, qui jouait le Dr Bill Harford, fut présent sur le plateau pendant toute la durée de ce tournage marathon, à l'exception de six jours. Pendant ses loisirs, Nicole organisa des rencontres entre Isabella et les princesses Beatrice et Eugenie, filles de Sarah, la duchesse d'York, visita la région des lacs et étudia les poèmes de William Wordsworth, l'italien et l'équitation. Rétrospectivement, l'actrice constata qu'ils avaient vécu dans un « monde étrange, un cocon », pendant dix-huit mois : « Nous ne voyions pas beaucoup de monde. Tom et moi partagions une caravane, nous avions aussi une petite pièce où nous allions souvent lire. » Dans cet univers étouffant, les membres de leur personnel devinrent des compagnons proches. Tom traînait beaucoup avec son chauffeur, Tommy Lee, un cockney au comportement très paternel, ainsi qu'avec son garde du corps, Mickey Brett, tout aussi protecteur et également apprécié d'Angelina Jolie et de Julia Roberts.

Le tournage fut d'autant plus éprouvant pour Tom que l'acteur, dont la marque de fabrique est le déploiement d'énergie physique et émotionnelle, n'appréciait pas d'incarner un personnage de médecin « réservé » et solitaire. « Réservé » est un mot que l'on n'associe guère à Tom Cruise, et il trouva l'expérience « désagréable ». Par ailleurs, il eut affaire à forte partie avec le réalisateur, subtilement manipulateur. Kubrick exigeait une obéissance totale du scénariste, des acteurs, des producteurs et du studio. Même Nicole, qui l'adorait, fut décontenancée par son comportement obsessionnel : « Quand on travaille avec Stanley, on vit comme il l'exige. Il refusait que je quitte la maison. Il s'angoissait dès que je sortais. Il voulait que je sois totalement dans le projet – comme tous les réalisateurs : ils refusent que l'on pense qu'il y a d'autres films en dehors de celui sur lequel on travaille. »

Malgré le statut de star de Tom, ce fut Kubrick qui mena la barque. N'oublions pas qu'il avait forcé l'actrice Shelley Duvall à faire cent vingt-sept prises pour une scène de *Shining*, qu'il avait failli rendre aveugle Malcolm McDowell en lui maintenant les paupières ouvertes avec des pinces dans *Orange mécanique* et qu'il poussa George C. Scott au bord de la folie durant le tournage de *Docteur Folamour*. Comme le raconte Tom : « Il aimait faire des prises longues et nous rejouions encore et encore les mêmes scènes jusqu'à ce qu'elles soient parfaites. Oh oui, nous avons parfois fait soixante ou soixante-dix prises. Et, contrairement à ce qu'on croit généralement, il est arrivé que nous touchions juste au bout de quelques prises seulement. »

Quand le tournage commença, en 1996, aux studios de Pinewood, à côté de Londres, Kubrick, soixante-huit ans, travaillait séparément avec les deux acteurs, leur interdisant de discuter ensemble du film, de peur qu'ils ne modifient la dynamique qu'il avait édictée. Il leur réclamait les détails les plus intimes de leur union, et s'immisçait dans leur vie privée, allant même jusqu'à réprimander Nicole d'avoir élevé la voix contre son mari. Dans ce jeu de pouvoir entre vedette et réalisateur, Tom et Kubrick s'affrontaient rarement directement, et préféraient utiliser leurs assistants pour transmettre instructions, messages délicats ou nouvelles qui pouvaient fâcher ou agacer.

Comme Tom le précisa : « Il n'y a eu que moi, Nic et Stanley pendant des années. Parfois, nous n'étions que tous les trois dans la même pièce. Il opérait lui-même à la caméra. L'ingénieur du son nous branchait avant de s'en aller. Il y a des choses que l'on fait parce qu'elles sont très intimes, d'autres que nous avons faites qui étaient très sexy pour nous deux, et des moments qu'il n'a pu saisir que parce qu'il avait créé cette intense atmosphère d'intimité. C'est difficile pour moi de regarder le film. Parfois, Nic disait : "Mon Dieu !" pendant que nous travaillions. Émotionnellement, ç'a été comme d'enchaîner des marathons. »

Cette intimité modifia inévitablement la dynamique entre le mari et la femme comme entre les acteurs et le réalisateur. Alors que Kubrick encourageait le couple à proposer ses idées pour les scènes, il semblait accepter plus fréquemment celles de Nicole, notant ses improvisations et acceptant comme bande-son pour une scène d'amour *Baby Did a Bad Bad Thing*, de Chris Isaak. Il qualifiait Nicole de « pur-sang » et Tom de « montagnes russes ».

Reste le soupçon que, malgré leur admiration mutuelle, le traitement que Kubrick infligea à Tom n'était pas dépourvu d'une volonté de l'humilier. Si Frederic Raphael admet cet argument sans le soutenir, il concède que pour Kubrick « briser les gens et les livrer à sa mécanique était peut-être un réflexe auquel il ne pouvait pas résister ». Quand Kubrick récrivait les dialogues, il faxait souvent les pages à Tom au milieu de la nuit, s'assurant que sa vedette masculine vivait selon le rythme de son réalisateur. Et lorsque Kubrick filme une scène où Tom est tabassé par des voyous qui l'accusent d'être homosexuel, n'est-ce pas un clin d'œil au public qui connaissait les rumeurs circulant sur l'acteur ? Même Raphael n'en est pas sûr, faisant cependant remarquer que, dans le roman de Schnitzler, les agresseurs accusent le médecin d'être juif. Ce fut Kubrick qui modifia l'insulte.

Cette relation ambiguë trouva son point d'orgue lorsque Kubrick filma les scènes de sexe entre Nicole et son amant marin. On remarquera que cette période de six jours fut l'unique moment où la présence de Tom Cruise ne fut pas réclamée sur le plateau. Celle du scénariste, en revanche, fut discrètement requise. En aparté, Kubrick informa Frederic Raphael que Nicole avait accepté de se déshabiller et qu'il filmerait à huis clos pendant les prochains jours. « Ce pourrait être une bonne idée de passer au studio si ça te dit », suggéra-t-il. Raphael refusa, jugeant que ce serait « minable » de profiter de la situation.

Il est certain que le voyeurisme avait toujours intéressé Kubrick, amateur de pornos, qui n'écartait pas la possibilité d'en tourner un jour. Dans la séquence en question, le personnage de Nicole, Alice Barford, raconte à son mari un fantasme sexuel récurrent, déclenché par son désir pour un officier de la marine qu'elle a aperçu dans le hall d'un hôtel l'année précédente. Irrité et sans doute excité par cet aveu, Bill s'embarque de son côté dans une série d'aventures sexuelles, dont le point culminant est une orgie masquée.

L'homme choisi pour jouer l'amant imaginaire d'Alice était Gary Goba, un mannequin canadien de vingt-neuf ans sans expérience cinématographique. Il crut auditionner pour un rôle de figuration où il devrait porter un uniforme de la marine. Au lieu de cela, en décembre 1997, il se retrouva nu sur un plateau à huis clos devant Nicole Kidman, en tenue d'Ève. Les jours suivants, ils exécutèrent ensemble une cinquantaine de positions que Kubrick filmait depuis la pénombre. Le réalisateur voulait que sa vedette féminine s'essaie à toutes les possibilités, excepté la fellation, qu'il considérait comme un méprisable cliché de cinéma.

« Nous avons juste essayé de faire des trucs qui n'avaient encore jamais été vus au cinéma, raconte Goba. Parfois, c'était elle qui avait l'idée, d'autres fois, c'étaient moi ou Stanley. » Dans la scène qui fut conservée au montage, Nicole est allongée sur le dos en robe d'été pendant que Goba la caresse, puis retrousse la robe pour révéler son corps. « Garde [la robe] relevée, descends, prends ses seins dans tes mains, embrasse-les si tu veux, et continue à descendre pour finir entre ses cuisses », demanda le réalisateur. Goba, voulant ménager Nicole, posa la main sur sa cuisse, sachant que cela ne changeait pas grand-chose pour Kubrick, puisque l'autre jambe la cachait. « Holà, Gary ! ordonna Kubrick. Il faut vraiment que tu ailles jusqu'au bout ! »

« Je n'en revenais pas, poursuit Goba. Mais alors, vraiment pas. Je crois qu'il était en train de s'amuser. Pour lui, c'était une blague, mais je trouve qu'il est allé un peu trop loin, parce que, au fur et à mesure du tournage, elle lui demandait de couper, genre ça devient trop intime, et lui continuait de tourner. C'était comme s'il essayait de la mettre en colère – ou l'inverse. C'était bizarre. Il riait. Il trouvait ça très amusant. »

À croire qu'il savourait l'implacable humiliation de la femme d'un autre – et l'émasculation symbolique de son mari – en lui faisant jouer des scènes explicites qui, de toute façon, allaient disparaître au montage. Dans une des scènes, Nicole avait un postiche collé sur le sexe et Kubrick demanda à Goba de lui pratiquer un cunnilingus. « Il voulait vraiment que je le fasse, raconte Goba. Je me suis exécuté. Lui me disait de vraiment y mettre du mien et de bien bouger la tête, je le voyais qui riait et elle qui s'indignait : "Oh, mon Dieu, Stanley." Et moi je faisais de mon mieux, les lèvres collées sur le postiche, des poils plein la bouche. »

Comme observe avec cynisme le biographe de Nicole James L. Dickerson : « On trouve les preuves les plus accablantes contre Kubrick dans l'acharnement avec lequel il tourna les scènes entre Nicole et Gary Goba. Il lui demandait de faire des choses dont il savait pertinemment qu'il les abandonnerait au montage. C'était un comportement abusif sous couvert de nécessité professionnelle. »

Nicole concède qu'elle accepta seulement parce que c'était Kubrick. « Il ne m'a pas exploitée. Je ne l'aurais sûrement pas fait avec un autre réalisateur et je confirme que c'était un peu difficile d'affronter mon mari après cela. » C'est seulement après avoir vu le film terminé, environ un an plus tard, que Tom apprit que sa femme et Goba avaient joué des scènes aussi intimes. « Ouais, [putain], c'était qui, ce mec ? » déclara-t-il plus tard à *USA Today* (le journal coupa le juron).

Si l'acteur n'était pas tenu informé de certains aspects de ce film énigmatique, les médias s'adonnaient à de folles spéculations. Un article prétendit que Tom portait une robe dans le film, un autre que le photographe Helmut Newton était engagé pour photographier le couple afin de les aider à se « lâcher ». Un autre tabloïd laissa entendre que le couple avait visité des sex-clubs. Quand Harvey Keitel quitta le tournage, on murmura qu'il avait été viré parce qu'une scène de masturbation avec Nicole avait littéralement débordé.

Le moulin à rumeurs était alimenté par la manie du secret de Kubrick, mais aussi par les ragots continuels sur Tom, Nicole et l'état de leur mariage. Le couple le plus en vue de Hollywood suscitait des cancans sans fin sur la sexualité de Tom, l'adoption de leurs enfants et les ambitions professionnelles de Nicole. Les racontars sur Tom avaient commencé en 1986, après que *Top Gun* fut devenu un film culte dans la communauté homosexuelle. Même le partenaire de Tom, Val Kilmer, admit plus tard que le film comportait un peu trop de scènes dans les douches.

Quand Tom avait joué le personnage ambigu de Lestat dans *Entretien avec un vampire*, en 1994, les journalistes avaient eu le prétexte idéal pour braquer les projecteurs sur sa vie privée. Durant la promotion du film, il balaya ces histoires d'homosexualité en disant au journaliste Kevin Sessums, en octobre 1994 : « Ce n'est pas vrai, mais les gens continueront de dire ce qu'ils veulent... Je me fiche que les gens soient des martiens, je m'en moque, vraiment. Qu'ils soient hétéros, gays, bisexuels, catholiques ou juifs. » Ces potins perdurèrent même après que Nicole fut accourue à sa rescousse, en déclarant à *Vanity Fair* : « Je parie tout l'argent que j'ai gagné plus le sien qu'il n'a ni maîtresse, ni amant, ni vie homosexuelle ».

En 1995, le magazine *McCall's* publia un article suggérant que le mariage de Tom et Nicole était une comédie et que Nicole avait été embauchée pour cacher l'homosexualité de Tom en échange d'un coup de pouce à Hollywood. Le couple décida alors de réagir, et Tom donna instruction à son avocat Bertram Fields de porter plainte. Si beaucoup d'acteurs ne prêtent pas attention aux ragots, Tom y était beaucoup plus sensible, notamment parce que Nicole et lui connaissaient les véritables raisons, d'ordre purement médical, qui avaient motivé l'adoption de leurs deux enfants. *McCall's* publia ensuite des excuses et un démenti, mais l'avocat de Tom continua pendant des années à éteindre les incendies qui se déclaraient un peu partout dans le monde. Quand le magazine allemand *Bunte* prétendit, en 1996, que Tom était gay et stérile, l'acteur ordonna à Fields d'intenter un procès et de réclamer quatre-vingts millions de dollars au magazine. « La carrière d'un acteur repose sur le fait que ses fans croient qu'il possède ou pourrait posséder les qualités du personnage qu'il incarne », explique Fields. En d'autres termes, aucune femme n'aurait plus de vapeurs à la vue de Tom si elle le croyait gay ou impuissant. Si ces bruits persistaient, son image de sex-symbol américain parfait serait compromise. Le magazine céda.

La grande épreuve survint durant le tournage d'*Eyes Wide Shut*. En octobre 1997, quelques semaines après que le couple eut assisté aux obsèques de Lady Di, le *Sunday Express* publia un article reprenant les mêmes insinuations. L'article sous-entendait que le couple avait adopté des enfants parce que Tom était stérile et impuissant. Fidèle à sa politique, Tom décida de poursuivre le journal pour diffamation, disant bizarrement à ses amis que cet article exposait au ridicule ses enfants, alors âgés de deux et quatre ans. Pour une fois, le journal releva le défi et annonça qu'il était prêt à se défendre. En d'autres termes, si Tom persistait, il serait obligé de comparaître devant la Haute Cour de Londres et d'affronter des questions malveillantes sur son mariage, sa vie sexuelle et ses anciennes partenaires.

Il engagea le meilleur avocat de Grande-Bretagne, le flamboyant George Carman, célèbre pour avoir défendu, entre autres, Elton John, le politicien Jeremy Thorpe, le comédien Ken Dodd et le joueur de cricket Imran Khan. Quand le couple arriva à son cabinet, Carman fut immédiatement frappé par l'angoisse de ses nouveaux clients.

Malgré sa fureur, Tom redoutait en effet particulièrement d'affronter l'interrogatoire rigoureux de la partie adverse. On ne peut lui en vouloir. Dans la quiétude de son bureau-bibliothèque, l'avocat aux tempes argentées exposa à Tom et Nicole le coût financier et personnel d'un procès. En Grande-Bretagne, les tribunaux tendent à favoriser les plaignants célèbres, toutefois les procès en diffamation ont le mauvais goût d'être imprévisibles et ruineux. Le vainqueur est souvent perdant, sa réputation finissant en lambeaux. Les plaideurs qui mentent pour protéger leur intimité peuvent atterrir en prison pour parjure, à l'instar du romancier Jeffrey Archer et de l'ancien ministre Jonathan Aitken.

Durant cette conversation, Carman passa en revue les allégations à l'encontre du couple, leur demandant à l'un et à l'autre s'ils étaient prêts à réfuter sous serment les affirmations du journal. Le fils de Carman, Dominic, qui rédigea la biographie de son père, écrit : « Mon père a formellement demandé à Tom Cruise s'il était homosexuel. Il l'a nié catégoriquement. Il l'a averti qu'il passerait un sale quart d'heure au tribunal et lui a demandé s'il y avait d'anciennes relations qu'il aurait pu oublier et que leur adversaire pourrait citer à comparaître. » Là encore, Tom nia avoir dans son placard le moindre cadavre gênant. Carman fut impressionné. « George a eu l'impression que Tom ferait un excellent témoin, étant donné qu'il coopérait totalement et avait un certain charme sans pour autant paraître arrogant. Il a été plus que satisfait de sa franchise. »

Certes, les réponses de Tom n'auraient guère surpris les femmes de sa vie – l'actuelle comme les anciennes. Non seulement Nicole et Mimi avaient publiquement témoigné de sa virilité et de son hétérosexualité, mais ses anciennes relations étaient tout aussi étonnées par les rumeurs tenaces sur ses préférences sexuelles. Ses anciennes petites amies Nancy Armel, qu'il voulait épouser, et Diane Van Zoeren estimaient l'une et l'autre que Tom était un adolescent tout à fait normal. Comme le raconte Diane : « Je ne comprends pas. Je trouve ces histoires difficiles à croire. On faisait tout ce qui était interdit dans l'Oldsmobile de mon père. »

En tout cas, Tom était mal à l'aise en présence d'homosexuels. Ceux qui le virent en compagnie de certains amis gays de Nicole, comme le couturier John Galliano, remarquèrent son embarras et sa nette préférence pour la compagnie de mecs qui parlaient football plutôt que mode. Sa gêne était compréhensible, étant donné l'avis de la scientologie concernant l'homosexualité. Dans *La Dianétique*, Ron Hubbard décrit les homosexuels comme des « pervers sexuels » qui devaient être écartés de la société. En fait, beaucoup d'hommes – et quelques femmes – rejoignaient la scientologie dans l'espoir que leur homosexualité y soit « guérie ». Après avoir dépensé cinq cent mille dollars, le peintre Michael Pattinson, qui atteignit le niveau OT VIII, le plus élevé de tous, intenta un procès pour récupérer son argent parce qu'il était toujours aussi gay malgré des années d'auditions. Il abandonna les poursuites lorsque ses ressources financières se furent taries.

Tom demanda souvent à George Carman de venir le voir sur le tournage d'*Eyes Wide Shut* ou dans la maison qu'il avait louée dans le Hertfordshire. De temps en temps, avec Nicole, ou seul, il se rendait au cabinet de l'avocat, dans le centre de Londres. Même si Carman trouva « bizarre » un tel besoin de conseils, il ne ménagea pas son temps – facturant mille cinq cents livres (environ deux mille cent quarante euros) de l'heure des entrevues qui pouvaient durer plusieurs heures. Ce n'était pas seulement l'imminence du procès qui inquiétait Tom : il était obsédé par son image publique, apportant constamment des articles qui l'irritaient et discutant de la possibilité d'une réparation. Au cours des années suivantes, il consulta George Carman au moins en une dizaine d'occasions.

Au final, ce ne fut pas l'attitude de Tom dans le box des témoins qui remporta la victoire, mais l'aveu de Nicole : elle déclara avoir subi au moins une grossesse extra-utérine durant les premières années de leur mariage. C'était non seulement la preuve que Tom n'était pas stérile, mais aussi que le couple avait consommé normalement son union. Une fois que le *Sunday Express* fut informé de ce fait, ils jetèrent l'éponge. Le journal accepta de verser cent mille livres sterling de dommages et intérêts et de publier un démenti accompagné d'excuses circonstanciées. En octobre 1998, un an tout juste après le procès en diffamation, Carman et Tom Cruise comparurent devant la Haute Cour pour attester que l'argent serait versé à une association de bienfaisance. Dans un discours éloquent, Carman déclara à la cour : « [Tom et Nicole] se sont mariés uniquement parce qu'ils s'aimaient et vivent un mariage heureux et uni ; ils s'aiment et se consacrent pleinement à leurs deux enfants adoptifs. Ils ont pris des mesures pour mettre fin une bonne fois pour toutes à ces rumeurs extrêmement dégradantes qui ont causé du tort à leur vie conjugale et compromis leur rôle de parents. »

Le seul élément qui manquait au tableau lorsque Carman prononça cette adresse victorieuse était Mme Cruise. Tom, Carman et Bert Fields, au téléphone depuis Los Angeles, avaient supplié Nicole de venir, mais elle n'avait rien voulu savoir. Bien que Carman ait trouvé Nicole « froide et distante » durant leurs rencontres, il considéra malgré tout sa décision comme « l'une des plus bizarres » qu'il lui ait jamais été donné de voir dans sa carrière. Tom justifia son absence par une grippe. Carman n'en crut pas un mot et insista. La réponse fut qu'elle ne voulait pas participer à ce cirque médiatique. Comme dans la plupart des affaires de diffamation, le vainqueur était en fait le perdant. Pour prouver que son mari était viril et hétérosexuel, elle avait dû exposer sur la place publique son plus intime secret. C'est probablement à contrecœur qu'elle avait suivi et soutenu son mari contre un tabloïd anglais sans importance. Il y avait un prix à payer, comme on le constata sur les marches de la Haute Cour, où Tom fut seul pour saluer la foule et recevoir les applaudissements des fans.

George Carman craignait que cela ne fît « très mauvais effet », mais les médias ne firent aucun commentaire sur l'absence de Nicole. Seuls les proches du couple en prirent la mesure et y virent un signe supplémentaire de la distance qui se creusait entre eux. Durant l'année, entre la sortie de l'article dans le *Sunday Express* et cette victoire juridique, des fissures étaient apparues dans leur couple. Nicole se cabrait de plus en plus devant le besoin de contrôle de Tom, trouvant à redire à toutes ses attentions. Ses petits mots d'amour devinrent irritants, ses bouquets une plaie. « C'en est arrivé à un point où rien de ce que faisait Tom ne lui plaisait, ajoute un ami. Tom adorait Nic. Je n'ai jamais connu d'homme aussi aimant et généreux. Mais elle ne lui rendait pas son amour. »

Nicole exprimait de plus en plus son mécontentement à travers ses rapports avec leurs amis. Par exemple, le grand copain de Tom, Emilio Estevez, témoin de son premier mariage, n'était plus aussi bienvenu chez eux ; et, les rares fois où Tom voyait son ancien camarade Michael LaForte et son épouse, Nan, Nicole semblait mal à l'aise et distraite, comme si le rustre du New Jersey n'était pas fréquentable. Cependant, en compagnie de ses propres amies comme Naomi Watts et Rebecca Riggs, ou d'homosexuels du milieu de la mode, elle changeait du tout au tout, souriait, détendue et joyeuse, ravie de chanter et danser jusqu'à l'aube, notamment au Buffalo de Santa Monica. Curieusement, si elle sortait seule, elle prenait souvent comme accompagnateur le chauffeur du couple, Dave Garris, qui était à leur service depuis *Jours de tonnerre*. S'ils allaient au cinéma, elle permettait même parfois à Garris de choisir le film.

Les enfants ne pouvaient que souffrir de cet éloignement progressif entre leurs parents. Nicole s'intéressait beaucoup moins à leur éducation que son mari. Quand elle partait en tournage ou, de plus en plus souvent, passer du temps auprès de ses parents et de sa sœur, à Sydney, il s'écoulait parfois des jours avant qu'elle appelle pour prendre des nouvelles d'Isabella et de Connor. Ceux qui voyaient la famille de près en conclurent que Tom était beaucoup plus à l'aise et enthousiaste qu'elle dans le rôle de parent. Malgré toutes ses occupations, il était constamment en contact avec les enfants et leurs nourrices – et les contrôlait toujours autant.

Conformément à la théorie de Hubbard, selon qui les enfants étaient de petits adultes, Tom se comportait à la fois en mentor et en père attentif. On ne s'en étonnera pas : Tom était un papa énergique, tapageur, qui passait son temps à chahuter et à jouer avec les enfants, son rire chaleureux résonnant dans la maison généralement silencieuse. Par bonheur, après une période durant laquelle Connor mordait cruellement sa sœur, les deux enfants s'entendirent parfaitement, Tom appréciant leurs différences de caractère : Connor était intelligent mais espiègle, Bella était volontaire mais respectait les règles. À peine le garçon sut-il marcher et parler que Tom l'emmena à bord de son avion privé, le week-end, avec pour toute compagnie son communicateur, Michael Doven. Comme la plupart des pères, il voulait reproduire pour son fils les moments heureux de sa propre jeunesse. À cette fin, il construisit une rampe dans leur maison de Telluride pour que Connor puisse apprendre à faire des cascades sur sa mini-moto.

Quand Nicole décrocha le rôle principal dans la comédie *Les Ensorceleuses*, c'est sans surprise qu'elle laissa les enfants avec Tom à Londres pendant qu'elle s'installait à Los Angeles, en janvier 1998, pour les répétitions. Deux semaines après, elle fut emmenée d'urgence à l'hôpital pour ce que l'on annonça officiellement comme l'ablation d'un kyste ovarien bénin. Étant donné que sa mère avait eu un cancer du sein et elle-même des problèmes gynécologiques, ce fut une période d'inquiétude, et Tom revint sur la côte ouest au chevet de sa femme. Elle se remit suffisamment pour poursuivre le film, tourné dans l'État de Washington, ce qui permit à Tom de rentrer à Londres achever l'interminable *Eyes Wide Shut*. Une conversation du couple, de plus en plus à la dérive, enregistrée illégalement et publiée en mars 1998, donna au monde entier un aperçu de la crise.

Le coupable, le photographe mondain Eric Ford, écopa d'une amende et d'une peine de prison, mais, entre-temps, tout le monde avait pu entendre les Cruise dans l'intimité, sans la moindre censure. Loin du glamour et des sourires sous les flashs, ils se révélaient comme un couple fatigué et gâté qui se chamaille. Durant la conversation, passée depuis un téléphone de voiture, Tom apparaît plus conciliant, Nicole refusant de se laisser amadouer.

Comme beaucoup de couples mariés qui se chamaillent, à la fin de la conversation, ils parviennent à rire et se séparent en disant « Je t'aime ». Contrairement à la plupart des couples mariés, en revanche, Tom et Nicole eurent à justifier cette dispute devant un monde avide de ragots : leur porte-parole, Pat Kingsley, publia un communiqué déclarant que la conversation était sortie de son contexte et que leur dialogue avait été coupé. Interrogée, Nicole balaya l'affaire : « On n'était pas d'accord sur le nombre d'invités à l'anniversaire de notre fils. Et sur lequel de nous deux travaillait le plus et était le plus fatigué. C'était sans grand intérêt, en fait. »

Certains témoins du quotidien du couple étaient plus francs : « Pour moi, déclare un proche, leur mariage n'était pas "heureux", mais ils s'en accommodaient. Tom courait après Nicole, qui était toujours injoignable, et le cycle continuait. Je crois qu'il l'a aimée jusqu'au bout, mais qu'elle s'était lassée de lui et était malheureuse dans leur mariage. Elle paraissait plus mûre que lui. C'est un sportif, un vrai mec. Je crois qu'elle l'a aimé quand ils se sont connus, mais qu'elle s'en est lassée. Il avait l'air plus heureux qu'elle dans leur mariage et elle cherchait toujours à redire sur tout. »

Ce n'était pas seulement son mari qui l'agaçait. Nicole semblait souvent déçue par sa vie de star de Hollywood, jugeant qu'elle méritait un train de vie luxueux. Durant la promotion des *Ensorceleuses*, à l'automne 1998, la Warner Bros. lui fournit un jet privé pour la tournée. Pour elle, c'était un dû, pas un privilège. « Rien ne l'étonnait, dit un témoin. Il lui arrivait des tas de choses merveilleuses, mais tout l'ennuyait à mourir. Rien ne parvenait à lui faire plaisir. »

Malgré la situation de leur couple, cet été-là se passa comme d'habitude : Tom travaillait sur des blockbusters qui brassaient des millions, Nicole choisissait des projets plus artistiques mais moins lucratifs. Quand Tom eut enfin terminé le tournage d'*Eyes Wide Shut*, en juin 1998, le couple s'installa à Londres et loua une autre demeure luxueuse sur Regent's Park. Tom travaillait sur la préproduction de *Mission : Impossible II*, qui devait être tourné en Australie, pendant que Nicole s'essayait au théâtre, gagnant un modeste cachet de cinq cents dollars par semaine pour *The Blue Room*, au très couru Donmar Warehouse Theatre. Dans cette pièce, elle incarnait cinq femmes, allant de la pute cockney à la maîtresse d'un homme politique en passant par une épouse infidèle. Elle devait simuler l'acte sexuel cinq fois et apparaissait nue, bien que très brièvement, devant le public. Elle n'était pas la seule : son partenaire, Iain Glen, devait faire la roue chaque soir sur scène dans le plus simple appareil.

En septembre 1998, quelques semaines avant le procès contre *The Sunday Express*, les représentations de *The Blue Room* commencèrent sous une avalanche de critiques élogieuses, la performance de Nicole étant qualifiée de « Viagra théâtral » par le critique Charles Spencer dans une chronique mémorable : « Elle est belle à mourir et d'un charme ensorcelant. Son personnage de jeune Française au pair déambulant sur scène, une clope dans une main et sa petite culotte dans l'autre, va hanter mes rêves pendant des mois. »

Nicole avait obtenu la consécration dont elle avait été privée au cinéma : à présent, elle était non seulement considérée comme une beauté, mais aussi comme une actrice sérieuse et un sex-symbol. Ce fut enivrant. Le metteur en scène Sam Mendes, qui allait réaliser *American Beauty*, remarqua le changement en elle : « Je crois que pour Nicole cela a été un tournant. Elle est devenue quelqu'un par elle-même, sans référence à Tom Cruise. Et je suis certain qu'elle s'en est rendu compte. »

Nicole et son partenaire sur les planches, Iain Glen, ne manquaient pas de souligner publiquement que leurs conjoints respectifs – Glen était marié à l'époque à l'actrice Susannah Harker – étaient « à l'aise » concernant les scènes d'amour.

Tom, d'ailleurs, vint voir la pièce plus de vingt fois. Peut-être admirait-il le travail de sa femme sans arrière-pensée et était-il tout à fait tranquille en la voyant mimer soir après soir l'acte sexuel avec Iain Glen. En tout cas, ce dernier, qui fit la connaissance de Tom lors d'une générale, laissa entendre qu'ils étaient tous en très bons termes. « C'était une véritable boule d'énergie positive. On ne pouvait pas trouver d'ami plus enthousiaste et généreux. »

En coulisses, ce ne fut pas aussi convivial. Le bel Écossais, pressenti pour le rôle de James Bond et acteur talentueux et aguerri, refusait de se laisser impressionner par les exploits de Tom. Iain Glen, qui était du même âge que la star de Hollywood mais mesurait quinze centimètres de plus, regardait Tom de haut et minimisait ses talents tout en flirtant avec son épouse. Dans l'entourage de Tom, on s'accordait à dire que le comédien n'appréciait Glen que du bout des lèvres : « Tom et lui ne s'entendaient pas, alors qu'il y avait une véritable alchimie entre Iain et Nicole. Elle riait toujours de ses blagues. » Comme le déclare sans détour un proche : « Iain Glen était un con qui n'avait aucun respect pour Tom et flirtait ouvertement avec Nicole. Tom refusait de s'en émouvoir, parce que lui était un vrai gentleman. »

Habitué à être admiré et obéi sans discuter, Tom se sentait isolé dans le monde fermé et incestueux du théâtre londonien. Cet univers de coteries, avec ses plaisanteries entendues, ses badinages spirituels et ses anecdotes était étranger à l'acteur de cinéma, qui n'était plus le centre de toutes les attentions. Même son célèbre sourire n'y produisait aucun effet. Surtout, il vivait d'ordinaire au rythme des tournages, où la norme est de se lever tôt plutôt que veiller tard. Nicole, en revanche, s'épanouissait dans ce tourbillon, dopée à l'adrénaline après chaque représentation, et sortait danser, s'amuser et rire jusqu'à l'aube dans le très privé Soho Club.

En interview, Glen laissait planer le doute sur sa complicité avec Nicole : « Nous devions devenir très rapidement intimes en tant qu'acteurs, déclara-t-il au magazine *In Theater*. C'est facile de s'imaginer que l'on s'entend très bien, mais avec Nicole – grâce à l'aide de Sam – nous avons immédiatement établi une relation très détendue. Je crois que c'était très important. »

Les représentations terminées à Londres, à la fin du mois d'octobre, Nicole et Iain se rendirent à New York, où elle devait reprendre le rôle à la mi-décembre. Afin d'ajouter un peu de piment à son rôle de prostituée, Nicole engagea la professeur d'art dramatique Susan Batson pour approfondir son jeu. Batson l'emmena dans des quartiers sordides où Nicole discuta avec des professionnelles. Le problème, c'est que le spectacle de Nicole en compagnie de ces femmes commença à attirer l'attention – et les clients. « Voilà qu'il y avait une très belle femme blanche sur le trottoir, raconte Batson. Les voitures arrivaient de toutes parts. Nous avons fini par filer parce que cela devenait dangereux. »

Cette petite étude sur le terrain améliora peut-être son jeu d'actrice, mais la pièce ne fut pas aussi bien accueillie qu'à Londres. Malgré tout, on ne parlait que de Nicole et d'Iain, à Broadway, et ils furent invités au célèbre bal annuel du Metropolitan Museum. Contrairement à sa partenaire, Iain Glen n'avait pas l'habitude de fouler les tapis rouges et encore moins de porter un smoking, aussi Nicole demanda-t-elle à la maison de couture Prada de lui prêter un costume et des chaussures pour ce grand événement. Et, comme il rechignait à les renvoyer, Nicole les lui offrit généreusement. Sa générosité alla jusqu'à inviter Iain, son épouse Susannah Harker et leur enfant à Telluride pour Thanksgiving, ainsi qu'à leur payer les billets d'avion pour l'accompagner à Sydney pour les fêtes du nouveau millénaire. Bien que Tom fît bonne figure, l'irrespect et les piques de Glen l'irritaient. S'il avait pu choisir, il ne les aurait jamais invités.

Tom venait voir régulièrement Nicole dans sa loge, mais on remarqua qu'ils se parlaient peu quand ils étaient en privé. En revanche, à peine y avait-il des photographes que le couple se mettait à se tripoter, à s'embrasser et à se câliner, au point que c'en était presque gênant. Et, une fois les photographes partis, le couple revenait à son habituel silence distant.

Durant les représentations de *The Blue Room* sur Broadway entra dans la vie de Nicole un autre homme qui allait avoir une influence décisive. Après une représentation, Nicole trouva en arrivant dans sa loge une douzaine de roses rouges à longues tiges. Elle crut d'abord qu'elles venaient de Tom, mais, en lisant la carte, elle s'aperçut qu'elles lui étaient offertes par le réalisateur australien Baz Luhrmann. « Elle chante, elle danse, elle meurt. Accordez-moi un rendez-vous », disait la carte. Intriguée, Nicole se retrouva à discuter avec Luhrmann de Satine, la belle et tragique courtisane, héroïne de *Moulin Rouge*. Ce rôle allait être un défi pour Nicole, qui n'était ni chanteuse ni danseuse. Portée par le succès de *The Blue Room* et attirée par la perspective de tourner dans sa ville natale de Sydney, elle décida de le relever.

Tom se préparait à reprendre le rôle de l'agent spécial Ethan Hunt dans *Mission : Impossible II*, fut lui aussi séduit par un scénario audacieux de Paul Thomas Anderson. Le jeune réalisateur du film culte *Boogie Nights* était venu le voir durant les longues heures d'attente sur le plateau d'*Eyes Wide Shut* et lui annoncer qu'il avait écrit un rôle pour lui dans son prochain film, *Magnolia*. Tom, qui dévore les scénarios comme d'autres les journaux, fut immédiatement captivé par le personnage de Frank T. J. Mackey, un gourou macho et misogyne qui enseigne aux hommes comment prendre les femmes dans leurs filets dans ses séminaires « Séduire et détruire ». Comme le film, son personnage était surdimensionné et nauséabond. Anderson s'était inspiré de l'écrivain californien Ross Jeffries, dont les techniques de séduction express étaient la base d'une série de manuels de développement personnel. Si beaucoup de gens furent surpris que Tom accepte de rejoindre une prestigieuse distribution (comprenant notamment Julianne Moore, Jason Robards et Philip Seymour Hoffman), celui-ci adora le rôle, invitant ses copains à assister au tournage de la scène de séminaire où il exhorte son public masculin captivé à « respecter la bite et à détruire la chatte ». Il dira à Cameron Crowe : « Quand j'ai lu le scénario, je me suis dit : "Quand est-ce qu'on peut assister à des séminaires pareils ?" Je suis un acteur. Je n'avais jamais joué un personnage comme celui-là. J'aime l'humour. J'ai trouvé ce rôle sombre et drôle. »

On raconte qu'Anderson avait écrit la scène où Mackey vient voir sur son lit de mort son père, qu'il a très peu connu en pensant à Tom. En réalité, Anderson ignorait que la dernière rencontre entre Tom et son père Thomas Mapother III s'était déroulée dans des circonstances similaires. L'acteur s'inspira de cet épisode de sa vie, avouant plus tard qu'il avait « frôlé dangereusement le précipice ». Il fit preuve d'assez de sensibilité pour permettre que sa mère, Mary Lee, et son beau-père, Jack South, visionnent le film avant la première, de peur qu'il ne lui rappelle des souvenirs pénibles. Elle adora sa performance, tout comme le public et ses pairs, et Tom fut dûment récompensé par un Golden Globe et une nomination aux oscars.

Peu après la fin du tournage, au début de l'année 1999, Tom reçut une invitation qu'il ne pouvait refuser. Les hauts dirigeants de la scientologie lui demandaient poliment de venir se soumettre aux rigueurs de ce qu'ils appellent un cours sur les « individus suppressifs/sources de problèmes potentiels » (PTS/SP). Ce cours est destiné à ancrer fermement le disciple dans sa foi tout en identifiant dans sa vie les personnes qui provoquent des problèmes : les « individus suppressifs » qui empêchent le scientologue de remporter des « victoires » au cours de son voyage vers le « pont ». Et, en l'occurrence, la « source de trouble potentiel », selon les hiérarques de la scientologie, était Nicole Kidman.

Grandes étaient leurs inquiétudes depuis qu'ils avaient lu une interview dans le *Newsweek* de décembre 1998 où Nicole décrivait sa foi en ces termes : « Il y a un peu de bouddhisme, un peu de scientologie. J'ai été élevée en catholique et je le suis restée en grande partie. »

Cela n'allait pas. En outre, son père étant psychologue, elle figurait automatiquement sur la liste des « sources de problèmes potentiels ».

La direction de la scientologie, notamment David Miscavige et Ray Mithoff, discuta de la stratégie à adopter. On redoutait que le manque d'engagement de Nicole ne compromette dangereusement l'enthousiasme de Tom pour sa religion. Le remède infaillible contre le scepticisme était le fameux cours, qui renforçait la loyauté vacillante des disciples en les rendant plus soupçonneux à l'égard de ceux dans leur entourage qui ne partageaient pas leurs croyances. Souvent, à la fin de ce cours, les scientologues rédigeaient de leur plein gré des lettres de « déconnexion » adressées aux êtres chers qui n'étaient pas membres de l'Église. Par exemple, après avoir terminé le PTS/SP, le fils de Peter Alexander, âgé de dix-sept ans, entreprit calmement de lui écrire une lettre lui disant qu'il ne voulait plus jamais le revoir. Ces lettres étant rédigées volontairement, les scientologues pouvaient déclarer, lorsqu'on les interrogeait, que leurs auteurs avaient agi selon leur intérêt et sans y être forcés.

Quand elle lut l'article de *Newsweek,* Karen Pressley comprit que c'était le commencement de la fin du couple Cruise : « Vers la fin des années 1990, Nicole traînait les pieds. Tom était beaucoup plus impliqué et progressait bien plus vite qu'elle. Je me suis rendu compte qu'elle n'y arriverait pas, et cela m'a vraiment bouleversée. » À l'époque, Karen voulait quitter la scientologie. Elle savait que, si elle partait et si son mari désirait rester, ils n'auraient d'autre choix que de divorcer. C'est ce qui arriva, et Karen craignait désormais que Nicole ne suive le même chemin et ne perde ses enfants en route.

Au début de l'année 1999, Tom assista docilement à des sessions d'audition avec Marty Rathbun, inspecteur général de la scientologie. Une fois, dans le cadre du cours, il dut poser à des inconnus la question : « Qu'est-ce qui est le plus évident chez moi ? » Il se livra à cet exercice avec tellement d'enthousiasme qu'au lieu de se borner à ses coreligionnaires il sortit dans la rue interroger des passants. L'un d'eux, éberlué, lui répondit : « Eh bien, vous ressemblez à Tom Cruise, mais de loin. »

Sa décision de s'embarquer dans un séminaire aussi difficile correspondait à une période de « véritable deuil et de chagrin » dans sa vie. Le 2 mars 1999, quelques jours après la fin des représentations de *The Blue Room*, Nicole et Tom visionnèrent pour la première fois *Eyes Wide Shut* en projection privée à Manhattan, en compagnie de deux dirigeants de la Warner. Ils le virent deux fois, puis Tom appela Stanley Kubrick à Londres pour lui annoncer qu'il adorait. Quatre jours plus tard, le réalisateur décédait d'une crise cardiaque.

« Je me suis effondré en apprenant la nouvelle, déclara Tom. J'étais totalement bouleversé et incrédule. Nous avions passé deux ans ensemble. » Il se proposa pour porter le cercueil lors des obsèques, qui se déroulèrent à l'église de St. Alban's, dans le Hertfordshire. À la demande de son ami Terry Semel, président de Warner Bros., l'acteur, accablé, noya sa peine en s'occupant de tout ce qui avait trait au film.

Aussi tatillon que lui, Kubrick n'aurait pu choisir de meilleur exécuteur testamentaire. Tom supervisa le moindre détail de la distribution du film, du marketing et de la publicité. Il piqua une colère quand le scénariste Frederic Raphael rédigea sans son autorisation un petit livre racontant sa collaboration avec Kubrick. Penguin, l'éditeur de Raphael, fut étonné de la réaction de Tom devant ce qu'il considérait comme une trahison. « Les gens de chez Penguin ont déclaré qu'ils n'avaient jamais rien vu de tel, qu'il essayait de faire interdire la publication. Mais il faut dire qu'il fait partie de ces fous qui veulent tout contrôler », selon l'écrivain-scénariste.

La réputation de Tom fut de nouveau mise à mal quand le célèbre critique de cinéma Roger Ebert refusa de signer un « serment d'allégeance » avant d'interviewer l'acteur sur ce film tant attendu. Le contrat exigeait un contrôle éditorial total, soulignant qu'aucune interview ne pouvait présenter Tom d'une « manière négative ou péjorative » et que l'« artiste » avait le droit de faire effacer toute partie de l'interview qui lui déplaisait. Ebert refusant de signer, pour une fois, ce fut Tom qui céda, et le critique eut une conversation « franche et sincère » avec la star de Hollywood sur le film.

Tom avait beau essayer de dompter le fauve médiatique, il ne put jamais vraiment complètement le domestiquer. Peu après les funérailles de Kubrick, deux tabloïds américains prétendirent que le réalisateur avait engagé deux sexologues pour donner des cours à Tom et à Nicole. Le couple n'apprécia guère, et Warner Bros. publia un démenti tandis que leurs avocats intentaient une action en justice. En outre, Tom était d'une sensibilité à fleur de peau dès qu'il était question de son engagement dans la scientologie. Durant le tournage d'*Eyes Wide Shut*, le magazine *US Weekly* déclara que, selon Tom, John Travolta commettait une « erreur » en se lançant dans la production de *Terre, champ de bataille*, inspiré du roman de Ron Hubbard. La semaine suivante, le magazine fut contraint d'imprimer un rectificatif bien visible précisant que Tom était un « membre actif et très engagé de l'Église de scientologie », qui n'avait jamais prononcé ni même « sous-entendu » quoi que ce soit de négatif à l'égard de *Terre, champ de bataille*. Cela n'empêcha pas le film d'être qualifié de pire navet jamais commis.

« Je n'aime pas faire des procès, déclara Tom à *Harper's Bazaar*. Je n'y prends aucun plaisir. Mais il y a des moments où ce n'est plus seulement idiot, mais destructeur. Et, là, je poursuis. Je ferai un procès à chaque fois jusqu'à ce que cela cesse. Et quand la presse se calmera, je me calmerai. »

Eyes Wide Shut sortit en juillet 1999 et fut une immense déception après toute la controverse qui l'avait entouré. Même si ce fut le premier des films de Kubrick à atteindre la première place, dès le premier jour, au box-office américain, les critiques furent partagés, certains trouvant l'œuvre monotone et peu convaincante, d'autres décrivant ces cent cinquante-neuf minutes comme le dernier chef-d'œuvre du maître et la fin glorieuse d'une carrière brillante. Naturellement, on s'intéressa beaucoup aux scènes de sexe, Nicole étant perçue comme passionnée et torride dans ses duos avec Gary Goba, mais distante et indifférente quand elle était avec son mari. Plus tard, le film fut vu autant comme le point d'orgue d'un mariage en plein délitement que comme l'épitaphe de la carrière de Kubrick.

Les rumeurs continuèrent le même mois, quand Nicole accorda une interview au journaliste Tom Junod, dépêché spécialement à Sydney, où elle répétait *Moulin Rouge* pendant que Tom travaillait sur *Mission : Impossible II*. Ainsi que Junod le rapporterait en août 1999 dans le magazine *Esquire*, elle apprécia sa compagnie, l'emmenant dans les bars et lui faisant visiter le pont à la construction duquel son grand-père avait participé, et ils finirent dans sa chambre d'hôtel, tout habillés, allongés côte à côte sur le lit. Le téléphone sonna : c'était Tom, qui attendait son épouse avec leurs enfants dans un restaurant chinois. Quand Junod lui précisa où elle était, Tom rétorqua : « Dans tes rêves, mon vieux », sauf que Nicole intervint avec un : « Hélas, chéri, je suis malheureusement au lit avec lui en ce moment. » Si Junod déclara avec insistance qu'il ne s'agissait que d'un « flirt », c'est peut-être parce qu'il était persuadé que Tom, qui avait vu sa femme faire l'amour au théâtre avec un homme qu'il n'appréciait pas particulièrement et tourner pendant six jours d'affilée des scènes très osées avec un total inconnu, ne s'émut pas trop de cette nouvelle. D'ailleurs, il rendit tout particulièrement hommage à Nicole dans son discours de remerciement lorsqu'on lui remit un Golden Globe pour *Magnolia*. « Sa générosité, son soutien, ses sacrifices et son talent m'ont inspiré », déclara-t-il à l'assistance.

Antonia, la sœur de Nicole, était à ses côtés quand il foula le tapis rouge, Nicole étant prise par le tournage de *Moulin Rouge*. Durant cette longue période circulèrent d'inévitables rumeurs de liaison avec son nouveau partenaire, un autre Écossais, Ewan McGregor. On oublia de préciser qu'elle s'entendait à merveille avec Eve, l'épouse d'Ewan, et que Tom était sur le plateau dès qu'il en avait la possibilité avec leurs enfants. D'ailleurs, Connor et Bella s'habituèrent à voir leur mère juchée sur des hauts talons, en bas résilles et corset ajusté, leur préparer leur dîner dans la caravane entre deux répétitions de ses chansons et de ses chorégraphies. Soulignons, en revanche, que si Tom avait tenu à tourner *Mission : Impossible II* en Australie pour ne pas s'éloigner de sa femme, personne ne se rappelle avoir vu l'actrice lui rendre visite sur son plateau. Nicole demeurait un objet de désir qui se dérobait, jouant à l'écran, et peut-être dans la vie, comme le disait le réalisateur Baz Luhrmann de son personnage, une « femme à la sexualité épanouie ».

Les longues et intenses répétitions coûtèrent à Nicole une côte froissée durant une séquence de danse puis, en avril 2000, une fracture du ménisque. Elle repartit pour Los Angeles, où l'opéra l'éminent chirurgien Neal ElAttrache, le très séduisant beau-frère de Sylvester Stallone. Nicole le consulta par la suite fréquemment et ils devinrent amis.

À l'époque, toute la famille semblait sujette aux accidents. Une fois terminé le tournage de *Mission : Impossible II*, Tom emmena les enfants à une malencontreuse partie de pêche sur un petit douze mètres. Ils heurtèrent un récif, le moteur cala et un jet-ski les éperonna par le flanc. Puis le barbecue prit feu et Tom le jeta par-dessus bord, devenant, comme le remarqua quelqu'un, le premier acteur de l'histoire à mettre le barbecue sur les crevettes et non l'inverse.

Ses mésaventures domestiques contrastaient vivement avec son personnage de superhéros qui passe à travers les balles. Le réalisateur John Woo exploita cet imaginaire à fond sur *Mission : Impossible II*. Pourtant renommé pour la chorégraphie superbe de ses scènes de violence, Woo eut quelques inquiétudes en voyant Tom tourner la célèbre scène d'ouverture du film où il est suspendu d'une main à une paroi rocheuse à trois cents mètres dans le vide au-dessus du désert de l'Utah. Cela ne le rassurait guère d'avoir la mère de l'acteur à côté de lui pendant qu'un hélicoptère filmait la scène : « J'étais plus paniqué qu'elle. Je lui ai pris la main, je me suis tourné vers elle et je lui ai dit que tout irait bien, alors que c'était moi le plus angoissé. » Il fallut sept prises.

Tom raconta plus tard à Cameron Crowe que, durant cette éblouissante séquence, il s'était contenté d'admirer le paysage.

L'homme au sommet de son art, roi du monde du cinéma. À trente-six ans, encore assez leste pour exécuter lui-même des cascades à couper le souffle, c'était un acteur dont la marque de fabrique était une nonchalance déterminée face au danger, et un producteur à la tête d'un film à gros budget qui rapporta soixante-dix millions de dollars durant la première semaine rien qu'aux États-Unis.

Tom ne se contentait jamais de se reposer sur ses lauriers d'acteur et de producteur. Il cherchait constamment de nouveaux talents, de nouveaux scénarios. À l'époque, il s'intéressait au travail d'un jeune réalisateur espagnol, Alejandro Amenábar. Après une rencontre avec lui à New York, il signa son dernier script, une histoire de fantôme intitulée *Les Autres*.

Alors que les chemins de Nicole et de Tom divergeaient dans la vie privée, leurs relations professionnelles restaient étroites. Nicole signa six projets de films, dont un de Paul Verhoeven où elle devait jouer une suffragette, produit par le tandem Cruise-Wagner. Mais le premier à sortir fut *Les Autres*. En tant que producteur exécutif, Tom choisit sa femme comme vedette de ce projet, même si celle-ci, encore sur des béquilles après *Moulin Rouge*, rechigna à jouer une mère névrosée et bigote dont les deux enfants sont si sensibles à la lumière qu'ils doivent rester enfermés avec volets et rideaux tirés. Dans ce monde clos et sombre, cette femme vit en compagnie d'un groupe d'étranges domestiques et du fantôme de son mari tué au combat. C'est un film troublant et angoissant, et Nicole, qui sortait tout juste de l'univers pailleté de *Moulin Rouge*, se rebella. Son mari lui conseilla de laisser ses doutes de côté. Ce fut une sage décision, Nicole donnant là le meilleur d'elle-même. Comme le remarqua finement son biographe James Dickerson : « C'était très étrange que Tom ait choisi cette histoire pour Nicole, car, d'une certaine manière, c'était une sorte de reflet de leur mariage, jusque dans ses plus infimes détails. »

Quand Tom la vit incarner la mère frigide et névrosée qui couve sans affection sa progéniture, il fit remarquer à son entourage que Nicole était parfaite dans ce rôle.

9

Brusquement, tout fut terminé. Du jour au lendemain, Tom était parti. Elle affrontait la nouvelle année – et le reste de sa vie – sans l'homme dont elle se croyait aimée au-delà de tout. Le mari qui l'ensevelissait naguère sous des avalanches de roses rouges, de billets doux et d'adoration ne lui annonça même pas en face que leur mariage était fini après dix ans. Nicole apprit qu'elle avait été rayée du scénario de la vie de Tom par l'intermédiaire de son avocat. Elle savait à présent ce qu'avait dû ressentir Mimi Rogers. La séparation au début de l'année 2001 fut brutale et très formelle. Pas de complications ni de drames. Comme le disait l'une de ses premières amoureuses, Diane Van Zoeren : « Quand il en avait fini avec vous, c'était définitif. » Le Tom épris – ou épris de l'idée d'être amoureux – et le Tom détaché, c'était le jour et la nuit. Alors que Nicole était absente de leur maison de Pacific Palisades, un camion emporta les affaires personnelles de l'acteur, qui emménagea avec son entourage dans cinq bungalows d'un hôtel de Beverly Hills.

En larmes, le genou encore endolori après sa blessure dans *Moulin Rouge*, Nicole contemplait le téléphone, qui restait désespérément silencieux, soulignant l'ampleur de ce qu'elle venait de perdre. Elle avait, certes, eu du mal à supporter un cocon fait de caviar et de contrôle, et elle s'était, certes, éloignée de son époux, mais la soudaineté de leur rupture lui déchirait le cœur. Leurs amis, collègues et relations d'affaires avaient vu de quel côté soufflait le vent : ils se rangeaient avec les jardiniers, domestiques, communicateurs et assistants, c'est-à-dire avec Tom. Ainsi va le monde – en tout cas à Hollywood.

Il ne restait à Nicole, pour toute compagnie, que son fidèle chauffeur, Dave Garris, en train de polir sa GMC Denali noire à soixante-douze mille dollars. Ses seuls alliés étaient à Sydney – ses parents et sa sœur étaient furieux du traitement brutal que lui avait infligé Tom, aussi envisagea-t-elle de retourner en Australie. Dans ses heures les plus sombres, elle puisa des forces dans sa foi catholique. Elle discuta de ses choix avec ses parents. Elle avait entendu parler de couvents en Australie qui acceptaient les femmes ayant été mariées et était tentée de s'y ressourcer. En tout cas, elle voulait passer un moment dans une retraite catholique, afin de faire le point sur son avenir. Après cela, qui sait, peut-être s'inscrirait-elle à l'université de Sydney pour passer le diplôme d'anglais dont il était question depuis si longtemps.

En ce début d'année 2001, ses jours à Hollywood paraissaient comptés. Si l'exode des amis et du personnel n'avait pas suffi à lui mettre la puce à l'oreille, l'agressivité des avocats de Tom balaya ses derniers doutes. Elle savait qu'ils exprimaient la colère de leur client. Il n'y avait pas plus enragé qu'un Tom Cruise dédaigné. En attendant, les médias débordaient d'articles, probablement orchestrés par l'entourage de Tom, qui attribuaient la séparation à sa froideur et à son égoïsme et laissaient entendre qu'elle avait eu des liaisons.

La situation empira quand le trublion de la radio, Howard Stern, annonça que Tom avait engagé l'infâme détective privé Tony Pellicano, connu comme l'« homme de main des célébrités », pour enquêter sur le comportement de Nicole. Pourtant, les avocats de l'acteur ne manquaient pas de souligner qu'il s'agissait d'une « séparation à l'amiable ». Le cœur brisé, le genou blessé et sa carrière en miettes, Nicole découvrit alors qu'elle attendait un enfant de son mari. Et, en regardant en arrière, elle se demanda comment ils en étaient arrivés là.

Tout avait peut-être commencé à l'été 2000, lorsque Tom avait assisté à une projection privée du film espagnol *Ouvre les yeux*, qui racontait la relation entre Sofia, une belle danseuse, et un magnat de l'édition. Comme avec Nicole dix ans plus tôt, il avait été envoûté par la présence à l'écran de la vedette, Penélope Cruz, âgée de vingt-sept ans. Le générique n'avait pas fini de défiler qu'il avait déjà décroché son portable pour acheter les droits et en tourner un remake en anglais. Quelque temps après, quand il rencontra le réalisateur et scénariste du film, Alejandro

Amenábar, à New York, Tom dit qu'il voulait que Penélope Cruz reprenne le rôle dans la version américaine qui s'intitulerait *Vanilla Sky*. Si l'égérie d'Almodovar n'était pas très connue hors d'Europe, beaucoup d'hommes avaient été éblouis par ses yeux flamboyants, sa silhouette fuselée et sa personnalité vive et séduisante. « Dans la vie et à l'écran, elle agit comme un aimant, elle est incroyablement romantique, tout en restant vraie », fit plus tard observer Tom. Fille d'une coiffeuse et d'un homme d'affaires madrilènes, Penélope avait eu des relations avec plusieurs stars de Hollywood, dont Matt Damon. Cameron Crowe, le réalisateur choisi par Tom, alla en Grèce, où elle tournait *Capitaine Corelli*, pour la rencontrer.

Tom avait déjà travaillé avec Amenábar sur *Les Autres*. Quand le tournage du film avait commencé, en août 2000, à Madrid, Tom, producteur exécutif, était là avec sa femme et ses enfants. C'était le premier des six films signés entre Nicole et les productions Cruise-Wagner. En attendant, tandis que Nicole jouait une épouse abandonnée par son soldat de mari dans *Les Autres*, Tom quittait le tournage en novembre pour retourner à New York et tenir le premier rôle de *Vanilla Sky*. Ainsi que le fit remarquer plus tard Cameron Crowe, l'alchimie entre Tom et Penélope était capitale s'ils devaient incarner l'histoire d'amour passionnée qui constitue le nœud du film. « Penélope devait paraître véritablement amoureuse. Et le personnage de Tom également. Le film les montre vivre ce moment grandiose, hideux et enivrant. Sans lui, le film n'existait pas. La première fois que nous l'avons projeté en interne, tout le monde s'est exclamé : "Oh ! Ils étaient vraiment amoureux !" Il ne fallut pas longtemps pour que la fiction devienne réalité. »

Nicole rentra aux États-Unis juste avant Noël. Malgré leurs emplois du temps frénétiques, Tom et elle purent fêter ensemble à New York le cinquante-quatrième anniversaire de Paula Wagner, le 20 décembre. Des invités racontèrent que Tom allait de table en table en riant avec les invités et en autographiant des menus, tandis que Nicole, maussade, restait dans son coin.

À partir de cette date, on notera une nette différence entre la version donnée par Tom et le déroulement réel des faits. Dans sa demande de divorce, Tom déclarait que la séparation datait de décembre 2000. À partir du 21 décembre, assura-t-on dans son camp, à la veille du septième anniversaire de leur fille, Isabella, leurs routes avaient divergé.

Le jour où, selon Tom, ils s'étaient séparés, Nicole et lui rentraient à Hollywood. Deux jours plus tard, ils donnaient une soirée intime à Pacific Palisades pour fêter leur dixième anniversaire de mariage et le réveillon de Noël. Aux dires des personnes présentes, Tom et Nicole dansèrent sur leurs chansons préférées et se regardèrent amoureusement dans le blanc des yeux. S'ils avaient enclenché une rupture, comme le prétendirent les avocats de l'acteur par la suite, leur numéro de ce soir-là méritait un grand prix d'interprétation : on raconte même qu'ils renouvelèrent leurs vœux de mariage durant cette soirée.

On pourrait débattre de cette question, mais il n'en demeure pas moins incontestable que les Cruise et leur entourage partirent ensuite à Las Vegas pour la fin de l'année. Tom fit même en sorte que le Big Shot, le manège du Stratosphere Hotel, reste ouvert tard afin que Nicole et les autres en profitent. Pour ajouter à la confusion, Nicole prétendit plus tard qu'ils firent l'amour et qu'elle se retrouva enceinte durant cette période où, à en croire Tom, ils étaient séparés. Enfin, pourquoi Tom avait-il passé les fêtes avec Nicole, puisque, d'après ses déclarations, un avocat avait signifié à sa femme la fin de leur union ? Pour un couple au bord d'une âpre procédure de divorce, cette escapade à Las Vegas paraît bien curieuse.

À peine la famille fut-elle rentrée de Las Vegas que Tom reprit le tournage de *Vanilla Sky* qui s'était transporté à Hollywood. Il ne fallut pas longtemps aux médias pour avoir vent des difficultés du couple, d'autant que Tom avait emménagé à l'hôtel. Leur comportement à la cérémonie des Golden Globes du 21 janvier donna du grain à moudre aux ragots. Tom et Nicole y reçurent des récompenses, mais ils arrivèrent dans des voitures séparées, Nicole en compagnie de son père, Antony, et ils prirent place à des tables différentes.

Le *National Enquirer* étant sur le point d'annoncer la nouvelle, l'attachée de presse, Pat Kingsley, publia un communiqué le 5 février confirmant que le mariage était terminé. Elle déclara que la rupture était due à des « difficultés inhérentes aux carrières divergentes qui les séparaient constamment », soulignant qu'aucune tierce partie n'était impliquée et que la scientologie n'avait pas pesé sur la décision de Tom. Pour une fois, même la presse people la plus crédule resta sceptique, faisant remarquer que Tom et Nicole s'étaient souvent vantés de n'avoir jamais passé plus de quinze jours loin l'un de l'autre durant leurs dix ans de mariage. Le divorce suscita la publication d'une foison d'articles attribuant à Nicole des liaisons avec Ewan McGregor, avec George Clooney, avec son ancien petit ami, Marcus Graham, avec son partenaire dans *The Blue Room*, Iain Glen et d'autres encore. Penélope Cruz réfuta toutes les rumeurs de liaison avec son partenaire.

Même s'il y avait cette fois deux enfants concernés, Tom refusa d'envisager le moindre conseil, pas même la mascarade scientologue que Mimi Rogers et lui avaient subie. Deux jours après la publication du communiqué officiel, Tom déposa une demande de divorce auprès de la cour supérieure de Los Angeles, prétextant des « différences inconciliables » : « Aucun facteur – ni l'intervention d'un avocat, ni l'assistance d'un professionnel de la santé mentale, ni l'œuvre du temps, ni rien – ne m'incitera à revenir sur ma décision. » En public, il resta coi. « Nicole sait pourquoi », se contenta-t-il de dire d'un ton agacé qui évoquait plus une rupture d'amourette lycéenne que la fin digne d'une union longue de dix ans.

Sur le plateau de *Vanilla Sky*, il semblait détendu et insouciant et assista même à une soirée donnée par son ami Steven Spielberg. En coulisses, en revanche, la sécurité sur le tournage fut renforcée, Tom étant constamment entouré de cinq gardes du corps. Les membres de l'équipe travaillant étroitement avec lui devaient passer sous un détecteur de métaux au cas où ils auraient transporté des appareils photo, des mobiles ou des magnétophones. Cela devint intolérable pour un responsable, irrité de voir une figurante obligée de vider son sac à main. « Dites à Tom que ce sont des acteurs professionnels et qu'ils doivent être traités avec respect ! hurla-t-il. Nous ne sommes pas au FBI ! » L'attachée de presse de Tom, Pat Kingsley, balaya ces reproches : « Oui, il tient à ce que la sécurité soit stricte. Mais c'est seulement pour protéger tout le monde, lui comme les autres. »

Pendant ce temps, Nicole souffrait et était à peine capable de quitter sa maison. Elle avait commencé à travailler sur un nouveau film, *Panic Room,* à la mi-janvier, mais elle dut renoncer avant la fin du mois, officiellement à cause de sa blessure au genou. « Même si la situation était tendue, témoigne un ami de la star, le réalisateur australien John Duigan, la fin a été brutale et éprouvante. » Au début du mois de février, après le communiqué de presse de Pat Kingsley, sa mère, Janelle, sa sœur,

Antonia et ses deux enfants se rendirent à Los Angeles pour réconforter l'actrice aux abois. Elle se sentait assiégée, à la fois par les médias, qui lui attribuaient tous les amants imaginables, et par les avocats de Tom. La nouvelle que le redoutable enquêteur Tony Pellicano avait été engagé pour fouiner dans sa vie privée fit déborder le vase. Non seulement Tom et Nicole étaient convenus de ne jamais recourir à de tels procédés, mais elle savait que son mari avait toujours méprisé cet homme et ses méthodes douteuses. Apparemment, l'humeur de Tom était si vindicative que seul le venin de Pellicano pouvait l'exprimer. Le détective, ami et collaborateur régulier de l'un des avocats de Tom, Bert Fields, était connu comme l'« homme qui trouve la solution aux problèmes quand tout le monde a échoué » : c'était un voyou qui terrorisait ses victimes avec la batte de baseball en aluminium qu'il transportait dans son coffre de voiture. « Je ne peux pas tout faire dans la légalité, se vanta-t-il un jour. Je tords le cou à la loi pour obtenir des informations. » On découvrirait effectivement, en 2002, jusqu'où il était prêt à aller : une descente du FBI dans son bureau mit au jour deux grenades, du plastic, du matériel d'enregistrement et des milliers de pages de transcriptions d'écoutes téléphoniques illégales. Il se vanta ensuite auprès de Corinne Clifford, une cliente, d'avoir espionné la ligne de Nicole. « Je suis le privé numéro un du monde », déclara-t-il. Depuis, Tom, Nicole et Bert Fields ont été interrogés par les agents du FBI enquêtant sur Pellicano, qui est actuellement en prison, sous le coup de cent dix chefs d'accusation, dont écoutes, racket, association de malfaiteurs, corruption de témoins, usurpation d'identité et destruction de preuves.

Bref, Nicole était suffisamment au fait de la réputation de Pellicano pour chercher conseil auprès de son avocat new-yorkais, Bill Beslow, qui avait négocié les divorces de Mia Farrow, Tatum O'Neal et Sarah, duchesse d'York. Il lui recommanda d'engager quelqu'un pour riposter. C'est donc ainsi que Richard DiSabatino, détective privé de Hollywood, que Robert De Niro avait lancé dans ce métier, se retrouva dans son élégant bureau pendant que l'avocat de Nicole jouait distraitement un air de jazz sur le piano à queue du salon. Vêtue en toute simplicité d'un jean et d'un pull trop grand, Nicole était l'incarnation du chagrin, son visage d'un blanc de porcelaine, ses yeux rougis par les larmes. « Elle avait une mine affreuse, témoigne-t-il. Elle ne jouait pas la comédie, et il était évident que la rupture l'avait ébranlée. » Entre deux explications, elle fondait en larmes, sans cesser de se masser le genou. « Je me sens si désemparée, se lamenta-t-elle. On veut m'empêcher de poursuivre ma malheureuse carrière. »

Après avoir écouté ses doléances, le détective lui expliqua qu'il était chargé de la protéger, de vérifier que ses téléphones n'étaient pas sur écoute et qu'elle n'aurait affaire qu'à des gens qu'elle connaissait et en qui elle avait confiance. Cependant, elle exigea qu'il n'enquête pas sur son ex-mari, alors même que DiSabatino avait des contacts au Carlyle Hotel, à New York, où séjournait Penélope Cruz durant le tournage avant que Tom ait rempli sa demande de divorce.

En quittant la demeure de Pacific Palisades, DiSabatino se fit des reproches : il avait misé sur le mauvais cheval ; Hollywood se rangerait automatiquement au côté de son puissant ex-mari. Cependant, sa mission était de protéger son infortunée cliente. Lors d'une visite suivante, il changea ses téléphones et installa un système de cryptage empêchant qu'elle soit sur écoute : « Nous essayions de garder une longueur d'avance. » Consciente que Pellicano était un adversaire plein de ressources, durant ses conversations avec des amis ou la famille, Nicole disait de temps en temps : « Tom, tu m'entends ? » ou : « Est-ce que c'est bien ce que tu veux que je dise, Tom ? »

Malgré ces fanfaronnades, l'actrice était sur les nerfs. Elle était blessée, fâchée et stupéfaite, mais, surtout, elle voulait savoir pourquoi Tom était sorti de sa vie aussi soudainement. Non seulement c'est par un tiers qu'elle avait été informée de leur séparation, mais, quand elle l'avait appelé en janvier pour lui poser la question, il s'était contenté de lui répondre : « Tu sais très bien pourquoi. » Il répéta ce mantra même quand elle lui hurla : « Espèce de connard, tu te rends compte que je suis enceinte ? » Elle insista auprès de DiSabatino pour qu'il découvre pourquoi son mari l'avait quittée, certifiant qu'il était le père de l'enfant. DiSabatino répondit sans détour que, si Tom n'était pas disposé à le dire à sa propre femme, lui-même n'avait aucune chance de le savoir, quand bien même il le ligoterait et le torturerait. « Et avec ça je n'aurais qu'une chance sur deux de réussir à lui soutirer des réponses. »

Les insinuations et les ragots constamment distillés dans les médias au sujet de sa cliente l'inquiétaient beaucoup. Quand des papiers malveillants parurent dans le *National Enquirer,* tabloïd de prédilection de Pellicano, DiSabatino comprit qu'on ne prenait carrément plus de gants. Selon un article, Tom avait quitté Nicole parce qu'il ne supportait plus de l'entendre « râler continuellement » ; d'autres spéculaient sur l'identité possible du père du bébé, allant de tous les acteurs qu'elle avait croisés jusqu'à son chirurgien, Neal ElAttrache, et son chauffeur, Dave Garris. Certes, celui-ci se comportait moins comme un chauffeur que comme le maître de maison. Elle semblait apprécier la compagnie d'un homme qui la traitait comme une femme plutôt que comme une star.

Puisque Pellicano faisait les poubelles, DiSabbatino avait besoin de savoir si sa cliente cachait quelque cadavre dans son placard sentimental. Il demanda à brûle-pourpoint à Nicole si elle avait eu une aventure avec un autre. « Elle m'a regardé droit dans les yeux et m'a répondu non. » Elle avoua que la seule personne avec qui elle avait frôlé l'adultère durant son mariage était l'acteur Iain Glen et que « Tom était parfaitement au courant ».

Pendant ce temps, une kyrielle d'hommes – ainsi que, souvent, leurs conjointes – réfutaient publiquement le moindre attachement sentimental avec l'actrice australienne. Une rumeur persistante collait à son partenaire dans *Moulin Rouge*, Ewan McGregor. « Je n'en reviens pas qu'on raconte qu'il y ait eu quelque chose entre nous, déclara Nicole. Ewan est un type charmant et un ami. Nous avons passé beaucoup de temps sur *Moulin Rouge*, et sa femme, Eve, était présente. C'est une de mes copines. C'est absolument insensé. »

Autre comédien promu au statut d'amant par les médias, l'ami intime de Nicole, son compatriote Russell Crowe : selon certaines sources, Tom s'était fâché après avoir découvert un échange d'e-mails entre eux. Quand Iain Glen apparut auprès de Nicole pour la soutenir, les rumeurs prirent une telle ampleur que son épouse de l'époque, Susannah, s'indigna publiquement : « Nicole est une vieille amie à moi aussi. Il n'y a rien à déduire du fait qu'Iain lui parle. Je suis parfaitement d'accord et au courant. Ils sont amis et tout cela est normal. »

Hollywood s'intéressait plus encore à son amitié avec son chirurgien orthopédique, Neal ElAttrache, beau-frère de Sylvester Stallone qui soignait sportifs et célébrités dans son prospère cabinet, à la clinique Kerlan-Jobe. On racontait dans tout

Hollywood qu'ElAttrache était devenu plus qu'un ami. Quand les rumeurs parvinrent à l'oreille de Stallone, celui-ci craignit que le vindicatif Tom Cruise ne s'en prenne à ce qui restait de sa carrière d'acteur vieillissant. Du coup, Jackie Stallone, sa redoutable mère de quatre-vingts ans, convoqua un « conseil de famille » à l'italienne. Selon un proche, c'est seulement après deux de ces conseils que Neal ElAttrache parvint à calmer les inquiétudes du clan Stallone. Celui-ci confirma plus tard que son beau-frère s'était lié d'amitié avec Nicole durant les soins et qu'ils étaient restés en contact par la suite. « Je l'ai pris en quatre yeux, rapporta-t-il au journaliste Mitchell Fink, et je lui ai dit : "Écoute, on ne parle que de cette histoire, alors il faut que tu sois franc avec moi. Est-ce qu'il s'est passé quoi que ce soit ?" Il m'a répondu non. Tout était clair et net. »

Il y eut un petit rebondissement : en mars 2001, Stallone contacta le journaliste et ancien inspecteur de la police new-yorkaise, John Connolly, qui venait de publier dans *Premiere* un article sur des allégations de harcèlement sexuel lancées contre Arnold Schwartzenegger, aujourd'hui gouverneur de Californie. Stallone, qui déteste l'ancien bodybuilder, avait très envie d'apprendre des détails non publiés sur son rival et lui proposa en échange des informations de première main sur l'amitié entre Nicole Kidman et son beau-frère. « Ça ne s'est pas fait, dit Connolly. Cette histoire s'emballait et je n'avais pas envie d'être pris entre deux feux. »

Le débat entourant l'identité du père de l'enfant qu'elle portait ne fut bientôt plus que de pure forme. Le 16 mars, Nicole fut conduite d'urgence au centre gynécologique Iris Cantor de l'UCLA, en proie à une grave hémorragie et à de vives douleurs dans le ventre semblables à celles qu'elle avait connues lors de sa grossesse extra-utérine dix ans plus tôt. Les médecins lui annoncèrent qu'elle était enceinte de trois mois, mais qu'elle avait fait une fausse couche ; en réalité, à l'insu de Nicole, le fœtus était mort plusieurs semaines auparavant. Pendant que son fidèle chauffeur l'attendait, Nicole appela Tom pour lui annoncer la nouvelle. Il lui envoya des fleurs mais ne lui rendit pas visite à l'hôpital.

Étant donné le stress qu'elle subissait et ses antécédents médicaux, cette fausse couche n'avait rien de surprenant. « Nous sommes devant une femme enceinte, avec une blessure au genou, et à qui on a annoncé que sa carrière à Hollywood était terminée, observe DiSabatino. Et, surprise, voilà qu'elle fait une fausse couche. Je ne peux que penser que c'était parce qu'elle était totalement sens dessus dessous. Elle voulait un bébé. Elle adore les enfants. » Fine mouche, le détective conseilla à sa cliente de conserver un échantillon de tissu fœtal au cas où des tests ADN seraient nécessaires pour prouver l'identité du père et lâcha un tuyau dans ce sens au *National Enquirer*.

Habile manœuvre qui contrait le camp de Tom : celui-ci n'aurait d'autre choix que de traîner son ex devant un tribunal pour prouver que l'« Homme le plus sexy du monde » n'était pas le père de l'enfant qu'elle avait porté. Même Pellicano reconnut que Tom s'était fait avoir.

Pendant que Nicole était à l'hôpital, l'Église de scientologie resserra son emprise sur Tom. Le 18 mars, des médias mal renseignés rapportèrent que l'acteur avait rompu ses liens de quinze ans avec l'organisation en se fondant sur les propos d'un porte-parole selon lequel il avait quitté la secte pour des « raisons personnelles », non sans lui avoir fait un don généreux. Dans les vingt-quatre heures, Bert Fields, l'avocat de Tom, fut sur le pied de guerre et démentit formellement que Tom eût quitté l'Église de scientologie et toute intention dans ce sens. En réalité, alors que Nicole prenait ses distances avec la secte, Tom embrassait de plus belle la doctrine de L. Ron Hubbard. Naomi Watts, l'une des plus proches amies de Nicole, en témoigne : « Tom s'est toujours plus intéressé à la scientologie que Nicole. C'est une espèce de fanatique. Nicole n'a jamais voulu le suivre sur cette voie. » L'intérêt déclinant de l'actrice pour la scientologie, allié à une foi catholique jamais abandonnée, avait semé les graines du conflit avec son mari. En tournant le dos à la secte, elle avait, en fait, tourné le dos à Tom.

Si Hollywood fut plutôt choqué de la rupture brutale et glaciale de Tom avec sa femme, son comportement n'étonna pas les anciens scientologues. Peter Alexander, naguère vice-président des studios Universal, travaillait sur son ordinateur dans la même pièce que son épouse, Jolie, quand il reçut d'elle sur son écran un message annonçant qu'elle réclamait le divorce parce qu'il n'était plus autant qu'elle engagé dans la scientologie. Immédiatement après, elle prit leurs trois enfants et sortit de sa vie. De la même manière, quand Karen Pressley décida de quitter la scientologie et de revenir à la foi chrétienne, elle était consciente que son mariage était condamné. L'acteur Parker Stevenson attribuait également une part de responsabilité à la scientologie dans sa rupture avec Kirstie Alley en 1997. « Ce n'est pas facile. Je suis épiscopalien, elle est scientologue, c'est différent », déclara-t-il au magazine *People*. La même année, l'acteur Tom Berenger quitta son épouse scientologue, Lisa, déclarant que les croyances religieuses de sa femme étaient la principale cause de leurs problèmes.

Nicole craignait que la scientologie ne tente de la discréditer. Si elle avait eu besoin qu'on lui rappelle ce danger, le *National Enquirer* rapporta que Nicole avait fait de nombreux aveux enregistrés durant les séances d'audition de la scientologie au cours desquels elle avais « mis son âme à nu ». Selon cet article, des éléments personnels pouvaient être utilisés contre elle, notamment en cas de litige sur la garde des enfants. Son avocat, Bill Beslow, chercha conseil auprès d'un ancien scientologue de haut rang : « L'avocat de Nicole m'a contacté, m'a dit que c'était une situation très pénible, mais que Nicole ne voulait que ses enfants. Il m'a demandé si je pouvais lui donner des conseils pour régler cette crise. À cette époque, Nicole détestait la scientologie, mais elle se faisait du souci pour les gosses. Elle s'est donné pour mission de les soustraire autant que possible à l'influence de la scientologie, sans toutefois gâcher ses relations avec eux. J'ai répondu à l'avocat que, si elle voulait rester avec ses enfants, elle devait se taire et ne pas exprimer de griefs contre la scientologie. »

Si les célébrités scientologues ordinaires étaient forcées de choisir entre leur religion et leurs relations, c'était encore plus important pour l'icône, Tom Cruise, d'avoir une conjointe aussi engagée dans sa foi que lui. Au premier abord, Penélope Cruz, qui avait été élevée dans une famille madrilène pauvre mais très catholique, n'avait pas le profil. D'ailleurs, quand elle avait interviewé mère Teresa dans les années 1990, elle avait été si inspirée par son dévouement qu'elle avait lancé sa propre association caritative, la fondation Sabera, pour venir en aide aux tuberculeux indiens.

En même temps, Penélope Cruz était ouverte à toutes les formes de spiritualité ou de philosophie religieuses. Durant sa liaison de six ans avec le chanteur mexicain Nacho Cano, elle avait été initiée au bouddhisme et elle avait été présentée au dalaï lama lors d'un voyage au Népal. Peu de temps avant de faire la connaissance de Tom, en 2000, elle déclarait : « J'ai été élevée dans la foi catholique, mais je crois en Dieu à ma façon, je prie à ma façon et je respecte toutes sortes de philosophies. La seule religion ou philosophie dont je me sente proche est le bouddhisme. »

La scientologie se présente indûment sous les traits d'une « religion appliquée » capable de coexister avec d'autres croyances. Cela aurait pu plaire à l'esprit libre qu'était Penélope Cruz. Aux premiers jours de leur liaison, Tom l'emmena discrètement à son lieu de pèlerinage préféré, le Centre des célébrités de Hollywood, qu'il lui fit visiter de fond en comble avant de lui donner brochures sur papier glacé et ouvrages de Ron Hubbard. Il ne fallut pas longtemps avant qu'elle retourne au centre.

Très vite, les roses rouges et les billets doux dont il avait naguère couvert Nicole commencèrent à s'abattre sur Penélope, qui préférait nettement ces gestes attentionnés et apparemment spontanés à de splendides bijoux. « Penélope est quelqu'un pour qui les cadeaux n'ont pas beaucoup d'importance, dira Tom. Elle n'a pas vraiment envie de bijoux ou de somptueux cadeaux. Elle aime les petits mots ou les coup de fil, notamment quand elle est en voyage. »

Comme aux premiers jours de sa romance avec Nicole, Tom resta discret sur sa nouvelle conquête tant que le divorce n'était pas réglé. Aussi n'alla-t-il pas s'asseoir avec Penélope lors de la cérémonie des oscars, au mois de mars. Tous les deux remettaient des statuettes, Tom pour le meilleur réalisateur et Penélope pour les meilleurs costumes, tandis que Nicole brillait par son absence.

Même si Penélope et Tom tentèrent de jeter le voile sur leur relation naissante, l'hostilité entre Nicole et l'actrice espagnole sortit au grand jour quand elles furent photographiées dans le cadre d'un dossier que le magazine *Vanity Fair* consacrait aux « Légendes de Hollywood ». Pour la couverture, la photographe Annie Leibovitz avait regroupé Nicole, Sophia Loren, Meryl Streep, Catherine Deneuve, Cate Blanchett, Chloë Sevigny et, présence incongrue, Penélope Cruz, qui avait à peine un film américain à son actif. Le fait qu'elle fût désormais représentée par l'attachée de presse de Tom, Pat Kingsley, et par son agence,

CAA, avait dû œuvrer en sa faveur. On remarquera que la photographe avait placé les deux rivales, Nicole, glaciale et hautaine, et Penélope, l'air terrifiée, de part et d'autre de la photographie.

Le fait d'inclure sur ce cliché une Penélope relativement inconnue était-il une tentative pas très subtile du camp de Tom pour intimider et humilier Nicole ? Toujours est-il que le résultat fut celui-là. En avril, Nicole, encore affaiblie par sa fausse couche, souffrant de son genou et traquée par un détective, fut suffisamment affectée par le battage médiatique et juridique de Tom pour jeter l'éponge. « Nicole parlait de passer un compromis, explique DiSabatino. Tom lui proposa alors une somme qui représente la moitié de ce qu'elle a touché au final. Elle m'a appelé chez moi pour m'annoncer qu'elle allait signer. Je l'ai suppliée de ne pas accepter ce marché : si elle tenait le coup, elle pouvait obtenir bien plus. Mais elle a répondu qu'elle souffrait trop et qu'elle voulait passer à autre chose. » Finalement, elle se rangea à l'avis de son détective et résolut de se montrer patiente.

Malgré tout, au début du mois de mai, elle déclara à la papesse de la télévision, Oprah Winfrey, que sa vie était un « cauchemar » : « On prétend qu'on va bien, alors que, certains jours, c'est parfait, tandis que d'autres, ça l'est beaucoup moins. » Elle ne comprenait toujours pas pourquoi Tom l'avait quittée. Hors caméra, après l'avoir interviewée dans son émission, la journaliste Katie Couric l'interrogea discrètement sur les véritables motifs de la rupture. « Je ne sais pas, je ne sais pas », répéta Nicole. Elle était tout aussi effondrée quand elle assista à la première de *Moulin Rouge* au festival de Cannes quelques jours plus tard. Nicole, qui souffre de crises de panique, fut assaillie par une foule enthousiaste et avoua plus tard qu'elle avait vécu le pire moment de sa vie. Vulnérable, désemparée, elle se sentait incapable d'affronter les médias lors de la traditionnelle conférence de presse. Voyant sa vedette se décomposer à vue d'œil, le réalisateur Baz Luhrmann l'exhorta : « Remonte en selle et redeviens Nicole Kidman ! » Elle suivit son conseil et dansa toute la nuit avec Ewan McGregor et le DJ Fatboy Slim.

Alors que Nicole s'envolait pour Londres afin de préparer le rôle de Virginia Woolf dans *Les Heures*, Tom s'armait pour une bataille de plus, cette fois contre ses vieux ennemis des médias. Comme le nota le journaliste Richard Goldstein : « Tom Cruise intente des procès comme Robert Downey Jr viole sa conditionnelle. Downey est incapable de résister à la poudre et Cruise à l'envie d'en découdre. » Ayant passé des heures – et dépensé des milliers de dollars – au téléphone avec son avocat, Bert Fields, durant son divorce, il le rappela quand le magazine people français *Actustar* avança, en mai 2001, que Tom avait eu une liaison avec la star du porno gay et champion de lutte érotique Kyle Bradford (de son vrai nom, Chad Slater). Slater écopa d'un procès où Tom réclama cent millions de dollars de dommages et intérêts, Fields déclarant : « Il n'y a pas une once de vérité dans cette histoire ignoble fabriquée de toutes pièces par un individu en quête de gloire. Tom Cruise respecte pleinement le droit de chacun à suivre ses propres préférences sexuelles, mais il n'est pas homosexuel et n'a jamais eu la moindre relation d'aucune espèce avec Kyle Bradford [Chad Slater], qu'il ne connaît même pas. » Même si Slater nia avoir fait cette déclaration et si *Actustar* publia un rectificatif, les rumeurs gays continuèrent de circuler.

Pour ceux qui gravitent autour de Hollywood, il y avait de l'argent à gagner en exploitant la susceptibilité à fleur de peau de Tom, notamment sur cette question d'homosexualité. C'est donc ainsi qu'en juin 2001 l'acteur de porno gay Big Red – « On ne m'appelle pas comme ça à cause de mes taches de rousseur et de ma tignasse carotte » – se retrouva assis dans le bureau de Tony Pellicano en compagnie d'un confrère détective et producteur de pornos gays à l'occasion, Paul Barresi. Celui-ci, qui se prétendait l'homme de main de Pellicano, avait eu son quart d'heure de gloire en 1990 en prétendant avoir eu une liaison avec l'acteur scientologue John Travolta. Big Red, de son vrai nom Nathan Hamilton, raconta aux deux privés une histoire compliquée concernant ses rencontres tarifées avec certaines des plus grandes stars de Hollywood, dont Tom Cruise. Barresi avait déjà tenté de vendre le récit de Hamilton au *National Enquirer*, mais le tabloïd avait trouvé les « souvenirs » grotesques de la star du porno trop tordus et contradictoires.

Pellicano se montra moins sceptique. « Je le trouve très crédible », dit-il à Barresi après le départ de Hamilton. Il sous-entendait par là qu'il leur serait possible de se faire de l'argent sur le dos du pauvre Hamilton – et de Tom Cruise – en rapportant leur découverte à son avocat Bert Fields. Selon eux, Fields mettrait la machine judiciaire en route, enverrait des lettres comminatoires à Hamilton et rétribuerait pour leurs services Pellicano, son privé favori, ainsi que Barresi. C'était, pour eux, infaillible. Les seuls perdants dans l'affaire étaient Hamilton et Cruise. Comme le concéda Barresi : « Cette histoire est parfaite : elle ne sera jamais divulguée, mais elle suffira à inciter Cruise à réagir parce qu'elle touche à son talon d'Achille. Tout le monde sait que Cruise prend le mors aux dents quand on le traite d'homo. Jouer sur deux tableaux, c'est la manière idéale de gagner de l'argent. Les célébrités sont naïves et ont les poches pleines. » En définitive, Hamilton partit en cavale, prétendant avoir reçu des lettres de menace de Fields. Lors d'une entrevue ultérieure, Hamilton prétendit avoir une liaison avec le chanteur préféré de Pellicano, le ténor italien Andrea Bocelli. Pour sa peine, Barresi toucha finalement cinq mille dollars de Bert Fields et fut si fier de ses liens avec l'avocat de Tom Cruise qu'il conservait une photocopie du chèque dans son portefeuille pour le montrer en toute occasion.

Le même mois, en juin 2001, Michael Davis, éditeur de *Bold Magazine,* offrit un demi-million de dollars à quiconque fournirait la preuve photographique de l'homosexualité de Tom Cruise. Une fois de plus, Fields décrocha son téléphone et intenta un procès réclamant cent millions de dommages et intérêts auprès de la cour supérieure de Los Angeles. Le magazine se rétracta dans un communiqué public.

Bien que Tom ait remporté légitimement toutes les batailles juridiques concernant sa sexualité, à l'heure où sont rédigées ces lignes, il existe plus de deux millions de sites Internet aujourd'hui répondant aux mots-clés « Tom Cruise gay » – légèrement plus que pour un autre sex-symbol, Brad Pitt, qui n'a jamais entrepris la moindre action en justice et a publiquement déclaré qu'il n'épouserait Angelina Jolie que lorsque le mariage homosexuel serait autorisé aux États-Unis.

Au beau milieu de ces rumeurs, il fréquentait en secret l'une des femmes les plus belles du monde, Penélope Cruz. En juillet, il prit quelques jours pendant le tournage de *Minority Report*, réalisé par son ami Steven Spielberg, afin de se rendre avec elle à bord de son jet personnel – le *Sweet Nic*, désormais rebaptisé *Sweet Bella* – dans une île privée du Pacifique Sud, près des Fidji. Le propriétaire, le Canadien David Gilmour, qui avait commercialisé l'eau minérale des Fidji, avait offert la jouissance de la résidence du Wakaya Club à Tom et Nicole – signe supplémentaire que, lorsque cette invitation avait été lancée, le couple n'envisageait pas encore le divorce. D'ailleurs, Nicole et ses enfants, ainsi que son ami l'acteur Russell Crowe, utilisèrent la résidence durant la première semaine, Isabella et Connor restant sur place pour passer les deux semaines suivantes avec leur père et Penélope Cruz. L'arrivée de cette dernière surprit certainement Nicole, qui se plaignit plus tard : « Il m'avait juré en long, en large et en travers qu'il n'y avait rien entre eux. »

Les enfants avaient appris avant le reste du monde qu'entre Tom et Penélope, c'était du sérieux. Et, à la fin du mois de juillet, Pat Kingsley confirma pour la première fois que le couple se voyait depuis un certain temps. Au début du mois d'août, Penélope fut diplomatiquement absente de la première, à Hollywood, du film *Les Autres*, où la vedette féminine et le producteur exécutif arrivèrent séparément. Le lendemain, 7 août 2001, le divorce était finalement prononcé, le couple convenant d'une garde partagée des enfants et s'engageant à ne faire aucune confidence aux médias.

Quelques semaines plus tard, la question financière fut réglée, et Nicole toucha le double de la proposition initiale. Tom conservait leur maison du Colorado, et Nicole celles de Pacific Palisades et de Sydney. Quand elle sortit du bureau de l'avocat après avoir signé les papiers du divorce, Nicole laissa échapper un immense cri de soulagement.

Il en allait de même pour Penélope, qui pouvait désormais paraître en public avec son amant. Cependant, avant cela, elle voulut lui présenter l'autre homme de sa vie et fit venir son père, Eduardo, à Los Angeles. Penélope tenait à l'approbation de son père. S'il avait nourri des doutes sur le petit ami de sa fille, deux fois marié et divorcé, Eduardo les garda pour lui, du moins pour le moment. C'est seulement plus tard qu'il considéra plus attentivement – et avec plus de scepticisme – l'homme et son Église.

Quant à Penélope, elle était ravie, tout comme Nicole dix ans avant elle, de ne plus devoir rester dans l'ombre. Son assistante personnelle, Kira Sanchez, confirme : « Penélope a confié à ses amis qu'elle était considérablement soulagée que tout soit au grand jour. Elle a dit à Tom qu'elle n'aimait pas qu'on l'oblige à se cacher. »

10

C'était le trente-neuvième anniversaire de Michael LaForte. Il commanda son habituel café à emporter – un sucre, du lait – au comptoir de Bill Schamber, sur le quai de la gare de Middleton, dans le New Jersey, avant de monter pour son trajet d'une heure vers Manhattan. Alors que Bill le servait, ils discutèrent de la météo. C'était une si belle matinée que Bill avait déjà décidé de fermer tôt pour aller à la pêche. Michael fut tenté, mais il resta ferme, ayant l'intention de quitter le bureau de bonne heure et de souffler ses bougies avec ses deux jeunes enfants et sa femme enceinte, Fran, dans leur maison de Holmdel, dans le New Jersey.

Il ne revint jamais. À 8 h 46, le 11 septembre 2001, Michael était dans son bureau au cent cinquième étage de la tour nord du World Trade Center quand le vol 11 d'American Airlines s'encastra dans le bâtiment quinze étages plus bas. À 8 h 51, Michael appela chez lui et laissa un message d'adieu sur le répondeur. Il annonça à sa femme partie conduire les enfants à l'école qu'il n'y avait aucune issue. « Franny, je t'aime. Je vous aime, toi et les enfants. Un avion a heurté la tour. Je ne sais pas ce qui se passe. Je te rappelle. Je t'embrasse. Au revoir. »

Sa voix était tendue, mais Michael n'était pas homme à paniquer. Non seulement il avait passé quatre ans comme capitaine chez les marines, mais il était dans le World Trade Center lors de l'attentat de 1993. Michael était un homme facile à vivre, débordant d'énergie et d'ambition, qui était parvenu jusqu'au poste de vice-président de sa firme de courtage, Cantor Fitzgerald.

Il était animé d'un esprit dynamique que Tom Cruise connaissait bien. Michael et lui, amis depuis l'époque de Glen Ridge, étaient restés en contact longtemps après qu'il eut délaissé ses autres anciens camarades. Au début de leur vie d'adultes, ils avaient souvent fait la fête ensemble, puis, quand Tom était devenu célèbre, il avait emmené son ami au Super Bowl, à des premières de films et autres soirées hollywoodiennes. De temps en temps, Michael et Fran dînaient avec Tom et Nicole, bien que cette dernière leur préférât des amis plus glamour.

Le frère aîné de Michael, Sam LaForte, retrouva Fran pour partir à la recherche de Michael. Comme des milliers d'autres, Sam et Fran arpentèrent New York, cherchant dans les hôpitaux et distribuant des photos, en quête du moindre élément qui aurait pu mettre un terme à leur incertitude. Fran fit même un appel à la télévision sur la chaîne NBC : « On a envie de mourir. Je ne sais pas où il est. Et je sais que s'il avait réussi à sortir de ce bâtiment il m'aurait appelée immédiatement, parce qu'il avait agi comme ça la dernière fois. Je sais donc qu'il est quelque part, blessé. »

Des jours plus tard, on appela Sam LaForte pour lui annoncer que Michael avait été retrouvé. « On m'a dit qu'il était O.K., ce qui signifiait que le corps était intact. C'était atroce, mais, au moins, nous avions une certitude. »

Le 21 septembre 2001, Tom Cruise et bon nombre de célébrités apparurent devant quatre-vingt-neuf millions de téléspectateurs pour un téléthon, « Hommage aux héros », destiné à recueillir des fonds pour les victimes du 11 septembre. Avant l'émission, il resta blotti sur un canapé avec sa compagne, Penélope. Quand son tour arriva, il prononça un discours en hommage au père Mike, aumônier des pompiers de New York, qui avait trouvé la mort durant une mission de sauvetage, mais il ne parla pas de son ami Michael LaForte.

Pour ceux qui le connaissaient, ce fut une surprise. Durant le même téléthon, Sting dédicaça sa chanson *Fragile* à son ami Herman Sandler, qui avait péri dans l'attentat. Le fait que Tom ait manqué l'occasion d'honorer la mémoire de son copain Michael blessa beaucoup de monde à Glen Ridge. Son ancien camarade Vinnie Travisano savait à quel point Tom et Michael étaient liés. « Je lui en ai beaucoup voulu. Nous le regardions, nous attendions le moment où il parlerait de la mort de son bon ami Michael. Il n'a pas prononcé un mot. Nous en sommes restés interdits, tous ceux qui le connaissaient de Glen Ridge. Cela aurait touché beaucoup de monde, et le fait que Tom ne dise rien a fait très mal. » Bien qu'il ait envoyé des fleurs à Fran et que sa mère, Mary Lee South, ait assisté aux obsèques, Tom ne parla jamais en public de la mort de son ami.

Cela dit, les scientologues ont un rapport très froid à la mort. Ils parlent de « laisser tomber le contenant » et pensent que l'esprit de l'individu s'incarnera dans une autre enveloppe corporelle. Pour eux, Ron Hubbard, mort en 1986, doit revenir d'un jour à l'autre, ce qui explique la construction de somptueuses demeures partout dans le monde pour leur chef décédé.

Si le pitre qui sommeillait en Michael – dont la devise était : *Life is a cabaret* – aurait adoré un hommage télévisé, le traumatisme du 11 septembre avait apparemment éveillé quelque chose tout au fond de Tom. C'était l'opinion de Sam LaForte : « Je considère la vie d'une manière totalement différente, à présent. Je ne suis pas surpris que Tom en ait été changé. » Le sentiment d'impuissance, d'incompréhension et d'incrédulité éprouvé dans le monde entier après l'attentat s'accommodait mal avec la conviction et l'assurance dont Tom avait fait preuve. « Après le 11 septembre, j'étais tellement en colère et abattu que je me suis demandé ce que je pouvais faire pour aider les autres », déclarera-t-il.

Tom Cruise était moins endeuillé qu'en colère, et ses proches assistèrent à une véritable transformation. Des nuages de fumée qui obscurcissaient l'horizon de Manhattan surgit le défenseur le plus influent de la scientologie. Il dira du moment où il vit la catastrophe : « Une fois les tours effondrées, dans les jours qui ont suivi, j'étais incapable d'oublier l'immense nuage qui s'élevait au-dessus de Manhattan. »

Lorsque son ami intime et chef de la scientologie David Miscavige qualifia le 11 septembre de « coup de semonce », cela ne tomba certainement pas dans l'oreille d'un sourd. Comme l'observa un scientologue : « Je ne doute pas un instant que Tom Cruise ait discuté avec Miscavige de ce qu'il pouvait faire pour diffuser la scientologie, car il était évident que le temps était compté. » En effet, le contexte des événements du 11 septembre semblait confirmer la vision apocalyptique de Ron Hubbard. Les disciples scientologues reçurent ordre de travailler d'arrache-pied et de mettre les bouchées doubles pour sauver une planète dirigée par des « marchands de chaos ». Ils envoyèrent à Ground Zero des troupes de soi-disant « ministres volontaires » vêtus du reconnaissable tee-shirt jaune proposer de l'« assistance par le contact » – une sorte de massage spirituel – aux équipes de secours, recruter de nouveaux membres et gêner le travail des psychologues professionnels. Leur insistance fut telle que la National Mental Health Association (Association des professions de santé mentale) prévint les personnes présentes que les scientologues œuvraient sur le site.

Dans l'esprit de Tom Cruise, les enseignements de Hubbard inscrivaient les événements planétaires, le chaos et le Mal dans une perspective plus ample. La vision de cette période trouble qu'offrait la scientologie était séduisante. Elle chassait l'incertitude et l'accablement en révélant le combat plus large qui se déroulait depuis plusieurs millénaires, et dont ces quelques catastrophes n'étaient qu'une partie. Pour Tom, l'époque où il rasait les murs était révolue : il se voyait désormais tenir un rôle dans le vaste dessein de son Église. Tout le monde devait faire un effort, mais c'était sur ses épaules que reposaient les plus grandes responsabilités. Sa célébrité s'accompagnait du devoir d'apporter la scientologie aux masses.

Le 16 novembre 2001, jour où Fran LaForte donna naissance au fils qui ne connaîtrait jamais son père, Tom en finissait avec les tractations financières concernant son divorce. Il prenait un nouveau départ, et se repliait dans l'intimité et la sécurité de sa famille comme de celle de la scientologie. Ses sœurs et leurs enfants vinrent emménager dans sa maison de Hollywood ; sa mère lui rendait fréquemment visite et, plus tard, elle devait, comme Penélope, commencer à suivre des cours au Centre des célébrités. On murmurait que Penélope et Tom étaient sur le point de se marier.

Sa sœur, Lee Anne, fervente scientologue, qui ne risquait désormais plus d'être contredite par Nicole, l'exhortait à se consacrer encore davantage à l'Église. La scientologie avait les moyens de l'aider à surmonter la séparation, les rumeurs d'homosexualité et la catastrophe du 11 septembre. Tom avait toujours été très engagé dans la secte, mais il n'avait pas vraiment fait étalage de son implication dans l'organisation – et, jusqu'alors il était parfois gêné qu'on le lui rappelle. D'ailleurs, en 1993, son attachée de presse, Pat Kingsley, avait taxé les questions sur sa religion d'« antiaméricaines ». À l'époque, il est vrai qu'il s'interrogeait sur sa foi et les dirigeants scientologues avaient œuvré sans relâche en coulisses pour « récupérer » leur très médiatique star de Hollywood. À présent, l'homme qui avait passé tant de temps à éluder les questions sur la scientologie se métamorphosait en croisé.

Les premiers signes de cette transformation apparurent en décembre 2001, pendant que Tom assurait la promotion de *Vanilla Sky*. Fait intéressant, ce film raconte l'histoire d'un riche magnat de l'édition qui poursuit sa vie sur terre après la mort grâce à la mystérieuse Life Extension Corporation. Quand le sujet du 11 septembre fut abordé durant une interview pour *Vanity Fair*, le journaliste nota avec surprise combien l'apparence de Tom Cruise changea. Il se mit quasiment à chuchoter et ses yeux flamboyèrent tandis qu'il déclarait : « Les choses ont pris un sens différent depuis le 11 septembre. C'est une responsabilité non seulement pour notre pays, mais pour toute la planète. » Dans une autre conversation, il remarqua : « Je pense que le World Trade Center a fait sauter le vernis social de notre pays. »

Durant la tournée mondiale de promotion de *Vanilla Sky*, qui commença à New York, au nouvel an, pour la première fois, Tom se servit de son statut de star pour promouvoir la scientologie. On remarquera que Pénélope l'accompagnait quand il fit du lobbying auprès des ambassadeurs de France, d'Allemagne et d'Espagne – pays officiellement hostiles à la scientologie – pour faire progresser la cause de la « liberté de culte ».

À Berlin, le couple demanda à l'ambassadeur américain Dan Coats de faire pression sur le gouvernement allemand, qui avait placé la secte sous surveillance policière, afin qu'il légalise la scientologie. Après cet entretien, il passa presque une heure à signer des autographes et à parler au personnel de l'ambassade.

Ce n'était pas la première fois que la scientologie se servait de célébrités pour tenter de mettre un pied dans ce qu'elle considérait comme un important marché. En janvier 1997, trente-quatre personnalités de Hollywood, dont Dustin Hoffman, Goldie Hawn, Larry King et Oliver Stone, avaient signé une lettre ouverte au chancelier allemand Helmut Kohl, comparant la situation des scientologues en Allemagne à la persécution des juifs sous Hitler. La pleine page de publicité, qui parut dans l'*International Herald Tribune*, amena le département d'État, le ministère américain des Affaires étrangères, à dénoncer la lettre comme une « charge scandaleuse ne reflétant aucunement les faits et la situation ». Plus tard, il apparut clairement que tous ceux qui avaient signé, bien qu'ils ne fussent pas nécessairement scientologues, étaient liés à Tom Cruise ou à John Travolta. Loin de renoncer, en septembre 1997, les célébrités scientologues Chick Corea, Isaac Hayes et John Travolta comparurent devant une commission du Congrès à Washington pour se plaindre du traitement infligé aux scientologues en Allemagne.

Quand la tournée de promotion de *Vanilla Sky* aborda l'Espagne, où les scientologues avaient été accusés, puis acquittés, d'enlèvements, de fraude fiscale et de mise en danger d'autrui, la présence de Penélope dans sa ville natale de Madrid fut un avantage significatif. Que cette célèbre Espagnole catholique soutienne sans condition son compagnon acteur conférait à l'Église de scientologie un air de légitimité. Ce qui était, évidemment, le but recherché.

Pour le coup, l'opposition à ses croyances ne fit qu'enflammer le zèle missionnaire de Tom. Il prit quelques jours pendant cette tournée pour raconter à Hollywood, devant une assistance de scientologues presque en délire, qu'il venait d'accomplir l'« exploit le plus important » de toute sa vie : il était parvenu à l'exaltant statut de thétan opérant V. Cela avait été un voyage ardu – et coûteux : il lui avait fallu presque dix ans pour progresser sur le « pont » de Hubbard d'OT III à OT V. Tom avait désormais des mérites qui dépassaient sa célébrité : il pouvait auditer des gens aux plus bas niveaux de la « dianétique de la nouvelle ère » de Hubbard.

Mais la séduction des enseignements de Hubbard allait bien plus loin. Hubbard avait l'imagination fertile d'un écrivain de science-fiction et l'éloquence d'un gourou fanatique. Il concevait la vie dans différents espaces-temps, prétendait avoir visité deux fois le paradis et promettait de revenir sur terre après sa mort. C'est la vision galactique de Hubbard qui avait fourni l'inspiration du navet qu'avait tourné John Travolta en 2000, *Terre, champ de Bataille*. Cette vision était celle de notre planète devenue un désert, où de « cruels extraterrestres psychlos » régnaient sur les vestiges de la population humaine qu'ils avaient exterminée un millénaire auparavant. Dans cette histoire, les derniers survivants s'unissaient dans une tentative désespérée pour chasser les psychlos avant que l'homme disparaisse à jamais.

Pour les scientologues, cette vision apocalyptique n'a rien d'une fiction. L'Église a dépensé des millions à graver sur des centaines de tablettes et de disques d'acier les divagations de Hubbard, avant de les recouvrir d'une couche de titane résistant à la chaleur afin qu'ils survivent à une explosion nucléaire et de les enfermer dans des coffres dans au moins trois sites isolés en Californie et au Nouveau-Mexique. L'un d'eux, à Santa Fe, au Nouveau-Mexique, est signalé par d'immenses hiéroglyphes qui ressemblent à des cercles de moisson. Ces signes sont censés indiquer aux extraterrestres qu'il y a eu autrefois une intelligence sur terre et où elle a été conservée – juste au cas où nous ne tiendrions pas jusqu'à leur arrivée sur notre planète. Il est révélateur que cette vision du monde, bien que largement raillée et parodiée, ait pu trouver un écho chez quelqu'un comme Tom Cruise.

Il en absorba le moindre mot et fut captivé par chaque passage, à croire que les livres de Hubbard étaient porteurs d'une dimension biblique. Chaque phrase, chaque pensée constituait le fondement infaillible des textes sacrés de l'Église – les feuilles de titane étant la version moderne des Tables de la Loi. Enfant, Tom Cruise était un rêveur qui adorait contempler les étoiles ou voir des films comme *E.T.* Devenu adulte, il considérait le monde avec un regard manichéen : tout était blanc ou noir, bien ou mal, juste ou faux. On était avec ou contre. On fait comme je veux ou on prend la tangente. Les livres de Hubbard confirmaient les pensées et les sentiments personnels de Tom. L'homme qu'il appelait son grand maître et mentor lui avait fourni un système de pensée en parfaite harmonie avec sa propre personnalité.

Il avait pu exprimer son attirance pour la technologie et les scénarios futuristes quelques mois plus tôt, en organisant secrètement une réunion de scientifiques et de technocrates dans un hôtel de Santa Monica. Tom travaillait alors sur la préproduction du film de Spielberg, *Minority Report*, et il demanda à l'assemblée d'envisager à quoi pourrait ressembler l'avenir : le film devait se passer dans les années 2050, et il voulait qu'il paraisse le plus crédible possible. Tom Cruise était de ceux qui aiment lire les manuels techniques et trouvent séduisant le jargon scientifique. Belle revanche pour l'« élève moyen » de Glen Ridge.

Au printemps 2002, Tom était sur le point de réaliser le rêve de toute une vie : devenir le premier acteur à aller dans l'espace. Il avait orchestré une visite privée à la NASA, en Floride, pour rencontrer les astronautes du programme spatial. Bien que ce type de rencontre ne soit pas dans les habitudes de la NASA, l'agence le remerciait ainsi d'avoir enregistré le commentaire en voix off d'un film sur la station spatiale internationale et d'avoir veillé au remaniement de son incompréhensible site web, selon les préceptes « pédagogiques » de la scientologie. Accompagné de son communicateur Michael Doven, Tom passa deux jours avec les astronautes, assista à leur entraînement, testa les grandes piscines qui permettent de simuler les mouvements en apesanteur et essaya même une combinaison. Après une présentation d'une journée, Doven et lui furent invités avec un groupe d'astronautes chez le général Jefferson Howell. Devant des plats Tex-Mex et des bières glacées de la marque locale, Tom trépignait presque de joie : il ne cessait de détailler son amour des avions et posait des chapelets de questions sur le voyage spatial. Après avoir parlé escalade, courses de stock-cars, parachutisme et ses autres passions, le profil de casse-cou de Tom lui valut un avertissement de son hôte : « Étant un vétéran qui a frôlé la mort deux fois dans un avion à réaction, je lui ai suggéré de réfléchir aux limites de ce qu'il faisait. »

Tom était dans son élément en compagnie d'hommes qui forçaient son admiration. Des hommes, selon la formule célèbre de Tom Wolfe, parés de l'« étoffe des héros », des aventuriers du monde moderne. C'était d'autant plus piquant que Tom portait une barbe en prévision de son prochain film, *Le Dernier Samouraï*, l'histoire de guerriers possédant un code de l'honneur, du devoir et du courage similaire à celui des convives lors de la soirée. Ses rêves d'espace se brisèrent en février 2003, quand la navette Columbia se désintégra en revenant dans l'atmosphère, au Texas, ce qui allait mettre le programme en sommeil pendant plus de deux ans. Tom prit la peine d'appeler

Charles Precourt, le porte-parole de la NASA, pour lui présenter ses condoléances.

Pour l'heure, Tom allait devoir délaisser l'espace au profit des visions de son guide spirituel, Ron Hubbard. Il était en bonne voie pour devenir son propre dieu, ayant progressé sur le « pont » jusqu'au niveau de thétan opérant VI. Cela montrait avec quel empressement il débarrassait son organisme des âmes défuntes durant ses séances d'auto-audition. Quand il s'adressa à un parterre de scientologues aux anges lors d'une cérémonie de remise de diplômes à Clearwater, en Floride, en juillet 2002, il fut acclamé avec l'adoration réservée au Messie lors de son retour. La transformation de disciple célèbre en prédicateur véhément était achevée. Après avoir remercié sa famille, précisé fièrement qu'une de ses sœurs venait de devenir « claire » et que l'autre avait atteint le niveau OT III, il fit tout particulièrement l'éloge de « Dave » Miscavige – le diminutif était destiné à bien souligner leur proximité – et, bien entendu, de L. Ron Hubbard.

Il fit la promesse solennelle à l'honorable assemblée qu'à partir de cette date il allait consacrer sa vie à répandre la parole de la scientologie. En cela, il se conformait à ce qu'attendait Hubbard d'un scientologue ayant atteint son statut élevé, mais sans doute le fondateur du mouvement aurait-il été impressionné par le zèle missionnaire et l'engagement de Tom. Comme l'observa le journaliste people Jess Cagle, lors d'un entretien en juin 2002 : « Tom Cruise est plus qu'un défenseur de la scientologie : il en est le champion déterminé. »

Et non seulement cela, mais aussi un enseignant, un donateur, un prédicateur et un sergent recruteur qui se servait de son image de star et de héros positif pour accéder aux leviers du pouvoir tout en faisant passer la scientologie pour un mouvement comme tant d'autres pour des gens ordinaires : « tout comme le Rotary Club ou l'Église baptiste ». C'était un élément clé de la stratégie de Hubbard que de se servir de personnalités pour conquérir une crédibilité et une reconnaissance publiques et enrégimenter toujours plus de « chair fraîche ».

Tom se donna à sa mission avec entrain. Pendant le tournage du *Dernier Samouraï* en Nouvelle-Zélande, il confia à James Packer, fils du plus grand milliardaire d'Australie, Kerry Packer, un rôle de figurant samouraï dans le film. Dominé par le personnage imposant de son père, James Packer, obèse et déjeté, avait piètre allure. Non seulement son entreprise de télécommunications One.Tel s'était effondrée, mais sa femme l'avait quitté après deux ans de mariage. Sa « ruine » était évidente pour tout le monde et il ne fallut pas longtemps pour qu'il lise les textes scientologues, assiste à des cours au centre de Dundas et se rende au Centre des célébrités de Hollywood. Lorsqu'il assista au quarantième anniversaire de Tom, en juillet 2002, c'était lui, à trente-cinq ans, qui donnait l'impression de vivre la crise de la quarantaine, et non son ami acteur. Packer confia plus tard qu'il admirait « énormément le comportement, l'humilité, les valeurs et la retenue » de Tom.

James Packer était une cible idéale. Non seulement il était immensément riche et fragile au plan émotionnel, mais c'était un individu très connu dans un pays hostile à la secte, un rapport du gouvernement ayant qualifié en 1965 la scientologie de « néfaste ». Ce fut l'un des nombreux people que Tom entreprit d'amener à sa religion, ciblant ceux qui étaient non seulement riches et célèbres, mais qui bénéficiaient d'un statut particulier dans leur pays ou leur milieu. Ainsi, l'acteur Will Smith et sa femme, Jada Pinkett Smith, furent-ils courtisés en raison du symbole qu'ils incarnaient au sein de la communauté afro-américaine (apparemment, Jada utilise des techniques pédagogiques mises au point par Hubbard avec ses enfants qu'elle scolarise à domicile). Et cela ne gâtait rien non plus que la dernière conquête amoureuse de Tom fût originaire d'Espagne, marché que la scientologie cherchait à exploiter et à développer.

Tout en recrutant, Tom versait de généreuses donations aux causes scientologues, offrant plus d'un million deux cent mille dollars, en septembre 2002, à un centre hospitalier de New York destiné à soigner les secouristes du 11 septembre. « Quand j'ai vu ce qui était arrivé ce jour-là, il a fallu que j'agisse. Je connaissais la quantité de toxines qui allaient se répandre dans l'environnement, je m'étais renseigné », confia-t-il au magazine *Marie Claire*. Son centre, le Projet de désintoxication des secouristes de New York, prétendait n'avoir aucun lien direct avec l'Église de scientologie, mais il proposait des soins s'inspirant exclusivement des textes de Ron Hubbard. Il fut mis en place par la Fondation pour le progrès de la science et de l'éducation (FASE), une façade de la scientologie supervisant les recherches pour le programme de désintoxication de Hubbard depuis 1981.

Le Dr David E. Root, qui siégea au comité consultatif du projet, ne tarissait pas d'éloges sur l'engagement de Tom : « Nous n'oublierons jamais ce que fait Tom Cruise pour les pompiers et les secouristes de New York. Son engagement dans ce projet et les remarquables résultats obtenus grâce à la désintoxication font partie des rares points positifs de l'après-11 septembre, cette affreuse tragédie. »

Près de trois cents pompiers et secouristes fréquentèrent la clinique gratuite du sud de Manhattan pour y subir un traitement de désintoxication fondé sur les enseignements de Hubbard. Il consistait en séances de sudation dans des saunas surchauffés, à boire des huiles poly-insaturées du type utilisé pour la friture et à ingérer des quantités douteuses de vitamine B_3 (niacine), dont l'abus peut produire des intoxications hépatiques, des palpitations cardiaques, des rougeurs et une acidose métabolique (une acidification du sang potentiellement mortelle). Durant le programme, certains patients cessèrent même de prendre les médicaments qui leur avaient été prescrits par leurs médecins, antidépresseurs, inhalateurs contre l'asthme et traitements contre l'hypertension.

Ce programme de désintoxication était en tout point identique au « Rundown de purification », la méthode utilisée par l'Église pour « purifier » ses disciples. Ce programme de séances de sauna et d'exercices aurait causé de tels désagréments à Michael Jackson, initié à la secte par son épouse, Lisa Marie Presley en 1994 qu'il aurait quitté l'organisation.

D'autres évaluations du programme de purification de Hubbard étaient beaucoup plus cohérentes, sobres et alarmantes. Après étude, les médecins employés par le département des Pompiers de New York conclurent que le Projet de désintoxication des secouristes n'avait aucun fondement médical. Le conseiller municipal adjoint Frank Gribbon déclara au *New York Daily News* : « Nous ne le cautionnons pas. » Non seulement le plus grand syndicat de la ville refusa de le soutenir, mais le personnel médical du département des Pompiers conseilla aux soldats du feu de continuer à prendre les traitements médicamenteux qui leur avaient été prescrits précédemment. « Rien ne prouve que [le programme de cette clinique] fonctionne », déclara l'adjoint aux affaires sanitaires David Prezant.

Les conclusions des autres experts qui s'étaient donné la peine d'enquêter sur les méthodes et les conclusions de Hubbard étaient encore plus affolantes. Dans ce que le *New York Times* qualifia de « rapport cinglant », le Dr Ronald E. Gots, spécialiste en toxicologie, qualifia le traitement de « charlatanesque » et souligna qu'« aucun groupe de toxicologues, aucun service de médecine du travail ni aucune agence gouvernementale ne cautionnait un tel traitement ». Un médecin canadien, le Dr David Hogg, décrivait les nombreuses vertus proclamées par Hubbard comme « fallacieuses, voire mensongères ». Un autre expert, Bruce Roe, professeur de chimie et biochimie à l'université de l'Oklahoma, qualifia le programme de désintoxication de Hubbard de « foutaises pures et simples » : « Il comporte quelques vérités scientifiques, mais, globalement, il est dépourvu de logique et les conclusions de M. Hubbard ne se fondent sur aucun fait scientifique. »

Tom Cruise balayait les arguments des professionnels de santé. « Je suis quelqu'un qui réfléchit, et, si je sais que j'ai raison, je ne demande l'avis de personne. J'ai pris moi-même toutes mes décisions, dans ma carrière et dans ma vie », déclara-t-il plus tard au journaliste Neil Strauss, qui l'interviewait pour *Rolling Stone*.

« Nombre de médecins n'ont pas beaucoup d'expérience dans ce domaine, déclara-t-il avec assurance. Il y a dans l'environnement toutes sortes de toxines qui peuvent avoir un effet sur l'état émotionnel d'un individu. Prenons l'empoisonnement au plomb, par exemple : cela peut induire un comportement dépressif ou dément. Je me suis dit : il y a encore des gens en vie. Des hommes et des femmes qui risquent leur existence pour en sauver d'autres. Et j'ai su que je pouvais les aider. »

Sergent recruteur de people, grand donateur et expert médical... Ces casquettes ne lui suffisaient pas. Il entreprit de faire du lobbying auprès des personnalités de Washington en tant que défenseur des droits de l'homme et de l'éducation. La scientologie avait fait du chemin depuis l'époque où elle considérait l'État comme un ennemi et où David Miscavige demandait avec perplexité à un confrère scientologue pourquoi il prenait la peine de voter. L'Église employait désormais de puissants lobbyistes professionnels pour défendre sa cause et s'auréolait du prestige et du glamour de ses stars hollywoodiennes.

Le 13 juin 2003, le sous-secrétaire d'État aux Affaires étrangères, Richard Armitage, l'un des proches de Colin Powell, reçut en privé Tom Cruise, son ami Tom Davis, directeur du Centre des célébrités de Hollywood, ainsi que Kurt Weiland, un scientologue autrichien qui dirigeait les affaires externes du Bureau des affaires spéciales de la scientologie. Pendant une demi-heure, Armitage les écouta exprimer leurs inquiétudes concernant le sort réservé aux scientologues dans certains pays étrangers, notamment l'Allemagne. Ce rendez-vous, Tom n'avait pu l'obtenir facilement ; on lui proposa au départ une entrevue avec l'ambassadeur extraordinaire John Hanford, conseiller du département d'État pour la liberté de culte. Mais Tom s'entêta et écrivit personnellement à Armitage pour l'informer qu'il tenait particulièrement à s'entretenir avec lui : « Je connais vos antécédents et vos obligations en tant que sous-secrétaire d'État et je ne doute pas d'être en mesure, en très peu de temps, de vous faire part de ce qui me préoccupe. »

Tom soulignait qu'il était bien informé des violations des droits de l'homme dont étaient prétendument victimes les scientologues en Allemagne. « Je me suis fait un devoir de me renseigner sur ces questions et de demeurer au fait de ce qui continue de se produire, écrivait-il. Je surveille étroitement la situation dans ces pays et, le mois dernier, j'ai appris qu'il y avait eu des tentatives de sabotage des spectacles de deux artistes américains au seul prétexte qu'ils sont membres de l'Église de scientologie. »

Tom Cruise avait l'amabilité de rappeler à Armitage ses différentes visites dans les ambassades américaines en Allemagne, en France et en Espagne et qu'il avait « parlé à chacun des ambassadeurs des problèmes d'intolérance religieuse que connaissent ces pays ». Il indiquait également qu'il espérait obtenir une entrevue avec le vice-Président Dick Cheney.

Le lendemain de son entretien avec Richard Armitage, Tom fut reçu par le chef de cabinet de Dick Cheney, Scooter Libby. Dans une déposition effectuée deux ans plus tard, alors que Libby comparaissait pour parjure et obstruction à la justice,

Craig Schmall, un agent de la CIA qui avait fait des rapports quotidiens au chef de cabinet, déclara que Scooter Libby était « tout excité » et se vantait d'avoir un rendez-vous avec Tom Cruise et Penélope Cruz. Là encore, Tom était venu parler du traitement des scientologues en Allemagne.

Cet épisode, qui coïncidait avec la débâcle irakienne, est significative de l'influence croissante des stars, qui ont accès à des interlocuteurs placés aux plus hauts échelons de l'État. Tom Cruise n'avait obtenu ces entrevues qu'en raison de ce qu'il était. Autrefois, l'influence politique reposait sur la classe, l'argent, le statut social. Dans notre civilisation obsédée par la célébrité, les politiciens éblouis par les stars sont des marionnettes entre les mains de la nouvelle race d'histrions venus de Hollywood.

Le même mois, notre défenseur des droits de l'homme s'autoproclama spécialiste de l'éducation et se rendit à Washington afin d'obtenir le financement fédéral pour le Study Tech de Ron Hubbard, grâce au programme « *No Child Left Behind* » (« Pas d'enfant laissé pour compte ») de l'administration Bush. Cette fois, il mit en avant son expérience personnelle, attribuant aux méthodes de Hubbard le mérite de l'avoir guéri de ses difficultés d'apprentissage. « Nous avons de graves problèmes d'éducation, et je suis bien placé pour le savoir, proclama-t-il, faisant allusion à son combat contre la dyslexie. Il y a huit millions de gosses à qui on administre des médicaments pour soigner leurs problèmes d'apprentissage. »

« Connaissez-vous la Ritaline, l'Adderall, les psychotropes ? continua-t-il. Quand on analyse leurs molécules, elles sont identiques aux composants de la cocaïne. Je parie que vous l'ignoriez. » Comme le fit remarquer sobrement le laboratoire Novartis, qui fabrique la Ritaline depuis plus de cinquante ans : « La Ritaline n'est pas un produit addictif lorsqu'elle est prise selon la prescription, alors que la cocaïne provoque une forte dépendance. La Ritaline et la cocaïne sont deux substances très différentes. Elles agissent sur les mêmes zones du cerveau mais ont un effet complètement différent. »

Alors que des millions d'enseignants ou d'éducateurs américains n'auront jamais la possibilité de parler en personne à leur ministre de tutelle, Tom Cruise déjeuna avec le secrétaire de l'Éducation de l'époque, Rod Paige, et son chef de cabinet, John

Danielson. Sa présentation cohérente et passionnée les impressionna et ils l'écoutèrent attentivement leur raconter qu'avant de connaître la scientologie et la méthode Study Tech de Ron Hubbard il n'avait pu apprendre à piloter parce qu'il n'arrivait pas à lire les manuels. Danielson – qui travaille aujourd'hui dans le secteur privé – et Cruise devinrent des amis proches ; les deux hommes déjeunèrent souvent ensemble et Danielson finit par visiter un centre Study Tech dans le Missouri.

Pour une fois, Tom semblait parler d'après une expérience personnelle. Mais jusqu'à quel point son histoire est-elle vraie ? Au fil des ans, il a donné deux versions différentes de son combat contre la dyslexie. La première, avant sa conversion à la scientologie, attribue tout le mérite à sa volonté de fer et à l'aide de sa mère. D'ailleurs, en 1985, il fut heureux de recevoir des mains de Nancy Reagan, à la Maison-Blanche, une récompense pour avoir contribué à la prise de conscience des difficultés d'apprentissage.

Après son engagement au sein de l'Église de scientologie, en 1986, il changea de discours. Dans la flopée d'interviews qu'il donna en 2003 pour promouvoir les techniques d'apprentissage scientologues, il prétendait qu'avant de découvrir Hubbard il était « un analphabète à cause de ses difficultés d'apprentissage ». Selon lui, le petit Thomas Mapother avait été incapable jusque-là de lire et d'écrire correctement. En d'autres termes, ses treize années d'études traditionnelles ne lui avaient été d'aucune utilité. Dans un article du magazine *People* intitulé « Mon combat pour la lecture », il plaignait ses professeurs, expliquant qu'ils n'avaient rien pu pour lui parce qu'ils ne disposaient pas d'équipement éducatif adapté : « J'ai eu énormément de professeurs différents et j'ai de la peine pour tous. Je vois tout le mal que je leur ai donné. Ils s'occupaient de moi, ils s'acharnaient et voulaient que je réussisse, mais ils n'avaient pas les outils nécessaires pour vraiment m'aider. » Les outils manquants en question étaient bien évidemment ceux de la scientologie.

L'illumination lui était venue, prétendait-il, entre vingt et trente ans, quand il découvrit les techniques de la scientologie et apprit à utiliser les dictionnaires. Chercher des mots dans un dictionnaire est l'une des « technologies » que la scientologie propose à ses fidèles. « Personne ne vous apprend à utiliser un dictionnaire, déclara-t-il au journaliste Dotson Rader. J'ignorais la signification d'un grand nombre de mots. »

À mesure qu'il donnait des interviews sur le sujet, il allait plus loin, prétendant même qu'il n'avait jamais été véritablement dyslexique, mais diagnostiqué à tort comme tel par les psychologues scolaires – les grands ennemis de la scientologie. Quand il interviewa Tom en novembre 2003, le présentateur de talk-show Larry King lui demanda s'il était ou avait été dyslexique. Tom nia à trois reprises. Il regarda Larry King droit dans les yeux et affirma qu'il n'avait jamais eu de difficultés à lire ou à écrire. Il répéta l'histoire qu'il avait déjà racontée à maintes reprises – il avait été « catalogué » comme tel et c'était seulement quand il était devenu scientologue, en 1986, que les secrets des enseignements de Ron Hubbard l'avaient libéré de ce diagnostic erroné.

Le remède miracle de Study Tech était la raison, expliqua-t-il, pour laquelle il avait consacré beaucoup de temps et d'argent au Hollywood Education and Literacy Project (HELP, « aider » en anglais), un organisme prétendument laïc proposant des cours gratuits aux enfants et aux adultes, selon la méthode d'apprentissage de Hubbard. C'était pour cette même raison qu'à l'été 2003 il s'était joint à Jenna Elfman, Isaac Hayes, Anne Archer et au membre du Congrès Lacey Clay pour inaugurer le nouveau siège d'Applied Scholastics International, à Saint Louis – un campus entièrement dédié aux techniques d'enseignement de Hubbard.

« Si j'aurais aimé bénéficier de cela quand j'étais jeune ?. Absolument, oui. Cela m'aurait épargné des heures, des jours, des semaines de peine et de gêne. » Modeste, il déclare à *Marie Claire* : « Je peux apprendre tout ce que je veux, désormais. Si j'avais su à l'époque... oh, bon sang, j'aurais fini la fac à onze ans ! J'aurais avalé des années d'études en un rien de temps. »

Pour quelqu'un qui brandit ses antécédents scolaires comme un étendard afin de solliciter des subventions fédérales, Tom Cruise est un peu cachottier, quand on y regarde de plus près. Chaque fois que des chroniqueurs ont essayé d'en savoir plus, l'acteur a agité des menaces juridiques ou professionnelles. Quand la journaliste Stephanie Mansfield interviewa un ancien camarade d'école, qui n'avait eu que du bien à dire de Tom, l'attachée de presse Pat Kingsley l'informa sans aménité qu'aucun de ses prestigieux clients ne lui accorderait plus d'entretien. Et elle tint parole. Bien qu'il ait milité vigoureusement en faveur de la liberté d'expression de ses coreligionnaires scientologues, Tom Cruise n'a jamais cessé d'utiliser la loi ou de recourir à des méthodes expéditives pour museler celle des autres.

Qu'a-t-il donc à cacher, au juste ? Professeurs, anciens élèves et autres donnent des antécédents scolaires de Tom une version très différente qui ne s'accorde pas avec la propagande scientologue. Pennyann Styles, qui enseigna pendant trente ans à l'école Robert Hopkins, à Ottawa, se souvient très bien de Tom. Elle raconte que, dès l'âge de huit ans, il avait été placé dans une classe spéciale qui comptait une dizaine d'élèves. Afin de bénéficier de ce programme particulier, il avait dû être examiné par un psychologue qui avait diagnostiqué chez lui des difficultés d'apprentissage.

Pennyann Styles conteste les affirmations de Tom, selon qui c'est seulement la méthode Study Tech qui l'a débarrassé de ses problèmes. « On ne peut pas soigner la dyslexie, mais on peut fournir aux enfants des techniques qui leur permettent de s'en sortir. Il a déclaré que la scientologie l'avait guéri, mais je ne crois pas qu'il y ait au monde le moindre enseignant spécialisé prêt à le croire. La dyslexie, on la traîne toute sa vie. Il veut nous faire croire que la scientologie est le grand sauveur universel. C'est scandaleux ! »

Elle s'étonne également qu'il ait affirmé n'avoir jamais appris à se servir d'un dictionnaire : « Bien évidemment nous en utilisions. À l'époque de Tom, en particulier, comme il fréquentait une école toute neuve bénéficiant d'énormes subventions, les dictionnaires étaient nombreux. Je me rappelle même que son professeur leur enseignait précisément comment les utiliser. »

George Steinburg, qui enseignait le théâtre à l'école Robert Hopkins, avait de très bonnes relations avec Tom. Il avait prié son assistante, Marilyn Richardson, d'aider Tom à apprendre les répliques en les lui lisant à haute voix. Elle aussi s'étonne qu'il ait prétendu être « analphabète ». Elle raconte : « Tom Mapother savait lire, mais il était lent. Comme il avait une très bonne mémoire, il ne lui fallait pas longtemps pour apprendre ses dialogues. » Elle se rappelle également que la mère de Tom se donnait du mal pour lui faire apprendre ses rôles.

Bien que ses difficultés d'apprentissage aient été décelées très tôt, arrivé à l'adolescence, il semble qu'il se débrouillait suffisamment bien pour n'avoir besoin d'aucune assistance particulière. L'attention et le soutien qu'il avait reçus de sa mère et des éducateurs spécialisés à l'école Robert Hopkins l'avaient aidé à surmonter ses difficultés – douze ans avant que Ron Hubbard n'entre dans sa vie.

À treize ans, Tom quitta l'école Robert Hopkins pour le collège Henry Munro, à Ottawa. Son professeur principal, Byron Boucher, lui enseigna plusieurs matières, dont l'anglais et les mathématiques. Aujourd'hui retraité, M. Boucher se rappelle tous les élèves de cette année-là, et, pour lui, Tom Mapother ne présentait aucune difficulté d'apprentissage particulière. S'il avait eu du mal à lire et à écrire, Byron, qui devint plus tard éducateur spécialisé, pense que le principal du collège aurait été informé et que les mesures nécessaires auraient été prises. « C'était simplement un élève moyen. L'adjectif "analphabète" ne cadre pas avec mon souvenir. Ce n'est pas vrai. »

Selon Byron Boucher, Tom n'était ni le premier ni le dernier de la classe. C'était simplement un élève tout à fait moyen. Du collège au lycée, ses condisciples, comme Glen Gobel, usent exactement des mêmes termes pour décrire les modestes capacités scolaires de Tom Cruise : « élève moyen ».

En tout cas, ses petites amies, Nancy Armel et Diane Van Zoeren, qui faisaient leurs devoirs avec lui, ne remarquèrent jamais le moindre problème de lecture ou d'écriture. Quand il lisait des scénarios avec Kathy Burns ou Lorraine Gauli, rien n'indiquait qu'il avait des difficultés. Après tout, c'était un jeune homme qui pouvait déclamer devant son professeur d'art dramatique et ses camarades avec le texte posé sous ses yeux.

Il serait peut-être plus juste de dire que le parcours de ce jeune homme est tout à fait conforme aux études scientifiques qui ont révélé que, si la dyslexie ne peut être soignée, elle peut être traitée quand on la décèle à un stade précoce et qu'on applique un programme pédagogique adapté. C'est précisément ce dont Tom bénéficia à l'école élémentaire Robert Hopkins. Ainsi, arrivé au collège Henry Munro, il avait en grande partie pallié ce problème. Comme la dyslexie est causée par des « connexions cérébrales défectueuses », le cerveau peut se « reconnecter » correctement lorsqu'il est en plein développement. Le processus est plus difficile quand le cerveau est mature – et d'autant plus vers vingt ans et quelques, à l'âge où Tom prétend que la méthode Study Tech l'a guéri.

Au lieu de patauger pendant des années avec des professeurs qui « n'avaient pas les outils nécessaires pour [l']aider vraiment », Tom semble avoir eu la chance de croiser sur sa route une série d'enseignants dévoués et attentionnés – tout comme sa mère – qui intervinrent très tôt et efficacement, lui permettant de se débrouiller à partir du collège.

Bien sûr, le simple fait que l'enseignement traditionnel soit efficace n'aide en rien la cause de la scientologie ou ses tentatives d'obtenir du gouvernement des exonérations fiscales et des financements pour ses programmes éducatifs. C'est pourquoi l'histoire devait être récrite et Tom rendre grâce à la scientologie.

Le nouvel évangile selon Tom n'échappa pas aux critiques. L'Association internationale contre la dyslexie a attaqué publiquement les déclarations de l'acteur. J. Thomas Viall, son directeur exécutif s'insurge : « Quand une personnalité médiatique de la trempe de Tom Cruise fait des déclarations dont le bien-fondé est difficile à établir en l'état actuel des connaissances scientifiques, le problème, c'est comment vont réagir les dyslexiques quand on leur raconte de tels "exploits". La science n'atteste pas vraiment que les enseignements de Ron Hubbard soient adaptés au traitement de la dyslexie. »

Une fois de plus, Tom balaya ces reproches. Comme il le répéterait fréquemment, il avait lu des livres. Seulement, c'étaient invariablement ceux de Ron Hubbard.

Il est évident que Tom était à l'aise dans cet engagement. En janvier 2004, non seulement il devint un « mécène méritoire d'or » pour avoir fait un don d'un million de dollars à la secte, mais il atteignit le niveau suprême de thétan opérant VII, celui où, selon Hubbard, l'individu devient son propre dieu. Cela signifiait que plusieurs fois par jours Tom empoignait son électromètre et traquait dans son corps des esprits parasites. Le processus d'interrogation était similaire à celui des niveaux inférieurs, sauf que, là, les esprits étaient plus difficiles à découvrir et à éliminer.

Le processus plonge l'individu dans une transe hypnotique qui le déconnecte de la réalité. Comme le raconte l'ancien scientologue Peter Alexander, qui atteignit le niveau OT VII : « On croit que tous nos problèmes sont dus à ces fameux thétans. Du coup, quand on revient à la réalité, c'est un peu : "Oh, quelle belle journée. Mon chien s'est fait écraser, mais peu importe, je me rends compte que je suis un être qui passe son temps à entrer en contact avec ces thétans oubliés depuis si longtemps. Alors, rien n'est vraiment grave." C'est le comportement qu'on observe chez Tom Cruise. »

Tom, totalement immergé dans sa religion, ne pensait que scientologie. Uniquement entouré de scientologues qui le couvaient intellectuellement et émotionnellement, il ne voyait le reste du monde qu'au travers du prisme idéologique de Hubbard. Dans son univers, il n'y avait pas de place pour les non-croyants, les contradicteurs ou même les plus timides critiques. Le journaliste Neil Strauss, de *Rolling Stone*, magazine qui parlait toujours de lui en termes flatteurs, fut décontenancé par la réaction féroce de Tom à une question sur sa religion : « Si certains n'aiment pas la scientologie, eh bien, qu'ils aillent se faire foutre. » Puis, écarlate, il se leva et pointa un doigt vers un ennemi imaginaire : « Va te faire foutre ! »

À mesure que Tom approchait au cœur de l'univers de Hubbard, il ne pouvait plus y avoir de place pour ceux que les scientologues qualifient d'« individus suppressifs » ou « sources de problèmes potentiels ». Aussi, Tom n'hésita pas à se séparer de son attachée de presse de longue date, Pat Kingsley, et de sa petite amie, Penélope Cruz, lorsqu'il devint évident qu'elles ne rejoindraient pas l'organisation.

Fait significatif, le couperet tomba sur Pat Kingsley le 13 mars 2004, anniversaire de L. Ron Hubbard. À sa place, l'acteur embaucha sa sœur, Lee Anne DeVette, ardente scientologue. Comme ses ruptures, professionnelles ou sentimentales, elle fut glaciale et clinique : « Si je n'ai pas le sentiment que [les gens de mon entourage] font ce que je leur demande... eh bien, je les vire ! » Pendant quatorze ans, elle avait été son bouclier et son bras armé et l'avait impitoyablement protégé de toutes les indiscrétions. Ce que le magazine *Slate* appelait une « personnalité en Teflon » était presque entièrement l'œuvre de Pat Kingsley.

On estime généralement à Hollywood que les premières fissures dans leur relation apparurent à l'automne 2003, quand Tom, revenant à peine de jouer les agents d'influence à Washington, se préparait à la promotion de son nouveau film, *Le Dernier Samouraï*. Sentant que son prosélytisme desservait son image et les films qu'il était censé vendre, Pat convint officieusement avec CAA, l'agence de Tom, et l'un des amis proches de ce dernier, de l'avertir qu'il allait trop loin. Or, quand l'entrevue tripartite eut lieu, Pat fut la seule à ouvrir la bouche. Comme le commenta une source bien informée de Hollywood : « Dès cet instant, elle était fichue. »

Elle avait dit tout haut ce que beaucoup à Hollywood pensaient tout bas depuis un certain temps. Comme l'observa un haut dirigeant de l'industrie du cinéma : « En utilisant sa notoriété comme une tribune pour exprimer des opinions personnelles, il a implicitement autorisé qu'on le remette en question. On ne peut pas avoir le beurre et l'argent du beurre. Dès lors, tout le monde est en droit de riposter. Pat Kingsley a fait un boulot fantastique, elle l'a protégé, a conçu brillamment son image publique, mais, à présent, le vernis s'écaille. »

Au moment où il mettait fin à cette collaboration professionnelle, Tom faisait également ses adieux à une femme que tout le monde considérait comme sa future épouse. Il avait eu beau tenter de convaincre l'actrice espagnole de rejoindre la secte, sa liaison de trois ans avec Penélope Cruz s'était heurtée à un barrage inattendu : son père, Eduardo. Au tout début de leur relation, en 2001, ce dernier avait accordé sa bénédiction au couple. Mais ses sentiments étaient mitigés : le commerçant madrilène confia à des journalistes qu'il voulait être « certain à 110 % » que l'acteur deux fois divorcé s'engageait vraiment. « Tom est très gentil, mais je veux m'assurer qu'il aime suffisamment ma fille pour que cela dure toute la vie. »

Même si Penélope se plongeait studieusement dans les textes scientologues, assistait aux cours et, selon au moins une source, subissait le « Rundown de purification », elle ne s'engagea jamais totalement. « J'ai beaucoup de respect pour toutes les religions, mais je n'ai pas l'intention d'en embrasser une pour le moment », déclara-t-elle diplomatiquement. Cependant, elle accompagna tout de même Tom pour répandre la parole scientologue en Europe et était à ses côtés durant sa campagne à Washington à l'été 2003.

Apparemment, Eduardo Cruz s'inquiétait de plus en plus que sa fille chérie s'engage auprès d'un groupe que le gouvernement espagnol désirait interdire. Cette inquiétude pour le bien-être de sa fille était tout à fait dans son caractère. Par exemple, lorsqu'un présentateur de la télévision espagnole annonça que Penélope attendait un enfant de Tom en dehors des liens du mariage, il s'empressa de défendre sa réputation et celle de la famille. Après quoi, il commença à chercher sur Internet des informations sur la scientologie, mais il ne savait auprès de qui trouver conseil. Il craignait que sa fille ne soit attirée dans ce qu'il considérait comme une secte et que, comme tant d'autres, elle soit perdue pour sa famille. Finalement, il envoya un e-mail à une association dont le but était d'aider les membres des sectes et leurs familles. C'est seulement après un long échange que les responsables comprirent qu'ils avaient affaire au père de Penélope Cruz.

Choisir entre sa famille et son Église. C'est un dilemme implacable que de nombreux adeptes scientologues ont affronté avec beaucoup de peine et de chagrin. Pour Penélope, la famille était toujours passée en premier. L'un de ses biens les plus précieux est une bague donnée par sa grand-mère, et elle retournait souvent à Madrid voir les siens : « Nous sommes très stricts sur ce point, nous refusons que quiconque nous empêche de passer du temps en famille. Nous nous soutenons tous. Nous savons que nous pouvons compter les uns sur les autres et nous trouvons toujours du temps pour nous voir. »

Quels qu'aient été les sentiments exprimés par les siens concernant l'engagement de Penélope auprès de Tom et de la scientologie, ils passèrent au second plan en décembre 2003. Alors qu'elle tournait un film italien, *À corps perdus*, son père eut une crise cardiaque, et elle se précipita à son chevet, à Madrid. Les six semaines qu'elle passa en Espagne durant sa convalescence semblent l'avoir rattachée à sa famille et à sa foi catholique. Au nouvel an, elle fit une absence remarquée aux Golden Globes, où Tom était en lice pour son interprétation du *Dernier Samouraï*, et plus tard, en janvier 2004, quand il apparut dans *Inside the Actors Studio*, la célèbre émission où les acteurs les plus renommés racontent leur parcours au présentateur James Lipton. Apparemment, l'homme qui comptait le plus dans la vie de Penélope était à Madrid.

Le couple annonça sa rupture en 2004. Ce fut une séparation « à l'amiable, précisa l'attaché de presse de l'actrice, Robert

Garlock, cherchant à tout prix à ne pas mêler la scientologie à l'affaire. Elle a suivi des cours à l'Église et les a trouvés utiles. » Cette formulation prudente était à l'image des commentaires très réservés de Penélope sur l'organisation : elle indiqua qu'elle avait lu beaucoup de livres et ajouta : « Certaines des choses que j'ai étudiées m'ont aidée dans ma vie. »

Sa réserve était peut-être due au fait qu'elle avait été convoquée par le Bureau des affaires spéciales, le service de la scientologie chargé des activités de renseignement qui a accès aux dossiers confidentiels de chaque disciple et n'hésite pas à utiliser les aveux recueillis pendant des auditions pour attaquer ceux qui ont quitté la secte. « Sans doute l'a-t-on prévenue de ne rien dire », observe un ancien dirigeant du Bureau des affaires spéciales.

Son père se montra beaucoup plus direct. Quand on lui demanda s'il était triste de la rupture de sa fille, il répondit sans détour : « Non, je n'ai aucune raison de l'être. » Si la séparation avait ravi Eduardo Cruz, sa fille, contrairement à Nicole Kidman, resta en bons termes avec Tom.

Il ne s'écoula pas longtemps avant que coure dans Hollywood la rumeur que Tom avait une liaison avec l'actrice Jennifer Garner, qui avait divorcé de son mari, l'acteur Scott Foley, à l'époque où Tom et Penélope annonçaient leur séparation. Selon un article, il s'était entiché de la diplômée en chimie après l'avoir vue dans sa série préférée, *Alias*. La légende dit qu'il laissait sur son répondeur des messages lui demandant si elle savait ce qu'était la liberté, cliché tellement rebattu que Jennifer les fit écouter à ses amies.

Si ses liens avec la scientologie ont peut-être causé du tort à sa vie sentimentale, sa foi semble l'avoir aidé à comprendre ses personnages au cinéma. Durant le tournage de *Collatéral*, en 2004, Tom étudia la personnalité de Vincent, un tueur à gages sans âme, en se plongeant dans les écrits de Hubbard sur les personnalités et les comportements asociaux : « Dans la scientologie, nous détenons de vastes connaissances sur les asociaux. C'est à partir de cela que j'ai construit le code moral de Vincent. »

La scientologie comme moyen d'étude des personnages est une chose, mais à l'automne 2004, c'est une véritable base pour sa secte qu'il édifia sur le plateau de *La Guerre des mondes*.

Tom Cruise, sa sœur, Lee Anne DeVette, son agent, Kevin Huvane, et le réalisateur Steven Spielberg durent demander personnellement au président des studios Universal, Ron Mayer, l'autorisation de faire dresser une tente scientologue dans le studio. Elle leur fut accordée, à condition que cette tente ne serve pas au recrutement.

Du coup, durant le tournage, des ministres volontaires scientologues furent employés dans l'immense tente pour fournir des séances d'« assistance par le contact » aux acteurs et aux membres de l'équipe. Une religion qui croit en la réincarnation se donnant tant de mal pour séduire durant le tournage d'un film inspiré du roman de H. G. Wells, athée proclamé qui niait catégoriquement que son âme ou son corps soient immortels : ce délicieux paradoxe échappa apparemment à Tom Cruise – et à tout le monde, d'ailleurs. Quand on l'interrogea sur cette tente religieuse, Spielberg expliqua avec un certain embarras que personne n'était obligé d'y aller. Tom se montra beaucoup plus direct quand la question lui fut posée par le magazine allemand *Der Spiegel* : « Les ministres volontaires scientologues étaient là pour aider les malades et les blessés. Les employés du tournage ont beaucoup apprécié. » Ignorant le rôle traditionnel joué par les médecins et les infirmières, il endossait sans peine son nouveau rôle de prédicateur et de guérisseur tout-puissant :

« Je me fiche de ce que croient les gens. Peu m'importe leur nationalité. Mais si quelqu'un veut renoncer à la drogue, je peux l'y aider. Si quelqu'un veut apprendre à lire, je le peux aussi. Si quelqu'un veut renoncer au crime, je peux lui donner des outils pour améliorer sa vie. Vous n'imaginez pas à quel point les gens veulent savoir ce qu'est la scientologie. »

Tom cherchait à passer aux yeux de tous pour un démiurge en mesure de résoudre tous les problèmes du monde, au cinéma et dans la vraie vie. Lorsqu'il n'était pas occupé à sauver la planète dans la peau d'un héros de pellicule, il venait à la rescousse de demoiselles en détresse. Les anecdotes étaient légion : en 1996, il s'était arrêté pour aider la victime d'un accident de voiture à Santa Monica et avait payé ses frais médicaux de sa poche. « S'il n'est pas Superman, dit Heloisa Vinhas, reconnaissante, pour moi, il est au moins Batman ! » Cette même année, il avait empêché la foule qui l'assaillait à Londres, lors de la première de *Mission : Impossible*, de piétiner deux enfants ;

envoyé une embarcation depuis son yacht récupérer cinq personnes dont le bateau sombrait au large de Capri ; et consolé une femme au foyer, en larmes, que des voyous avaient dépouillée de ses bijoux à deux pas de la résidence londonienne de l'acteur. En 2003, pendant le tournage du *Dernier Samouraï*, il avait fait halte au bord d'une route de la campagne néo-zélandaise pour changer le pneu crevé du véhicule d'un couple.

Un an plus tard, en novembre 2004, il expliqua sa conduite de bon Samaritain dans une longue interview qu'il donna juste avant de recevoir la première décoration jamais décernée par l'Église de scientologie, la médaille de valeur de la liberté, lors d'un gala qui se tenait à Saint Hill Manor, en Angleterre. « On ne peut pas passer devant un accident sans s'arrêter, car, lorsqu'on est scientologue, on est seul en mesure de pouvoir aider son prochain », dit-il à son auditoire.

Néanmoins, en ce soir de novembre 2004, Tom Cruise était entouré d'adorateurs, et l'ensemble de son œuvre fut salué à travers un film assez long qui précéda la remise de la récompense à la star par son grand ami, David Miscavige. Les liens qui l'unissaient à son guide spirituel étaient judicieusement mis en scène. Ils montèrent tous les deux sur l'estrade, se regardèrent droit dans les yeux, puis échangèrent des paroles pleines d'affection et des saluts quasi militaires. Miscavige déclara que Tom était « le scientologue le plus dévoué [qu'il connaisse] » avant de lui remettre le trophée créé pour l'occasion. Le panégyrique ne s'arrêta pas là. Miscavige décrivit son ami en des termes qui n'auraient pas été déplacés pour un prophète : « Dans quatre-vingt-dix nations, cinq mille personnes entendent sa parole de scientologue chaque heure. Chaque minute, quelqu'un vient à la technologie de LRH... simplement parce qu'il sait que Tom Cruise est scientologue. » Un don de deux millions et demi de dollars valut à Tom une deuxième récompense, le méritoire de platine.

Même si Tom Cruise ne croit pas au paradis, il avait un air extatique devant les acclamations de la foule. Ce fut ensuite son tour de chanter les louanges de David Miscavige : « Je n'ai jamais rencontré personne de plus compétent, de plus intelligent, de plus tolérant et de plus compréhensif. Il n'en existe pas en dehors de ceux que j'ai croisés au sein de LRH. Et croyez-moi, j'ai pourtant rencontré les plus hauts dirigeants de la planète. Je les ai tous rencontrés. » Il s'en prit ensuite aux SP (les « individus suppressifs ») avant d'annoncer : « Nous sommes les autorités de l'esprit. »

Cependant, quand les acclamations se turent, des murmures de mécontentement s'élevèrent parmi les disciples les plus fervents de la scientologie. Les membres de la Sea Org savent ce que sacrifice veut dire. Ils ont signé des contrats de fidélité pour un milliard d'années, jurant de faire passer le progrès de l'organisation avant tout autre chose : argent, famille, célébrité, prestige. Ils étaient l'élite. Pourtant, ils avaient devant eux un homme qui avait déjà tout et qu'on comblait de gloire et d'honneurs en raison de sa notoriété plutôt que de ses sacrifices. C'était comme si leurs efforts invisibles et inlassables en coulisses n'avaient pas compté devant le glamour de Tom Cruise.

Un mois plus tard, l'icône scientologue et Oprah Winfrey furent chargés de présenter un concert en Norvège en l'honneur de la lauréate du prix Nobel de la paix, l'écologiste kényane Wangari Maathai. Si Tom Cruise s'attendait à recevoir à Stockholm le même accueil que lors du gala de la scientologie, il se méprenait. Des protestations bruyantes s'élevèrent contre le choix d'une telle personnalité pour cet événement. Malgré tout, avant la cérémonie, Tom s'exprima non en acteur, mais en homme de foi : « L'une des choses en lesquelles je crois, c'est la paix, la liberté. Je suis tout simplement fier d'être ici, et très fier de participer à cet événement en tant que scientologue. »

11

La température avait chuté à Montréal, mais heureusement elle avait presque terminé son travail. L'éblouissante actrice Sofía Vergara tournait les dernières scènes de *Quatre Frères,* film qui raconte une sanglante vengeance familiale. Alors qu'elle était sur le plateau avec son ex-petit ami Mark Wahlberg, la top model, d'origine colombienne, reçut une invitation intrigante à une soirée donnée à Los Angeles par Will Smith et son épouse, Jada Pinkett-Smith, la semaine des oscars. Leur ami Jamie Foxx était en lice pour avoir campé Ray Charles et cela s'annonçait comme une soirée très sélect, ouverte uniquement au gratin du show-biz. Le soleil et le glamour de Hollywood la changeraient agréablement des frimas de février au Canada.

Par une belle soirée de février 2005, Sofía monta les marches du musée d'Art moderne de Los Angeles où la réception battait son plein. Elle portait une robe de soie blanc et noir et de grosses turquoises qui rehaussaient son teint mat et ses cheveux bruns, mais le plus frappant était qu'elle n'était pas accompagnée. Bien qu'élue l'une des cent femmes les plus sexy du monde par le magazine *FHM*, Sofía arrivait seule. Pas de cavalier : pas d'intérêt pour la presse. Il y avait des centaines de beautés à Los Angeles. Sofía avait peut-être été célèbre en Amérique latine comme présentatrice télé, mannequin et actrice, mais elle avait encore du chemin à faire. Ce soir-là, les paparazzis avaient une autre proie en vue.

Tom Cruise arriva dans un équipage étonnant, avec son ancienne petite amie, Penélope Cruz, laquelle était accompagnée de son nouveau compagnon, l'acteur Matthew McConaughey.

Tom souriait et saluait patiemment pendant que Penélope s'affichait avec Matthew devant les photographes. Tom Cruise, le séducteur de Hollywood, en solo : ça, c'était intéressant.

Un plan avait été échafaudé. Durant la soirée, Tom n'eut d'yeux que pour une seule personne – Sofía Vergara. À peine eut-il repéré la beauté colombienne qu'il quitta Penélope et Matthew et vint la trouver. Il se montra charmant, aimable, et lui décocha plusieurs fois son éblouissant sourire.

Peut-être savait-il que ce sourire était idéal pour conquérir le cœur de l'ancienne étudiante en dentisterie. Comme l'observe sa tante, Lilita Jamarillo : « Pour Sofía, le plus important, chez un homme, c'est qu'il ait une belle dentition. » Qu'il fût au courant ou non de sa formation, Tom en savait en tout cas long sur sa carrière. Ce fut une avalanche de flatteries.

Dans le feu de l'action, elle accepta son invitation à prendre un café au Jerry's Famous Deli, à Hollywood. C'était un repaire de fin de nuit pour les people – un sosie professionnel de Tom Cruise en est un habitué –, et les paparazzis y faisaient toujours un dernier tour après être passés à l'Ivy ou chez Mastro's. Quand des stars viennent au Jerry's, elles savent qu'elles ont toutes les chances de se faire repérer. Bien entendu, ils furent pris en photo, Tom faisant un petit signe, accompagné de sa « mystérieuse » compagne, un pashmina sur ses frêles épaules. Le lendemain, Hollywood ne parlait que d'elle.

Les photos du nouveau couple parurent dans les chroniques mondaines du lendemain, renvoyant en bas de page Penélope Cruz et Matthew McConaughey. Était-ce ce que Tom Cruise avait en tête ? Quoi qu'il en soit, le jour suivant, Sofía dut faire face à un déluge de coups de fil, SMS et e-mails de ce romantique impénitent, qui lui envoya en outre fleurs, petits mots et chocolats. Elle fut flattée et tout excitée – comme ses amies, qui gloussèrent en lisant ses messages et en admirant les bouquets.

Naturellement, l'attachée de presse de Sofía, Karen Tenser, fut ravie que le nom de sa cliente s'étale en une au côté de celui d'une star de l'envergure de Tom Cruise. Sofía, elle, garda la tête froide. Elle accepta volontiers la cour assidue de Tom, le qualifiant avec désinvolture du « type le plus petit avec qui elle était jamais sortie ». Après tout, la sculpturale Sofía Vergara – un mètre soixante-dix, tout comme son nouveau soupirant – avait déjà conquis de très convoités célibataires. Son premier amoureux avait été le crooner mexicain Luis Miguel. Cependant, l'offensive de charme de Tom fonctionnait.

Sofía accepta de décaler son retour à Montréal pour retrouver Tom chez lui. Elle vint avec son fils, Manolo, qu'elle avait eu à dix-huit ans et qui jouait avec les deux enfants de Tom, Connor et Isabella, et fut ravi de faire un tour derrière Tom sur sa moto. Si cette relation devait durer, Tom et Sofía savaient que leurs enfants y occuperaient une place essentielle. Sofía déclara un jour à un journaliste que le genre de soirée qu'elle préférait, c'était les tête-à-tête avec son fils de douze ans. « C'est d'abord une mère, elle n'est pas carriériste », dit un ami.

Hormis le fait qu'ils étaient tous les deux parents et célibataires, Tom et elle avaient beaucoup d'autres points communs, notamment une célébrité précoce. Sofía avait été « découverte » à dix-sept ans par un photographe sur une plage colombienne. Son premier shooting lui avait permis de décrocher d'autres contrats, notamment une publicité pour Pepsi diffusée dans toute l'Amérique latine. Comme Tom, elle avait une passion pour l'aventure, ayant passé son enfance dans une ferme d'élevage à Baranquilla, où elle montait à cheval et nageait dans les rivières. Cette fille décidée, que sa famille surnommait « La Toti », était un choix idéal pour présenter l'émission de télévision intitulée *Fuera de Serie* (« Sortant de l'ordinaire ») où on l'envoyait explorer des destinations extrêmes aux quatre coins du monde. Pour un garçon qui comptait parmi ses loisirs le parachutisme, l'avion et le motocross, Tom devait reconnaître que Sofía était une femme à même de le comprendre.

Leur cheminement spirituel était également similaire. Tous deux avaient été élevés dans la foi catholique. Lorsque sa carrière d'actrice avait commencé, elle s'était appuyée sur les conseils des religieuses de son lycée, refusant ainsi d'étaler ses appas dans *Playboy* malgré une offre faramineuse. En revanche, cela faisait longtemps que Tom ne se laissait plus guider par le Christ. Il ne tarda pas à proposer négligemment à Sofía de l'accompagner au « CC » de Hollywood. David Miscavige l'accueillit au Centre des célébrités et lui fit visiter les lieux, débordant de charme et d'attention. On lui donna à feuilleter quelques brochures de la secte. Ce fut une agréable introduction à l'univers de la scientologie.

À cette occasion, Sofía s'aperçut d'un détail qui lui avait échappé jusqu'alors : Tom n'était jamais seul. Partout où il allait, il était entouré de scientologues. Ils étaient chez lui, dans sa voiture, au restaurant. Ils n'étaient jamais avares de sourires, mais elle les trouvait « puissants et autoritaires ».

À la fin du mois de février, quand elle rentra à Montréal pour terminer son tournage, Tom la bombarda de coups de fil. Il était obsédé par cette nouvelle conquête. Lorsqu'elle revint à Hollywood au début du mois de mars, ils ne se quittèrent pas un instant. S'ils n'étaient pas chez lui, ils étaient au Centre des célébrités. Sofía emmena même sa mère, Margarita, visiter la propriété princière des scientologues. Contrairement à sa fille, on ne lui remit pas une brassée de brochures. Tous les efforts de conversion convergeaient vers Sofía, et ce depuis l'instant où elle avait fait la connaissance de Tom Cruise.

Leur relation quoique récente était si passionnée qu'on n'attendait plus que le faire-part de mariage. L'une de ses amies m'a dit : « Elle a été présentée à ses enfants : il lui faisait passer une audition pour jouer le rôle de l'épouse, cela ne fait aucun doute. Si cela l'avait intéressée, aujourd'hui, elle serait Mme Cruise. Était-ce destiné à aller plus loin ? Très certainement. Il voulait l'épouser. »

L'« audition » se passait comme prévu. Tom avait trouvé une femme sportive, aventureuse et dynamique. Cerise sur le gâteau, elle avait un enfant. Cela prouvait qu'elle était en mesure de lui fournir exactement ce qu'il désirait. Ils pourraient rester éternellement ensemble – l'icône de la scientologie et sa première dame.

Cependant, à mesure que les jours passaient, Sofía commençait à lire entre les lignes et ce qu'elle découvrit ne fut pas à son goût. Si affectueux et attentionné que fût Tom, elle trouvait son univers oppressant et étouffant ; elle ne savait jamais si ses actes étaient animés par une passion sincère ou s'il s'agissait d'un numéro bien maîtrisé. En tout cas, Luis Balaguer, qui gérait sa carrière avec son équipe depuis longtemps, sentaient que leurs jours étaient comptés et craignaient d'être remplacés par des gens choisis par Tom Cruise.

Il lui fut clairement notifié que si leur relation se poursuivait, elle devrait renoncer à la foi catholique et se convertir à la scientologie. Pour Tom, cela comptait plus que tout. « La scientologie la terrifiait totalement, raconte une amie. Elle était sincèrement convaincue qu'elle serait foudroyée par Dieu et précipitée en enfer si elle s'y convertissait. C'est ce qu'elle disait. » La légèreté frivole de ses premières discussions avec ses amies laissa place à une franche inquiétude pour son bien-être. « Ses amies ont eu peur pour elle », avoue un proche.

Elles n'avaient pas lieu de s'inquiéter. Quoique élevée par des religieuses, Sofía avait du cran à revendre. Non seulement c'était une mère célibataire, mais son frère avait été tué lors d'une tentative d'enlèvement ratée et elle-même avait survécu à un cancer de la thyroïde trois ans auparavant. Culottée, astucieuse et obstinée, elle se révéla sourde aux sirènes de la scientologie. Une autre amie déclara : « Sofía vient de Colombie, un pays où les femmes en ont dans le pantalon. Il est impossible de la mener par le bout du nez. Quand on la connaît, c'est tout à fait logique... Elle aurait très bien pu profiter de l'occasion que lui offrait Tom, mais cela ne l'a pas ébranlée. Elle a la tête sur les épaules. »

Sofía confia à son entourage qu'elle avait été délibérément choisie non seulement comme épouse possible pour Tom, mais aussi comme recrue « médiatique » de la scientologie afin de prendre la tête d'une future campagne de promotion de la secte en Amérique latine. L'invitation à la soirée de Will Smith, la décision de s'arrêter chez Jerry's Famous Deli, les « allons faire un tour » au Centre des célébrités : tout cela commençait à devenir clair.

Le plan ne réussit en fait qu'à l'en détourner. Le « déluge amoureux » de SMS, appels et e-mails de Tom était excessif. Le week-end de Pâques – le 27 mars 2005 –, Tom et elle devaient se rendre à Clearwater, le centre scientologue de Floride. Elle lui posa un lapin, fit ses valises et « disparut ». Pendant cinq jours, il lui envoya messages et SMS, mais elle s'obstina à ne pas le rappeler. Encore aujourd'hui, ses amis refusent de révéler sa cachette, au cas où elle aurait besoin de s'y réfugier de nouveau.

Sofía n'est pas aussi radicale. Si elle admet qu'elle apprécie Tom comme ami et trouva leur liaison « agréable », elle a une vision très claire de ce qu'il est et de sa manière de procéder. « Il faut respecter ses croyances et sa volonté de faire connaître sa religion à tout prix », déclare un proche de Sofía. Mais, en définitive, elle n'était pas disposée à se sacrifier pour sa secte ou pour faire avancer sa carrière – ni à devenir la prochaine Mme Cruise.

Sofía avait assez de jugeote pour évaluer les conséquences de ce qui se tramait. Apparemment, Tom, malgré toutes ses protestations d'amour et d'affection, envisageait lui aussi cela comme un jeu, mais un jeu dont l'issue est capitale. Les fleurs envoyées à Sofía n'étaient pas encore fanées que Tom était déjà en train d'envoyer des bouquets à une nouvelle conquête, bien américaine, celle-là, une ravissante actrice aux yeux immenses.

Pendant des jours, le téléphone de John Carrabino n'avait cessé de sonner. Tous les appels qu'il recevait dans son bureau de Berverly Hills concernaient Katie Holmes, la jeune actrice dont il était l'agent, et sa vie amoureuse. Depuis le 5 mars 2005, date à laquelle elle avait rompu ses fiançailles avec son petit ami de longue date, Chris Klein, vedette de la comédie pour ados *American Pie*, il n'était question que du nouvel homme de sa vie. On l'avait repérée en train d'embrasser le séduisant acteur Josh Hartnett dans un café de New York. La rumeur se déchaînait. Gérer ce débordement d'attention médiatique n'est jamais facile, et Carrabino ne cessait de désamorcer les spéculations dans tout le pays. Ce dut être une sorte de soulagement, et une surprise, lorsqu'il reçut, en avril, un coup de fil du bureau de Tom Cruise et non d'un énième journaliste people. Du jour au lendemain, on lui demandait d'arranger une rencontre entre la vedette de Hollywood et la star en herbe.

Si son manager fut surpris de cette invitation, Katie Holmes en fut transportée. Elle rêvait de le rencontrer depuis son enfance à Toledo, dans l'Ohio, à tel point que c'était même un sujet de plaisanterie dans sa famille : petite, elle avait décrété à ses trois sœurs aînées qu'elle l'épouserait un jour et qu'elle habiterait dans une belle maison où elle commencerait ses journées en se laissant glisser de son lit dans une piscine. Elle en était toujours amoureuse en 1996, quand elle avait décroché le rôle de Joey Potter, l'une des héroïnes de la série pour ados *Dawson*. D'ailleurs, ce fut sa désarmante innocence – et ses yeux verts mutins – qui lui ouvrirent la porte du feuilleton.

« Elle avait des yeux incroyables, tout était dans le regard », note le journaliste Kevin Williamson. Ayant fréquenté une école religieuse et été élevée par une famille très protectrice et pieuse, Katie, à dix-sept ans, était vraiment innocente quand elle entra pour la première fois sur le plateau de télévision de Wilmington, en Caroline du Nord. Sa naïveté fut même l'objet des taquineries de ses partenaires James Van Der Beek et Joshua Jackson.

Très proche de sa famille et de ses amis de Toledo, elle téléphonait quotidiennement à sa mère, Kathy, qui se remettait d'un cancer des ovaires. Celle-ci venait souvent la voir sur le tournage, tandis que la grande amie de Katie, Meghann Birie, qui impressionna les autres acteurs par sa fidélité et son caractère équilibré, vint habiter avec elle pendant six mois. Son père, Martin, associé dans un cabinet d'avocats, se révéla utile lors de la signature de son contrat d'actrice, tout comme pour l'achat de son premier appartement. « Elle lui faisait une confiance absolue, et elle avait tout à fait raison », témoigne un membre de l'équipe du tournage.

Ses parents s'inquiétèrent quand ils se rendirent compte que leur fille cadette était l'objet d'une compétition entre Joshua et James. Ce triangle amoureux était tout à fait digne d'un épisode de *Dawson*. Au début, elle sortit avec le paisible James, mais elle succomba ensuite au charme de mauvais garçon de Joshua, qui prétendait que ses racines irlandaises lui donnaient le droit divin de s'enivrer régulièrement. Les deux jeunes gens, si proches qu'ils partageaient une chambre durant la première saison, devinrent des ennemis jurés, en venant plusieurs fois aux mains, au point de ne même pas pouvoir se trouver en même temps au maquillage.

La relation de Katie avec Joshua, coureur notoire, préoccupait ses parents. Comme son éducation sexuelle se résumait aux exhortations d'abstinence des religieuses, un membre de l'équipe de *Dawson* décida de lui donner des conseils plus pratiques : « Je lui ai parlé des préservatifs et des moyens de contraception. Je peux vous assurer qu'ensuite elle a fait attention. »

Cette compétition amoureuse lui ouvrit les yeux. À la troisième saison, elle n'était plus la petite innocente de Toledo, mais une jeune femme déterminée, plus lucide et plus cynique sur le show-business, mais bien décidée à faire son trou à Hollywood. Après son premier long métrage, *Go*, en 1999, elle joua de petits rôles dans plusieurs films, notamment face à Michael Douglas dans *Wonder Boys*, histoire d'une étudiante amoureuse de son professeur d'université. Cette expérience fut passionnante pour Katie : la jeune femme, éblouie par la star, bénéficia même d'un baiser de cinéma avec cette légende de Hollywood. « Elle était tout excitée, mais aussi très inquiète, raconte un ami de l'époque de *Dawson*. Elle a eu la chance que tout le monde, voyant qu'elle était jeune et inexpérimentée, l'ait prise sous son aile. »

À mesure que progressait sa carrière, il en allait de même de sa vie amoureuse. Des amis la présentèrent à l'acteur Chris Klein, très en vue grâce à l'immense succès de la comédie potache *American Pie*. Après être apparue dans l'émission *Saturday Night Live* et dans plusieurs films, notamment *Phone Game*, avec Colin Farrell, Katie était prête à parler de sa vie et de sa carrière durant une émission spéciale d'une heure avec la présentatrice Jules Asner.

À l'automne 2002, l'équipe de tournage d'Asner passa quelques jours chez les Holmes dans leur maison branlante de Toledo. Dans ce documentaire, diffusé en octobre 2002, la jeune actrice apparaît comme une adolescente volontaire et assurée, pleine d'humour et ne se prenant pas au sérieux. Il était également évident que sa famille l'adorait et l'avait soutenue et conseillée tout au long de sa carrière. Elle était le joyau comblé d'amour d'une solide famille catholique traditionnelle.

Quand tout le monde assista à la messe de minuit à l'église du Christ-Roi, le soir de Noël 2003, juste avant le vingt-cinquième anniversaire de Katie, la famille avait de quoi remercier le ciel. Ce soir-là, le petit ami de Katie, Chris Klein, l'avait demandée en mariage – après avoir sollicité gauchement la bénédiction officielle de son père. En gage de sérieux, il avait acheté une bague de cinq cent mille dollars – le prix d'une belle maison de cinq chambres à Toledo. Les fiancés projetaient de se marier à Los Angeles à l'automne suivant.

Pour le moment, elle avait du travail. Katie passa plusieurs mois à Londres, où elle avait la chance de participer au blockbuster de *Batman Begins*, dans le rôle de Rachel Dawes, l'amoureuse de Christian Bale. Elle assista à des premières, notamment celle de *Collateral*. Elle fut invitée à d'innombrables soirées show-biz où elle côtoya la top model Elle Macpherson, l'actrice Sienna Miller et l'acteur Jude Law.

Quand elle rentra en septembre à Hollywood, les tensions dans sa relation avec son fiancé se firent jour. Alors qu'elle commençait à se faire un nom, Chris avait du mal à trouver du travail, ayant refusé de jouer dans le dernier volet d'*American Pie*. Une dispute publique dans un restaurant, en octobre, confirma les rumeurs de rupture.

Le mariage fut reporté à Noël 2004, mais le couple passa les fêtes à la station de sports d'hiver d'Aspen, dans le Colorado, endroit qui « recelait un tas de bons souvenirs », d'après Chris. Mais la « lune de miel » de Noël ne dura pas. Katie travaillait sur son prochain rôle dans la comédie *Thank You For Smoking*. Elle n'apprécia pas que Chris soit arrêté pour conduite en état d'ivresse à San Diego en février et écope d'une amende de mille huit cents dollars et de cent cinquante heures de travaux d'utilité publique. Ce fut la goutte d'eau, et le couple rompit officiellement ses fiançailles en mars. Ils ne s'adressaient déjà plus la parole. Chris éluda les raisons de la rupture : « Nous avons grandi. L'imaginaire a cédé la place à la réalité. »

La réalité était que l'étoile montait. Ce fut probablement ce qui attira Tom. Quand son bureau appela l'agent de Katie, il était question de travail et d'un rendez-vous urgent. Tom auditionnait des actrices depuis des semaines pour trouver sa partenaire pour le rôle de la compagne d'Ethan Hunt dans *Mission : Impossible III*. Une aubaine pour Katie, mais elle n'était pas la seule en lice pour l'emploi et bientôt le bruit commença à courir que cette audition n'avait pas que le travail comme motif. Ce fut le choix des candidates qui éveilla les soupçons. La liste comprenait Jessica Alba, qui avait quitté son fiancé l'année précédente, ainsi que Kate Bosworth, qui avait elle aussi quitté son petit ami, l'acteur Orlando Bloom, en février. Il y avait également Scarlett Johansson, qui était célibataire mais ne cachait pas son attirance pour les hommes plus âgés. Selon les chroniqueurs people, Tom Cruise cherchait probablement plus que la vedette féminine d'un film : il y avait dans sa vie un manque à combler.

Katie Holmes figurait sur cette liste. Elle était peut-être enthousiaste, mais Tom brassait large. Elle avait le profil convenable, mais comme beaucoup d'autres. Ce qui comptait, c'était qu'elle réussisse l'examen. À peine Carrabino eut-il informé Katie du rendez-vous qu'elle quitta New York, où elle habitait, pour rejoindre Los Angeles. C'était aux alentours du 11 avril 2005, moins de trois semaines après la cour effrénée de Tom à Sofía Vergara. Ni ses amis ni sa famille ne revirent Katie pendant deux semaines. Elle disparut tout bonnement de la circulation. Le temps qu'elle passa avec Tom Cruise la transforma du tout au tout.

Comme lors de la première rencontre entre Nicole Kidman et Tom, ce fut le coup de foudre. « Ç'a été immédiat », dit-elle au présentateur Jay Leno. Tom l'emmena faire un tour en moto sur la plage de Santa Monica. « Ç'a été génial et instantané, se souviendra-t-elle. Je suis tombée amoureuse de lui dès l'instant où je lui ai serré la main. »

Katie ne joua pas dans *Mission : Impossible III* : il était évident qu'elle avait décroché un tout autre rôle. Peu après le rendez-vous, une limousine remplie de fleurs et de chocolats arriva chez elle. Généreusement, l'acteur fit nettoyer et repeindre sa voiture. Faire la cour était un art où Tom Cruise était passé maître : cela faisait seulement quelques semaines qu'il avait joué la même partition pour Sofía Vergara. Et, pour faire bonne mesure, il lui offrit également un exemplaire du manuel de scientologie.

Leur premier rendez-vous d'amoureux fut un dîner de sushis dans l'un de ses jets privés à l'aéroport de Santa Monica. C'était un avant-goût de la suite, non pas en raison du luxe déployé, mais des personnes présentes. Tom avait invité des proches scientologues. Il est probable qu'il s'agissait du dirigeant de la secte, David Miscavige, et de celle qu'on avait désignée pour être la nouvelle meilleure amie de Katie, Jessica Feshbach Rodriguez. Katie allait revoir ces gens bien plus souvent qu'elle ne l'avait imaginé.

Apparemment, elle passa cette audition avec succès. Tom s'empressa de présenter la jeune actrice à ses enfants, Isabella et Connor, qui jouaient encore quelques semaines plus tôt avec Manolo, le fils de Sofía Vergara. Katie retourna à New York avec des étoiles dans les yeux. Quelques jours plus tard, dans un Starbucks de Waverly Place, près de son appartement de SoHo, elle fut surprise en train de se répandre auprès d'une amie sur son nouvel amoureux : « Il m'a présentée à ses gosses ! chuchota-t-elle. Et, ce week-end, il m'emmène à Rome dans son jet privé. »

Tom vint chercher Katie à New York le 23 avril et l'emmena en Italie dans une suite à trois mille cinq cents dollars la nuit à l'hôtel Hassler, à Rome. Il avait fait répandre des pétales de roses rouges sur le grand lit et l'invita dans le restaurant où il avait dîné un an plus tôt avec Penélope Cruz. Ils furent repérés par des paparazzis et ce fut la première apparition publique d'un couple éperdu d'amour.

Aux États-Unis, c'est seulement en voyant à la télévision Tom Cruise et sa nouvelle conquête que Sofía Vergara comprit à quoi elle avait échappé de justesse. Selon une amie proche, « Sofía a eu pitié de cette pauvre fille. Katie est beaucoup plus faible et innocente que Sofía ».

Si l'actrice colombienne avait de la peine pour celle qui prenait sa place, les Holmes et leurs amis de Toledo furent pris de court. Cela faisait seulement six semaines qu'elle avait rompu avec son fiancé, et, à présent, elle sortait avec un homme deux fois divorcé et de seize ans son aîné. En voyant Katie fouler le tapis rouge avec Tom aux oscars italiens, les David di Donatello, le 29 avril, ils ne purent que remarquer d'autres changements chez leur fille d'ordinaire si animée. Elle souriait, embrassait son amoureux et posait pour les photographes, mais elle ne pipait pas mot et semblait en retrait. Cela fixerait le ton de leurs prochaines apparitions : Tom déclarant au monde entier lors d'interviews impromptues combien Katie était « belle et fabuleuse » et combien ils étaient amoureux. Et, pendant ce temps, Katie souriait, sans prononcer un mot.

Tom Cruise ne prenait aucun risque. Comme me le confia un ami en pesant ses mots : « Il est méticuleux et maniaque. Exactement comme Martha Stewart. » En mai 2005, quelques semaines après le début de sa romance avec Katie Holmes, il passa dans l'émission d'Oprah Winfrey à Chicago lors de la sortie de son dernier film, *La Guerre des mondes*. Tom est un vieux briscard de la promo. Sous le feu des projecteurs, il était maître de la situation, affable et jovial, mais il avait la réputation de ne divulguer que les détails personnels de son choix. Comme l'observa par la suite Oprah : « Tom est habituellement très fermé et il sait très bien ce qu'il va dire et ce qu'il va taire. » La présentatrice est elle aussi une vieille briscarde et elle accepta totalement son rôle de faire-valoir pour son nouveau film, tout en essayant de lui tirer les vers du nez concernant sa dernière conquête. Des années auparavant, peu après leur mariage, Nicole

Kidman et lui étaient venus s'asseoir sur son canapé pour lui confier combien ils étaient heureux, tout en assurant la promotion de leur dernier film, *Horizons lointains*.

Donc, Oprah et Tom connaissaient la règle du jeu. Après tout, ils étaient complices depuis des années, socialement et professionnellement. D'ailleurs, Tom et son voisin John Travolta avaient plusieurs fois essayé de la recruter. Cependant, cette fois, Oprah se demanda à quel jeu ils jouaient.

À peine était-il entré dans le studio que Tom se lança dans un numéro digne de l'oscar qu'il n'a jamais reçu. Devant un public de femmes hurlantes et quasi hystériques, il posa un genou à terre comme s'il s'apprêtait à demander sa main à la présentatrice éberluée. Il faisait de grands gestes. Éclatait d'un rire forcé. Allait s'asseoir d'un bond en arrière sur le canapé, ce qui n'est pas un mince exploit, même lors d'une émission enregistrée. Il se prit la tête dans les mains comme s'il était totalement bouleversé. Oprah piaillait, à la fois stupéfaite et pour l'encourager tandis qu'il parlait, parfois de manière incohérente, de sa nouvelle amoureuse. Tandis que Tom se gargarisait d'amour, roses rouges et plongée sous-marine, elle s'exclama dix-neuf fois : « Vous êtes complètement déchaîné ! »

« Je suis amoureux ! Amoureux, s'écria Tom en levant les bras. Je ne peux pas être calme, détendu. Ça m'est tombé dessus, et je veux fêter ça. Je veux lui rendre hommage. C'est une femme tout à fait à part... Elle est fantastique. » Une fois lancé, on ne pouvait plus l'arrêter, et Tom se mit à louer « la générosité, l'élan, la force vitale » de Katie. Durant cette performance extraordinaire, il révéla que la fameuse promenade à moto s'était faite sur un engin que lui avait offert Steven Spielberg. Le réalisateur apparut en duplex vidéo, plaidant vainement pour que l'acteur fasse la promotion du film plutôt que de s'étendre sur sa personne et son nouvel amour : « Parle un peu de *La Guerre des mondes*, la sortie est pour bientôt ! »

Ce n'est que lorsque Oprah lui demanda depuis combien de temps il connaissait celle qui avait chamboulé sa vie que Tom revint à son attitude coutumière, disant qu'il était venu pour parler de son nouveau film. Oprah avait mis le doigt sur un fait embarrassant : Tom connaissait Katie depuis à peine plus d'un mois. Pourtant, il semblait prêt à l'épouser, déclarant qu'il ne voulait pas décevoir la fille qui avait un jour déclaré au magazine *Seventeen* que son rêve était de devenir Mme Tom Cruise.

Oprah, qui avait rencontré le couple deux jours plus tôt lors de son bal Legends à Santa Barbara, avouera que le comportement de Tom l'avait soufflée. Durant l'interview, elle essayait de déceler s'il s'agissait d'un véritable témoignage d'affection ou d'un numéro prémédité : « C'était encore plus fou que cela ne me paraissait. J'essayais de me répéter la vérité, parce que je n'arrivais pas à comprendre ce qui se passait. Je refusais d'y croire, absolument. C'est pour cela que je répétais : "Vous êtes complètement déchaîné." » Le fait qu'il ait averti Katie de sa nature « spontanée » en disait long sur ses intentions : « Je lui ai dit : "Écoute, Katie, je suis imprévisible. C'est ça le truc." » Peut-être Oprah aurait-elle été encore plus décontenancée si elle avait tourné l'émission quelques semaines plus tôt. Là, Tom aurait sûrement fait le même cinéma, mais pour Sofía.

En tout cas, le public partagea les réserves d'Oprah et considéra cette romance et ses gambades à la télévision comme rien de moins qu'une opération de marketing. Selon un sondage paru dans *People,* presque deux tiers des personnes interrogées voyaient cette histoire d'amour comme montée de toutes pièces. Cette opinion fut relayée non seulement par la presse populaire, mais par le vénérable *New York Times*.

Le monde entier ne parla que de cette drôle de mouche qui avait piqué Tom chez Oprah. On compara cette scène au jour où Michael Jackson avait brandi son bébé par-dessus la balustrade d'un hôtel. L'expression « sauter sur le canapé » entra même dans les mœurs et fut qualifiée de nouveauté de l'année par les éditeurs du *Dictionnaire historique de l'argot américain*, qui la définirent ainsi : « Inspirée par Tom Cruise. Faire montre d'un comportement hystérique ou bizarre. »

Les mobiles de Tom furent également disséqués. Pourquoi cet homme deux fois divorcé de quarante-deux ans s'était-il comporté ainsi à la télévision alors que ses deux enfants, encore impressionnables, pouvaient le voir ? Même s'il semblait l'image même du bonheur, ce n'était pas un comportement normal, en tout cas pas pour un homme qui avait donné au mot « contrôle » tout son sens. Il avait paru en proie à une extase aussi irrésistible que désordonnée, presque comme s'il avait été dans un état second.

Devant ces images, l'ancien scientologue Peter Alexander se rappela sa propre attitude. Comme Tom, il avait atteint le niveau de thétan opérant VII : « Ces bonds sur le canapé montrent qu'il n'était plus en prise avec la réalité. Aucun individu sain d'esprit ne réagirait ainsi en étant amoureux, parce qu'il aurait encore conscience de lui-même et de sa place dans la réalité. Quand on atteint le niveau OT VII, on perd cette notion parce qu'on est encore partiellement dans cet état de transe hypnotique. »

Quarante-huit heures après, s'étant proclamé expert en matière d'éducation, de droits de l'homme, de liberté religieuse et de désintoxication, Tom ajouta une corde à son arc et se présenta sur les chaînes nationales comme un expert en matière de dépression postnatale. La cible de l'attaque était l'actrice Brooke Shields – la vedette de son premier film, *Un amour infini*.

Dans un livre autobiographique publié quelques semaines plus tôt, Brooke Shields avait raconté qu'elle avait pris des antidépresseurs après son accouchement parce qu'elle avait souffert de dépression post-partum. Cruise profita d'une interview à l'émission de télévision *Access Hollywood* pour lui reprocher d'avoir suivi un tel traitement. « J'estime énormément Brooke Shields, parce que c'est une femme douée d'un incroyable talent, mais qu'a-t-elle fait de sa carrière ? »

La promotion de *La Guerre des mondes* allait encore passer à la trappe. « Ces médicaments sont dangereux. J'ai d'ailleurs aidé des gens à s'en détacher, déclara Tom. Pour traiter ce genre de dépression postnatale, il suffit de donner des vitamines. » C'était un des chevaux de bataille de Tom : les affections mentales devaient être soignées avec des vitamines, et non avec des médicaments conçus en laboratoire.

Brooke Shields, qui jouait dans une comédie musicale à Londres, répondit plus tard aux critiques de Tom par un article indigné paru dans le *New York Times* : « Je me sens contrainte, écrit-elle, de prendre la parole, non seulement pour moi-même, mais pour les centaines de milliers de femmes qui ont souffert de dépression post-partum... Les remarques de Tom Cruise sont irresponsables et dangereuses. Tom devrait se contenter de sauver le monde des extraterrestres et laisser les femmes qui souffrent de dépression postnatale décider elles-mêmes de leur traitement. »

Dans les coulisses, quelqu'un assistait à cette empoignade. Jusque-là son plus ferme soutien, il était plutôt mécontent des dernières performances de Tom. Tout comme l'acteur avait une réputation bien méritée d'ambitieux et d'acharné au travail, le réalisateur de *La Guerre des mondes*, Steven Spielberg, est connu non seulement pour son inventivité mais aussi comme quelqu'un qui se consacre entièrement à ses films. Spielberg ne fut donc pas satisfait de l'attaque portée par son vieil ami à Brooke Shields ni de son numéro chez Oprah qui faisaient dérailler la coûteuse locomotive de la promotion du film. Dès lors, les amis de Spielberg remarquèrent qu'il parlait de Tom au passé.

Steven Spielberg avait fait sa connaissance en 1983 sur le tournage de *Risky Business*. Les deux hommes, qui se targuaient d'être des bourreaux de travail, ne cessaient de se complimenter mutuellement en public. Quand *Minority Report* faillit ne pas voir le jour pour des questions d'argent, ce fut Spielberg qui décrocha son téléphone et convainquit le jeune homme de réduire ses prétentions. La religion de Tom ne lui posait pas de problèmes. S'il ne s'était guère intéressé à la scientologie jusqu'au moment où elle commença à dresser ses tentes sur le plateau de *La Guerre des mondes*, il avait toujours trouvé les scientologues aimables et polis et donnant l'impression de s'intéresser réellement à leurs interlocuteurs. Il aimait raconter une anecdote : un ancien petit ami de son épouse actuelle, Kate Capshaw, lui avait fait passer une audition avec l'électromètre pour savoir si elle avait une liaison avec le réalisateur. Le test fut négatif, mais Kate le quitta peu de temps après pour Spielberg.

Même lorsque David Miscavige vint leur rendre visite sur le tournage de *La Guerre des mondes*, la scientologie n'était pas au menu des conversations du déjeuner, où ils parlaient des mérites des simulateurs de vol. Quand Tom évoqua sa religion, ce fut pour venir en aide à l'un des enfants de Spielberg qui avait des difficultés à lire. L'acteur lui proposa d'amener son fils dans un centre de scientologie à Hollywood. Spielberg accepta, mais, quand il apprit que son fils devrait abandonner son traitement médicamenteux, conformément aux principes de la scientologie, il coupa court. Dans la mythologie entourant Tom Cruise et la scientologie, cet épisode est lié à un autre :

Spielberg aurait mentionné le nom d'un psychiatre soignant l'un de ses enfants, et en quelques jours le cabinet du praticien aurait été assiégé par des manifestants scientologues.

L'amitié vacillante entre le réalisateur et l'acteur était un grand classique de Hollywood : tout se résumait à une histoire d'argent. Spielberg craignait tout simplement que le comportement de Tom ne pèse sur le succès du film. Comme l'explique l'un de ses associés de longue date : « Ce qui a mis un terme à leur amitié, c'est que Steven a trouvé qu'il la jouait perso. Il a fait dérailler la promotion avec son numéro chez Oprah. Steven se concentre totalement sur son travail du moment, puis il passe à autre chose. Il est impitoyable et totalement engagé dans son métier. Quand quelqu'un le laisse tomber, il ne retravaille plus avec lui. »

Si Spielberg désapprouvait le comportement de Tom, il n'est pas difficile d'imaginer ce que les parents de Katie éprouvèrent quand ils virent un homme qu'on ne leur avait jamais présenté clamer à la télévision son amour éternel pour leur fille. C'était un accident médiatique dont ils étaient les premières victimes. Au moins, le précédent fiancé, Chris Klein, avait demandé à M. Holmes son consentement avant de se déclarer.

Quelques années plus tôt, la famille de Katie avait accueilli une équipe de télévision pour un documentaire sur leur fille et son succès dans *Dawson*. Là, le silence était assourdissant. Amie de Katie depuis la maternelle, Meghann Birie, qui semblait avoir une influence modératrice sur l'actrice, fut totalement écartée. L'église, l'ancienne école de Katie et même les journaux locaux reçurent des lettres leur demandant de respecter la vie privée de la famille Holmes. Si la ville était fière de Katie Holmes, apparemment, le couple Tom-Katie, ou TomKat, comme les surnomment les tabloïds, était un sujet tabou. Le prêtre de la paroisse, le père Mike Brown, se déroba comme tous les autres quand on lui demanda son opinion sur l'engagement de Katie dans la scientologie : « La scientologie ne concerne qu'une seule famille, ici, et je tiens à respecter leur vie privée. »

Comme avec Tom, puis Nicole, la scientologie s'empressa d'envelopper Katie dans un cocon étroitement surveillé. Les exigences de discrétion aux concitoyens de Katie n'étaient qu'un début. Très vite, Katie fut initiée à la vie de la planète Tom, et tout le monde put observer la transformation de la jeune fille enjouée en une espèce de robot docile. Un site web intitulé freekatie.net, consacré à un « mouvement de libération de Katie, une jeune actrice talentueuse retenue prisonnière par des forces que nous ne comprendrons peut-être jamais », fit de fructueuses affaires en commercialisant T-shirts, casquettes, autocollants et mugs portant le slogan « Libérez Katie ».

La première chose à disparaître fut le prénom. Tom préférant Kate, on dit adieu à Katie. Ensuite, ce fut son apparence. La fille aux yeux verts étincelants qui avait fasciné le réalisateur de *Dawson* semblait désormais éteinte. « Dans ma famille, on est incapable de mentir, dit-elle un jour. Nous nous faisons toujours prendre : nos yeux nous trahissent. » Lors de la tournée de promotion de *Batman Begins*, les journalistes ne manquèrent pas de remarquer son regard vague et sans vie. Le journaliste Robert Haskell écrivit que ses yeux « fixaient le vide ». D'autres la surnommèrent « le Regard mort ».

Ce ne furent pas seulement ses yeux, mais le reste de son visage qui furent minutieusement examinés. Une éruption de marques et de lésions fut mise sur le compte du « Rundown de purification » de la scientologie, le fameux procédé destiné à purger l'organisme des toxines grâce à des vitamines, à des exercices et à des séjours prolongés dans un sauna. En fait, il s'agissait d'un banal herpès, affection courante dans la famille Holmes, provoqué en l'occurrence par le stress.

La vivacité naturelle de Katie céda la place à une sorte de morne exaltation tandis qu'elle récitait la liturgie de l'amour. « Je suis folle de joie. Je suis tellement heureuse », proclama-t-elle au journaliste Ruben Nepales. « Je suis heureuse, alors je vais continuer de sourire », déclara-t-elle à Christopher Goodwin, du *Tatler*. À la fin de l'interview, un vigile vint apporter un collier de diamants Chanel offert par Tom. « C'est mon homme ! C'est mon homme ! » s'exclama-t-elle en ouvrant le paquet. L'acteur avait utilisé le même genre de technique lors de son mariage avec Nicole Kidman, l'appelant ou lui faisant porter des cadeaux ou des messages au beau milieu d'interviews. C'était destiné à rappeler que Tom était toujours présent, même s'il n'était pas physiquement là.

Tom était également représenté par la nouvelle meilleure amie officielle de Katie, Jessica Feshbach Rodriguez. C'était une surveillante scientologue, membre de l'élite de la Sea Org, qui avait quitté sa très haute mission spirituelle pour accompagner Katie durant la tournée de promotion de *Batman Begins* à l'été 2005. Non seulement Jessica avait été élevée et éduquée au sein de la scientologie, mais sa riche famille avait fait don de millions de dollars à la secte, sa tante dirigeant un centre scientologue en Floride. Sa présence indiquait combien l'Église tenait à ce que Katie soit rapidement convertie à la cause.

Quand Kate parlait, Feshbach surveillait ses moindre mots. Ou les prononçait pour elle. Durant une interview avec le journaliste Robert Haskell, quand Katie se trouva à court de mots pour décrire ses sentiments envers Tom, Jessica était là pour l'aider : « Tu l'adores », souffla-t-elle. Katie retrouva très vite le fil de ses pensées : « J'ai tellement de chance et je... comme si j'avais eu un énorme cadeau. » Quand un journaliste l'interrogea sur le scepticisme que suscitait leur histoire d'amour, Jessica répondit à sa place : « En fait, nous ne lisons pas ce genre de choses, parce que c'est tout simplement grossier. » D'autres journalistes se rappellent avoir vu une Feshbach condescendante avec le personnel, soupçonneuse durant la promotion et interrompant souvent les interviews.

Jessica était le pivot du nouveau dispositif placé autour de Katie. En quelques semaines, les anciens conseillers et amis personnels de l'actrice furent rejetés dans l'ombre. Au début du mois de juin, son agent chez CAA, Brandt Joel, fut licencié et remplacé par les hommes de Tom dans la même agence, Rick Nicita et Kevin Huvane. Son agent de toujours, John Carrabino, qui représentait également Renée Zellweger, fut le suivant sur la liste. Quand elle accepta une récompense de la Screen Actors Guild pour son rôle dans *Retour à Cold Mountain*, Renée décerna des compliments tout particuliers à Carrabino. « Tout le monde a besoin d'un homme comme lui. Je suis heureuse de bénéficier de ses conseils. » Conseils dont Katie était exemptée. La dernière à devoir la quitter fut Leslie Sloane-Zelnick, son attachée de presse, qui fut remplacée par la sœur de Tom, la fervente scientologue Lee Anne DeVette.

Les amis de Katie à Toledo n'eurent pas un sort plus enviable. À l'instar de Meghann Birie, d'autres se plaignirent d'avoir perdu tout contact avec la jeune actrice. Un ancien ami, sous couvert d'anonymat, décrit la relation entre Tom et Katie comme « tordue » et la compare au couple si mal assorti Liza Minelli et David Gest. Leurs commentaires rappellent fortement ceux des amis de Sofía Vergara, avec le même passage de l'enthousiasme au malaise. « Au début, c'était génial que Katie sorte avec Tom, mais quand elle a commencé à s'éloigner et que j'ai compris que c'était parce que nous n'étions pas scientologues, ça m'a fait tout drôle », dit l'un d'eux.

C'est seulement lors de la première de *Batman Begins*, en juin, que les parents de Katie purent rencontrer Tom. Son célèbre sourire tourna à plein régime tandis qu'il faisait du charme à ses futurs beaux-parents et que, selon au moins une source, il leur faisait visiter le Centre des célébrités. Ils avaient devant eux un homme qui ne fumait pas, ne buvait pas et ne prenait pas de drogues. Sa mère leur prépara même du poulet. Comment ne pas l'aimer ? Pourtant, ils continuaient de se demander si, en gagnant un fils, ils n'étaient pas en train de perdre une fille.

Quelques jours après cette première rencontre, Katie renonça effectivement à son ancienne vie quand, le 13 juin, elle signa noir sur blanc son engagement dans la scientologie. Peu de religions exigent de leurs fidèles qu'ils signent des contrats les obligeant légalement à respecter leur engagement, mais la scientologie n'a rien d'une religion ordinaire. Le contrat était devenu un fondement de l'Église après la mort de la scientologue Lisa McPherson, en 1995. Lisa, qui souffrait de problèmes psychiatriques après un accident de voiture en Floride, décéda d'une embolie pulmonaire alors qu'elle était soignée par l'Église à Clearwater, en Floride. Son cadavre présentait une déshydratation et des traces de piqûres d'insectes. En conséquence, l'Église fut traînée en justice. Lisa n'avait pas été emmenée plus tôt à l'hôpital de peur qu'elle ne soit internée en psychiatrie, internement, nous l'avons vu, totalement contraire aux principes fondamentaux de la scientologie. On lui avait fait subir, à la place, ce que les scientologues appellent un « Rundown d'introspection ».

La mort de Lisa provoqua non seulement un interminable procès, qui se solda par un arrangement confidentiel entre les parties, mais également l'apparition d'un contrat, connu sous le nom de « clause Lisa », stipulant que les nouveaux membres ou leurs familles ne pouvaient assigner l'Église en justice pour tout décès ou blessure liés à un « Rundown d'introspection ». Katie Holmes signa donc un contrat qui se terminait en ces termes :

« J'accepte et j'assume tous les risques connus et inconnus de blessures, perte ou dommages résultant de ma décision de participer à un "Rundown d'introspection" et je décharge formellement toutes les personnes et entités de toute responsabilité, sans aucune limite, en relation avec ma participation ou la leur à mon "Rundown d'introspection". »

Ce contrat modifiait fondamentalement les droits civiques de Katie et ceux de ses enfants à venir puisqu'il exigeait qu'elle ne recourût jamais qu'aux traitements de la scientologie s'ils devaient souffrir d'une maladie mentale ou mortelle. Interdits, donc, les soins psychiatriques ou les psychotropes. Si elle souffrait de dépression postnatale, comme Brooke Shields – c'est le cas pour une femme sur dix –, elle devait s'en remettre à la scientologie. Elle s'était liée au mantra de la scientologie : « Seul l'esprit doit sauver ou guérir le corps. »

D'anciens scientologues se rendirent compte de la gravité de ce contrat. Un ancien membre de la Sea Org prit sur lui d'en adresser à Martin Holmes un exemplaire – c'était d'ailleurs le premier document juridique que Katie ait signé de toute sa vie sans que son père l'ait examiné auparavant. Le contrat léonin autorisait sans réserve les scientologues à contrôler entièrement sa vie. Elle avait donné la permission à la scientologie de la couper des membres de sa famille s'ils prenaient des mesures pour la « libérer » de la secte.

Non seulement elle avait abandonné sa religion, mais il y avait un véritable risque qu'elle perde contact avec sa famille, comme des centaines de scientologues avant elle. Katie vivait très précisément ce que Sofía Vergara avait craint de subir. Tout ce qui avait fait peur à Sofía, Katie semblait l'accepter.

Quatre jours après avoir signé le contrat, Katie eut une autre décision à prendre. Conformément à la nature très publique de leur romance, Tom lui demanda sa main à Paris, au sommet de la tour Eiffel. Après s'être agenouillé en lui lisant un poème de son cru long de deux pages, il lui offrit une bague de fiançailles ornée d'un solitaire jaune de cinq carats. Le choix de la date indiquait que sa conversion à la scientologie avait été une condition préalable pour que Katie obtienne la bague, le mariage de conte de fées et vive enfin son rêve d'enfant. Nous étions à des années-lumière de Chris Klein.

Après une nuit blanche, Tom convoqua une conférence de presse : une telle nouvelle ne pouvait attendre. Il annonça donc qu'il allait épouser Katie Holmes : « Aujourd'hui est une date magnifique pour moi. Je suis fiancé à une femme magnifique. »

De l'autre côté du monde, l'amie de Katie, Meghann Birie, sortait d'un cinéma de Toledo où elle avait vu *Batman Begins* quand son téléphone se mit à sonner. Katie, tout excitée, lui avait laissé un message sur son répondeur pour lui annoncer ses fiançailles. Même si elle n'avait pas vu Meghann depuis sa romance éclair avec Tom, c'était une délicate attention de la part de Katie de lui en faire part avant que la nouvelle devienne publique. Mais il était triste, ce coup de fil. Comme une voix du passé qui faisait ses adieux à son ancienne vie.

12

Le 22 juin 2005, le présentateur de télévision Matt Lauer quitta sa maison de Westchester comme d'habitude à 4 h 30 et arriva à Manhattan pour le lever du soleil. Sur le chemin des studios de NBC, au Rockefeller Center, il feuilleta ses notes pour l'édition du jour du *Today Show*. En premier venait le récit émouvant du sauvetage du boy-scout Brennan Hawkins, disparu depuis quatre jours de sa colonie dans les forêts de l'Utah. L'actrice Lindsay Lohan allait parler de son dernier film, *La coccinelle revient*, et l'acteur Tim Robbins devait venir parler de son rôle dans le film de science-fiction *La Guerre des mondes*.

Une fois l'émission terminée, Matt devait enregistrer une interview avec Tom Cruise sur le film de Spielberg. Il ne s'inquiétait pas : ce n'était pas sa première avec l'acteur, qu'il trouvait, contrairement à certaines stars de Hollywood, affable et professionnel. En plus, Matt s'intéressait au sujet. Son équipe et lui avaient vu et apprécié le film, et il avait envie de creuser les thèmes chers à H. G. Wells.

Avant l'interview, il retrouva Tom dans sa loge, où les deux hommes discutèrent de leurs enfants. Au sommet de sa forme, Tom bavarda avec la journaliste Jill Rappaport, pendant que Lauer passait en revue les conditions de l'interview avec Lee Anne DeVette. La nouvelle fiancée de l'acteur était dans le studio, mais DeVette précisa bien que Katie ne voulait pas être exhibée sur le plateau et préférait regarder Tom depuis les coulisses. À part cela, Tom était disposé à parler de tout : Matt était libre de poser les questions qu'il voulait.

Une fois perchés sur leurs tabourets et leurs micros branchés, Matt présenta son invité en T-shirt et lui demanda non sans ironie si quoi que ce soit d'intéressant était arrivé dans sa vie dernièrement. Pensez donc : Tom faisait les gros titres depuis quelque temps avec ses bonds sur le canapé, ses fiançailles éclair et son attaque intempestive contre Brooke Shields. Après les petites badineries d'usage, Lauer entra dans le vif du sujet et demanda à Tom comment il vivait cette période surmédiatisée. « Je continue de mener ma vie, Matt », répétait Tom comme un mantra.

Enfin, alors que Lauer l'interrogeait sur ses croyances, la physionomie de l'acteur changea du tout au tout. On aurait dit un prédicateur exaspéré, les yeux clos et secouant la tête avec irritation devant l'apparente ignorance de Lauer en matière de scientologie, de psychiatrie et de médicaments. « La scientologie, c'est quelque chose que vous ne comprenez pas », affirma-t-il, tel un professeur qui réprimande le dernier de la classe. À cet instant, Lauer perçut le changement chez Tom. L'acteur tombait le masque professionnel de l'invité poli pour lui faire la leçon. « J'ai eu l'impression qu'il ne pouvait pas se retenir, raconta Lauer à des amis. Comme s'il attendait cela depuis des années et que c'était l'occasion à saisir. »

Lauer tenta de réorienter l'interview sur le nouveau film de Tom. Mais celui-ci se lança dans une diatribe apparemment préméditée sur les maux de la psychiatrie, mêlant sa compassion vis-à-vis de Brooke Shields à des sorties au vitriol sur la profession médicale. Si ses sentiments n'étaient pas nouveaux – l'année précédente, il avait réclamé que la psychiatrie soit déclarée illégale –, cette fois, il manifestait un zèle messianique d'un ton condescendant. « Je n'ai jamais accepté la psychiatrie. Jamais. Avant d'être scientologue, je ne l'acceptais pas et, quand j'ai commencé à étudier l'histoire de la psychiatrie, j'ai compris pourquoi je n'y adhérais pas du tout. »

Quelques minutes plus tôt, il avait balayé les critiques sur son comportement en répétant qu'il menait sa vie comme il l'entendait. Il était évident qu'il ne voulait pas que le reste du monde bénéficie d'un tel privilège et vive selon ses valeurs et ses choix. Quand Lauer le défia et lui demanda en quoi Brooke Shields avait eu tort de choisir un traitement médical s'il était efficace pour elle, Tom éluda la question et élargit la discussion au refrain habituel des scientologues sur les prétendus abus de la psychiatrie, déplorant que des enfants soient drogués contre leur gré : « Vous savez ce qu'est l'Adderall ? Vous connaissez la Ritaline ? Vous savez que c'est une drogue qu'on vend dans la rue ? Est-ce que vous comprenez ça ? »

Devant le ton agressif de son invité, le présentateur expérimenté tenta de rester concentré et souligna poliment que Brooke Shields avait pris toute seule sa décision et que rien n'avait été fait contre sa volonté. « Matt, Matt, Matt... Non, voyez-vous, c'est là le problème. Vous ne connaissez pas l'histoire de la psychiatrie. Moi, si. » Et, selon Tom, Brooke Shields non plus n'y connaissait rien. C'était une déclaration audacieuse, mais Lauer poursuivit sur le sujet, sachant, comme il le confiera plus tard, qu'il était « en train de vivre un grand moment de télévision ». L'acteur argua que les médicaments se contentaient de masquer la maladie et que la solution, c'étaient les vitamines, le sport et « différentes choses », en fait, le « Rundown de purification » de Hubbard.

Vint alors le coup de grâce : « Si les antidépresseurs ont soulagé Brooke Shields, pourquoi serait-ce un problème ? demanda Lauer. – Je suis contre, répliqua Tom. Et je pense qu'il existe une qualité de vie meilleure et supérieure. » En colère, il avait l'air de sous-entendre que Matt Lauer cherchait à le censurer. Tom était en train d'appliquer les techniques classiques de la scientologie, esquivant les questions intelligentes en attaquant son interlocuteur. Il avait utilisé le même procédé la semaine précédente avec le journaliste australien Peter Overton, qui, comme d'autres, avait subi des heures de laïus sur l'Église avant d'avoir le droit d'interviewer Tom. Quand Overton lui avait demandé très directement s'il avait encore des relations professionnelles avec Nicole Kidman ou au moins pour ce qui concernait leurs enfants, Tom avait rétorqué : « Vous franchissez la limite, là. » Puis il lui avait demandé de « reprendre des manières convenables ». Une fois qu'Overton s'était excusé, Tom avait poursuivi l'interview comme si de rien n'était. Apparemment, les colères de Tom, comme beaucoup de choses dans sa vie, relevaient du numéro d'acteur, une comédie reposant principalement sur la stratégie de Hubbard – « toujours attaquer l'attaquant ».

De la même manière, avec Matt Lauer, Tom recourut à une attaque pour esquiver tout débat cohérent. Quand la discussion passa à la Ritaline administrée aux enfants hyperactifs, Tom accusa le présentateur d'être « superficiel » – terme lourd de sens chez les scientologues pour qualifier un interlocuteur qui affirme un point de vue sans connaissance de cause. « Vous ne savez même pas ce qu'est la Ritaline, se moqua-t-il. Il faut que vous vous renseigniez pour savoir comment ils ont échafaudé leurs théories, Matt. Je l'ai fait, moi. Et vous devriez en faire autant... Vous devriez vous montrer un peu plus responsable, Matt. » Le ton suggérait qu'un journaliste aussi influent que Matt Lauer devait mieux maîtriser des questions aussi importantes. C'était inouï de la part d'un vieux routier de la promotion de lancer ainsi une attaque personnelle sur un journaliste qui l'invitait dans son studio et lui donnait l'occasion de vendre son film et ses croyances.

Avant même la fin de l'interview, Lauer savait qu'il tenait quelque chose d'intéressant, mais il ne savait pas très bien quoi en faire. En revanche, Tom ne doutait pas un instant : il était ravi de son numéro. Sa sœur Lee Anne aussi. Il confiera au magazine *GQ* : « Je me suis trouvé très mesuré. D'après moi, c'était une excellente interview. Je n'étais pas énervé, j'étais simplement passionné par mon sujet. » D'ailleurs, il s'empressa de poursuivre sur sa lancée et demanda à son hôte s'il avait des nouvelles de Brooke Shields. Puis, après avoir gratifié Matt Lauer de sa célèbre accolade d'un seul bras, il fila, le laissant avec son producteur monter l'interview qui devait être diffusée deux jours après.

Bien qu'on ait dit que d'importantes parties de l'enregistrement aient été coupées, en réalité, très peu le furent, en dehors des redondances. Quand elle fut diffusée, l'interview provoqua une tempête de réactions et de débats, ce que recherchaient précisément Tom et les scientologues. Si le public américain fut consterné par la sortie de l'acteur, d'anciens scientologues s'en inquiétèrent davantage : ils voyaient Tom Cruise se transformer peu à peu en David Miscavige. L'index accusateur, le ton condescendant, les remarques irritées étaient la marque de fabrique du chef de l'Église. Tom était la Voix de son maître. « Quand je l'ai vu, j'ai trouvé qu'il parlait exactement comme David Miscavige, fit observer Karen Pressley qui l'avait côtoyé de près. C'était comme si Miscavige avait fusionné sa personnalité avec celle de Tom. Cela fait peur. »

Dans toute l'Amérique, sans se concerter, d'anciens collaborateurs du dirigeant scientologue parvinrent à la même conclusion. Un ancien proche de Miscavige pendant sept ans déclara : « J'aurais juré que c'était Miscavige qui parlait. Il est pompeux, convaincu de ce qu'il dit et refuse d'admettre qu'il a tort. » L'ancien scientologue Bruce Hines, qui audita Nicole Kidman, eut la même réaction : « Quand il a parlé de psychiatrie, on aurait cru David Miscavige. Quand Tom Cruise est pris d'un excès de zèle, ce qu'on voit, c'est un reflet de Miscavige. Ils sont très proches, ils se copient. »

À l'extérieur de la scientologie, l'incident du *Today Show* choqua et suscita plus de mille réactions, soit trois cents de plus en moyenne qu'une interview du Président. Beaucoup de téléspectateurs reprochèrent à Tom la manière dont il avait traité Matt Lauer et ses attaques contre Brooke Shields. Elle répondit personnellement dans le *New York Times* : « Affirmer que j'ai eu tort de prendre des médicaments pour soigner ma dépression au lieu de prendre des vitamines et de faire du sport démontre une totale méconnaissance de la dépression postnatale et de l'accouchement en général. » David Rice, président de la National Coalition of Human Rights Activists (Coalition nationale des militants des droits de l'homme) abonda dans son sens, demandant à Tom de « monter sur une caisse afin de pouvoir présenter en face ses excuses à Mlle Shields pour sa grossièreté envers les centaines de milliers de femmes qui souffrent de dépression postnatale. Il devrait aussi apprendre à se taire sur les questions qui le dépassent ».

Les déclarations de Tom étaient dangereuses. Experts médicaux et psychiatres redoutèrent que des personnes influençables ne suivent les conseils de Tom et ne cessent leurs traitements, ce qui aurait de graves conséquences. Le *Journal d'investigation clinique*, publié par une association de chercheurs en médecine, déclara que les affirmations de la star risquaient d'empêcher ceux qui en avaient besoin de se faire soigner. Ce n'était qu'un début. La commission du Congrès pour la santé mentale, coalition bipartite regroupant plus de quatre-vingt-dix députés, critiqua ses déclarations. L'Association psychiatrique américaine, l'Alliance nationale pour les malades mentaux et l'Association nationale pour la santé mentale publièrent un communiqué commun condamnant l'acteur : « Les maladies mentales sont de véritables affections dont sont victimes des millions d'Américains... Il est irresponsable de la part de M. Cruise d'utiliser sa tournée de promotion pour faire l'apologie de son idéologie et dissuader des personnes souffrant de maladies mentales de recourir aux soins dont elles ont besoin. » Elles soulignèrent que dix enfants se suicident quotidiennement à cause de maladies mentales non traitées. Un membre du Congrès, le républicain Tim Murphy, déclara que si la modification de comportement prônée par Tom avait le moindre effet les maladies mentales auraient pu être soignées durant les procès des sorcières de Salem : « En se faisant le champion de telles théories, Tom Cruise offre de vains espoirs qui détournent les gens des soins dont ils ont vraiment besoin. »

Peu après la diffusion de l'émission, une mère inquiète envoya anonymement le message suivant sur le site web de la NBC :

« Je voudrais raconter l'influence qu'a eue Tom Cruise sur notre vie de famille. J'ai une fille maniaco-dépressive qui doit prendre un traitement. Quand Tom a été vu partout en train de rabâcher ses déclarations contre les médicaments, elle l'a écouté attentivement (les maniaco-dépressifs étant influençables, merci de ne pas la juger trop vite) et a décidé qu'il avait probablement raison. Elle se sentait si bien qu'elle a cessé de prendre son traitement puis elle a commencé à sombrer. On nous a appris la nuit dernière, étant donné qu'elle a désormais décidé de se soigner en buvant de l'alcool, qu'il ne lui restait peut-être plus que deux semaines à vivre. Merci, Tom, merci beaucoup. Tu es un parfait imbécile et j'aimerais que tu viennes user de ta magie sur elle afin d'aider notre famille à surmonter son chagrin. »

D'autres messages de la même veine furent envoyés sur le site web de l'émission *Dr Phil* après la diffusion d'un débat sur les problèmes soulevés par Tom.

Si les scientologues pouvaient dénoncer ce genre de messages non signés comme l'expression d'une volonté de leur nuire, Jeannine Udall n'avait rien d'anonyme. Voyant Tom au *Today Show*, elle ne put contenir sa colère. Cette grande femme issue d'une famille de mormons avait adhéré à la scientologie à l'âge de vingt-cinq ans, alors qu'elle était secrétaire aux studios Universal. Une collègue l'avait travaillée au corps pendant des mois, mais, ce qui l'avait finalement convaincue, c'est le fait que John Travolta et Tom Cruise en étaient adeptes. Si c'était bon pour Tom Cruise, avait-elle songé, ce serait bon pour elle. Ce raisonnement avait failli lui coûter la vie.

Au début, tout s'était bien passé. Elle avait rejoint une association vitrine scientologue et gagnait bien sa vie dans les ventes, parvenant au niveau de thétan opérant V. Durant dix-sept ans, Jeannine fut un fantassin loyal et obéissant de la cause scientologue, puis une série d'événements malheureux la fit sombrer. En 2001, cette fille autrefois enjouée se rendit à Santa Barbara, rédigea des lettres pour ses amis et sa famille et s'apprêta à se jeter sous un train. Elle souffrait d'une grave maladie mentale et avait basculé dans une profonde dépression.

Pourtant, en raison de ses croyances, Jeannine refusait de consulter un psychiatre. Même lorsque sa famille la força à aller se soigner. Finalement, après avoir été traitée au WindHorse, à Boulder, dans le Colorado, elle alla à la retraite de Wellspring, dans le Midwest. Après de nombreuses heures de thérapie, elle cessa enfin de se sentir coupable d'avoir échappé à la secte. Son message à Tom Cruise ? « Que Dieu fasse que ni lui ni ses enfants ne tombent malades. La psychiatrie m'a sauvé la vie : ce n'est pas le mal qu'il prétend. »

Jeannine a eu de la chance : elle est encore en vie aujourd'hui. Pour d'autres, l'engagement dans la scientologie se révéla fatal. Après le passage de Tom au *Today Show*, une publicité parut dans le *L.A. Weekly* pour accuser l'acteur et son Église de la mort de l'auditrice scientologue Elli Perkins, cinquante-quatre ans, qui succomba sous les soixante-dix-sept coups de couteau de son fils schizophrène. Conformément aux préceptes de la scientologie, il avait cessé de prendre les médicaments prescrits. Fait significatif, le meurtre avait eu lieu le 13 mars, jour de la fête appelée L. Ron Hubbard Day. L'encart disait : « Merci à Tom Cruise et à l'Église de scientologie pour leur avis d'experts sur la santé mentale. Elli Perkins a été tuée le 13 mars 2003 par son fils schizophrène qu'on lui avait dit de soigner avec des vitamines plutôt qu'avec un traitement psychiatrique. »

Pendant que Tom faisait la leçon à Matt Lauer, sa fiancée le regardait depuis les coulisses, invisible. En novembre, Katie

Holmes était mise à l'honneur, avec Tom et sa nouvelle meilleure amie, Jessica Feshbach Rodriguez, invités d'honneur au bal des Mécènes de la scientologie de Saint Hill Manor, siège britannique de l'organisation. À première vue, cette soirée était un événement mondain comme un autre. La nature fanatique de ce rassemblement ne se fit jour qu'au moment de la projection d'un film qui mettait en scène l'anéantissement par la force de la profession psychiatrique, dans le cadre d'une campagne de « démolition globale ». Au bras de Tom, Katie applaudit à tout rompre quand David Miscavige enflamma son auditoire avec une diatribe imagée qui laissait peu d'espoir aux ennemis de la scientologie et était ponctuée de statistiques concernant les succès que l'Église engrangeait.

Une disciple déçue de la secte, témoin de l'événement, a comparé la soirée à un meeting fasciste : « Il peut être extrêmement désagréable d'assister en direct à l'accomplissement du mal. Ce n'est pas comme de le lire ou de le voir à la télévision. On est sur place. Entouré de gens endoctrinés. On voit tout ce mal et on a envie d'agir. Mais on sait que si on le fait on sera emmené et livré aux "autorités" et que c'en sera fini. »

Ce fut un baptême du feu pour Katie Holmes, entourée de scientologues, en immersion totale. Comme le raille un ancien membre : « Peut-être que Tom passera la vidéo de la soirée aux parents de Katie. Je suis sûr qu'ils adoreront. » Durant toute la réunion, Katie n'avait pour Tom qu'une « adoration aveugle », non seulement lorsqu'il reçut une ovation debout pour ses dons à la cause, mais lorsqu'il fut félicité par Mike Rinder, directeur du Bureau des affaires spéciales, pour les positions qu'il exprimait contre la psychiatrie. Selon Rinder, l'impact de Tom avait été tel, un jour seulement après une interview et deux jours après une autre, que la Food and Drug Administration avait publié des « avertissements » à l'encontre de deux médicaments. Quand Tom parlait, le monde écoutait.

Et pendant que les scientologues écoutaient Tom, ils observaient Katie de près. Il y avait peut-être une curiosité feinte dans la manière dont les disciples de la Sea Org la scrutaient. Ou plus exactement scrutaient ce qu'elle portait. Quelques jours avant la soirée de Saint Hill, Katie avait coupé les derniers ponts avec son ancienne vie, en limogeant Leslie Sloane-Zelnick, son attachée de presse depuis l'époque de *Dawson*. Le 5 octobre, elle l'avait remplacée par Lee Anne DeVette, qui ne perdit pas un instant pour annoncer au monde entier que Katie était enceinte de l'enfant de Tom. Cela ne faisait pourtant pas partie du plan de carrière de l'actrice. À l'époque de *Dawson*, à vingt et un ans, elle avait consulté une voyante de l'East Village, à New York, et avait été horrifiée d'apprendre qu'elle serait mère en 2006. « Je ne veux pas être mère à vingt-sept ans », s'était-elle lamentée. Ses parents catholiques, qui avaient vu d'un mauvais œil son intention de vivre avec son fiancé de l'époque, Chris Klein, furent mécontents d'apprendre qu'elle était enceinte hors mariage. Une amie de la famille, Kathleen Jensen, s'indigna : « Je me refuse à imaginer l'état de ses parents en ce moment. Il faut vraiment qu'elle fasse baptiser cet enfant dans une église catholique. »

Dans des circonstances ordinaires, les scientologues n'auraient guère apprécié une grossesse hors mariage. Très médiatiques, Tom et Katie auraient été contraints de passer devant un officier d'éthique et accusés d'avoir commis un « overt », acte nuisible considéré comme un péché. Si une disciple de la Sea Org avait commis le même « overt », elle aurait été envoyé au fameux « projet force de réhabilitation », le RPF, version scientologue du bagne.

Évidemment, on n'appliquait pas les mêmes règles à Tom Cruise. Si l'acteur fut transporté en apprenant la grossesse de Katie, au sein de la scientologie, la joie confinait à l'hystérie. Des membres de la secte étaient sincèrement convaincus que Katie Holmes portait le bébé qui servirait de véhicule terrestre à l'esprit de Ron Hubbard lorsqu'il reviendrait de ses pérégrinations dans la galaxie. Les plus dévots croyaient fermement que le rejeton de Tom serait la réincarnation de L. Ron Hubbard. Certains fanatiques de la Sea Org se demandèrent même si l'actrice n'avait pas été inséminée avec du sperme congelé de Hubbard. On peut pardonner à Katie si elle eut parfois l'impression d'être au cœur d'une version réelle *Rosemary's Baby*.

Si absurde que la théorie puisse paraître, dans la secte, elle était tout à fait plausible. Le fondateur de la scientologie, mort en 1986, avait prédit qu'il reviendrait sur la Terre sous une forme quelconque vingt ans après avoir « laissé tomber » son corps. Ce n'était pas non plus la première fois que les scientologues étaient pris d'une telle folie. Quand la fille de Hubbard, Suzette, avait mis au monde un fils roux – tout comme son grand-père –, l'enfant était suivi sur la base de Hemet par de curieux fidèles. Cela devint si agaçant que le mari de Suzette à l'époque, Guy White, décida qu'il était temps de quitter le mouvement. La croyance dans le retour de Hubbard gagna jusqu'au sommet de l'organisation. Au milieu des années 1990, Bonnie View, la demeure construite tout spécialement pour le retour de Hubbard, fut rénovée en prévision de son imminente arrivée. David Miscavige et Mike Rinder harcelaient des troupeaux de disciples de la Sea Org qui travaillaient à la reconstruction et à l'ameublement, car le temps était compté pour la réapparition du grand homme. Lors d'un mémorable briefing, un Miscavige furieux annonça aux disciples : « Si vous croyez que vous construisez une maison que personne n'habitera, vous rêvez. » Une fois la demeure achevée, Miscavige y installa un gardien en prévision du retour de Hubbard. Pour un adepte sincère comme Tom Cruise, il était tout à fait envisageable que l'enfant à naître soit d'une manière ou d'une autre destiné à prendre la place de Ron Hubbard.

En tout cas, la manière dont Tom se préparait à cette naissance donnait l'impression qu'il était dans le même état d'impatience que les scientologues attendant une conception virginale. Même le ventre maternel ne put rien dissimuler : l'acteur acheta un appareil à deux cent mille dollars pour suivre par échographie le développement du bébé. Durant les premières semaines, il ne cessa de prendre des clichés de l'embryon. « Je suis un réalisateur, il faut que je voie les rushes ! » expliqua-t-il. Quand il annonça à un journaliste incrédule que l'appareil était branché sur Katie « vingt-quatre heures sur vingt-quatre », on était en droit de se demander s'il plaisantait ou non. Katie minimisa plus tard l'affaire, disant qu'ils n'avaient l'échographe chez eux que pour les visites de leur médecin. Quand des docteurs les avertirent que l'utilisation excessive de l'appareil pouvait mettre en danger la vie de la mère et du bébé, Tom répliqua qu'il n'avait pas dépassé la fréquence prescrite par la FDA.

Et, comme si cela ne suffisait pas, il aurait acheté un système d'apprentissage pour le fœtus qui fut fixé sur le ventre de la mère. L'appareil était censé transmettre des informations au bébé. Un jour, Katie fut priée de quitter une salle de cinéma, en Floride, le ronronnement émis par l'appareil dérangeant les autres clients. On raconte également que Tom avait doté le téléphone portable de Katie d'un système de repérage afin de savoir où elle était jour et nuit.

Le reste du monde était plus difficile à contrôler. Depuis quelque temps, Tom était devenu un sujet de moqueries. Non seulement l'expression « sauter sur le canapé » était entrée dans le dictionnaire, mais les blogueurs annonçaient que Katie était passée de « star à extraterrestre et d'hypermédiatique à hypnotisée ». C'est peut-être révélateur de la panique qui s'empara du camp Cruise quand, quelques heures après son retour d'Angleterre, où il avait baigné dans l'adoration des scientologues, il démit de son poste d'attachée de presse sa sœur, Lee Anne DeVette. Le 7 novembre – un mois tout juste après avoir été chargée des relations publiques de Katie –, elle fut reléguée à la gestion de ses activités philanthropiques, pour la plupart liées à la scientologie. Paul Bloch et Arnold Robinson, du cabinet de relations publiques bien connu à Hollywood Rogers & Cowan, prirent sa place. Le fait qu'Arnold Robinson accompagne Tom lors d'un voyage ordinaire de Shanghai à Xitang, où il tournait pendant deux semaines de novembre *Mission : Impossible III*, montre que le cabinet craignait que Tom ne déraille à tout moment. Naguère considéré comme fiable, il était désormais jugé par beaucoup de membres de la profession comme un électron libre.

Malgré la présence de Bloch et de Robinson à la barre, il fut impossible d'endiguer le raz-de-marée de ragots et de railleries qui s'abattit sur la star. Bien connu pour son manque d'humour et son côté procédurier devant les insinuations touchant à ses croyances et à sa sexualité, il n'eut pas de quoi rire à la fin novembre : la chaîne Comedy Central diffusa un épisode de la série satirique *South Park*, au titre provocateur de « Coincé dans le placard », qui tournait en dérision la scientologie et faisait référence à l'homosexualité supposée de l'acteur. C'était déjà assez cruel que l'épisode d'une demi-heure, écrit par les créateurs de la série Matt Stone et Trey Parker, présente un gag récurrent : Tom Cruise refusant de sortir d'un placard où il s'était enfermé pour bouder. Plus cruel encore était l'explication moqueuse du mythe de la création de la scientologie, selon lequel le méchant seigneur de guerre Xenu avait envoyé des millions de ses sujets sur la Terre pour les désintégrer, condamnant leurs esprits tourmentés à errer éternellement. Non seulement l'exposition du mythe était parfaitement conforme – Stone et Parker s'étaient renseignés auprès d'un spécialiste en scientologie –, mais un bandeau annonçait, au bas de l'écran : « C'est réellement ce que croient les scientologues. » Cet excellent moment de comédie, à la fois amusant et informatif, valut finalement à la série une nomination aux Emmy. D'ailleurs, Steven Spielberg confia plus tard à des amis qu'il avait beaucoup plus appris sur la scientologie dans cet épisode qu'auprès de Tom Cruise.

South Park passe sur le réseau Comedy Central, propriété de Viacom, qui comptait Tom Cruise comme l'un de ses plus importants clients. Lors de sa diffusion, une tempête souffla sur l'entreprise. Tom aurait été si fâché qu'il exigea qu'il n'y ait aucune rediffusion aux États-Unis ou ailleurs dans le monde. En Grande-Bretagne, Channel Four, qui détient les droits de la série, retira l'épisode de crainte d'être assignée en justice par l'acteur. Bien que Tom niât plus tard avoir eu vent de l'épisode – déclaration un tantinet hypocrite, étant donné son obsession pour son image publique –, le mal était fait et le public comme les médias se rallièrent aux scénaristes. Stone et Parker reçurent des fleurs des auteurs des *Simpson* pour leur courage, et l'équipe de la série télévisée, *King of the Hill* leur envoya un message disant qu'ils accomplissaient l'« œuvre de Dieu ».

On continuait à parler de l'affaire, au grand dam de l'attaché de presse Paul Bloch. En mars, le chanteur et scientologue Isaac Hayes, qui doublait la voix du personnage de Chef dans *South Park*, annonça qu'il quittait la série, apparemment parce que l'épisode controversé devait être rediffusé plus tard dans le mois. Dans sa lettre de démission, truffée de terminologie scientologue, il accusait Matt Stone et Trey Parker d'« intolérance religieuse et d'étroitesse d'esprit ». En réponse, Stone fit remarquer : « En dix ans et plus de cent cinquante épisodes, Isaac n'a jamais sourcillé quand nous nous moquions des chrétiens, musulmans, mormons et juifs. » Cependant, lors d'une interview, à propos de l'épisode, Isaac Hayes avait paru détendu sur la question, conseillant à Stone et Parker de « suivre quelques cours de scientologie et comprendre ce que nous faisons ».

Apparemment, c'étaient les maîtres scientologues du chanteur qui avaient commandité sa démission, notamment lorsqu'on apprit que Hayes avait souffert d'une légère attaque cérébrale à la mi-janvier et, selon ses amis, qu'il était encore convalescent quand il avait décidé de « démissionner » en mars. En fait, on apprit plus tard que l'annonce de la démission avait été faite par l'agent scientologue du chanteur, Christina « Kumi » Kimball. Des observateurs en conclurent que la scientologie avait obligé un homme malade, dont la femme attendait un enfant, à quitter son travail pour protéger son Église. Comme l'écrivit le *Washington Post* : « Le geste d'Isaac Hayes révèle les scientologues tels que beaucoup de gens les voient : intolérants, sans humour, et esclaves d'une secte démoniaque qui ne supporte aucune voix discordante. »

Pourtant, la querelle continua, et Tom Cruise lança un ultimatum : si l'épisode était rediffusé, il ne ferait aucune promotion pour son prochain film, *Mission : Impossible III*. Devant cette menace, Viacom, l'entreprise aux commandes de *MI :I, MI : III* et *South Park*, céda. Quand l'épisode fut finalement retiré, Matt Stone et Trey Parker publièrent un communiqué : « Bon, les scientologues, vous avez remporté cette bataille, mais la guerre d'un million d'années pour la Terre vient juste de commencer ! Vous nous avez barré le chemin cette fois, mais votre projet minable pour sauver l'humanité échouera ! »

La victoire de Tom sur *South Park* eut un prix considérable. Le milieu du show-business hollywoodien se rendait compte que les prises de position de l'acteur en faveur de la scientologie pouvaient devenir très dangereuses pour les finances. Des magazines naguère favorables se montrèrent plus critiques. En mars, *Rolling Stone*, dirigé par l'ami de Tom, Jann Wenner, publia un long article détaillant les activités nuisibles de la scientologie, et *Vanity Fair* s'interrogea en couverture : « Tom a-t-il perdu la tête ? » Les représailles ne furent pas longues à venir : pour une fois, aucun journaliste de *Rolling Stone* ne fut autorisé sur le tournage de *Mission : Impossible III*.

L'enthousiasme entourant habituellement un film de Tom Cruise se concentrait moins sur la vedette du film que sur sa fiancée, l'acteur devant répondre à un déluge de questions sur la santé de Katie à mesure qu'approchait la date de l'accouchement de son enfant biologique. Même si la mère de Katie assista à une *baby-shower* à la fin du mois de mars, au Centre des célébrités de Hollywood, les tabloïds présentaient l'actrice comme prisonnière de la secte. Repérer Katie toute seule au marché bio ou buvant un café devint le sport favori des chroniqueurs people. Certes, quand elle avait emménagé avec son fiancé, elle avait aussitôt hérité d'une nouvelle famille, rejoignant sa mère, Mary Lee Mapother, et sa sœur cadette, Cass Darmody, et ses deux enfants, Liam et Aden, dans l'immense propriété de Beverly Hills. À mesure que Katie expérimentait sa nouvelle vie, Mary Lee et Cass reconstruisaient leur univers. Dans une volte-face extraordinaire, en 2005, la mère de Tom avait brusquement tout abandonné pour vivre auprès du fils qu'elle adorait. Non seulement elle avait renoncé à la religion catholique, mais également à son mari de vingt ans, Jack South, et à son cercle d'amis de Marco Island, en Floride. Comme l'observe une connaissance de sa paroisse : « Elle a abjuré sa foi et rejoint la scientologie. Je suis tellement abattue que je n'en reviens pas. » Quand la sœur cadette de Tom, Cass, divorça en 2004, elle vint habiter avec ses deux enfants chez lui. Comme son frère, elle était dyslexique, mais elle tint à ce que ses enfants suivent à la maison des cours de « scholastique appliquée » scientologues. Dans cet environnement domestique, les préceptes et les principes de leur Église régnaient en maîtres, Katie acceptant et adoptant les rituels scientologues en attendant l'accouchement. Si habiter avec sa belle-famille était éprouvant, Katie ne s'en ouvrit nullement, déclarant avec enthousiasme : « Il y a toujours quelque chose qui se passe chez nous et j'adore ça. » Peut-être cela lui rappelait-il la maison bruyante de Toledo où, comme elle le raconta à la journaliste de télévision Jules Asner, elle se sentait toujours un peu seule quand ses frères et sœurs étaient à l'école et que la maison était silencieuse.

La technique d'accouchement allait susciter le plus de commentaires. Les disciples de Hubbard ont adopté un rituel appelé « naissance silencieuse », l'idée étant que tout bruit, toute parole durant la délivrance, ou même la première semaine suivant la naissance, peut avoir un effet néfaste sur le bébé. Hubbard n'est pas le seul, beaucoup de gens estimant que l'« insulte initiale de la naissance », lorsque l'enfant quitte un environnement chaud et confortable pour surgir dans le bruit et la lumière, risque de provoquer un traumatisme psychologique. L'auteur de science-fiction jugeait qu'un tel vacarme était susceptible de produire de dangereux « engrammes » qui nécessiteraient d'auditer le bébé plus tard. Du début à la fin du processus de reproduction,

Hubbard recommandait le silence. « Ne faites pas de bruit durant l'acte sexuel et après », exhortait-il ses disciples dans son livre *Dianétique de l'enfant*. Peu avant les premières contractions, des panneaux de deux mètres de haut furent dressés partout dans la maison de Beverly Hills, rappelant à tous qu'il fallait maintenir un calme et un silence absolus durant l'accouchement.

Le 24 mars 2006, le neveu de Tom, Liam, aida même à apporter une pile de pancartes à la maison. L'une d'elles disait : « Ne parlez pas et faites des gestes lents et compréhensibles. » Comme l'expliqua Tom : « Nous avons fait des séminaires en famille pour que chacun se familiarise avec les gestes et que tout le monde les comprenne. Les enfants, les amis, tout le monde. » Il fit remarquer à la journaliste Diane Sawyer que la mère était autorisée à faire du bruit, mais pas à parler. Quand il annonça qu'il comptait manger le placenta du bébé, nul ne s'en étonna outre mesure.

Le personnel de maison n'eut pas besoin qu'on lui rappelle de garder le silence et de rester discret. Dès l'instant où ils franchissaient les grilles étroitement surveillées, ils pénétraient dans un univers de calme et de contrôle – surtout de contrôle. Le personnel était dirigé par une gouvernante allemande et tout le monde surveillait tout le monde. Les domestiques étaient censés se taire ou ne parler qu'à voix basse. L'équipe de ménage quotidien, qui commençait à l'aube et finissait à 8 heures pour ne pas déranger Tom et Katie, avait pour consigne de travailler discrètement. Il régnait dans la maison l'ambiance élégante, mais anonyme d'un hôtel de luxe ou d'une clinique très haut de gamme. Comme le fait remarquer un proche : « Il aurait été impossible de faire moins de bruit. C'était irréel. »

Le 18 avril 2006, vingt ans et trois mois après le décès de Ron Hubbard, Katie fut emmenée à la clinique St. John's, à Santa Monica, où elle donna naissance non à un bébé roux, mais à une petite fille de trois kilos trente-sept et cinquante centimètres. Après avoir méticuleusement consulté quelques livres de prénoms, le couple l'appela Suri, découvrant plus tard que cela signifiait « rose rouge ».

Une demi-journée après, Katie et Suri quittèrent l'hôpital, et Tom convoya son précieux chargement par avion jusqu'à son ranch de cent soixante hectares à Telluride pour une semaine de silence scientologue.

Si cette naissance ne fut pas le second avènement du Messie qu'espéraient les scientologues radicaux, l'arrivée du premier enfant biologique de Tom attira l'attention du monde entier. L'hôpital et leur maison de Hollywood furent assiégés par des dizaines de photographes et d'équipes de télévision. Comme le note avec humour le journaliste Mark Lawson : « Nous avons connu des enfants dont la naissance a attiré une certaine attention – Jésus, Elizabeth Windsor, Brooklyn Beckham, mais celle de Suri Cruise a placé la barre encore plus haut. »

Il ne fallut pas longtemps aux médias pour souligner un clin d'œil du destin : le même jour, dans le même hôpital et le même couloir, Brooke Shields donnait naissance à sa deuxième fille, baptisée Grier. Il fut également très remarqué que l'attaché de presse de Nicole Kidman déclare que, contrairement à ce qu'annonçaient les médias, elle n'avait pas adressé ses félicitations à la jeune mère. Ce n'était guère étonnant. Ses amis décrirent l'annonce de la grossesse de Katie comme « un coup de pied dans le ventre ». À l'époque, Nicole essayait d'avoir un enfant avec son futur mari, le chanteur country rebelle Keith Urban. Elle était écartée de la vie de Tom et, apparemment, de celle de leurs enfants. Non seulement Connor et Isabella étaient élevés dans l'évangile selon Ron Hubbard, mais Nicole les voyait rarement. Katie avait sans peine endossé le rôle de belle-mère, et Tom et elle se faisaient inlassablement prendre en photo en train d'assister aux matches de football de leurs enfants.

Les parents de Katie semblaient autant sur la touche que Nicole Kidman. Pendant que leur fille accouchait selon le rituel scientologue, ils étaient à cinq cents kilomètres de là, dans leur maison de vacances de Floride. En revanche la mère de Tom, Mary Lee, était présente quand on fit à Katie une péridurale dûment autorisée par la scientologie afin de faciliter le travail. Deux semaines s'écoulèrent avant que les parents de Katie puissent voir leur petite-fille. Dans le feuilleton qu'était devenue la vie de Tom et Katie, son avocat de père, Martin Holmes, entama un combat pour protéger les intérêts de sa fille. S'il ne pouvait l'empêcher de devenir une femme robot, au moins pouvait-il assurer qu'elle serait riche. À la fin du mois de mai, il rédigea un contrat de mariage de cinquante-deux millions de dollars, garantissant à Katie trois millions annuels pour chaque année de vie conjugale, ainsi qu'un versement de dix-neuf millions pour elle-même et sa fille, que le mariage soit conclu ou non. Martin avait peut-être perdu sa fille, mais celle-ci avait gagné une petite fortune. On raconta qu'elle avait exigé un contrat afin d'accélérer le mariage et pouvoir faire valoir ses droits sur la garde de Suri une fois qu'ils seraient séparés. Sinon, elle n'aurait pu rivaliser ni avec ses moyens ni avec sa redoutable influence à Hollywood. Le magazine réputé *Newsweek* cita un ami de la famille Holmes : « Si elle le quitte maintenant, Tom se battra pour la garde de Suri et Katie ne pourra rien contre lui au tribunal. Elle sait qu'elle doit l'épouser pour obtenir l'argent nécessaire afin de payer les frais d'un procès pour la garde de l'enfant. » Cette spéculation incessante était pénible pour Katie, qui avoua lire tous les ragots dans les tabloïds et regarder les chaînes people. « Certaines des saloperies qu'on raconte – sur mes parents et mes frères et sœurs – c'est vraiment frustrant », confia-t-elle à la journaliste Jane Sarkin.

Elle offrait un visage digne en public, mais il ne fallut pas longtemps avant que des fissures craquellent cette harmonie conjugale de façade.

13

Pendant que, dans le silence des Rocheuses, Katie et Suri se découvraient mutuellement sous l'œil de scientologues, Tom s'efforçait de faire autant de battage que possible pour promouvoir *Mission : Impossible III*. Moins d'une semaine après la naissance de l'enfant, il se rendait à Rome pour la première. Ce déplacement fut suivi d'une tournée mondiale au cours de laquelle il s'efforça de reproduire en vrai les émotions fortes du film. Ainsi, pour la première new-yorkaise en mai, il traversa Manhattan en moto, en vedette rapide, en voiture de course, en métro, en taxi et en hélicoptère avant d'arriver dans la salle. Au Japon, il loua un train à grande vitesse pour lui et cent cinquante fans.

Bien que le film, dirigé par J. J. Abrams, créateur des séries *Lost* et *Alias*, contienne son lot de sauts depuis les sommets de gratte-ciel, d'explosions de ponts et autres rebondissements extraordinaires, la vedette du moment, du moins pour les médias, dormait dans son berceau dans la retraite montagnarde de Tom Cruise à Telluride. Pour la mère et sa fille, rien n'était trop beau : Tom dépêchait régulièrement son jet Gulfstream en Californie pour les réapprovisionner en caisses de Coca light aromatisé à la cerise et en aliments bio.

Quand Katie fit son apparition à la première de Hollywood, en mai, les yeux du monde entier se braquèrent vers la jeune maman. Et tandis que Tom, jovial, déclarait qu'il avait l'intention d'avoir dix enfants et qu'il s'employait à remettre Katie d'aplomb en vue du mariage, les observateurs trouvèrent que la jeune femme paraissait « fatiguée et malheureuse ». Sur ce, elle fut rapatriée illico dans le Colorado pour ce que Tom appelait une phase de S & R : elle donnait le sein à sa fille, lui faisait faire le rot, et changeait ses couches. S'ils donnaient à Suri le lait maternisé à l'orge de Hubbard – recette deux fois millénaire qu'il prétendait tenir des soldats romains – , ils n'en dirent mot. La mère et la fille passèrent l'été dans l'ombre, entourées de proches qui se distrayaient en jouant au golf et en préparant des barbecues. Pendant que Tom emmenait Isabella et Connor sur la piste de motocross de la propriété, Katie confectionnait un patchwork comprenant des photos de famille.

Le couple et l'enfant restèrent donc reclus pendant trois mois, trois mois qui mirent à dure épreuve la patience des fans avant la première apparition publique de Suri, en couverture de *Vanity Fair*, bien entendu, sous l'objectif d'Annie Leibovitz, photographe des célébrités. Ce délai provoqua toutes sortes de spéculations insensées. On raconta même que les parents craignaient de la montrer en raison d'une difformité physique. Quand, au terme d'une séance photos qui dura cinq jours, le monde put enfin apercevoir l'enfant, on constata qu'elle ne ressemblait absolument pas à L. Ron Hubbard. Avec sa touffe de cheveux noirs et ses grands yeux bleus, elle était le portrait craché de son papa et de sa maman.

En juin, en contrepoint de la folie médiatique qui s'emparait de Tom, de Katie et de Suri, Nicole Kidman épousait le chanteur country Keith Urban, vêtue de la traditionnelle robe blanche, dans une église catholique de la banlieue de Sydney. « Pour Nicole, c'est un retour au sources spirituelles, vers l'Église et vers sa foi », commenta le père Paul Coleman, qui célébra cette union. Par cette cérémonie, l'actrice tirait un trait définitif sur ses rapports avec la scientologie.

Pendant que le reste du monde s'attendrissait sur Suri, l'industrie du cinéma s'interrogeait sur le potentiel commercial de Tom. Malgré l'audacieuse décision d'en confier la réalisation à l'homme de télévision J. J. Abrams, *M : I III* avait reçu un accueil critique favorable. Toutefois, il n'avait engrangé que quarante-huit millions de dollars au cours du premier et crucial week-end d'exploitation aux États-Unis, contre les cinquante-huit du deuxième volet. S'il rapporta au final près de quatre cents millions de dollars dans le monde entier et deux cents millions de plus en ventes de DVD, pour un budget total de deux cents millions, à Hollywood, et particulièrement à la Paramount, on s'accordait à penser que le prosélytisme de Tom avait fait perdre cent millions de bénéfices. C'était un crime capital à Hollywood, où l'on peut adorer le dieu que l'on veut, du moment qu'il s'appelle Pognon.

Tom était désormais jugé par ses pairs. Les témoins à charge évoquèrent notamment le fait que, selon un sondage Gallup/*USA Today* effectué en mai 2006, il recueillait à peine un tiers d'opinions favorables – une inversion radicale de tendance par rapport à l'année précédente, où il était plébiscité à 60 %. Plus important encore, l'Homme le plus sexy de la planète avait perdu une bonne partie de ses adoratrices féminines, notamment à cause de ses attaques contre Brooke Shields. À la fin du mois d'août, Tom se rendit chez l'actrice et se réconcilia avec elle devant une omelette tomate-basilic, mais le mal était fait.

Comme le fait remarquer le roi de la communication, Paul Dergarabedian : « Il est toujours difficile de savoir pourquoi un film ne tient pas toutes ses promesses, mais, en l'occurrence, on ne peut pas accuser la campagne de marketing. La raison est ailleurs. »

Témoin à décharge, le producteur Garth Drabinsky, qui avait donné à Tom son premier grand rôle dans *American Teenagers*, loua le succès commercial et artistique de la série *Mission : Impossible* : « La trilogie des *MI* est un exploit d'acteur et de producteur. Il fallait un effort surhumain pour réussir un coup pareil, on ne peut occulter cela. Il s'est donné à fond sur le tournage et, en tant que producteur, il continuera à faire de grandes choses. »

Le fait que le magazine *Forbes* ait désigné Tom numéro un de son classement des cent personnalités les plus influentes au monde, en juin 2006, n'impressionna pas les pontes de la Paramount. Quand son contrat arriva à échéance, à la fin du mois de juillet, il fut reconnu coupable d'un péché mortel : il coûtait tout simplement trop cher. Même s'il avait rapporté plus d'un milliard de dollars en quatorze ans de collaboration, durant les négociations, les dirigeants de la Paramount tentèrent de réduire les frais généraux annuels de sa compagnie de dix à deux millions de dollars. Tom et son associée, Paula Wagner, hésitèrent.

Ce fut la foi de Tom plutôt que ses dépenses qui furent mises en cause. Sumner Redstone, l'octogénaire qui présidait Viacom, la maison mère de la Paramount, annonça, dans une interview au *Wall Street Journal* : « Autant je l'apprécie personnellement, autant j'ai jugé qu'il valait mieux ne pas renouveler le contrat. Ces temps derniers, sa conduite n'était plus acceptable au sein de la Paramount. » Et de conclure sur la flèche du Parthe : « Cela n'a rien à voir avec son talent, c'est un excellent acteur. Mais nous ne pensons pas qu'un individu qui se suicide artistiquement et nuit aux bénéfices de l'entreprise devrait continuer d'en faire partie. » Il déclarera à *Vanity Fair* que Tom Cruise était devenu le « personnage à haïr » pour les femmes à cause de ses diatribes contre Brooke Shields. On dit que Steven Spielberg, qui était, dans les faits, employé par la Paramount, n'était pas intervenu quand Tom Cruise avait été débarqué, le réalisateur n'ayant pas digéré les frasques de l'acteur durant la promotion de *La Guerre des mondes*. Cependant, on ne fut pas long à associer la disgrâce de Tom Cruise aux déclarations de Paula Fortunato, l'épouse de Sumner Redstone, qui avait été « indignée » par l'attitude de Tom vis-à-vis de Brooke Shields et avait confié à ses amis : « Je ne veux plus voir un seul de ses films ! » Un porte-parole de Viacom concéda que Paula Fortunato « était en désaccord » avec les opinions de Tom mais précisa qu'elle avait vu tous ses films.

Le camp de Tom riposta promptement. Son associée, Paula Wagner, soutint que c'étaient Tom et elle qui avaient voulu mettre un terme au contrat qui les liait à la Paramount, au profit d'un financement indépendant. Selon elle, Redstone « essayait simplement de sauver la face ». L'avocat de Tom, Bert Fields, était furieux : « Qu'un personnage comme Sumner Redstone puisse faire une déclaration aussi haineuse, pompeuse et agressive... Cela en dit plus long sur lui et sur Viacom que sur Tom Cruise. »

Durant les semaines suivantes, Paula Wagner et Tom Cruise peinèrent pour financer leur maison de production. Finalement, l'ami de Tom, Kevin Huvane, intéressa un groupe d'investisseurs, dont Mark Shapiro, qui dirige les parcs d'attractions Six Flags, Daniel Snyder, propriétaire des Washington Redskins, et le magnat de l'immobilier, Dwight Schar. Ainsi que le confia au *Los Angeles Times* un cadre de la maison de production : « Ce montage fait très improvisé. Très plan de secours. Voire plan de secours du plan de secours. Quand on perd son contrat avec son studio et qu'on se met en affaires avec des parcs d'attractions, c'est qu'il y a un problème. »

Les ruptures entre les studios et les stars sont presque aussi vieilles que l'industrie du cinéma. Elles remontent au moins à l'année 1919, lorsque les vedettes du muet Charlie Chaplin, Mary Pickford et Douglas Fairbanks créèrent leur propre studio, United Artists, afin de pouvoir toucher une part plus importante des bénéfices. En octobre, Tom et Paula furent contactés par la MGM qui leur proposa de reprendre ce même studio United Artists, qui battait de l'aile. Paula Wagner nommée présidente et Tom producteur exécutif, ce tandem fêta la victoire avec une bouteille de champagne millésimé à cinq cent cinquante dollars au Mastro's, à Beverly Hills. Leur objectif était de « ressusciter » United Artists et de la faire revenir à ses jours glorieux, quand elle produisait quatre films par an.

Star de cinéma, père, éminent producteur... Tom clôtura une année tumultueuse en se mariant pour la troisième fois de sa vie. Le 12 novembre 2006, Katie et lui se passèrent la bague au doigt lors d'une petite cérémonie civile intime à Los Angeles. Six jours plus tard, ils se mariaient de nouveau dans un château de conte de fées datant du XVe siècle à Bracciano, près de Rome, devant la famille et des célébrités de Hollywood, pendant que les médias attendaient dehors. Le prêtre catholique de la paroisse avait refusé de les bénir, et la cérémonie scientologue, dans le château Odescalchi, fit les gros titres du monde entier. Parmi les convives, on dénombra un grand nombre de vedettes : Jennifer Lopez et Marc Anthony, Will et Jada Pinkett-Smith, Jim Carrey, Jenny McCarthy, Jenna Elfman, Victoria Beckham et même Brooke Shields, qui déclara : « Je suis folle de joie pour eux. »

Brillaient par leur absence l'animatrice de télévision Oprah Winfrey, qui avait publiquement émis des doutes sur le numéro que Tom avait fait dans son émission, ainsi que les scientologues John Travolta et Kirstie Alley, qui n'assistèrent pas non plus à une soirée donnée plus tard à Los Angeles par Paula Wagner. Naturellement, Nicole Kidman n'était pas invitée, mais elle envoya en cadeau de mariage un vase de quatre mille dollars – sans doute, s'amusa quelqu'un, pour s'éviter la peine de le lui jeter à la face. On repéra peu d'amis de Katie de l'époque de Toledo ou de *Dawson*, mais beaucoup de scientologues disposés à prendre leur place, dont Jessica Feshbach Rodriguez. David

Miscavige était témoin comme au mariage de Tom et Nicole, la sœur de Katie, Nancy Blaylock, était sa dame d'honneur.

Au cours de la cérémonie, « simple mais éloquente » et longue de vingt minutes, d'étranges vœux furent prononcés : il fut question de casseroles, de peignes et d'un chat, tous objets utiles à Katie, et de l'oubli systématique des maris vis-à-vis de leurs promesses de jeunesse. Les mariés échangèrent leurs anneaux et conclurent par ce qui était désormais une marque de fabrique, un interminable baiser. La plupart des invités conviennent que le moment le plus émouvant fut la sérénade entonnée par le ténor Andrea Bocelli, bien qu'il ait refusé, en tant que catholique, de prendre part à la cérémonie elle-même. « Nous avons assisté, déclara d'une voix enrouée David Miscavige en levant sa coupe, à une union des esprits. » Le père de Katie, Marty Holmes, laissa de côté ses inquiétudes pour déclarer que son nouveau gendre était l'« homme qu'il fallait » à sa précieuse fille.

Les jeunes époux s'envolèrent pour les Maldives, où ils avaient projeté de passer leur lune de miel à bord du luxueux yacht de l'ami de Tom, Jamie Packer, scientologue de fraîche date. Ils n'étaient apparemment pas seuls, David et Shelley Miscavige ayant été vus en train d'embarquer à l'aéroport Campiano, à Rome à bord d'un jet privé à destination de Malé, capitale de l'archipel. Malheureusement, le mauvais temps gâcha les vacances et le couple écourta son séjour. L'Église démentit la présence des Miscavige durant le voyage de noces des Cruise.

De retour à Los Angeles, Tom et Katie passèrent leur premier réveillon de nouvel an en tant que couple marié au Shrine Auditorium, en compagnie de deux mille scientologues applaudissant à tout rompre David Miscavige : ce dernier appelait à l'« anéantissement mondial » de la psychiatrie, en exterminant la profession avec « bombes intelligentes », grenades et mitraillettes. Là encore, l'analogie avec les grands rassemblements nazis vint à l'esprit de certaines personnes présentes.

Miscavige exposait les plans de son organisation pour dominer le monde et procéder à ce qu'il appelait la « clarification de la planète », et il apparut que Tom et Katie étaient au cœur de cette stratégie. Après avoir débité des statistiques sur les kilomètres d'articles et les heures de télévision consacrés à la scientologie, Miscavige proclama que le « mariage du siècle », comme l'avaient surnommé les médias, avait été l'occasion de faire connaître au monde entier les idées-forces et les valeurs de la scientologie. Cela confirma ce que certains invités avaient soupçonné : la cérémonie était autant une opération de marketing de la scientologie qu'une union entre deux êtres. David Miscavige, qui avoua un jour à un collaborateur que s'il n'avait pas été scientologue il aurait vendu des croûtes sur le bord de la route, avait brillamment réussi à « vendre » son Église par le biais de son meilleur ami. Depuis les tentes scientologues du tournage de *La Guerre des mondes* et les attaques contre Brooke Shields, jusqu'à la naissance silencieuse de Suri et au spectacle du mariage, la scientologie avait capitalisé sur la célébrité de l'acteur, lequel était tout disposé à sacrifier sa crédibilité et sa popularité sur l'autel de cette cause.

Miscavige avait un autre défi en réserve pour son ambassadeur planétaire. Si ce n'était pas une mission impossible, c'était en tout cas une mission difficile : avec John Travolta, Tom devait être le fer de lance de la scientologie en Grande-Bretagne et dans le reste de l'Europe. Alors qu'elle bénéficiait d'une exonération fiscale aux Éats-Unis, la scientologie faisait l'objet d'enquêtes en France, en Espagne et en Belgique. Elle avait été interdite pendant un temps en Grande-Bretagne, et, en raison du passé totalitaire du pays, objet de suspicion en Allemagne. En août 2004, l'entreprise missionnaire de Tom Cruise en Europe généra une controverse quand l'acteur rencontra le ministre des Finances d'alors (et actuel président de la République) Nicolas Sarkozy. Leur entretien, qui dura quatre-vingt-dix minutes, porta sur le cinéma et les relations franco-américaines, et se conclut sur une invitation : Cruise convia son interlocuteur à lui rendre visite dans son ranch du Colorado. En France, Nicolas Sarkozy fut étrillé pour avoir déroulé le tapis rouge à la star hollywoodienne. Le député Jean-Pierre Brard, membre du Conseil d'orientation de la mission interministérielle de vigilance et de lutte contre les dérives sectaires, qualifia cette rencontre de « faute » et rappela que la scientologie ou ses représentants avaient fait l'objet de condamnations. « Je ne comprends pas qu'un ministre de la République reçoive un représentant ostensible de la Scientologie. » L'entourage du ministre argua que les croyances de l'acteur relevaient de sa vie privée, mais Brard n'en démordit pas : « Par analogie, on pourrait se demander si le ministre recevrait un membre d'un réseau international de trafic de drogue ou de proxénétisme en disant : "On n'a pas parlé de drogue ou de prostitution.". »

La pression sur Sarkozy s'intensifia quand, de source informée, on apprit qu'il avait bien été question de scientologie entre eux, Tom Cruise ayant pris l'habitude de défendre l'Église auprès des responsables politiques du monde entier. Or en France, la scientologie étant classée parmi les sectes, elle ne peut bénéficier d'avantages fiscaux. Cette polémique conduisit le candidat Sarkozy, durant la campagne présidentielle de 2007, à adresser un courrier aux associations antisectes pour les assurer de son soutien.

L'offensive française de Tom Cruise se poursuivit en juin 2005. Avec sa nouvelle petite amie Katie Holmes, il fut reçu par le maire de Marseille Jean-Claude Gaudin. Malgré les critiques de l'Unadfi, une association antisecte, le maire les invita à un dîner de crustacés et nomma Tom Cruise citoyen d'honneur de la cité phocéenne. Quand bien même l'acteur demanda la main de Katie au sommet de la tour Eiffel, il ne put réitérer cette opération de relations publiques avec la mairie de Paris. Au mois de juillet, en effet, des élus parisiens débattirent de la question de décerner à Tom Cruise la citoyenneté d'honneur de la capitale. Cette proposition fut rejetée et des responsables municipaux résolurent de « ne jamais recevoir l'acteur Tom Cruise, porte-parole de la scientologie et militant autoproclamé de cette organisation. »

En 2006, Tom avait fourni en coulisses une assistance financière et technique quand la scientologie avait acheté à Londres un immeuble valant trente et un millions de dollars à un promoteur saoudien. « Nous sommes à la croisée des chemins. Avec cette base, nous allons recruter ceux qui contrôlent le monde », proclama un scientologue enthousiaste lors de l'inauguration en grande pompe du siège londonien en octobre 2006. En dehors des gloires locales, cependant, les célébrités qui assistèrent à cette fête furent peu nombreuses. Tom était en partie missionné pour s'assurer qu'il en serait différemment à l'avenir.

Avec leurs hordes de fans autour du globe, David et Victoria Beckham constituaient deux proies de choix. C'est au cours d'un voyage en Espagne, effectué en 2003, que Tom Cruise avait fait la connaissance de l'ancien capitaine de l'équipe anglaise de football, juste après un match avec sa nouvelle équipe, le Real de Madrid. En dehors de l'amour du sport et des voitures de course, le fils d'un employé du gaz de l'East End londonien et la star de Hollywood semblent avoir peu de points communs, mais ils devinrent rapidement amis. Fait intéressant, les deux hommes avaient repéré leurs épouses respectives par écran interposé : Tom avait été subjugué par Nicole Kidman dans *Calme blanc*, et David s'était entiché de Victoria, surnommée Posh, en la voyant dans un vidéoclip des Spice Girls.

« Posh et Becks » figurèrent vite en bonne place dans le répertoire de Tom, qui présenta les chéris de l'Angleterre à David Miscavige dès 2004. Six semaines à peine après que ce dernier eut inauguré avec Tom un nouveau centre de scientologie à Madrid, le chef de l'Église revint en Espagne pour passer du temps en compagnie de la famille Beckham. Fin octobre, quoique peu versé dans les subtilités du ballon rond, Miscavige assista à un match du Real Madrid depuis les gradins du stade Bernabeu dans la capitale ibérique. On l'y vit en compagnie de David Beckham, qui ne jouait pas, de la mère de David, Sandra, de Victoria Beckham, des deux petits Beckham, Romeo et Brooklyn, ainsi que de Tom Cruise. C'est dire l'importance de ces recrues si David Miscavige était disposé à parcourir la moitié du globe...

Comme pour Penélope Cruz et Sofía Vergara, Tom initia les Beckham aux grands principes de la scientologie. En octobre 2005, on put voir Victoria lisant un ouvrage de L. Ron Hubbard, *Assistance pour les maladies et les blessures*. On en déduisit qu'elle espérait y trouver des conseils pour son fils, Romeo, qui souffrait d'épilepsie et dont les crises étaient provoquées par les flashs des photographes. Mais il y avait un hic : si les Beckham se convertissaient, leur fils Romeo cesserait forcément de suivre son traitement médicamenteux et cela pouvait avoir des répercussions dramatiques. Une ancienne scientologue, Tory Christman, en avait fait l'amère expérience. Elle avait suivi les préceptes à la lettre en refusant de prendre son antiépileptique, ce qui lui causa de nombreuses crises potentiellement mortelles.

Cet élément était à prendre en compte pour l'avenir. Pour le moment, Beckham était courtisé non seulement par la scientologie, mais par un autre groupe américain, l'Anschutz Entertainment Group, désireux de le recruter dans l'équipe des Los Angeles Galaxy. À l'automne 2006, David téléphona à son « sage ami » Tom pour lui demander conseil, et l'acteur l'encouragea à s'établir sur la côte ouest.

Pendant que Tom guidait la carrière de David, Katie suivait les conseils de mode de Victoria. En octobre 2006, les deux jeunes femmes partirent à Paris pour assister aux défilés. Elles y arborèrent des tenues semblables ou complémentaires, souvent choisies par Victoria, qui avait publié un succès de librairie, *That Extra Half an Inch*. Elles devinrent amies et confidentes, Katie lui demandant d'être sa styliste lors d'un shooting en décembre 2006 pour la couverture du *Harper's Bazaar* de février 2006. Bien que la jeune actrice ait des goûts affirmés – elle adore Marc Jacobs et Armani –, on remarqua qu'elle changea de coiffure au printemps 2007, arborant un carré court, comme son amie britannique.

C'était à croire que Katie Holmes était passée à la moulinette « Catherine Zeta Jones » : il n'avait échappé à personne que l'actrice galloise, à l'allure fraîche et piquante, avait adopté un style classique et chic après son mariage avec le célèbre Michael Douglas. De la même manière, la nouvelle Mme Cruise se défit de son image d'ingénue aux longs cheveux pour devenir une *fashionista* mince et sophistiquée, engoncée dans d'élégants tailleurs et juchée sur des talons vertigineux.

Cette actrice intelligente mais irréfléchie payait le prix fort pour ce changement. Bien qu'elle fût encore amoureuse de Tom, les illusions des premiers jours avaient volé en éclats. Elle avait succombé à une image qu'elle s'était forgée, adolescente, lorsqu'elle se vantait à ses sœurs qu'un jour elle épouserait Tom Cruise. La réalité était quelque peu différente. Alors que les observateurs se lançaient dans d'inévitables comparaisons avec la cour éclair du prince Charles auprès de lady Diana, le couple souffrait d'un excédent d'intervenants : Tom et Katie n'étaient jamais seuls. À la maison, il y avait un régiment de nounous et de gouvernantes chargées de s'occuper de Suri, de Connor et d'Isabella ; des cuisiniers, des femmes de chambre, des jardiniers qui veillaient au moindre de ses désirs. Quand elle sortait faire les boutiques – et cela lui arrivait très souvent –, elle était escortée d'un garde du corps qui repoussait les assauts des paparazzis. Pendant ce temps, Tom se consacrait au studio United Artists et à la scientologie.

Or Katie ne demandait qu'à passer plus de temps avec son mari. Mais, s'il n'était pas forcément présent à son côté, il l'appelait sans cesse pour s'inquiéter de son bien-être et de celui de sa petite fille, lui demandait si elle dormait et si elle mangeait correctement. Cela ne devait pas être simple pour cette jeune maman de cohabiter avec sa belle-mère, sa belle-sœur et ses enfants. Ses escapades shopping à Beverly Hills lui donnaient surtout l'occasion de s'aérer.

En public, au bras de son mari, Katie était tout sourire ; en privé, elle paraissait perpétuellement fatiguée et mélancolique, comme si elle portait un énorme fardeau sur ses épaules. « Hors des caméras, dit un collaborateur, c'était une personne très différente. Non, je ne peux pas dire d'elle qu'elle respirait la joie de vivre ou l'amour fou. Elle avait l'air si déprimée, si triste... Tout le contraire de la jeune mariée radieuse qui place des espoirs dans sa nouvelle vie. Chaque fois que je l'ai vue, elle m'a paru dépourvue d'énergie, sinistre, bref, très démoralisée. »

Les premiers mois après la naissance de Suri, on aurait pu mettre la lassitude physique et émotionnelle éprouvée par Katie sur le compte de la dépression post-partum. Bien entendu, étant donné que Tom avait vilipendé Brooke Shields pour avoir recommandé en la matière le recours aux antidépresseurs, il eût été impensable que Katie se tourne vers les psychotropes. Il était loin, le temps de *Dawson*. Les personnes qui la côtoyaient la trouvaient vieillie, épuisée.

Si la petite Suri était un bonheur, il semblait aux proches de Katie que celle-ci commençait à douter de la voie sur laquelle elle s'était engagée. Sa carrière avait été mise entre parenthèses, elle avait l'air accablée : après tout, elle avait conscience d'avoir épousé l'un des hommes les plus puissants de Hollywood. Toutefois, qu'elle déclarât au magazine *Harper's Bazaar* que ce serait un « honneur » pour elle de jouer avec Tom dans un film était révélateur de son désir ardent de voir son union couronnée de succès professionnels et personnels.

Quand elle accepta son premier emploi depuis la naissance de Suri, Tom jura de la soutenir durant les six semaines du tournage de *Mad Money* à Shreveport, en Louisiane. Ses intentions étaient louables, mais, finalement, ses engagements professionnels l'obligèrent à faire souvent l'aller-retour depuis Beverly Hills à bord de son jet privé.

Quelles qu'aient été les inquiétudes de Katie sur son avenir conjugal, le sort qu'avait connu Nicole Kidman lui tenait lieu d'exemple et de mise en garde. Katie savait que Nicole en était réduite à garder le contact avec ses enfants adoptifs par e-mail ou webcam interposés. Tom avait obtenu leur garde et élevait les deux enfants dans la foi scientologue. À l'été 2007, par exemple, Isabella et Connor furent envoyés en colonie dans un camp de l'Église de Portland, au lieu de passer du temps auprès de leur mère. L'interview que Nicole accorda à *Vanity Fair*, en septembre 2007, où elle contraria Tom en dévoilant sa fausse couche au début de leur mariage, fut perçue par des observateurs comme un avertissement : Tom devait lui laisser quelque latitude avec ses enfants s'il ne voulait pas qu'elle déballe tout sur leurs dix ans de mariage. En vérité, cette interview avait des accents de conversation codée entre Nicole et son ex : non seulement elle posait pour le photographe avec le bébé de sa sœur blotti contre sa poitrine – référence à l'enfant qu'elle désirait tant mettre au monde un jour –, mais elle laissait entendre qu'elle comptait révéler prochainement les circonstances « compliquées » de l'adoption d'Isabelle en Floride, en 1993. À l'époque, Tom et Nicole n'avaient pas réagi aux allégations selon lesquelles la mère biologique d'Isabella était membre de la Sea Org et ils n'avaient pas non plus précisé l'identité de cette femme.

Troublée ou non, Katie demeurait discrète sur les turbulences qu'elle éprouvait en son for intérieur. Seuls son silence et sa mélancolie signalaient à son entourage que le mariage et la maternité ne la comblaient pas complètement. Elle faisait toutefois bonne figure en public. « J'ai un mari et des enfants que j'adore », disait-elle, détendue et heureuse à côté de son mari.

Quand David et Victoria Beckham arrivèrent enfin à Los Angeles en juillet 2007, Tom et Katie, ainsi que Will et Jada Pinkett Smith, organisèrent en leur honneur une soirée ultrachic au musée d'Art contemporain. Parmi les six cents invités on comptait Oprah Winfrey, George Clooney, Steven Spielberg et Jim Carrey. Tom se mettait en quatre pour impressionner ses amis anglais. Si à Hollywood aucune invitation à déjeuner n'est vraiment gratuite – et encore moins à une fête – à l'heure où ces pages sont rédigées, les Beckham ne sont pas encore entrés dans le giron de la scientologie.

Ce n'est peut-être qu'une question de temps. Rares sont les personnes capables de résister à la pression de Tom Cruise, qui se concentre sur des personnes à même d'influencer des groupes ethniques ou géographiques bien ciblés. À cette soirée, où rôdait David Miscavige, assistaient de nombreuses célébrités qui avaient au départ repoussé les assauts de Tom pour mieux y succomber. Ainsi son amie Jennifer Lopez, actrice et chanteuse extrêmement populaire dans la communauté hispanophone et dont le père était scientologue depuis vingt ans. Comme Oprah Winfrey, Will Smith – qui délogea Tom de la première place et devint, selon *Newsweek*, « l'acteur le plus puissant du monde » en 2007 – et son épouse Jada Pinkett-Smith qui l'intéressaient en raison de leur popularité auprès de la population afro-américaine. De la même manière, celle qui lui avait échappé, Sofía Vergara, avait des fans inconditionnels dans toute l'Amérique du Sud.

Souriant et toujours affable, serrant les mains, Tom savait s'y prendre autant avec les célébrités qu'avec ses groupies. Il avait l'assurance et le panache d'un politicien – ou d'un magnat de Hollywood –, ce qu'il était précisément désormais. Au début de l'année 2007, Tom, qui avait forci et était souvent photographié en costume et cravate au lieu de ses habituels jean et T-shirt, donna le feu vert de sa première production abritée par United Artists : *Lions et Agneaux*, un thriller politique dirigé et interprété par Robert Redford. Présenté comme le projet qui sonnait le grand retour de Tom Cruise après son divorce houleux d'avec la Paramount, ce film suscita une controverse avant même sa sortie prévue en novembre 2007. Son slogan américain – « Si vous ne luttez pas pour quelque chose, vous tomberez pour rien » – mit en rage les républicains, qui l'accusèrent d'être non seulement antimilitariste, mais aussi antiaméricain. Fait intéressant, la première du film eut lieu à Londres – cible prioritaire pour la scientologie – et non aux États-Unis.

Avant son arrivée au cinéma de Leicester Square, dans la capitale anglaise, le 22 octobre 2007, Tom Cruise exigea que l'on procède à une fouille des sacoches de tous les photographes présents et que l'on confisque les pistolets à eau, afin d'éviter que se reproduise l'incident survenu deux ans plus tôt : un membre d'une équipe de télévision l'avait aspergé d'eau alors que l'acteur prenait un bain de foule. Si son bain de foule se passa à merveille, Tom n'esquiva pas les flèches de la critique. « La mise en scène brille autant qu'une ampoule de cinq watts », écrivit James Christopher dans *The Times*, le journal partenaire du festival où le film était présenté. Il qualifiait Tom Cruise, dans son rôle de va-t-en-guerre républicain, de « séducteur onctueux à outrance, qui martèle son bureau du poing et sourit à Meryl Streep, [qui incarne une journaliste cynique] avec une absence totale de sincérité ». Quoique le film abordât l'épineuse question de l'engagement américain en Irak et en Afghanistan, la star américaine biaisa avec brio chaque fois qu'on l'interrogeait sur la guerre contre le terrorisme... mais il glissa habilement le fait qu'il comptait emmener son ami David Beckham en balade, à bord d'une voiture de course ou d'un avion, pour le réconforter de la mauvaise saison de sa nouvelle équipe, les L.A. Galaxy.

Si ce premier long métrage avec United Artists semblait promettre que son studio s'attaquerait à des sujets délicats, le suivant symbolisait mieux que tout autre sa volonté de promouvoir les idéaux de son Église. Alors que Tom et son équipe passaient en revue des scénarios au quartier général d'United Artists, dans la « salle de guerre » de la scientologie, à Hemet, David Miscavige et ses lieutenants dressaient les plans de leur implantation en Allemagne. De temps en temps les rejoignait dans leur bunker niché au cœur du désert un Tom Cruise devenu officieusement le numéro deux de l'organisation, qui s'impliquait dans toutes les questions de planification et de stratégie. Tout comme les fidèles du Centre de la Kabbale ne font rien sans l'approbation de leur porte-drapeau et bienfaitrice, Madonna, la stratégie de la scientologie est entièrement façonnée autour de Tom Cruise.

L'Allemagne est un territoire extrêmement prisé, avec un marché potentiel de quatre-vingt-deux millions d'âmes à conquérir. En outre, quel triomphe pour les relations publiques ce serait que d'y obtenir la reconnaissance officielle au titre de religion, alors que cet État tient l'Église, au mieux pour une entreprise commerciale et non cultuelle, au pire pour une organisation totalitaire qui profite de la vulnérabilité des individus.

Bref, d'après l'Allemagne, la scientologie représente un risque pour la démocratie. Au cours des ans, les différents Länder ont pris des mesures visant à protéger leurs citoyens du groupe, dont les activités sont suivies de près par le bureau pour la protection de la Constitution.

De son côté, la scientologie argua sur un ton belliqueux que la position de l'Allemagne constituait un déni de la liberté de culte. Les tentatives de lobbying faites à Washington par des membres influents de la secte tendirent les relations germano-américaines. En janvier 2007, la scientologie établit une importante tête de pont en Allemagne en occupant un luxueux immeuble de quatre mille mètres carrés en plein cœur de Berlin. Deux mois plus tard, Tom Cruise annonça qu'il s'apprêtait à produire un film sur le colonel Claus Schenk von Stauffenberg, aristocrate allemand dont la tentative d'assassinat manquée sur Adolf Hitler, dans les derniers mois de la guerre, lui valut une place au panthéon des héros allemands. Et la production exigeait que le tournage se déroule sur les lieux mêmes où le complot avait été fomenté et démantelé.

La présence de Tom sur le sol allemand suscita un débat dans toutes les couches de la société sur les vertus et les torts de la scientologie. Or c'était précisément le but recherché. Ainsi que me le rapporta un ex-scientologue qui avait été mis dans le secret des visées expansionnistes de l'Église ainsi que des différents stades de l'offensive : « L'histoire de Stauffenberg avait été choisie tout exprès. C'était une manière très habile de leur mettre le nez dans leurs contradictions. La hiérarchie scientologue se tenait les côtes. Cela a provoqué une controverse en Allemagne, dressé les politiciens les uns contre les autres, comme les scientologues le souhaitaient. »

La polémique ne tarda pas, en effet, car des membres de la famille Stauffenberg, l'Église allemande et des responsables politiques attaquèrent vigoureusement le film. Le fils aîné du héros, le comte Berthold von Stauffenberg, général à la retraite, insista : « La scientologie est une idéologie totalitaire. Le fait qu'un scientologue déclaré comme M. Cruise soit censé jouer la victime d'un régime totalitaire est parfaitement répugnant. » Le porte-parole de l'Église protestante allemande, Thomas Gandow, éclaira l'objectif secret du film : « Ce film présente les mêmes avantages de propagande pour la scientologie que les jeux Olympiques de 1936 pour les nazis. »

Les pouvoirs publics montèrent au créneau. Le porte-parole du ministère de la Défense, Harald Kammerbauer, prévint : « United Artists ne sera pas autorisé à tourner sur des sites militaires allemands si le comte de Stauffenberg est joué par Tom Cruise, qui a publiquement déclaré être un membre de la secte de scientologie.

Les bataillons de Tom se jetèrent vaillamment dans la mêlée ; ainsi, l'acteur Rupert Everett fit savoir qu'à ses yeux la scientologie n'était pas plus ridicule que d'autres religions. On ignore si l'acteur, ouvertement gay, était informé du triste sort que lui réservait L. Ron Hubbard. Paula Wagner tira de son côté, arguant que les croyances personnelles de Tom « n'avaient aucune influence sur l'intrigue, les thèmes et le contenu du film ». Ce qui était la vérité, car le scénariste Chris McQuarrie et le réalisateur Bryan Singer, l'inventif tandem qui avait engendré *Usual Suspects,* ignoraient totalement la finalité du projet qu'ils avaient mis au point.

L'homme qui se tenait au milieu de ces affrontements se montra impérial et d'une désarmante discrétion. Au mois de juin 2007, après avoir visité pendant trois heures le nouveau siège européen de la scientologie à Berlin, durant un repérage pour son film, Tom ouvrit calmement un deuxième front : fort diplomatiquement – et contrairement à ses habitudes –, il invita sur le tournage des journalistes triés sur le volet pour rencontrer quelques-uns des membres de la distribution, dont Bill Nighy, Kenneth Brannagh et Terence Stamp. Il évoqua l'aristocrate catholique exécuté le lendemain du jour où il avait transporté une bombe qui avait blessé le Führer : « Cet homme avait compris qu'il devait agir, même s'il allait y perdre la vie. Il avait conscience de l'enjeu. C'est fascinant, les gens qui se dressent pour défendre une cause. »

Cette déclaration pourrait aussi s'appliquer aux sentiments que Tom Cruise inspire au monde. En tout cas, la scène où, dans la peau de Stauffenberg, il regarde ses enfants jouer juste avant de partir pour sa dangereuse mission a rappelé aux critiques les qualités de l'acteur qui lui valaient de rester au sommet depuis plus de vingt ans : « Sans le soutien du moindre dialogue, une partie du visage cachée par un œilleton, Tom parvient à exprimer peine et tourment, observe le journaliste Ruben Nepales. Cette scène prouve à quel point le talent de Tom a été sous-estimé. Les controverses ont souvent réussi à escamoter le fait qu'il est l'un des meilleurs acteurs de sa génération. »

En quelques semaines, la stratégie de Tom Cruise porta ses fruits. Le ministère allemand de la Défense agita le drapeau blanc et autorisa le tournage sur des sites militaires. Après quoi, un autre ministère versa des « réparations » en accordant au film six millions et demi de dollars de financement, puisque le film traitait de questions historiques d'intérêt national. Et c'est ainsi que le 17 juillet 2007, des avions frappés de la croix gammée survolèrent le village de Loepten, aux alentours de Berlin.

Pendant que Tom tournait dans les studios Babelsberg de Berlin – où Goebbels fabriquait jadis ses films de propagande –, la scientologie éteignait quelques incendies. D'abord, une fille de quatorze ans et son demi-frère, enfants d'un scientologue allemand de haut rang, firent les manchettes des journaux pour avoir fugué du domicile familial, à Berlin, afin d'échapper à l'organisation. Ils se réfugièrent dans l'un des foyers dont la ville de Hambourg dispose pour les personnes cherchant à fuir les sectes. Après quoi, Ursula Caberta, qui avait passé quinze ans à enquêter en tant que commissaire de la cellule antiscientologie de Hambourg, publia *Le Livre noir de la scientologie*, une cinglante critique de l'organisation qui devint aussitôt un best-seller. En Belgique, après une enquête de dix ans concluant que la secte devait être classée parmi les organisations criminelles, le procureur Jean-Claude Van Espen recommanda qu'elle soit poursuivie pour escroquerie et extorsion de fonds. L'organisation réfuta ces accusations.

Cependant, un ennemi venu de l'intérieur se révéla le plus dangereux. Alors que le personnage de Tom chargeait sa valise d'explosifs, un renégat scientologue s'apprêtait à faire exploser une bombe. Derrière les vitres blindées d'un bâtiment de Stuttgart protégé par des gardes armés, un homme qui se disait être un ancien haut responsable scientologue, Christian Markert, passa trois jours à narrer à des agents gouvernementaux son expérience au sein de la scientologie. Craignant pour sa sécurité en Amérique, où beaucoup d'anciens scientologues estiment – non sans raison parfois – que la police locale travaille main dans la main avec l'Église, Markert avait fui son domicile de

Buffalo, dans l'État de New York, pour se réfugier en Allemagne, dont il était ressortissant.

Ce qu'il raconta aux services secrets allemands était certes familier, mais n'en était pas moins glaçant. Des relations difficiles avec ses parents, une carrière en dents de scie – ponctuée d'accusations de fraude en France et en Irlande – et une quête de sens après le décès de sa mère l'avaient conduit à la scientologie dix ans plus tôt. Pour appuyer ses dires, Markert, âgé aujourd'hui de trente-six ans, montra aux agents allemands une lettre émanant du département juridique de scientologie attestant son appartenance à l'Église et son assiduité. Il avait travaillé pour la scientologie en Irlande et en Californie, avant d'être muté à Buffalo, où il était responsable de la librairie de la secte.

Markert indiqua aussi aux autorités allemandes qu'il avait un temps dirigé le Bureau des affaires spéciales, chargé notamment d'espionner les anciens adeptes qui critiquaient l'organisation. En guise de preuve, il leur remit des documents analogues à ceux que la police de Hambourg détenait dans ses archives. Ceux qui gardaient le silence étaient laissés en paix ; ceux qui proféraient des griefs contre l'Église étaient catalogués « individus suppressifs » et s'attiraient « toute la fureur de l'organisation ». La méthode était toujours identique. D'abord, on réunissait les dossiers « éthiques » qui contenaient les aveux concernant le sexe, la drogue et les frasques de la personne, afin d'identifier la cible et de réaliser sa « ruine ». D'après Markert, un couple et sa fille furent ainsi contactés quotidiennement pendant un an : ils reçurent visites, coups de téléphone et lettres... Il raconta aux policiers incrédules que, sous la pression, l'épouse, considérée comme « individu suppressif », avait essayé par deux fois de se suicider. Elle parvint à ses fins à la troisième tentative. « Je ne m'en suis pas ému sur le moment, déclara Markert. En tant que scientologue, on ne considère pas la mort comme quelque chose d'important, on parle de "laisser tomber" son corps. » Markert ne se sentait en rien impliqué dans ce décès. Après tout, il ne faisait que se conformer aux enseignements d'Hubbard, qui avait déclaré que tout ennemi de la scientologie pouvait être « trompé, traîné en justice, trahi ou anéanti ». Même les agents qui l'interrogeaient et qui connaissaient les tactiques de la scientologie furent choqués devant l'étalage de cruauté calculée d'une organisation qui se faisait passer pour une religion.

Christian Markert était l'archétype de la future politique scientologue, une stratégie qui plaçait Tom Cruise au cœur de son expansion en Grande-Bretagne et en Europe. D'après Markert, cette politique fut dévoilée lors d'une longue réunion avec David Miscavige qui se tint à Hemet, en avril 2007, au cours de laquelle l'on proposa à Markert de s'installer en Allemagne car les cadres scientologues germanophones faisaient cruellement défaut. Durant cette première – et dernière – visite à la base, Markert eut l'impression d'entrer dans une prison de haute sécurité. Il y régnait, dit-il, un climat paranoïaque pesant. Avant de voir David Miscavige, Markert dut subir de rigoureux contrôles de sécurité, comme s'il allait être reçu par le président des États-Unis.

À l'époque, beaucoup d'adeptes discutaient de la victoire que la scientologie venait de remporter contre une menace issue des médias. Le reporter britannique John Sweeney, journaliste d'investigation travaillant pour la BBC, avait été envoyé aux États-Unis pour déterminer si la scientologie était une secte ou une religion. Convaincue que Sweeney se montrerait critique, l'Église avait déployé sa tactique habituelle pour le discréditer. Le plan était simple, mais efficace : il consistait à harceler Sweeney et son équipe vingt-quatre heures sur vingt-quatre jusqu'à ce que le journaliste en vienne à perdre son sang-froid et « pète les plombs », si possible sous l'œil d'une caméra actionnée par un scientologue. Une explosion de colère réduisait à néant même l'argumentation la plus sensée. Comme l'observa un ex-adepte : « C'était un plan très simple. Ils vous aiguillonnent jusqu'à ce que vous perdiez les pédales. »

Ce plan marcha encore mieux que prévu. En mars, lors d'une exposition scientologue à Hollywood intitulée « Psychiatrie, industrie de la mort », Sweeney finit par craquer et hurla sur le scientologue Tommy Davis, fils de l'actrice Anne Archer, qui le traquait depuis son arrivée. Le journaliste expliquera : « On m'a agressé verbalement, on m'a épié, on a fait irruption dans ma chambre d'hôtel à minuit, des stars de la scientologie m'ont accusé d'être sectaire et j'ai été suivi dans les rues de Los Angeles. De retour en Grande-Bretagne, des inconnus ont rendu visite à mes voisins, à ma belle-mère, et quelqu'un est venu espionner mon mariage et s'est enfui aussitôt repéré. »

Quand ce reportage fut diffusé en mai, dans l'émission *Panorama*, à la BBC, il battit des records d'audience – et recueillit deux millions de visites sur le site YouTube. Alors que la scientologie profitait pleinement de cette occasion de faire de la propagande, dépensant soixante mille dollars en DVD de promotion et autres documents, la majorité des commentaires fut en faveur du journaliste. « Après une semaine en scientologie, je n'avais plus de voix, mais encore toute ma tête », dit Sweeney, qui a compris rétrospectivement qu'il s'était fait piéger.

Cependant que les scientologues se congratulaient au sujet de leur opération contre la BBC, Eugene Ingrams, un détective privé régulièrement employé par l'Église, fouillait la vie privée d'un animateur de radio californien, Vince Daniels, qui avait osé critiquer à l'antenne le travail du Narconon, le programme de désintoxication de la secte. En août, Vince Daniels démissionna de la station KCCAA, invoquant des différends avec la direction.

L. Ron Hubbard croyait à l'efficacité des campagnes de dénigrement montées de toutes pièces ; David Miscavige parachevait l'œuvre du fondateur grâce aux célébrités qui portaient le message de l'Église. Il confia à Markert que des stars du calibre de Tom Cruise et de John Travolta seraient leurs fers de lance en Europe et en Grande-Bretagne. Tom allait poursuivre sur sa lancée d'ambassadeur et utiliser sa célébrité pour rencontrer des politiciens et autres personnalités influentes. Comme l'observe Miscavige, un homme politique n'a pas besoin d'être scientologue pour promouvoir la cause : il suffit qu'il ait un bon scientologue derrière lui. « Il a clairement déclaré que des célébrités comme Tom Cruise faisaient tout ce qu'elles pouvaient pour s'implanter en Europe et populariser la scientologie. À ses yeux, le continent est un énorme marché. La scientologie marche déjà très bien en Italie. Il en a parlé longuement. » Miscavige se vanta même de ce que le studio de Tom, United Artists, fût considéré au sein de la secte comme une antenne proscientologie. Il espérait qu'on y recruterait davantage d'employés issus des rangs de la Sea Org qui avaient appris le métier dans les studios de production de la Gold Base de Hemet. Parmi les scientologues ayant participé au tournage de *Lions et Agneaux*, on compte notamment l'acteur Michael Peña, le compositeur Mark Isham, des cadreurs et des ingénieurs du son.

Quelques semaines après cette rencontre avec David Miscavige, Christian Markert – libraire, espion et ministre de l'Église –

décida de couper les ponts avec la scientologie. Il fut aidé par un ancien membre de la Sea Org, avant de rejoindre l'Allemagne. Comme prévu, sa défection lui attira le courroux de la secte, qui l'accusa d'être un fabulateur, un agent infiltré des services d'espionnage allemands ayant séjourné très brièvement parmi eux, voire – injure suprême – un psychiatre. La scientologie et sa vitrine, l'Observatoire des libertés religieuses, réussirent en partie à jeter le discrédit sur ses déclarations, puisqu'une chaîne de télévision allemande conclut que les dires de Markert étaient parfois contradictoires. Toutefois, la férocité des attaques dont il fit l'objet pourraient attester son importance passée au sein de l'organisation. La commissaire aux sectes de Hambourg, Ursula Caberta, lui demanda même s'il détenait des informations cruciales.

La suite de l'histoire nous entraîne dans des eaux troubles, comme souvent lorsqu'on tente de comprendre la scientologie ou ses adeptes. J'ai demandé officiellement à un avocat représentant les intérêts de l'Église ce qui motivait cette débauche de moyens engagés contre un homme censé n'avoir fait qu'un passage éclair en son sein. Il m'adressa par courrier la réponse suivante : « Christian Markert n'a jamais rencontré M. Miscavige, il ne lui a jamais adressé la parole et n'a jamais été vu sur le site de la maison de production Golden Era. Il est entré pour la première fois dans une église de scientologie lorsqu'il a rejoint le personnel de l'Église de scientologie à Buffalo, au début du mois d'avril 2007, en affirmant qu'il éprouvait le désir de faire connaître la scientologie auprès du public. Il a été engagé en tant que vendeur, affecté à la librairie de cette église. »

Or une lettre datée du 9 mars 2007, émanant du département juridique de l'Église à Buffalo, contredit complètement cette version des faits. Cette lettre appuie la demande de visa de travail – spécifique aux travailleurs religieux – de Christian Markert en ces termes : « M. Markert a toutes les qualifications requises pour recevoir un visa R-1 car il est scientologue depuis une dizaine d'années environ et a fait montre, ces trois dernières années, de grandes aptitudes dans le domaine de la dianétique. Sa connaissance des textes sacrés de l'Église serait grandement profitable à l'église de Buffalo, qu'il assisterait comme ministre de l'Église. »

Alors ministre du culte ou menteur ? Ursula Caberta pense que l'ami de Tom Cruise, David Miscavige, n'est pas étranger à la méfiance que suscite le témoignage de Markert. La scientologie considère comme un crime capital le fait de ne pas rédiger de rapport concernant une personne soupçonnée de vouloir quitter ou dénoncer la scientologie. Or il serait inconcevable de la part de son dirigeant d'être lié de près ou de loin à un renégat si peu de temps avant sa défection. En principe, Miscavige aurait dû flairer le revirement de Markert ; à défaut, il est passible de châtiment. D'où la nécessité d'agiter un écran de fumée autour de ce malheureux Markert.

S'il a bien côtoyé les hautes sphères de la scientologie, Markert en connaît donc parfaitement l'essence. « La scientologie ne tourne pas autour de l'argent, dit-il. Ce n'est pas une religion : c'est une organisation politique extrémiste. Hubbard ne désirait qu'une chose : le pouvoir. Il voulait gouverner le monde. » Les efforts mis en œuvre par Tom Cruise pour répandre la bonne parole ont conféré une légitimité fallacieuse à ce que Markert qualifie désormais de « secte dangereuse ».

Peut-être serait-il plus juste de dire que Tom Cruise tire son pouvoir et son influence du fait que nous vivions à l'ère du tout médiatique, que notre société se gargarise de petites phrases et se prosterne aux pieds des stars. En exploitant cette tendance, Tom est devenu le chef de file de vedettes engagées, qui utilisent leur notoriété pour accéder aux arcanes du pouvoir, aux studios de télévision et à la une des magazines.

À l'instar de Bob Geldof et de Bono, qui ont su user de leurs relations et de leur renom pour mobiliser l'opinion contre la pauvreté dans le tiers-monde, Tom Cruise a fait campagne pour promouvoir ses croyances. Mais alors que ces deux chanteurs œuvrent dans la transparence, l'organisation de Tom avance masquée, derrière des campagnes ciblées contre des médicaments comme la Ritaline ou les antidépresseurs ; ne l'oublions pas, son objectif véritable est l'« anéantissement global » de la psychiatrie et de quelques autres branches de la médecine.

Contrairement aux politiciens, les stars comme Tom Cruise ne sont comptables devant l'opinion ni de leurs opinions ni de leurs actes. Les médias sont tout simplement ravis de les avoir devant leur caméra ou sur leur couverture. Tant que la présence ou l'image de Tom font grimper l'audimat ou les ventes, les journalistes sont prêts à passer sous les fourches caudines – quitte à suivre des cours de scientologie, par exemple – pour s'en approcher. D'ailleurs, comme l'a démontré l'ancien conseiller de la Maison-Blanche, Scooter Libby, les hommes politiques adorent bénéficier du rayonnement qui se dégage d'une star de Hollywood. Tom est devenu le maître des formules toutes faites, celui qui défend sa cause controversée à coups d'affirmations tranchées plutôt que par le débat, qui martèle des slogans dénués de substance intellectuelle. Combien de politiciens auraient pu asséner impunément, comme Tom, durant une interview donnée en 2005 à *Entertainment Weekly*, que la méthadone, médicament utilisé pour combattre l'accoutumance à l'héroïne, s'était à l'origine appelée adolphine en hommage à Adolf Hitler ? Ou soutenir sans réserve le fait que la scientologie décrive la psychiatrie comme une science nazie ? La popularité de Tom donne inévitablement beaucoup de poids à ses affirmations les plus fantaisistes.

À une époque où Tom est beaucoup plus puissant qu'un élu du peuple, où il jouit d'une influence planétaire, la scientologie et lui bénéficient d'un passe-droit dont ils ont su tirer profit. Par exemple, selon la Commission d'action politique sur les questions de santé mentale, vingt-huit propositions de loi émanant des scientologues ont été présentées par des membres du corps législatif de l'Arizona afin de limiter l'accès au traitement et aux médicaments pour les enfants atteints de troubles mentaux. Sur son site web, ce groupe de pression demande aux électeurs s'ils veulent qu'à l'avenir Tom Cruise prenne les décisions en matière de santé mentale dans leur État. Notons que le fils de la deuxième épouse de son père, le Dr Gary Lebendiger, est aujourd'hui pédopsychiatre.

Au mois d'octobre 2007, l'Église de scientologie a gagné du terrain en Europe : un tribunal administratif de l'Audience nationale de Madrid, haute instance judiciaire espagnole, a accepté un recours déposé par l'organisation afin d'être réinscrit au registre des entités religieuses officielles du pays, dont le ministre de la Justice l'avait exclue deux ans auparavant. Le tribunal a annulé cette décision comme étant « contraire au droit », estimant notamment qu'« aucun des documents présentés » par le ministère ne prouvait que l'Église n'était pas une entité religieuse. Les scientologues espagnols s'empressèrent de se féliciter de cette « légitimation » historique, même si leur percée était encore relative : figurer au registre des entités religieuses confère surtout à l'Église le statut de personne morale, ce qui lui permet d'agir dans la sphère juridique.

Bien sûr, Tom est surtout le souriant ambassadeur de la pensée de celui qu'il appelle son mentor, L. Ron Hubbard. Par définition, tout ce que Hubbard a écrit sur la psychiatrie – et aussi sur la naissance, le mariage, et la vie en général – est considéré comme sacré et inviolable. Sa parole constitue le fonds scientologue. C'est là, justement, que le bât blesse. Prenons l'obsession de Hubbard pour la psychiatrie. En dehors de l'affront personnel qu'il essuya lorsque des experts psychiatres clouèrent au pilori le contenu de *La Dianétique*, Hubbard étudiait la psychiatrie et écrivait sur le sujet dans les années 1940 et 1950, époque où la compréhension des mécanismes du cerveau en était encore à ses balbutiements. La psychiatrie, comme l'informatique, est une science en perpétuelle évolution. Que Hubbard édicte des règles universelles sur la science de l'esprit équivaut à régler leur compte aux ordinateurs en se fondant sur les encombrants calculateurs de l'après-guerre, quand il fallait une immense salle remplie de matériel pour effectuer moins d'opérations que ne le peuvent les microprocesseurs d'aujourd'hui. Au plan des idées, Hubbard s'était forgé sa vision du monde en fonction de l'état de la planète au lendemain de la Seconde Guerre mondiale. Cette vision est figée, et n'accepte ni incorpore le moindre progrès de civilisation effectué en plus d'un demi-siècle. Ainsi, encore aujourd'hui, la haute hiérarchie scientologue recommande de communiquer par télex encodé – et non par courrier électronique – parce que Hubbard l'a préconisé. Si la scientologie se contentait d'être un club confidentiel d'hurluberlus qui ne s'intéresse qu'à lui-même, elle serait inoffensive. Mais ce n'est pas le cas. L'expansion inlassable de l'organisation a été facilitée par le charme persuasif de son champion, dont la modernité, la proximité et l'amabilité dissimulent le caractère totalitaire de la secte. Sans doute incombe-t-il aux médias, aux pouvoirs publics et à l'opinion d'opposer aux déclarations de Tom Cruise davantage de scepticisme et de rigueur. Quand des humoristes se moquent de Tom Cruise, ils rient à ses dépens, mais aussi aux nôtres.

Plus qu'aucune star d'aujourd'hui, Tom est un messie de cinéma qui reflète les peurs et les doutes de notre époque : il joue sur le pouvoir illimité que confère la célébrité contemporaine, sur notre empressement à embrasser les extrémismes religieux et sur une mondialisation de plus en plus déroutante. Ne nous leurrons pas sur la modernité de nos sociétés : malgré les avancées de la médecine, de la science et de la technologie, nous assistons à une résurgence des fondamentalismes et des mouvements apocalyptiques. Il faut déplorer que les discours actuels évoquent autant ceux du XVIe siècle, avant la Raison et les Lumières. Dans notre vaste marché aux idées, la parole rationnelle est bien trop souvent couverte par le vacarme des dogmes les plus insensés. Et la voix de Tom Cruise est l'une des plus fortes, qui vante les bienfaits improbables de ses croyances et parvient à vendre celles-ci à des foules crédules.

Tom Cruise est d'évidence « l'un des plus éminents acteurs américains de sa génération », et il était bien à sa place entre Al Pacino, Robert De Niro et Julia Roberts, le jour où, en novembre 2007, le musée du Cinéma de New York lui rendit un hommage. Avec sa physionomie sympathique, son énergie et son sourire ravageur, il aurait dû connaître le destin d'un Tom Hanks ou d'un James Stewart, incarner un type ordinaire qui plaît à tout le monde, un acteur qui nous apporte réconfort et sécurité dans un monde incertain...

Tom Cruise est un homme pétri de contradictions : un enfant craintif qui attend le prochain coup que va lui porter son père, un adulte en quête de certitudes et de contrôle. Un mâle dominant qui effectue lui-même ses cascades, de peur qu'il n'y ait un défi qu'il ne puisse relever, un homme qui recherche l'approbation du fantôme d'un père violent. Aujourd'hui père lui-même, il adore d'évidence la vie de famille et, pourtant, il milite en faveur d'une secte qui dresse les êtres qui s'aiment les uns contre les autres. C'est un romantique qui tombe amoureux au premier coup d'œil et vous quitte sans un regard en arrière. Une présence imposante et déterminée, mais un homme qui déteste être seul. Au cours d'une carrière qui couvre un quart de siècle, il a été pilote, médecin, agent secret, guerrier, assassin, vampire et héros de guerre. Mais peut-être que le personnage le plus complexe qu'il ait jamais joué est Tom Cruise lui-même.

Remerciements

Tom Cruise est l'un des hommes les plus connus et les plus singuliers du monde, une star hollywoodienne immensément polémique et talentueuse. Pour écrire sa biographie, j'ai contracté une dette énorme auprès de quantité de gens qui ont eu la gentillesse de partager avec moi leurs souvenirs, leurs réflexions et leurs appréciations. Sans leur soutien, ce portrait de Tom Cruise aurait été beaucoup moins riche. Je souhaite particulièrement remercier Patricia Greenway, Nancy Many et Tracy Nesdoly pour leur engagement de tous les instants, ainsi que Daisy Garnett, Fiona Gray, Ali et Lydia Morton, Delissa Needham, Tom Rayner, Jack Shenker et Bronwen T.

Inévitablement, en raison de la manie procédurière de Tom Cruise et de la scientologie, certains témoins m'ont demandé de respecter leur anonymat. Leurs contributions n'en ont pas moins été importantes ou appréciées. Je tiens toutefois à dire que j'ai été surpris par le nombre de personnes disposées à me parler ouvertement de l'acteur et de la secte.

Dans la jungle de Hollywood, je remercie Peter Alexander, Paul Barresi, Janet Charlton, John Connolly, Richard DiSabatino, Mark Ebner, Marlise Kast, Sharlene Martin, Kim Masters et Skip Press.

Avec son jargon technique, son histoire en dents de scie et sa pensée apocalyptique, l'Église de scientologie n'est pas facile à appréhender ; beaucoup d'anciens adeptes n'ont pas encore pansé leurs plaies et ont du mal à aborder leur expérience au sein de cette organisation. Ma gratitude va à toutes celles et à tous ceux qui m'ont aidé à mieux comprendre : Chuck Beatty,

Graham Berry, Maureen Bolstad, Nan Herst Bowers, Shelly Britt, Ursula Caberta, Tory Christman, Paulette Cooper, Vince Daniels, J. C. Hallman, Bruce Hines, le Pr Stephen Kent, de l'université d'Alberta, Frank Oliver, Michael Pattinson, Karen Pressley, Jesse Prince, Phil Spickler, John Sweeney, Dave Sweetland, Michael Tilse, le Pr Dave Touretzky, de l'université Carnegie Mellon, Jeannine Udall et Guy White.

Alors que Tom et ses mandataires ont cherché à décourager les personnes désireuses de creuser du côté de son enfance et de sa scolarité, nombre d'anciens enseignants et de camarades de classe étaient visiblement heureux de se remémorer, en général avec beaucoup de tendresse, ce garçon qu'ils surnommaient Maypo. Ils m'ont aidé à brosser le portrait le plus juste possible. Merci à Asta Arnot, Lionel Aucoin, Byron Boucher, Kathy Burns, Cathy Carella, Angelo Corbo, Diane Cox, Lorraine Gauli-Rufo, Sean Gauli, Amy, Babydol et Tobe Gibson, Glen Gobel, Sam LaForte, Alan, Irene, Jennifer, Murray et Scott Lawrie, Jonathan Lebendiger, Kevin McGrath, Carol McLaurin, Nancy Maxwell, Cathy Mindel, Nancy Price, Marilyn Richardson, Wendy Santo, Pamela Senif, Krystyna Smith, Pennyann Styles, Phil, Ron et Vinnie Travisano, Sharon Waters et Val Wright.

J'adresse mes plus sincères remerciements à Dave Baranek, Dominic Carman, Janet Carroll, Eileen Collins, Richard Corliss, Richard Crouse, Garth Drabinksy, le général Jefferson D. Howell, Dayna Steele Justiz, Michael O'Keefe et Frederic Raphael.

Merci enfin à Janie Schaffer, pour ses encouragements, et à mon éditrice, Sally Richardson, à ma directrice littéraire, Hope Dellon, et à mon attaché de presse, John Murphy qui me témoignent un soutien indéfectible.

Andrew Morton
Novembre 2007

Achevé d'imprimer au Canada
sur les presses de Quebecor World, Saint-Romuald

ISBN : 978-2-7489-0060-0824-3